미국 흑인문학과 그 전통

미국 흑인문학과 그 전통

천승걸

서울대학교출판부

African-American Literature and Its Tradition

Seung-Gul Czon

Seoul National University Press

머리말

졸저『미국문학과 그 전통』을 출간한 지 어언 20년이 지났다. 그때로서는 10년쯤 후면 미국 흑인문학에 관하여 그 비슷한 자매편격의 책 하나를 더 내놓을 수 있으리라 생각했다.『미국문학과 그 전통』을 출간하기 몇 년 전, 그러니까 1980년대 초부터 필자는 미국 흑인문학에 좀더 깊은 관심을 가지기 시작했고 이미 흑인문학에 관한 한두 편의 논문을 발표하고 있었기 때문이었다. 그러던 것이 타고난 게으름과 능력 부족의 탓으로 10년을 두 번씩이나 넘기고서 이제야『미국 흑인문학과 그 전통』이라는 이름으로 그 비슷한 책을 세상에 내놓게 되었다. '비슷하다' 는 것은 물론 이 책이 필자가 바랐던 만큼의 내용과 격조를 갖추고 있지 못함을 뜻한다. 제목은 '미국 흑인문학과 그 전통' 이라고 그럴듯하게 붙여 보았지만 우선 책의 내용이 미국 흑인문학을 포괄적으로 아우를 만큼 풍부하지 못하고 책의 구성 또한 포괄적인 체계를 갖추고 있다고 보기 어렵다. 미국 흑인문학에 관하여 여기 저기 발표해 온 논문들을 주로 모아서 한 권의 책으로 엮은 한계 때문일 것이다. 그러나 개개의 논문을 발표할 때마다 나중에 책으로 엮을 경우를 염두에 두고 하나의 장(chapter)을 이룰 수 있는 내용의 작가나 주제를 선정하려고 노력했음을 밝혀두는 게 좋을 것 같다. 이 책이 주요작가들의 주요작품을 연대순적으로 다루고 있는 그나마의 어떤 체계를 갖추고 있는 것은 그러한 의도적인 노력의 결과일 것이기 때문이다. 그러니까 이 책은 20여 년이라는 긴 세월에 걸쳐서 산만하게 진행되어 오긴 했지만 부족한 대로 그 나름의 일관성을 갖춘 연구의 결과물이라고 볼 수 있을 것이다.

그렇게 모아진 9개의 독립된 글에 토니 모리슨에 관한 새 글을 덧붙여 10개의 글을 대체로 연대순적으로 정리하여 미국 흑인문학을 역사적으로 개관하며 그 전통의 특성과 발전의 과정을 살펴보고자 하였다. 제1장은 최초의 미국 흑인소설인 『클로텔』을 포함한 노예해방 이전의 초기작가들의 작품을 통하여 미국 흑인소설의 기틀을 다진 그 문학사적 의의를 검토하고, 제2장은 제1장과 대응하여 19세기 말에서 20세기 초에 이르는 대표적인 초기 미국 흑인 여성작가들의 작품을 통하여 미국 흑인 여성소설의 개화와 그 변모 발전의 과정을 살펴보고 있다. 제1장과 제2장에서 이처럼 초기 남녀 미국 흑인소설이 어떠한 기초 위에 세워졌는가를 점검한 후, 제3장은 최초의 본격적인 흑인 작가라 할 수 있는 찰스 체스넛의 대표적인 작품들을 상세히 분석함으로써 체스넛이 어떤 의미에서 흑인문학의 주요 좌표를 세운 근대 흑인문학의 진정한 선구자가 될 수 있는지를 검증하고 있다. 제4장은 20세기 초 모더니즘의 영향과 그 새로운 토양 속에서 싹튼 이른바 할렘 르네상스의 진상을 당대의 대표적 작가들의 다양한 작품을 통해 다각적으로 검토해 보고 있다. 이후 제5장부터 제8장까지는 할렘 르네상스에서 20세기 중반에 이르는 시기를 대표할 만한 네 주요작가의 이제는 고전으로 굳게 자리매김된 네 주요작품, 즉 진 투머의 『케인』, 리차드 라이트의 『토박이』, 랄프 엘리슨의 『보이지 않는 사람』, 제임스 볼드윈의 『산에 올라 말하라』를 각각 심층적으로 분석하고 있다. 그리고 마지막 제9장과 제10장에서는 20세기 후반 이후 오늘에 이르는 현대 미국 흑인소설의 이해를 위하여 남녀 작가의 작품 하나씩, 즉 윌리엄 멜빈 켈리의 『어떤 다른 고수』와 토니 모리슨의 『술라』를 선정하여 현대 미국 흑인소설의 특성과 그 가능성을 탐색해 보려고 했다.

이러한 필자의 의도가 어떻게 받아들여질지는 전적으로 독자의 판단에 달려 있다. 다만 이 글들을 쓰고 엮으면서 몇 가지 점을 염두에 두었음을 밝혀두는 게 좋을 것 같다. 먼저 앞에서도 시사했듯이 미국 흑인문학의 올바르고 체계적인 이해를 위하여 가능한 한 미국 흑인문학을 대표할 만한 주요작가의 주요작품을 연대순적으로 다루어 보려 했다. 또한 미국 흑인문학에 대한 필자의 관심과 연구의 과정을 그대로 보여주기 위해서 발표한 글들의 내용을 거의 수정하거나 보완하지 않고 발표 당시 그대로 실었고 말미에 발표 연도를 밝혀 독자들이 참고할 수 있도록 했다. 그리고 주요 인용문, 특히 작품의 인용문은 독자들이 직접 확인하고 감상할 수 있도록 본문과 번역문을 함께 실었다.

이러한 몇 가지 배려에도 불구하고 이 책은 부족한 점이 많다. 무엇보다도 '미국 흑인문학과 그 전통'이라는 포괄적인 제목을 달고 있음에도 논의의 내용이 소설 장르에 너무 치우쳐 있다는 점이다. 그래서 책의 제목을 '미국 흑인소설과 그 전통'으로 바꿀까 생각도 해보았지만 두어 장(章)이 시를 주로 다루고 있다는 점이 마음에 걸렸다. 또한 권말에 시와 희곡 분야를 개관하는 부록을 달아 보완할 생각도 해보았지만 그것 역시 안이한 사족식 처리에 지나지 않을 것 같아 그만 두기로 했다. 이 책이 어차피 모든 미국 흑인문학을 포괄적으로 아우르는 방대한 교과서적 텍스트가 될 수 없을 바에야 논의의 내용이 선택적일 수밖에 없고 필자의 관심이 소설 쪽에 더 많이 기울어져 있다는 점이 그 선택의 기준이 되었을 것임을 독자들이 양해할 수 있으리라 생각한다. 더욱이 이 책은 필자가 정년퇴임을 맞아 미국 흑인문학에 관한 그 동안의 연구를 일단 정리해 보려는 의도로 엮은 것이라는 점에서 독자들은 이 책의 여러 가지 미완의 부족함을 이해해 줄 수 있으리라 믿는다.

부족한 시간에 이 책을 간행하느라 여러 가지로 애써 주신 서울대학교출판부 직원 여러분에게 감사드린다. 그리고 원고 정리, 교정, 색인 작업에 이르기까지 온갖 궂은 일을 도맡아 해준 유인애에게도 이 자리를 빌려 고마움을 전하고 싶다.

2006년 8월

차례

머리말 v

제 1 장 초기 미국 흑인소설 1
윌리엄 웰즈 브라운 William Wells Brown
프랭크 웹 Frank J. Webb
마틴 델라니 Martin R. Delany

제 2 장 초기 미국 흑인 여성소설 35
프란시스 하퍼 Frances E.W. Harper
제시 포셋트 Jessie R. Fauset
넬라 라슨 Nella Larsen

제 3 장 미국 흑인문학의 좌표 69
찰스 체스넛 Charles W. Chesnutt의
『여자마술사』 *The Conjure Woman*
『젊은 시절의 아내』 *The Wife of His Youth*

제 4 장 할렘 르네상스 Harlem Renaissance와 모더니즘 113

제 5 장 진 투머 Jean Toomer의 『케인』 *Cane* 153
융합과 일탈에의 이중적 비전

제 6 장 리차드 라이트 Richard Wright의 『토박이』 *Native Son* 187
두려움과 증오와 폭력의 미학

제 7 장 랄프 엘리슨Ralph Ellison의
『보이지 않는 사람』*Invisible Man* 219
개인과 사회, 그 갈등의 현장

제 8 장 제임스 볼드윈James Baldwin의
『산에 올라 말하라』*Go Tell It on the Mountain* 251
흑인 삶의 복합적 탐색

제 9 장 윌리엄 멜빈 켈리William Melvin Kelley의
『어떤 다른 고수(鼓手)』*A Different Drummer* 283
흑인소설의 한 가능성

제10장 토니 모리슨Toni Morrison의 『술라』*Sula* 293
삶의 진실에 대한 다의적 아이러니

찾아보기 309

1 초기 미국 흑인소설

윌리엄 웰즈 브라운 William Wells Brown
프랭크 웹 Frank J. Webb
마틴 델라니 Martin R. Delany

I

미국 흑인에 의한 첫 소설[1]이 발표된 1853년을 시발점으로 하는 미국 흑인소설(African-American Novel)의 역사는 보통 4단계의 시대로 구분된다. 각 시대의 특성에 대한 해석의 기준은 다소 다르지만[2] 4단

1) William Wells Brown의 *Clotel, or the President's Daughter*가 1853년 영국에서 출판되었음.

2) 예컨대 Roger Rosenblatt는 그의 *Black Fiction*(Cambridge & London: Harvard University Press, 1974)에서 1차대전 전까지를 백인 동화주의(assimilationism)의 시기로, Harlem Renaissance 시기를 흑인의 문화적 정체성을 예찬한 시기로, 대공황 이후 2차대전 전까지를 항변문학의 시기로, 2차대전 이후의 현대를 픽션과 넌픽션의 한계가 모호해진 시기로 구분하며, Robert Bone은 그의 *The Negro Novel in America* (New Haven & London: Yale University Press, 1965)에서 1920년까지를 중류층 소설의 발흥 시기로, 1920년대의 Harlem Renaissance 시기를 흑인 민속의 발견의 시기로, 2차대전 전까지의 1930년대를 전통의 탐색의 시기로, 1940년대 이후 1950년대까지를 항변문학에의 반

계의 시대는 대체로 1차대전 전후 혹은 1910년대 말까지의 초기, 1920년대의 이른바 할렘 르네상스(Harlem Renaissance) 시기, 1930년대 공황기에서 2차대전까지의 시기, 2차대전 이후 오늘에 이르는 현대로 이루어진다. 그러나 아직도 많은 학자나 비평가들은[3] 미국 문학사에서 본격적인 미국 흑인소설이 등장한 시점을 할렘 르네상스 시기인 1920년대로 잡고 있으며 대부분의 문학사가들도 1900년 이전의 초기 흑인소설을 소홀히 다루는 경향이 없지 않다. 미국 흑인문학을 전공하는 문학사가들도 체스넛(Charles W. Chesnutt)과 던바(Paul Lawrence Dunbar)의 작품을 미국 흑인소설의 효시로 삼아 초기 미국 흑인소설의 기점을 대체로 체스넛의 작품 활동이 본격적으로 시작되는 1880년대 말로 산정하는 경우가 많다.

물론 그들의 이러한 산정 기준에는 그럴만한 충분한 이유가 있다. 비록 최초의 미국 흑인소설이 발표된 것은 1853년이지만 그로부터 체스넛의 첫 단편 「마술 걸린 포도덩굴」(The Goophered Grapevine)이 『애틀랜틱 먼슬리』(*Atlantic Monthly*)에 발표된 1887년 이전까지의 30여년 동안 흑인 작가에 의하여 발표된 소설은 장편이 3편, 단편이 6편에 불과할 정도로 사실상 1890년까지의 흑인 작가들의 작품활동이 거의 없었다는 것이 그 첫 이유일 것이다. 그 빈약한 숫자는 체스넛의 장편소설 3, 단편소설 53, 던바의 장편소설 4, 단편소설 73편[4]이라는 엄청난 숫자와 좋은 대조를 이루고 있다. 또 하나의 이유로는 체스넛과 던바가 『애틀랜틱 먼슬리』 같은 전국적인 유명 문예지 등에 많은 일반 독자들을 대상으로 작품을 발표한 데 반해 그 전의 작품들은 제한된

발의 시기로 각각 그 시대적 특성을 설명하고 있다.

3) *Black Fiction*의 Roger Rosenblatt나 *Black on White* (New York: The Viking Press, 1966)의 David Littlejohn은 그 좋은 예일 것이다.

4) 습작기의 작품까지 포함하면 97편에 이르는데 Dunbar는 시가 본령임을 감안해야 한다.

독자들을 대상으로 특히 단편소설의 경우 거의 알려지지 않은 지방 무명지에 발표되었다는 점을 들 수 있을 것이다. 무엇보다도 예술작품으로서 그들의 소설에서 분명한 질적 차이가 드러나고 있다는 사실, 그리고 체스넛과 던바가 본격적인 직업 문인이었던 데 반하여 그 전의 작가들은 직업적인 문인이라기보다는 주로 정치적 목적으로 소설을 쓴 아마추어 작가에 지나지 않았다는 사실이 가장 중요한 이유가 될 수 있을 것이다.

그러나 이러한 설득력 있는 몇 가지 이유에도 불구하고 필자는 초기에 쓰여진 세 장편, 즉 윌리엄 웰즈 브라운(William Wells Brown)의 『클로텔, 혹은 대통령의 딸』(*Clotel, or the President's Daughter,* 1853),[5] 프랭크 웹(Frank J. Webb)의 『개리네와 그 친구들』(*The Garies and Their Friends*, 1857), 마틴 델라니(Martin R. Delany)의 『블레이크, 혹은 미국의 오두막』(*Blake, or the Huts of America*, 1962)[6]은 결코 경시되거나 소홀히 다룰 수 없는 초기 미국 흑인소설의 시발점을 이루는 중요한 선구적 작품으로 평가되어야 한다고 생각한다. 그러한 생각에는 몇 가지 이유가 있다. 첫째, 이 소설들은 노예 수기(slave narrative), 반노예제 설교 등 흑인 산문문학의 여러 가지 중요한 전통을 그 안에 흡수하여 전승하고 있는 문학사적으로 중요한 작품들이라는 점이다. 둘째, 이들 작품은 남부에서의 노예제도, 북부에서의 자유 흑인(free negro)들의 삶, 노예 반란, 흑인 민족주의 등 19세기의 미국 흑인이 당면한, 그리고 20세기 이후에도 계속 그들의 삶에 영향을 미쳐 온 중요한 정치적 · 사회적 · 문화적 문제들을 심도있게 다룸으로써 미국 흑인소설의 주제설정과 확대에 크게 기여하고 있다는 점이다. 셋째, 듀보이스(W.E.B. DuBois)가 적절히 지적한바[7] 미국인이면서 동시에 흑인

---

5) 이하 *Clotel*로 줄여 씀.

6) 이하 *Blake*으로 줄여 씀.

이어야 하는 미국 흑인의 이중적 의식구조, 이 이중적 의식구조에서 비롯된 백인 동화주의(white assimilationism)와 흑인 민족주의(black nationalism)라는 미국 흑인의 중요한 두 개의 이질적 의식 양태가 이미 이들 작품에서 의미심장하게 극화되고 있는데 이 두 가지 의식 양태 혹은 이중적 태도는 이후 미국 흑인소설의 기본적인 정신적 토양을 이루어 오고 있다는 점이다. 사실 미국 흑인문학의 변전과 부침은 바로 이 두 가지 의식 양태 중 어느 쪽이 보다 전면에 나서서 강조되는가의 문제와 직결되어 있으며 미국 흑인소설의 역사적 시대 구분도 이 두 가지 의식 양태의 변전과 결코 무관하지 않다.

이러한 몇 가지 이유를 배경으로 해서 이 글은 비록 초기 미국 흑인 소설 연구라는 다소 광범한 표제를 달기는 했지만 그 논의의 범위를 초기 중의 초기라 할 수 있는 이 세 작품에 국한시킬 것이며, 어떤 연구 방법에 의해서나 어떤 특정적 주제에의 관점에서가 아니라 위에서 암시한 바 여러 가지 흑인의 삶의 진상과 흑인소설의 전통을 이해하는 데 도움을 줄 수 있는 포괄적 시각을 통하여 이 세 작품을 분석하고 해석함으로써 미국 흑인소설사에서의 이 세 작품의 문학사적 위상을 정립해 보는 것을 그 목적으로 삼을 것이다. 이러한 문학사적 접근에 보다 충실하기 위하여는 각 작품에 대한 구체적인 논의에 앞서 이 작품들이 쓰여질 당시와 그 전후의 문학사적 배경에 대한 다소의 설명이 필요하리라 생각된다.

---

7) W.E.B. DuBois는 그의 *The Souls of Black Folk*에서 다음과 같이 말한다. "... It is a peculiar sensation, this double-consciousness, this sense of always looking at one's self through the eyes of others, of measuring one's soul by the tape of a world that looks on in amused contempt and pity. One ever feels his twoness, — an American, a Negro; two souls, two thoughts, two unreconciled strivings; two warring ideals in one dark body, whose dogged strength alone keeps it from being torn asunder." J.H. Franklin, ed., *Three Negro Classics* (New York: Avon Books, 1965), p.215.

II

남북전쟁의 한 결실로 합법적인 노예 해방이 이루어지기 전까지 미국 흑인들에게 가장 중요하고 절박한 문제가 노예제도였음은 새삼 강조할 필요가 없을 것이다. 따라서 남북전쟁 전까지의 흑인문학에 있어서 가장 중요한 쟁점이 된 것은 물론 이 노예제도였다. 흑인들의 삶을 전적으로 조건지우고 통제하는 이러한 노예제도가 그들의 문학의 주된 내용을 이룰 수밖에 없었으리라는 것은 충분히 이해할 수 있는 일이다. 우리는 역사적으로 흑인문학의 시작을 18세기 후반의 필리스 휘틀리(Phillis Wheatley)와 주피터 해먼(Jupiter Hammon)의 시에서 찾는 것이 보통이지만 진정한 의미의 흑인문학의 시작은 미국에서의 흑인의 삶에 대한 흑인들의 집단적인 의식과 자각이 싹트기 시작한 19세기 초의 항변(protest)문학에서 찾아야 할 것이며 이 항변문학은 바로 노예제도의 비판과 노예생활의 참상에 관한 기록으로 이루어져 있는 것이다. 그러니까 미국의 흑인문학은 노예제도의 묘판에서 파종되고 싹트고 자라난 것이라고 할 수 있다. 흑인의 삶에 대한 자각은 부당하고 비인간적인 노예제도의 비판과 그 폐지 운동으로 발전하게 되어 1827년에는 첫 흑인 신문인 『프리덤즈 저널』(*Freedom's Journal*)이 발행되고 1830년까지에는 반노예제도 단체가 50개에 이르게 된다. 이 시기의 흑인문학은 호튼(George Moses Horton), 휫필드(James M. Whitfield), 하퍼(Frances Harper) 등의 항변시나 워커(David Walker)의 『4개 조항의 호소문』(*Appeal in Four Articles*, 1829) 같은 설교문을 포함하고 있지만 그 주종을 이루는 것은 노예들의 경험담을 기록한 자서전 형식의 노예 수기이다.

1930년대 이후[8] 남북전쟁 전까지 발표된 30여 편에 이르는[9] 이 노예 수기들은 작품에 따라 문학적 수준의 차이가 심하고 내용의 진실성에 있어 의심스러운 작품이 많은데다[10] 대부분의 작품이 흑인들에 의해서 직접 쓰여진 것이 아니라 백인 노예제도 폐지론자들에 의하여 대필된 것이기 때문에 이 시대의 흑인문학을 대표하는 진정한 문학 작품으로 평가받기에는 다소 문제가 없지 않지만 몇몇 작품들, 예를 들어 프레더릭 더글러스의 『프레더릭 더글러스 일생기』(*Narrative of the Life of Frederick Douglass*, 1845),[11] 브라운(W. W. Brown)의 『도망노예, 윌리엄 웰즈 브라운의 이야기』(*Narrative of William Wells Brown, a Fugtive Slave*, 1847), 헨리 비브(Henry Bibb)의 『미국노예, 헨리 비브의 삶과 모험의 이야기』(*Narrative of the Life and Adventures of Henry Bibb, on American Slave*, 1849), 솔로몬 노섭(Solomon Northup)의 『노예 12년, 솔로몬 노섭의 이야기』(*Twelve Years a Slave: Narrative of Solomon Northup*, 1853) 및 헨슨(Josiah Henson, 1849), 브라운(Henry Box Brown, 1849), 워드(Samuel Ringgold Ward, 1855) 등의 작품들은 노예제도의 본질과 그 근본적인 문제점들, 그리고 흑인 노예들의 고통스런

---

8) 노예 수기가 본격적으로 발표된 것은 1930년대 이후이지만 그 첫 작품은 1789년에 발표된 Gustavus Vassa의 *The Interesting Narrative of the Life of Gustavus Vassa, the African*으로 기록되고 있다.

9) Roger Whitlow, *Black American Literature* (Totowa: Rowman & Allanheld, 1984), p.39. 한편 Gilbert Osofsky에 따르면 노예제 폐지론자들에 의하여 수집되고 그들 주도의 신문, 잡지에 발표된 모든 이야기를 다 포함하면 노예 수기는 수천 편에 달하며 WPA의 노예 수기 수록 작품집도 17권에 이른다는 것이다. Gilbert Osofsky, ed., *Puttin' on Ole Massa* (New York, Evanston, San Francisco, London: Harper & Row, 1969), pp.9-10.

10) 예컨대 *The Autobiography of A Female Slave* (1856)는 Mattie Griffith라는 노예주의 백인 딸이 쓴 것이며, *The Slave: or the Memoirs of Archie Moore* (1936)는 백인 역사가인 Richard Hildreth가 쓴 사실상 첫 반노예제 소설이다. Gilbert Osofsky, ed., *op. cit.*, p.12 참조.

11) Douglass의 이 작품은 1855년에 *My Bondage and My Freedom*으로, 1881년에는 *Life and Times of Frederick Douglass*로 계속 증보되었음.

삶의 진상을 감동적으로 묘사하고 있다. 또한 이 노예 수기들은 노예제도 폐지 운동의 홍보 및 선전 자료로 적극 활용되어 노예제도 폐지 운동의 활성화에 크게 기여하였고 무엇보다도 흑인 노예들의 다양한 삶의 기록의 저장고로서 이후의 본격적인 흑인문학의 원천이 되고 있다는 점에 가장 큰 의의가 있을 것이다.

한편 흑인들의 삶에 대한 백인들의 문학적 기록 역시 초기 흑인문학을 이해하는 데 매우 중요하다. 당대의 대표적인 어빙(Washington Irving), 포우(Edgar Allan Poe), 멜빌(Herman Melville) 같은 백인 작가들의 작품에서도 간혹 흑인 인물이 등장하고 포우의 『아서 고든 핌 이야기』(*The Narrative of Arthur Gordon Pym*)나 멜빌의 『베니토 씨리노』(*Benito Cereno*)의 경우에는 흑인의 문제를 심각하게 다루고 있는 것이 사실이긴 하지만 그러한 문제는 주로 상징적인 차원에 머물 뿐 그들의 작품이 흑인문학에 직접적인 영향을 줄 만큼 흑인의 현실적인 문제를 다루고 있는 것은 결코 아니다. 따라서 흑인들의 삶이나 흑인문학에 결정적인 영향을 미친 백인문학은 흑인의 현실과 직결된 노예제도와 그 제도하에서 살아가는 흑인 노예들의 삶을 소재로 다룬, 일반적으로 널리 읽히는 백인 작가들의 대중소설이었을 것임을 짐작키는 어렵지 않다.

이러한 백인소설의 대표적인 유형의 하나가 노예제도를 비판하고 노예제도의 폐지를 주장하는 반노예제 소설(anti-slavery fiction)[12)]이다. 노예 수기로 위장한 첫 반노예제 소설인 힐드레드(Richard Hildred)의 『노예, 혹은 아치무어의 회고록, 1836』(*The Slave, or Memories of Archy Moore, 1836*)[13)]의 등장 이래 피어슨(Emily Catherine

---

12) 반노예제 소설에 대한 설명은 Sterling Brown, *The Negro in American Fiction* (New York: Atheneum, 1969), pp.31-34 참조.

13) 1836년에는 무명으로 출판되었으며 1852년 작자의 이름을 밝혀 *The White*

Pierson)의 『도망자, 제이미』(*Jamie, The Fugitives*, 1851) 등이 발표되었지만 반노예제 소설이 결정적인 영향력을 발휘한 것은 헤리엇 비처 스토우(Harriet Beecher Stowe)의 『톰 아저씨의 오두막』(*Uncle Tom's Cabin*, 1852)의 경우이다. 새삼 설명이 필요 없을만큼 이 작품은 미국 사회에 커다란 파문을 일으키며, 남북전쟁을 일으킨 원인(遠因)으로 작용했다는 평가를 받을만큼 노예제도 폐지운동에 크게 기여하였고, 이 작품의 이러한 역할은 노예제도를 비판하고 노예제도의 폐지와 노예해방의 실현을 중요한 목표로 삼는 흑인문학에 당연히 커다란 영향을 미치게 된 것이다. 이 반노예제 소설의 전통은 스토우 부인(Mrs. Stowe)의 두 번째 소설 『드레드, 음울한 늪 이야기』(*Dred, A Tale of the Dismal Swamp*, 1856), 스미스(W. W. Smith)의 『농장주의 희생자』(*The Planter's Victim*, 1855), 소머(H. L. Somer)의 『혼혈녀, 아델라』(*Adela, The Octoroon*, 1860) 등으로 이어지며 노예제도를 다루는 초기 흑인소설에 중요한 형적을 남기게 된다.

이러한 반노예제 소설과 정반대의 입장에서 흑인들의 노예 생활을 다루고 있는 백인소설의 또 하나의 대표적 유형이 찬노예제(proslavery) 소설이다.[14] 찬노예제 소설은 남부의 노예농장(plantation)의 목가적인 평화로운 삶을 예찬하는 노예농장 전통(plantation tradition)을 다루면서 노예 생활을 낭만적으로 미화함으로써 노예제도를 옹호하는 백인소설이다. 이 찬노예제 소설의 효시는 케네디(J. P. Kennedy)의 『제비 헛간』(*Swallow Barn*, 1832)으로 알려져 있지만 찬노예제 소설이 활기를 띠기 시작한 것은 『톰 아저씨의 오두막』이 발표된 이후이다. 『톰 아저씨의 오두막』의 출판이 물의를 일으키자 이 소설에 대한 응답으로 스미스(W.L.G. Smith)의 『남부에서의 삶, 혹은 톰아저

*Slave*라는 제목으로 증보되어 나왔음.

14) 찬노예제 소설에 대한 설명은 Sterling Brown, *op. cit.*, pp.17-21 참조.

씨 오두막의 진상』(*Life at the South, or Uncle Tom's Cabin As It Is*, 1852), 이스트만 부인(Mrs. Eastman)의 『필리스 아줌마의 오두막』(*Aunt Phyllis' Cabin*, 1852), 페이지(John W. Page)의 『오두막 안의 로빈 아저씨』(*Uncle Robin in His Cabin*, 1853) 등 3년 만에 무려 14개의 반노예제 소설이 쏟아져 나와 스토우 부인을 지원하는 반노예제 소설들과 활발한 공방전을 벌인 것이다.

이후 반노예제 소설과 찬노예제 소설은 남북전쟁이 끝나고 노예제도 자체가 폐지됨으로써 표면상 그 의의를 상실하게 되지만 반노예제 소설의 전통은 노예제도하의 흑인 노예의 삶을 다루는 이후의 흑인소설에서 노예 수기의 전통과 함께 맥을 잇게 되고, 찬노예제의 전통은 노예제도 폐지 후 남부에서의 재건사업 실패 이후에 남북전쟁 이전의 노예제도 시절에 대한 향수를 그리는 노예농장 전통에 더욱 강화되어 토마스 넬슨 페이지(Thomas Nelson Page), 조엘 챈들러 해리스(Joel Chandler Harris), 해리 스틸웰 에드워드(Harry Stillwell Edwards) 등 백인 작가들과 던바(Paul Lawrence Dunbar) 등 흑인 작가들의 작품에 면면히 이어져 간다. 첫 흑인소설인 브라운(W. W. Brown)의 『클로텔』이 출판된 1853년은 『톰 아저씨의 오두막』이 출판된 바로 다음 해로, 『클로텔』은 노예제도를 둘러싸고 백인 작가들에 의한 이러한 반노예제 소설과 찬노예제 소설의 열띤 공방이 시작된 시점에서 발표된, 흑인에 의한 첫 반노예제 소설이라는 데에 중요한 문학사적 의의가 있다.

III

흑인 작가에 의한 첫 소설이 반노예제도의 주제를 다루고 있는 것은 극히 당연해 보인다. 앞에서도 시사한 바 있듯이 노예 해방 이전의 흑인 작가로서의 브라운에게도 가장 중요한 관심사는 아마도 노예제도였을 것이고 이 노예제도의 폐지는 곧 모든 흑인의 문제를 해결해 줄 열쇠로 기대했을 것이기 때문이다. 더욱이 브라운 자신이 도망 노예였기 때문에 이러한 느낌은 그에게 더욱 절실하였을 것이다.

백인 아버지와 다니엘 분(Daniel Boone)의 딸로 전해지는 혼혈(mulatto) 어머니 사이에서 노예 신분으로 태어난 브라운은 10세 때 이미 어머니와 도망을 시도하지만 실패하고 만다. 그로 인해서 어머니는 최남부(Deep South)로 팔려가고 그는 1834년 다시 도망을 시도하여 성공하는데 이때 그를 도와준 오하이오의 한 퀘이커 교도의 이름을 따서 윌리엄이라는 자신의 이름 뒤에 웰즈 브라운이라는 이름을 붙이게 된다. 이후 매사추세츠 반노예제 협회(Massachusetts Antislavery Society)에 가담한 브라운은 프레더릭 더글러스의 역할을 이어받아 주로 반노예제도 강연 연사로 활약하다가 영국에 도움을 요청하기 위하여 영국으로 건너가 그곳에서 강연 활동을 하던 중 『클로텔』을 집필하여 발표하기에 이른다. 『클로텔, 혹은 대통령의 딸』(1853)은 제퍼슨 대통령의 흑인 노예 딸에 대한 전설을 배경으로 하여 브라운 자신의 노예 생활의 실제 체험과 노예제도 폐지 운동 과정에서 수집한 여러 가지 실제 자료들을[15)]바탕으로 하여 쓰여진 소설로서 세 번이나 개작되어 발표된 그의 일생에 걸친 집요한 작업의 결실이다.

이 소설의 첫 개작인 두 번째 이야기는 『아름다운 혼혈녀 미랄다: 미국노예 이야기』(*Miralda: A Beautiful Quadroon: A Romance of American Slavery*)라는 제목으로 1860년부터 1861년까지 『위클리 앵글로 아프리칸』(*The Weekly Anglo African*)지에, 두 번째 개작인 세 번째

---

15) Brown은 *Clotel*의 후기에서 그가 의존한 자료들에 대하여 언급하고 있다. William Wells Brown, *Clotel, or The President's Daughter* (New York: Collier Book, 1970), p.201.

이야기는 『클로텔: 남부의 이야기』(*Clotelle: A Tale of the Southern States*)라는 제목으로 1864년에 세 번째 개작인 마지막 이야기는 『클로텔, 혹은 유색여주인공: 남부의 이야기』(*Clotelle: or, the Colored Heroine: A Tale of the Southern States*)라는 제목으로 1867년에 각각 발표되었는데 각 번안 이야기에 따라 주요 등장 인물들의 이름이 바뀌기도 하고, 플롯이 보다 단순하게 정리되기도 하고, 센티멘털리즘의 요소가 더욱 강화되기도 하고, 클로텔 제퍼슨이 아닌 한 미국 상원의원의 딸로 설정하기도 하고, 결말부 처리를 약간 바꾸기도 하는 등 내용이 다소 달라지긴 하지만 두 자매인 클로텔과 알티사(Althesa)를 중심으로 하는 원본 이야기의 기본 틀과 그 중요한 세부 내용에는 커다란 변화가 없다.

이 소설은 제퍼슨 대통령의 정부로 알려진 혼혈 노예 커러(Currer)와 두 딸 클로텔, 알티사가 함께 노예 판매대에 오르는 장면으로 시작되는데 이 세 모녀가 각각 다른 백인에게 팔려감으로 해서 이야기는 각각 커러, 클로텔, 알티사를 축으로 하는 세 갈래의 플롯으로 나누어진다. 커러는 약간 위선적인 존 펙(John Peck) 목사에게 팔려가는데 커러 플롯은 커러의 삶이 아니라 펙 목사의 딸인 조지아나(Georgiana)와 펙 목사의 친구인 칼튼(Carlton)과의 관계에 초점을 맞추고 있다. 조지아나는 『톰아저씨의 오두막』의 에반젤린(Evangeline)을 연상케 하는 신앙심이 두텁고 인간애가 풍부한 백인 아가씨로 칼튼을 기독교에 귀의케 하고 펙 목사가 죽은 후 칼튼과 결혼하여 그들의 노예를 모두 해방시킨 후에 에반젤린처럼 폐결핵으로 죽는다. 조지아나의 이러한 모습은 인간애의 화신인 에반젤린의 모습일 뿐만 아니라 끝내 노예의 해방을 실천에 옮기는 『톰아저씨의 오두막』의 조지 셀비(George Shelby)의 또다른 모습이기도 하다. 그러니까 커러 플롯의 중요한 의미는 양식 있는 백인들에 의한 노예제도의 비인간성과 부도덕성에 대한 비판, 그리고 그러한 비판이 가져올 수 있는 노예 해방의 가능성의 시사라 할 수 있다.

한편 알티사는 크로퍼드 씨(Mr. Crawford)에 팔려가서 크로퍼드의 친구인 의사 헨리 모튼(Henry Morton)과 결혼하게 되는데 헨리 모튼 또한 조지아나나 칼튼처럼 노예제도에 반대하여 이를 비판하며 크로퍼드도 노예들과의 접촉을 통하여 노예제도의 죄악을 차츰 깨닫게 된다. 그러나 알티사와 모튼이 갑자기 역병으로 죽게 되자 그들의 두 딸 엘른(Ellen)과 제인(Jane)은 졸지에 노예로 전락하여 경매대에 오르는 운명을 맞는다. 엘른은 수치감을 견디지 못해 자살하고, 제인 역시 한 프랑스 청년이 그녀를 구출하려다 피살된 후 곧 심장 파열로 죽는다. 알티사 플롯 역시 커러의 플롯처럼 노예제도의 부정적 본질에 대한 백인들의 자각을 강조하고 있지만 이 플롯이 더욱 의미깊게 전하고 있는 것은 두 딸의 비극적인 죽음을 통하여 드러나는 노예제도의 근본적인 불합리성과 그 인간 파괴의 잔혹성이다.

클로텔의 플롯은 이 소설의 주인공답게 좀더 복잡하다. 클로텔은 호레이쇼 그린(Horatio Green)에게 팔려가 그와 결혼하여 메리(Mary)라는 딸을 낳고 행복하게 살아가지만 그린이 정치에 뜻을 두면서 거투르드(Gertrude)라는 백인 여자와 가까워지고 결국 그녀와 결혼하게 됨으로써 메리와 떨어져 먼 남부로 팔려가게 된다. 클로텔은 이사람 저사람에게 계속 전매를 당하다가 윌리엄(William)이라는 흑인의 도움으로 북부로 도망하는 데 가까스로 성공하지만 메리를 데려오려고 다시 버지니아로 돌아가다가 붙잡히게 된다. "워싱턴의 국회의사당과 대통령의 집과의 중간 쯤에 서 있는"[16] 감옥에서 탈출하여 쫓기게 된 미국 대통령의 딸인 클로텔은 대통령의 집이 빤히 보이는 롱 브리지 위에서 포토막 강에 몸을 던져 자살한다. 한편 반란죄로 사형 선고를 받은 메리의 애인인 혼혈 노예 조지(George)는 메리의 도움으로 탈옥하여 캐나다로 도피하는 데 성공하지만 다시 메리를 찾는 데 실패하고 영국으

16) W.W. Brown, *Clotel*, p.175.

로 가서 성공하게 된다. 메리는 메리대로 갖은 고초 끝에 한 프랑스 청년의 도움으로 프랑스에 건너와 살게 되는데 결국 메리와 조지의 재결합으로 이 소설은 끝을 맺고 있다. 클로텔 플롯은 노예 매매, 도망, 노예 사냥, 가족 이산 등 노예 생활의 고통스런 체험을 통하여 노예제도의 온갖 비인간적인 요소를 포괄적으로 드러내보이고 있다는 데에 그 중요성이 있을 것이다.

사실 『클로텔』의 가장 큰 강점은 노예 생활의 다양한 생활에 대한 자세하고 사실적인 묘사를 통하여 미국의 노예제도라는 것이 얼마나 추악하고 부도덕한 것인가 하는 그 부정적 진상을 폭로하고 비판함으로써 그 "이상한 제도"(peculiar institution)의 폐지를 설득력 있게 호소하고 있는 점이다. 다른 초기 흑인작가들과 마찬가지로 브라운에게 있어서도 문학이란 이러한 일을 가장 효율적으로 수행할 수 있게 하는 수단 그 이상도 그 이하도 아니다. 브라운은 이 소설의 서문에서 이 글을 쓴 목적이 노예 생활의 진상에 대하여 일반 독자들에게 보다 새로운 정보와 지식을 제공하고 미국 노예제도의 폐지에 영국이 강압적인 영향력을 발휘할 수 있도록 돕는 것임을 밝히고 있으며[17] 다음과 같은 미국 노예제도에 대한 비난으로 이 이야기를 시작하고 있는 것이다.

> 노예가 그를, 그의 육체와 영혼을 모두 자신의 재산이라 주장하는 사람에 의하여 완전히 통제되는 것을 합법적으로 인정하는 곳에서, 가장 비열하고 타락한 사회적 상황 이외에 무엇을 기대할 수 있을 것인가?
>
> Where the slave is placed by law entirely under the control of the man who claims him, body and soul, as property, what else could be expected than the most depraved social condition?[18]

17) *Ibid.*, p.xx.
18) *Ibid.*, p.37.

브라운이 이 소설에서 수행하고 있는 두 가지 주요 작업은 미국의 노예제도가 가져온 바로 이 “가장 비열하고 타락한 사회적 상황”의 진상을 충실히 밝혀내는 일과, 이 ‘사회적 상황’에 대하여 비판을 가함으로써 그러한 조건의 지양을 촉구하는 일이라 할 수 있다. 브라운은 전자의 작업을 풍부한 흑인 민속자료의 활용과 노예 생활에 대한 노예수기 전통의 풍부하고 사실적인 묘사를 통하여 이룩하고 있다. 한편 후자의 작업은 무엇보다도, 진정한 기독교적 사랑의 정신을 상실한 기독교의 위선적 태도와 편견을 강조함으로써 수행되고 있는데 주로 조지아나 같은 인물을 통한 ‘반노예제 강연’의 활용이 이 작업에서 큰 역할을 하고 있다. 이렇듯 이 소설은 노예제도 폐지의 주제를 성공적으로 다룬 첫 흑인소설이라는 점에 있어서 문학사적으로 중요하게 평가받아야 할 작품이다. 그러나 이 소설은 또한 많은 결함과 문제점을 지닌 작품이기도 하다.

우선 이 소설의 여러 갈래의 플롯은 너무 산만하고 전체적인 구조는 너무 허술하며 인물이나 사건 처리에 있어서는 감상적이고 멜로드라마적인 요소가 너무 두드러진다. 특히 이 작품의 멜로드라마적인 요소는 이런 종류의 목적 소설이 필수적으로 지녀야 하는 사실적 요소와 불화를 일으킴으로 해서 때로 작품의 균형을 위태롭게 하고 있음이 사실이다.[19] 그러나 이 시기의 흑인 작가가 고도의 서구식의 문학적 기교에 익숙해 있기를 기대하기는 어려운 일이다. 이 소설을 통해서 드러나는 브라운의 작가로서의 한계점이나 문제점은 오히려 이러한 문학적 기량보다는 흑인 문제의 해결에 대한 그의 기본 자세에 있다고 보아야 할 것이다. 브라운은 우선 인간의 자유를 위한 투쟁을 너무나

---

19) Robert Bone은 그의 *The Negro Novel in America*, pp.23-24에서 흑인소설과 멜로드라마와의 관계를 자세히 설명하면서 멜로드라마의 긍정적 기능에 대하여 언급하기도 한다.

감상적으로 처리하고 있다. 예컨대 이 소설의 주인공인 클로텔이나 알티사 등의 주요 인물들은 스토우 부인이 꾸며냈음직한 낭만적 이미지의 상투적인 인물들로서 주로 백인의 동정에 호소하도록 그려져 있는데 흑인의 인간적 자유에 대한 투쟁이 바로 이러한 감상적 인물들에 의하여 시도되고 있는 것이 문제인 것이다. 이 소설에서 비극적으로 그려지고 있는 주요 등장인물들이 거의 흑백혼혈이라는 사실은 이 작품의 이러한 감상성을 잘 드러내 보인다. 그러나 혼혈 인물에 대한 브라운의 선호는 다른 의미에 있어서 매우 의미심장하다. 혼혈에 대한 브라운의 특별한 관심은 이 소설의 바로 첫 문장에서부터 드러나고 있다.

> 미국 남부의 여러 주에서 노예 수가 늘어남에 따라 아버지는 노예주이고 어머니는 노예인 반쪽 백인 아이들이 계속 늘어나고 있는 것은 끔찍한 일이다. 백인아버지가 그의 혼혈 아이를 무릎에 올려놓고 의자에 앉아 있는데 그 어머니는 그 의자의 뒤에 시중드는 노예로 서 있는 모습을 보고도 이 사회는 눈살을 찌푸리지 않는 것이다.
>
> With the growing population of slaves in the Southern States of America, there is a fearful increase of half whites, most of whose fathers are slaveowners, and their mothers slaves. Society does not frown upon the man who sits with his mulatto child upon his knee, whilst its mother stands a slave behind his chair.[20)]

물론 브라운은 백인 남자 노예주와 흑인 여자 노예 사이에서 태어나는 혼혈아에 대한 언급을 통하여 흑인에 대한 백인의 성적 폭력과 그 부도덕성, 백인에 의한 흑인 노예 가정의 무자비한 파괴, 그리고 그에 대한 백인의 무비판과 무책임을 비판하고 있다. 그리고 그러한 비판은 백인에 가까운 혼혈들을 그 희생자로 극화함으로써 보다 효과적일 수 있을 것으로 브라운은 믿었을 것이다. 그러나 "반쪽 흑인"(half black)

---

20) W.W. Brown, *op. cit.*, p.36.

이 아닌 "반쪽 백인"(half white)이라는 표현에서 암시되고 있듯이 이러한 비판의 이면에는 백인 우월의 수용과 백인 지향 의식이 잠재해 있다는 점이 중요하다. 쉽게 말하자면 이러한 비판의 기저에는 피부가 검은 순수 흑인(pure black)과 피부의 색깔이 백인과 거의 구분할 수 없을만큼 흰 혼혈 흑인 사이에는 차이가 있을 수밖에 없는데 그 우열의 차이나 질적인 차이가 결정되는 것은 백인 가치의 기준에 의해서라는 인식이 깔려 있다는 것이다. 많은 백인 작가들 뿐만 아니라 (스토우 부인이 곧 떠오른다) 때로는 흑인 작가들의 작품에서도 무지한 순종형의 상투적 인물로는 피부가 검은(pure black) 노예가 등장하는 데 반하여 아름답고 이지적이고 저항적인 인물들은 혼혈로 그려지고 있는데, 이는 바로 이와 같은 백인 지향 의식에서 비롯되는 현상일 것이다. 이 소설에서도 클로텔, 알티사, 메리의 아름다움과 독자들의 연민을 불러일으키는 그들의 노예답지 않음은 백인에 가까운 그들의 흰 피부색과 백인과 분간이 어려운 그들의 서구식 외양에 의하여 강조되고 있다. 예컨대 경매대에 올라 선 클로텔의 모습은 다음과 같이 묘사된다.

> 경매대 위에 서 있는 클로텔의 모습은 군중들에게 짙은 감정을 불러일으켰다. 그녀의 얼굴은 그녀를 매입하기를 간절히 바라며 기다리고 있는 대부분의 매입자들의 그것처럼 희었다. 그녀의 이목구비는 순수한 앵글로 색슨의 어느 여인 못지않게 윤곽이 또렷했고 웨이브가 진 길고 검은 머리카락은 단아한 모습으로 치렁거렸다. 그리고 상큼한 키와 우아한 자태, 그 모든 모습은 노예신분과는 도무지 어울리지 않는 것이었다.
>
> The appearance of Clotel on the auction block created a deep sensation amongst the crowd. There she stood, with a complexion as white as most of those who were waiting with a wish to become her purchasers; her features as finely defined as any of her sex of pure Anglo-Saxon; her long black wavy hair done up in the neatest manner; her form tall and graceful, and her whole appearance indicating one superior to her position.[21)]

---

21) *Ibid.*, p.42.

이러한 백인 지향 의식은 "백인 동화"(white assimilation)라는 용어로 보다 구체적으로 표현될 수 있다. 많은 흑인들의 백인 동화 의식은 노예가 주인의, 피식민지자가 식민자의 상황을 모방하고 지향하는 그러한 자연스러운 심리의 연장으로 이해될 수 있을 것이고, 또한 그들이 살고 있고 살아야 할 수밖에 없는 백인 우월 사회에서 하나의 필연적인 생존 조건일 수도 있을 것이다. 특히 피부색을 통하여 백인 동화가 가능한 혼혈을 주축으로 한 흑인 중류 계급 혹은 흑인 부르주아 계급의 경우 이러한 동화 의식은 더욱 강화될 수밖에 없을 것이다. 그러나 백인 동화의 결정적인 부정적 요소는 그것이 흑인의 자기 정의(self-definition)의 포기와 민족적 정체 의식의 소멸을 뜻하는 것일 수 있다는 점이다.

브라운이 이 소설에서 백인 동화를 주창하고 있는 것은 결코 아니다. 그러나 노예제도 폐지 문제를 흑인의 자기 정의에 근거한 어떤 자주적 노력에 의해서가 아니라 백인의 각성과 도움에 수동적으로 의존함으로써 흑인의 자각 의식을 소홀히 하고 있다거나, 클로텔 등 주요 인물을 백인과 흑인 중류 계층의 공감에 호소하는 유형의 인물로 설정하고 있다거나, 무엇보다도 "흑백 인종 간의 차이의 문제를 근본적으로 두 인종 간의 차이가 없다는 점을 지적함으로써 해소"[22]하려고 한 것은 백인 동화주의자로서의 브라운의 가능성을 충분히 시사하고 있다. 브라운의 이런 요소와 관련하여 애디슨 게일(Addison Gayle, Jr.)은 다음과 같이 이 소설의 공과를 논한다.

> . . . 브라운은 첫 흑인 항변 소설가이다. 그는 첫 흑인 항변 소설가로서 노예해방이라는 대의를 위하여 열심히 싸웠다. 그리고 그 점에 있어서 칭찬을 받아 마땅하다.

---

22) Addison Gayle, Jr., *The Way of the New World: The Black Novel in America* (New York: Doubleday, 1975), p.10.

그러나 그는 아주 중요한 땅을 갈지 않은 상태로 방치했고, 한 민족의 자기 정의의 권리를 위해 싸워야 할 못지않게 중요한 싸움을 피했다. 그렇게 함으로써 그는 후대의 작가들에게 불길한 선례를 남겼다. 『클로텔』에 표현된 생각들이나 태도를 이해하는 것은, 흑인 민족주의라는 대의가 왜 거의 200년이나 지체되었는가, 남북전쟁 이후 백인 동화주의가 왜 흑인 부르주아 계급의 주요 목표가 되었는가, 흑인 작가들이 왜 예술을 위한 예술이라는 사이비 이론에 그리고 고작 자신의 교육적 성취만을 보여주는 그런 문학에 전념하고 있는가를 이해하는 것이기도 하다.

. . . Brown is the first black protest novelist, and as such he waged war in support of the cause of manumission; for this act he is to be applauded.

Yet he leaves the major ground untilled, shies away from the equally important battle to be waged in behalf of the right of a people to define themselves. In so doing, he sets an ominous precedent for writers to come. To understand the ideas and attitudes expressed in Clotel is to begin to understand as well why the cause of Black Nationalism is set back almost two hundred years, why assimilationism after the Civil War becomes the major objective of the black bourgeoisie, why the black writer dedicates himself to spurious theories of art for art's sake and literature which evidences little more than his educational attainment.[23)]

흑인 작가에 의한 두 번째 소설인 프랭크 웹의 『개리네와 그 친구들』은 『클로텔』에 뿌려진 이 항변과 백인 동화의 씨앗이 흑인 중류사회의 토양 속에서 어떻게 싹트고 자라는가를 보여주는 작품이라 할 수 있다.

IV

『개리네와 그 친구들』 역시 노예 해방 이전에 쓰여진 일종의 항변소설이라 볼 수 있지만 노예제도의 문제를 쟁점으로 다루고 있지는 않

23) *Ibid.*, p.10.

다. 브라운은 노예제도가 폐지되고 노예 해방이 이루어지면 모든 흑인 문제가 해결될 수 있으리라는 비교적 낙관적인 믿음을 가지고 있었지만 웹은 이 작품에서 브라운의 그러한 믿음이 얼마나 소박하고 낭만적인 것인가를 잘 보여준다. 왜냐하면 이 작품은 노예제도가 영향을 미치지 않는 북부의 한 도시를 주무대로 노예가 아닌 자유 흑인(free black)들의 삶을 통하여 미국 흑인들이 당면한 또 다른 문제점들을 제기하고 있기 때문이다. 『클로텔』이 노예제도하의 남부를 배경으로 흑인노예들의 삶을 다루고 있는 것과 대조적으로 이 작품은 노예제도가 시행되지 않는 북부를 배경으로 자유 흑인들의 삶을 다루고 있는데, 북부에서의 자유 흑인들의 삶과 그 문제점을 다룬 최초의 흑인소설이라는 데 이 작품의 중요한 문학사적 의의가 있다. 또한 이 소설은 노예제도나 노예생활을 배경으로 해서는 다루기 어려운, 그러나 노예제도가 제기하는 여러 가지 문제점들에 못지않게 중요한, 예컨대 북부의 도시나 노예 해방 이후의 남부 사회에서 심각한 문제로 등장한 잡혼(mixed marriage), 린치 행위(lynching), 백인 행세(passing), 흑백분리주의(segregation) 등의 주요한 주제를 처음으로 심도있게 다룬 작품으로도 매우 중요하게 평가되어야 할 것이다.

웹은 자신이 태어나서 성장한 곳으로 알려진[24] 필라델피아를 주무대로 하여 한 잡혼 가정과 한 흑인 가정과 한 백인 가정을 배경으로 한, 사무엘 리차드슨(Samuel Richardson)과 헨리 필딩(Henry Fielding)의 영향을 받았음에 틀림없는 다양한 플롯 속에 이러한 주제들을 엮어 나가고 있다. 이 작품의 줄거리는 두 개의 큰 가닥과 두 개의 곁가지로 구성되어 있다고 볼 수 있는데, 두 개의 큰 가닥은 개리 가(家)를 중심으로 한 북부에서의 한 잡혼 가정의 경험과 엘리스(Ellis) 가(家)라는 한

24) 이 소설의 서문에서 Mrs Stowe가 밝히고 있는 정도 이외에는 Frank J. Webb의 전기적 기록으로는 알려진 것이 없다.

흑인 중산층 가정이 겪는 시련을 각각 다루고 있고, 두 개의 곁가지는 각각 흑인 월터즈(Mr. Walters)와 백인 스티븐즈(Mr. Stevens)를 중심으로 이 두 개의 큰 가닥에 연결되면서 주로 흑백 간의 갈등을 보여 주고 있다.

개리 플롯은 남부의 노예제도를 별 거부감 없이 받아들이기는 하지만 노예들에게 매우 친절한 이른바 "좋은 주인"(good master)인 개리가 자신이 사온 혼혈 노예 에밀리(Emily)를 사랑하여 그녀와 결혼하게 되면서 시작된다. 개리와 에밀리는 백인과 구분이 안 되는 남매 클라렌스(Clarence)와 엠(Em)을 낳고 조지아에서 살아가다가 흑백 결혼이 법적으로 인정되지 않는 남부에서의 아이들의 장래를 걱정하는 에밀리의 권유에 따라 필라델피아로 옮겨 오게 된다. 그들은 가까스로 법적 결혼을 성사시키는 데 성공하지만 이웃인 스티븐즈 부인에 의하여 에밀리와 아이들의 혼혈 신분이 드러나고 이어서 스티븐즈 부인의 농간으로 두 아이는 다니던 학교에서 쫓겨나게 된다. 결국 개리는 흑인옹호자로서 스티븐즈에 의하여 사주된 백인 폭도들의 흑인에 대한 공격의 주 목표가 되어 자신의 집에서 백인 폭도들에게 반항하다가 살해되고 병환 중인 만삭의 에밀리는 헛간에 피신했다가 아이를 낳고 죽는다. 오랜 세월이 지난 후 고민 끝에 '백인 행세' 의 길을 택한 클라렌스는 백인 처녀 버디(Birdie)와 결혼 약속까지 하지만 스티븐즈의 아들 조지(George)에 의하여 자신의 혼혈 신분이 드러나자 그 고통으로 결국 죽음에 이르고 클라렌스를 진심으로 사랑한 버디도 끝내 상심하여 죽는다. 이와는 대조적으로 백인 행세를 포기한 엠은 엘리스의 아들 찰리(Charlie)와 결혼함으로써 비극적인 개리 가의 종말에 한가닥 희망의 빛을 남긴다.

개리 플롯이 주로 잡혼과 백인 행세의 문제에 연관되어 있다면 엘리스 플롯은 주로 흑인 중산층의 삶과 그 모랄에 관련되어 있다. 엘리스가는 열심히 일하고 노력하는 목공 기술자인 엘리스와 성실하고 정숙

한 아내요 주부인 엘리스 부인, 맏딸답게 사려 깊고 용기있는 에스더(Esther), 왈가닥 기질이 있는 명랑쾌활한 캐드(Cad), 짓궂은 데가 있지만 사람들로부터 사랑을 받는 악의 없는 찰리로 구성되어 있는데 엘리스는 근면, 검약, 노력 등 이른바 신교 윤리(protestant ethic)를 철저히 지킴으로써 백인들과 동등한 사회적 위치에 오르려고 성실히 노력하는 모범적인 흑인 중산층의 한 인물이다. 작가는 이들과 월터즈 및 개리 가와의 친분 관계, 이들의 일상적인 가정생활 특히 찰리의 행적, 그리고 이들이 겪는 여러 가지 시련들에 대해서 비교적 자세히 묘사하고 있다. 이들에 닥친 결정적인 시련은 흑인 폭동을 유도하기 위한 백인 폭도의 린치 난동과 함께 시작되는데 이들은 월터즈의 집에 집결하여 백인 폭도들에 대항하여 싸워야 하는 곤경에 처하기도 하고 무엇보다도 백인 폭도들의 개리의 습격 계획을 개리에게 미리 알리려던 엘리스가 폭도들에게 쫓겨 치명적인 부상을 입고 집마저 파괴되어 버림으로써 이들의 시련은 절정에 이른다. 그러나 폐인이 되어 버린 아버지의 불행에도 불구하고 이들은 용기와 인내와 근면으로 결국 이러한 시련을 이겨내고 에스더는 월터즈와, 캐드는 이제 많은 재산을 물려받게 된 찰리의 친구 킨치(Kinch)와, 찰리는 개리의 딸인 엠과 결혼함으로써 각각 새로운 삶의 터전을 이룩한다.

한편 두 개의 곁가지 줄거리의 축을 이루는 두 인물 스티븐즈와 월터즈는 개리 플롯과 엘리스 플롯 모두에 직접 간접으로 관여하고 있다. 스티븐즈 부부는 버드 부인(Mrs. Bird), 버럴(Burrell) 부부, 미스 조단(Miss Jordan), 발치(Mr. Balch) 등 이 소설에 등장하는 선의의 백인들과 대조적으로 흑인을 박해하고 괴롭히는 사악한 백인의 전형으로 그려져 있다. 이른바 악덕 변호사인 스티븐즈는 흑인 소유 재산의 가격을 폭락케 하기 위하여 백인 폭도들로 하여금 소요를 일으키게 하고 노예제도 폐지론자들을 비난하는 글을 신문사에 투고하는 한편 살인혐의의 약점을 이용하여 맥클로스키(McCloskey)에게 개리를 살해하도록 지시함으로써 개리 가를 파멸시키고 엘리스의 불행의 직접적인 원인을 제공한다. 이 소설의 종반부에서 알콜 중독으로 폐인이 되다시피한 스티븐즈는 맥클로스키의 협박으로 고통을 당하다가 경찰에 쫓겨 추락사함으로써 불의와 오욕으로 일관된 그의 일생을 마치는데 이렇듯 철저한 악한으로서의 스티븐즈의 역할은 (권선징악의 원리에 따르는 정석적인 그의 죽음까지 포함하여) 이 소설을 전형적인 19세기식 멜로드라마로 만드는 데 큰 몫을 하고 있다.

백인 악한의 상투형인 스티븐즈와 가장 대조적인 인물은 월터즈이다. 월터즈는 스티븐즈의 탄압에 굴하지 않고 실제로 스티븐즈가 사주한 백인 폭도들과 정면 대결을 벌일 뿐만 아니라 여러 경우에 있어서 백인들의 부당한 억압 행위에 저항하여 흑인들의 입장을 대변하고 있는 인물인 까닭이다. 또한 월터즈는 필요할 때마다 개리와 엘리스의 곤경을 돕고 특히 엘리스가 폐인이 된 후 엘리스의 아이들이 그들에게 닥친 힘겨운 시련을 극복하고 새로운 삶의 터전을 이룩할 수 있게 하는 데 결정적인 도움을 준다. 이 소설에서 가장 독창적으로 그려지고 있는, 그리고 사실상 이 소설의 주인공이라고 할만큼 가장 중요한 역할을 하고 있는 인물이 바로 월터즈이다. 부동산업으로 큰 돈을 벌고 백인 사회에서도 상당한 영향력을 발휘할 정도로 사회적 지위를 확보한 월터즈는 그때까지 흑인이나 백인 작가들에 의하여 그려진 흑인 상투형, 예컨대 순종형, 무지형, 태평형, 가련형, 무조건적 백인 동화형 등과 사뭇 다른 새로운 유형의 독창적 인물이다.

물론 월터즈는 백인 동화형의 인물에 속한다. 그러나 월터즈는 무조건 백인의 언행을 모방하고 백인의 가치 체계를 무비판적으로 받아들이고 순응하는 인물이 아니다. 사실 이 작품의 가장 중요한 주제 중의 하나는 백인 동화이며 월터즈의 가장 중요한 역할은 바로 이 백인 동화의 본질을 밝혀 보이는 일과 관련되어 있다. 이 소설에 등장하는 모든 주요 흑인 인물들은 백인 동화를 그들의 삶의 원리로 받아들여서 그들 나름의 방식으로 백인 세계에 적응하려고 노력한다. 예컨대 에밀리는 백인 남편의 아내로서 자연스럽게 그리고 합법적으로 백인 세계의 한 부분이 되기를 바라고, 클라렌스는 피부색 자체에 의한 동화, 즉 백인 행세를 통하여 완전한 백인으로 행동하려 하고, 엘리스 및 찰즈 등 엘리스 가의 사람들은 대표적인 백인의 가치 체계인 근면 · 노력 · 검약 등의 신교윤리를 통한 물질적 성공으로써 백인 사회에 동화하려 한다. 월터즈는 이러한 물질적 성공을 탁월하게 성취한 대표적인 인물이다. 그는 백인 사회에서의 생존 수단으로서의 물질적 성공, 그리고 그 물질적 성공을 가져올 비지니스 정신의 중요성에 대하여 다음과 같이 이야기하고 있다.

> 아이가 뭘 벌어오지 않으면 도저히 안 될 형편이라면, 백인들이 하는 식으로 해보시지요. 백인들이 아이들을 종으로 내보내는 걸 보신 적 있으세요? 천만에요. 그 사람들은 아이에게 성냥이나 구두약이나 신문이나 사과 같은 것을 주고 그것들을 팔도록 시키지요. 그 결과는 어떻습니까? 성냥 파는 법을 배운 아이는 곧 다른 물건들을 파는 방법도 배우지요. 흥정하는 것을 배우고, 조그만 장사를 할 수 있게 되고, 그리고는 상인이 되고, 그리고는 백만장자가 되지요 . . .
>
> If you can't get on without the boy's earning something, why don't you do as white women and men do? Do you ever find them sending their boys out as servants? No; they rather give them a stock of matches, blacking, newspapers, or apples, and start them out to sell them. What is the result? The boy that learns to sell matches soon learns to sell other things; he learns to make bargains; he becomes a small trader, then a merchant, then a millionaire . . .[25)]

월터즈는 여기서 약삭빠를 정도로 백인 사회의 미국의 꿈의 정곡을 찔러 보인다. 그러나 월터즈가 궁극적으로 강조하는 것은 물질적 성공

---

25) Frank J. Webb, *The Garries and Their Friends* (New York: Arno Press and New York Times, 1969), p.62.

그 자체가 아니라 흑인도 백인처럼 물질적 성공을 획득할 수 있는 능력을 가지고 있다는 사실과 그것을 실천으로 보여주는 일이다. 그가 물질적 성공에 집념하는 것은 물질적 성공이 미국 백인 사회에서 현실적으로 그리고 실용적으로 가장 가치있는 성공으로 받아들여지고 있는 까닭일 것이다. 따라서 월터즈에게 있어서 물질적 성공은 백인의 모방을 통하여 얻는 안위라기보다는 백인의 방식을 취하되 궁극적으로 백인의 극복을 통해서 쟁취하는 자존의 확인인 셈이다. 그래서 월터즈는 백인의 가치 체계를 받아들이고 백인의 성공 방식을 따르되 자신이 흑인이라는 정체의식과 흑인으로서의 자존심과 백인의 부당성에 대한 저항 정신을 결코 포기하지는 않는다. 즉 그에겐 물질적 성공이나 백인 동화는 목표 그 자체라기보다는 실용적 수단이라고 볼 수 있다. 그런 점에서 그는 흑인소설에서 다루어진 첫 흑인 실용주의자로 주목을 받아야 한다. 월터즈의 이러한 모습은 한 세대 이후의 워싱턴(Booker T. Washington)에 대한 예시적 모습이기도 하다. 월터즈의 백인 동화가 다른 인물들의 그것과 근본적으로 다른 것은 바로 이 점에 있으며 그것은 또한 『클로텔』의 인물들을 통하여 암시된 브라운의 백인 동화와 웹의 백인 동화의 차이이기도 한데 그것은 분명 진일보한 의미의 차이임에 틀림없다.

이 소설의 또 하나의 중요한 주제는 노예가 아닌 자유 흑인들, 특히 월터즈와 엘리스 가를 중심으로 한 흑인 중산층의 삶을 끊임없이 위협하고 불안하게 만드는 북부의 백인 사회의 진상이다. 웹이 이 소설에서 주로 비판하고 있는 것은 흑인에 대한 바로 이러한 편견, 인종적 차별, 계급적 사회제도(caste system)의 가혹함이다. 예를 들어 남부의 부당한 인종적 억압으로부터 벗어나서 북부에서의 자유로운 삶을 기대했던 개리 부부에게 스티븐즈 부인의 다음과 같은 반응은 매우 충격적이다.

. . . 이 세상에 제가 제일 싫어하는 게 하나 있다면 그건 유색인종이에요. . . 노예가 아닌 모든 유색인들은 그들이 있어야 할 땅인 아프리카로 죄다 돌려보내야 한다고 생각해요. 그 사람들 예외 없이 제가 본 제일 무지하고 게으르고 한심한 사람들이에요.

. . . if there is one thing in this world I detest more than another, it is coloured people, I think . . . I think all those 「coloured people」 that are not slaves ought to be sent out of the country back to Africa, where they belong: they are, without exception, the most ignorant, idle, miserable set I ever saw.[26)]

스티븐즈 부인만이 아니라 이 작품에 등장하는 많은 북부 백인들, 예컨대 개리의 아이들을 학교에서 축출하는 키니 부인(Mrs. Kinney), 찰리의 아카데미 입학을 허용하지 않는 글렌트워스(Mr. Glentworth), 월터즈에게 음식을 팔지 않는 호텔 주인, 찰리의 취직 응모를 거부하는 양키, 개리 부부의 매장조차도 불허하는 백인들, 이들은 남부 백인 못지않게 흑인에 대한 강한 인종적 편견을 가지고 있다. 그리고 이러한 편견이 노예 해방 후 남부에서 흑인 차별정책이 심각해지기 훨씬 이전인 1850년대에 이미 북부에서 버스, 기차, 식당, 학교 등의 공공시설과 장소에 대한 흑백 차별정책으로 구체화되고 있음을 이 소설은 의미심장하게 보여 준다. 이 소설은 비록 노예해방 이전의 흑인소설이 마땅히 다루었음직한, 노예제도의 비판이나 노예제도 폐지론의 주장 같은 적극적인 주제를 다루고 있지는 않지만 남부의 흑인들에게 인종적 자유와 평등의 상징처럼 받아들여지는 북부의 실상과 허상을 드러내보임으로써 미국 흑인이 처한 보다 복합적인 부당한 상황에 대한 비판과 항의를 담고 있는 항변소설로서도 의의가 깊은 작품이다.

같은 항변소설의 범주에 속하면서도, 그리고 비슷한 시기에 비슷한 흑인의 상황을 다루면서도 『클로텔』이나 『개리네와 그 친구들』과는 전

---

26) *Ibid.*, pp.129-30.

혀 다른, 흑인 문제에 대한 새로운 쟁점을 새로운 시각에서 제기하고 있는 작품이 세 번째의 흑인소설인 델라니(Martin R. Delany, 1812-1885)의 『블레이크, 혹은 미국의 오두막』이다.

V

『클로텔』과 『개리네와 그 친구들』이 백인 동화주의를 작품의 밑바닥에 깔고 있는 데 반하여 『블레이크』는 그러한 백인 동화주의를 철저히 배격하며 흑인 민족주의적 의식을 고취하고 있다는 점에서 분명한 차이를 보인다. 앞의 두 작품과 다른 새로운 시각이라는 것은 바로 이 흑인 민족주의의 시각을 뜻하며 새로운 쟁점이라는 것은 바로 이 흑인 민족주의 의식에서 비롯되는 흑인의 자주적인 혁명적 투쟁을 통한 자유의 쟁취라는 쟁점을 의미한다. 이 소설이 같은 노예제도의 문제를 다루면서도 감상적인 혼혈 여주인공의 비극, 가족 붕괴의 비참함 등 반노예제 소설의 정석적인 주제보다는 당시의 정치적 · 사회적 상황에 더 초점을 맞추고 있다거나 노예주의 저택을 배경으로 한 집종(house servant)의 이야기보다는 노예들의 움막을 배경으로 한 일종(field hand)의 이야기에 더 관심을 가지는 것은 이 같은 맥락에서 이해될 수 있을 것이다. 1859년부터 1862년까지 잡지에 연재 발표된[27] 이 소설은 사실상 스토우 부인의 『톰아저씨의 오두막』에 대한 응답으로서 1852년부터 집필하기 시작한 것으로 추측되는데 델라니는 『톰아저씨의 오두막』에 묘사된 혼혈 주인공의 미화, 흑인 노예들의 순종, 기독교적 희생과 인고 등에 대해 강한 불만을 느껴 그에 대조되는 상황을 그

27) 첫 26장은 1859년 *The Anglo-African Magazine*에, 나머지는 1861년부터 1862년까지 *The Weekly Anglo-African*에 각각 연재되었음.

의 소설에서 제시해 보고자 했던 것으로 알려져 있다.[28] 그리하여 그의 소설에서는 혼혈 주인공 대신에 순수 흑인이, 손종하는 노예들 대신에 반란을 모의하는 노예들이 등장하고 기독교적 희생과 인고는 미덕으로서가 아니라 위선적 악덕으로서 비판의 대상이 되고 있는 것이다.

이 소설의 플롯은 혁명주의자인 주인공의 강한 개성에 걸맞게 그의 모험적 행동에 따라 전개되는 분명하고 단일한 하나의 선으로 이루어져 있다. 쿠바에서 태어난 주인공 핸리 블레이크(쿠바 세례명은 Carolus Henrico Blacus)는 선원 생활을 하기 위하여 17세에 아프리카의 배에 승선하게 되는데 그 배는 결국 노예선으로 판명되고 블레이크는 노예로 취급되어 미국으로 팔려간다. 블레이크는 핸리 홀랜드(Henry Holland)라는 이름으로 미시시피의 프랭크스(Franks) 농장에서 노예 생활을 하며 노예주의 혼혈 딸인 매기(Maggie)와 결혼하는데 매기가 쿠바로 팔려간 것을 계기로 프랭크스 농장을 탈출하여 이곳 저곳을 돌아다니며 노예들의 조직적인 반란 계획을 세운다. 블레이크는 미시시피로 다시 돌아와 프랭크스 농장의 노예들을 탈출시켜서 함께 갖은 고초를 겪은 끝에 보다 자유로운 땅인 캐나다에 도착한다. 블레이크가 이들과 작별하고 매기를 찾기 위하여 쿠바행 배를 타려고 뉴욕에 돌아오는 것으로 1부는 끝이 난다. 1부가 미국 내에서의 블레이크의 노예반란 조직 활동을 담고 있다면, 2부는 쿠바에서의 블레이크의 혁명준비 활동을 다루고 있다. 블레이크는 쿠바에서 매기와 재결합하고 캐나다의 동료들과도 재회하는 한편 쿠바의 흑인 저항 시인인 플라시도(Placido)의 도움을 받아서 쿠바 정부를 전복하기 위한, 그리고 쿠바를 합병하려는 미국의 기도를 퇴치하기 위한 흑인 혁명위원회를 조직하여 혁명군의 총사령관에 임명되기에 이른다. 이 소설은 거사가 임박

---

28) Floyd J. Miller, introduction to Martin R. Delany, *Blake or the Huts of America* (Boston: Beacon Press, 1970), p.xx.

한 혁명 전야의 긴장된 분위기 속에서 막을 내리는 미완성의 결말을 보여주고 있는데 이러한 결말은 그치지 않는 지속적인 저항과 혁명 의식의 필요성을 암시함으로써 오히려 이 작품의 주제를 강조하는 효과적인 결말일 수도 있을 것이다.

이 소설은 물론 델라니 자신의 체험적 지식과 노예 수기의 풍부한 자료를 활용하여 노예생활의 실상, 예컨대 비인도적인 노예 매매, 노예의 가혹한 처벌, 목숨을 건 탈출, 잔혹한 노예 사냥, 특히 아프리카에서 수송되어 오는 노예들이 노예선에서 겪는 참상 등을 사실적으로 묘사함으로써 노예제도의 비인도적 잔혹성을 실감 있게 보여주고 있지만 작자가 궁극적으로 전하고자 하는 메시지는 노예생활로부터의 해방과 자유는 흑인 자신의 손으로 쟁취되어야 하며 그것은 분명한 흑인의 정체의식과 불굴의 저항정신에 의하여 가능하다는 것이다. 작자는 용기와 의지력이 강하고 이지적인 순수 흑인을 주인공으로 내세워 이러한 목표를 성취하기 위하여 반드시 전제가 되어야 하는 흑인으로서의 분명한 인종적 자각, 부당한 백인의 억압에 대한 강한 저항의식, 그리고 흑인임에 대한 자긍심과 자존심을 고취함으로써 흑인 문제의 해결에 있어서 흑인 민족주의 의식의 중요성을 암시하고 있다.

블레이크나 플라시도 등 흑인 지도자들에 의하여 강조되고 있는 이러한 흑인 민족주의 정신은 바로 작자인 델라니 자신의 그것이기도 하다. 흑인 민족주의에 대한 에시엔 우돔(E.U. Essien Udom)의 다음과 같은 설명은 델라니의 민족주의 사상을 이해하는 데 도움이 될 것이다.

> 민족주의라는 개념은 . . . 한 집단의 사람들이 자신의 나라를 가지고 있거나 가져야 한다는, 공통된 언어, 문화, 종교의 유산을 공유하고 있거나 공유해야 한다는, 그리고 그 유산과 생활 방식과 인종적 정체성이 다른 집단의 그것들과 확연히 구분된다는 믿음을 뜻하는 것이라 생각할 수 있다. 민족주의자들은 스스로 다스리고 자신의 운명을 스스로 창출해야 한다고, 따라서 그들 자신의 사회적 · 경제적 · 정치적 제도를 통제해야 한다고 믿는다. 미국 흑인들 사이의 그러한 믿음을 여기서 흑인 민족주의라 부르는 것이다.

The concept of nationalism . . . may be thought of as the belief of a group that it possesses, or ought to possess, a country; that it shares, or ought to share, a common heritage of language, culture, and religion; and that its heritage, way of life, and ethnic identity are distinct from those of other groups. Nationalists believe that they ought to rule themselves and shape their own destinies, and that they should therefore be in control of their social, economic, and political institutions. Such beliefs among American Negroes . . . are here called black nationalism.[29)]

서아프리카 추장의 후손답게 자신이 흑인임에 대하여 강한 자부심을 가졌던 델라니는 1854년의 흑인 민족 대집회(Negro National Convention)에서 민족주의의 입장을 대표하여 백인 동화적 통합주의 입장을 대표한 프레더릭 더글러스와 맞서기도 하였고, 1854년의 이민 대집회(Emigration Convention)에서는 미국 흑인들의 서아프리카 이주를 주장하여 그 대표자로서 현지답사를 위해 실제로 아프리카 여행을 하기도 하였으며, 중남미에 흑인 국가를 세우자는 주장을 지지하기도 하였다. 델라니는 또한 미국의 첫 흑인 소령답게 매우 호전적이어서 그의 이러한 기질은 블레이크나 많은 흑인지도자들의 성격에 반영되고 있으며 남북전쟁이 끝난 후에도 공화당과 민주당을 바꿔 가며 정계에서 활약한 정치가답게 그의 정치적 관심은 이 소설의 많은 에피소드에 짙게 배어 있다. 이 작품의 무대를 쿠바로 설정한 것도 이러한 그의 정치적 관심과 결코 무관하지 않은 것으로, 그러한 설정은 쿠바에서의 흑인 혁명의 성공이 미국 노예제도의 붕괴를 유발할 수 있을 것이라는 그의 정치적 기대와 혁명을 통한 흑인 국가 수립의 가능성을 극화해 보고 싶은 그의 민족주의자적 욕구에서 아마도 비롯되었을 것이다.

델라니의 흑인 민족주의의 성격은 그의 첫 저서『미국 유색인종의

---

29) E. U. Essien-Udom, *Black Nationalism: A Search for an Identity in America* (Chicago & London: The University of Chicago Press, 1962), pp.6-7.

현황과 향상과 이민과 운명의 문제』(*The Condition, Elevation, Emigration and Destiny of the Colored People of the United States*, 1852)에 잘 나타나 있는데[30] 그가 강조하고 있는 것 중의 하나가 흑인의 민족적 자긍심에 기초한 그리고 흑인의 이익에 기여하는 자조(自助), 자립의 정신이다. 이 작품에서도 이러한 자조, 자립의 정신이 자주 언급되고 있는데 특히 종교문제에 있어서 흑인의 주체성과 자립의 강조는 이 소설의 중요한 주제로 다루어지고 있다. 블레이크는 찰즈에게 이렇게 조언한다.

> 당신의 압제자들이 그러듯이 당신도 당신이 종교를 당신의 이익에 도움이 되도록 활용해야 합니다! 그들은 당신을 굴복시키기 위하여 성경을 사용해서 '주인에게 복종' 하라느니 '가만히 서서 구원을 지켜보라' 고 설교를 하는 겁니다. 이제 우리도 성경을 우리의 이익에 도움이 되도록 새로이 이해하기 시작해야죠.
>
> You must make your religion subserve your interests, as your oppressors do theirs! They use the Scriptures to make you submit, by preaching to you the texts of 'obedience to your masters' and 'standing still to see the salvation,' and we must now begin to understand the Bible so as to make it of interest to us.[31]

또한 기독교의 종파에 관하여 질문하는 코르도라 부인(Madame Cordora)에게 블레이크는 다음과 같이 설명한다.

> 아시다시피 우리에게는 아무런 종파도 교파도 없습니다. 우리를 억압과 파멸로부터 구제하기 위한 하나의 종교, 우리의 죄의 중재자로서 우리 모두에게 공통된 구세주에 대한 하나의 믿음, 우리 모두가 인정하는 공동의 하느님이시고 또 그러셔야 하는 하나의 신이 있을 뿐입니다. 우리는 우리에게 자유를 가져다 줄 종교밖에 모르고, 우리를 자식으로 인정해 주시는 하느님을 섬

30) Addison Gayle, Jr., *op. cit.*, p.19 참조.

31) Martin R. Delany, *op. cit.*, p.41.

길 따름입니다.

We have all agreed to know no sects, no denomination, and but one religion for the sake of our redemption from bondage and degradation, a faith in a common Savior as an intercessor for our sins; but one God, who is and must be our acknowledged common Father. No religion but that which brings us liberty will we know; no God but He who owns us as his children will we serve . . .[32)]

『톰아저씨의 오두막』이나 『클로텔』에서 다루고 있는 기독교 신앙과는 대조적으로 이 작품에서의 기독교 신앙은 정치적이고 민족주의적인 차원에서 중요한 의미를 지닌다. 그리고 그 차이는 바로 『클로텔』 등의 반노예제 소설과 이 소설과의 근본적인 차이를 뜻하는 것이기도 하다. 이 소설은 주인공의 성격이나, 작품의 소재나, 소재를 다루는 그 시각적 측면에서 매우 새롭고 이질적인 작품으로 주목을 받을 만하다. 그러나 에디슨 게일이 시사하듯이[33)] 인종적 분열 대신에 인종적 통합을, 수동적 저항 대신에 반란을, 백인 동화 대신에 흑인 민족주의를 제창한 최초의 흑인소설이라는 데에 아마도 이 소설의 가장 큰 의의가 있을 것이다.

VI

지금까지 검토해 본 이 세 소설은 사실상 문학 작품으로서는 많은 결함과 한계를 지닌 작품들이다. 소설로서 갖추어야 할 여러 가지 기본 요소들, 예컨대 이야기의 구성, 성격묘사, 대화 처리 등에 있어서 이 작품들은 아직 초보적인 단계에 머물러 있으며 지나치게 감상적이

32) *Ibid.*, p.258.

33) Addison Gayle, Jr., *op. cit.*, p.23 참조.

거나 (『클로텔』의 경우) 지나치게 설명적임으로 해서 (『블레이크』의 경우) 예술 작품이 갖추어야 할 절제와 함축의 미덕을 결여하고 있음이 사실이다. 그것은 이들 흑인 작가들에게 문학이란 일차적으로 그들이 당면한 현실적 문제, 즉 미국 사회에서 흑인에게 가해지는 부당하고 부도덕한 억압에 대항하여 그 진상을 알리고 그러한 상황을 개선할 수 있는 가장 효과적인 수단으로 생각되었기 때문일 것이며, 문학의 여러 가지 컨벤션(convention)을 익히고 고려하기에는 그들의 문화적 경험이 너무 제한되어 있고 그들이 내세워야 할 주장이 너무나 급박하고 절박한 것이었기 때문일 것이다.

그러나 이러한 예술성에 있어서의 결함에도 불구하고 이 작품들은 여전히 그 사회성의 측면에서 매우 중요한 문학적 기록으로 평가되어야 할 것이다. 인간의 삶을 억압하고 통제하는, 그리하여 인간의 삶과 갈등을 일으키는 사회의 메커니즘을 최대한의 진실 속에 묘사하고 비판하는 것은 문학의 중요한 기능 중의 하나인 까닭이다. 이 작품들은 바로 이러한 사회의 메커니즘, 즉 사회의 제도적 장치나 관습을 그들 나름으로 충실히 분석하여 묘사하고 그러한 제도나 관습의 반도덕적 · 비인간화적 병폐를 비판하고 있다는 점에서 공통된다. 『클로텔』과 『블레이크』는 노예제도하의 남부 사회 및 쿠바를 배경으로 흑인의 인간적 권리와 자유를 원천적으로 박탈하고 있는 노예제도의 부당성을 고발하고 있고, 『개리네와 그 친구들』은 북부에서의 자유 흑인들의 삶을 배경으로 흑인 고유의 삶과 존재 양식을 거부하는 인종적 편견에 기초한 사회적 관습, 예를 들어 계급적 사회제도, 린치 행위, 흑백분리주의(segregation) 등을 비판하고 있는 것이다.

그러나 이 작품들이 이러한 부당한 사회적 메커니즘의 극복이나 개선을 위하여 내리고 있는 처방은 각각 다르다. 『클로텔』이 백인의 도덕 의식 특히 기독교 정신의 회복을 촉구하며 노예제도의 폐지에 있어서 주로 백인의 역할에 호소하는 반면 『블레이크』는 흑인이 백인의 부당한 제도적 억압으로부터 벗어나는 것은 흑인으로서의 자각 의식을 바탕으로 그들을 억압하는 그러한 제도에 저항하여 스스로의 힘으로 자유를 쟁취함으로써 가능한 것임을 강조한다. 한편 『개리네와 그 친구들』은 흑인에게 가해지는 부당한 인종적 편견을 극복하는 길은 오히려 백인을 능가하는 근면, 노력, 인내 등의 미덕을 통하여 성공적인 삶을 이루는 것임을 개리 가의 사람들과 특히 월터즈를 통하여 강력히 시사하고 있다. 이 세 가지 처방에서 우리가 주목해야 할 것은 『클로텔』의 경우에 강조되고 있는 어떠한 종류의 백인 동화도 거부하는 강렬한 흑인 민족주의의 의식이다. 서두에서도 언급한 바 있듯이 미국 흑인의 삶의 정신적 토양을 이루어 온 이 백인 동화주의와 흑인 민족주의라는 이중적 의식 양태가 초기의 이 세 소설에서 이미 심각하게 다루어지고 있다는 점은 매우 중요하다. 남북전쟁의 종결 이후 노예제도의 폐지와 함께 당연히 침체 상태에 들어서게 된 흑인문학은 남부에서의 흑인 차별과 탄압이 심각해짐에 따라 1890년대부터 다시 활기를 띠게 되는데 찰즈 W. 체스넛, 폴 로렌스 던바, 사튼 그릭스(Sutton Griggs) 등에 의하여 주도되는 이 시기의 본격적인 흑인소설에서 이 백인 동화주의와 흑인 민족주의의 문제는 더욱 중요한 주제로 다루어지고 있는 것이다.

이 세 작품은 흑인문학의 항변적 전통을 충실히 따르면서 흑인들의 인간적 권리와 자유를 박탈하는 백인 중심의 사회제도와 관습에 대한 비판, 그리고 그러한 사회적 메커니즘 아래서 억압받는 흑인들의 삶의 실상을 처음으로 소설의 형식안에 극화시켰다는 점에서, 또한 백인 동화주의와 흑인 민족주의라는 미국 흑인의 이중적 의식구조를 처음으로 문학 작품 속에 의미깊게 형상화하여 그 전통을 세웠다는 점에서, 문학사적으로 응분의 평가를 받아야 하리라 생각한다.

(1989, 『미국학』 제12집)

2 초기 미국 흑인 여성소설

프란시스 하퍼 Frances E. W. Harper
제시 포세트 Jessie R. Fauset
넬라 라슨 Nella Larsen

I

미국 흑인문학은 미국 흑인 여성문학과 그 기원을 같이 한다. 1746년 루시 테리(Lucy Terry)라는 열여섯살난 한 흑인 소녀가 쓴 「바즈 전투」(Bars Fight)라는 시가 미국 흑인에 의하여 쓰여진 첫 작품으로 기록되어 있는바,[1] 미국 흑인문학은 여성문학으로 그 기록이 시작된 셈이다. 루시 테리에 이어 필리스 휘틀리(Phillis Wheatley)가 등장하는데 이처럼 여성 작가가 초기 흑인문학의 선두에 서게 된 데에는 그럴만한 이유가 있다. 아프리카에서 끌려온 이 시기의 흑인 남성들이 주로 남부의 노동 노예로 팔려간 반면 운 좋은 상당수의 여성들은 북부의 뉴잉글랜드 지방에 하녀로 팔려가서 관대한 주인의 묵인이나 권장 아래 글을 배우고 백인의 문화 생활을 공유하는 혜택을 누릴 수 있었다. 루시 테리나 필리스 휘틀리는 바로 이런 운 좋은 흑인 하녀들의 대표적

1) Roger Whitlow, *Black American Literature* (Totowa: Helix Book, 1984), p.15.

인 경우이다. 19세기 초 이른바 「정신적 자서전」(Spiritual Autobiography)이라 불리는 기록물들을 쓴 자리나 리(Jarena Lee), 질파 엘란(Zilpha Elan), 줄리아 푸트(Julia Foote) 같은 흑인 여성들도 노예 생활의 경험이 전혀 없는 북부의 자유 흑인들이었다. 따라서 이들의 작품은 대체로 당대의 백인문학을 모방하며 흑인의 삶보다는 그들 자신의 삶의 배경을 이루고 있는 백인 문화의 영향을 더 많이 반영하고 있다고 볼 수 있다. 백인들이 참혹하게 희생당한 한 인디언 습격 사건을 그리고 있는 루시 테리의 「바즈 전투」나 기독교적 은총과 사랑을 예찬한 필리스 휘틀리의 많은 시들은 그 좋은 예이다. 백인의 지적 · 도덕적 우월성에 대한 일종의 도전이라고 평가받는[2] 「정신적 자서전」들까지도 흑인들의 현실적 삶에 대한 사실적 기술보다는 궁극적으로 서구적 기독교 정신에 바탕을 둔 정신적 자유와 내적 성취에의 추구를 강조하고 있다는 사실은 이를 잘 설명해 주고 있다. 주피터 해몬(Jupiter Hammon) 같은 이 시기의 흑인 남성 작가의 경우도 사정은 크게 다르지 않았다.

그러나 19세기 초에 이르러 흑인의 인종적 열등성에 대한 과학적 정당성을 배경으로 노예제도를 통한 흑인 억압 상황이 더욱 더 악화되어 감에 따라 흑인들의 인종적 · 민족적 자각 의식 역시 강화되어 가기 시작했다. 특히 1820년대 이후 나트 터너(Nat Turner) 사건을 위시한 흑인 노예들의 반란 사건, 윌리엄 로이드 개리슨(William Lloyd Garrison) 등이 주도한 노예제 폐지 운동의 확산, 이 운동을 뒷받침하는 활발한 언론 활동 등은 흑인들의 자각 의식을 더욱 촉진시켰고 이러한 변화는 흑인문학에도 그대로 반영되어 나타났다. 그리하여 노예제도의 참상을 고발하고 흑인 억압에 저항하는 이른바 '항변(protest)

2) Eva Lennox Birch, *Black American Women's Writing: A Quilt of Many Colors* (New York: Harvester Wheatsheaf, 1994), p.17.

문학' 혹은 '프로파간다 문학'의 전통이 뿌리를 내리게 된 것이다.

1830년대 이후 남북전쟁 전까지 무려 30여 편이 발표되면서 흑인문학의 주종을 이루게 된 노예 수기(Slave Narrative) 등 항변문학의 전통을 따른 이 시기의 흑인문학은 대체로 남성에 의하여 주도되었다고 말할 수 있다. 그러나 프란시즈 하퍼(Frances E.W. Harper)의 『여러 주제에 관한 시 모음』(*Poems on Miscellaneous Subjects*, 1854), 소저너 트루스(Sojourner Truth)의 『수기』(*Narrative*, 1850), 해리엇 윌슨(Harriet Wilson)의 『우리 깜둥이』(*Our Nig*, 1859)는 이 시기의 중요한 흑인 여성문학의 산물로서 결코 과소평가되어서는 안 될 것이다. 하퍼는 『여러 주제에 관한 시모음』을 비롯한 네 권의 시집을 출간하고 후에 진정한 의미의 첫 흑인 여성 소설로 평가받는 『아이올라 르로이, 혹은 그늘 걷히다』(*Iola Leroy: or Shadows Uplifted*) 등 수많은 작품을 발표한 최초의 본격적인 흑인 여성작가로, 소저너 트루스는 노예 수기를 발표한 첫 흑인 여성으로, 그리고 윌슨은 자전적 흑인소설을 쓴 최초의 흑인 여성으로, 각각 흑인문학사의 중요한 한 자리를 차지해야 할 인물들이다.

한편 남북전쟁이 끝나고 흑인문학의 핵심 주제였던 노예제도 자체가 폐지된 1860년대 이후 흑인문학 활동이 소강상태에 들어간 것은 당연한 결과였다. 그러나 남부재건사업(Reconstruction)이 사실상 실패로 돌아가고 특히 남부에서의 흑인 차별과 억압이 더욱 심화되어 감에 따라 1890년대에 이르러 흑인문학도 다시 활기를 띠기 시작했다. 하퍼의 『아이올라 르로이』(1892)는 바로 이 시기에 발표된 작품으로서 20세기로 이어지는 흑인 여성문학의 선봉 역할을 한 점에서 그 문학사적 의의가 크다 할 것이다.

앞에서 밝혔듯이 흑인 여성에 의하여 쓰여진 최초의 소설은 윌슨의 『우리 깜둥이』라 할 수 있지만[3] 대부분의 학자나 비평가들은 하퍼의

---

3) Birch는 Harriet Wilson의 *Our Nig*가 일반적으로 흑인 여성에 의하여 쓰여진

『아이올라 르로이』를 흑인 여성소설의 사실상의 시발점으로 삼는다. 그것은 아마도 『우리 깜동이』가 소설의 형식을 취하고 있긴 하지만 사실상 자서전적 기록물이라고 할 수 있는데다 아이의 양육비를 벌기 위하여 유일하게 이 작품을 쓴 저자 윌슨을 직업적인 작가로 볼 수 없다는 판단 때문일 것이다. 필자 역시 같은 이유로 본격적인 작가로서 일생동안 문학 활동에 종사한 하퍼의 『아이올라 르로이』를 진정한 의미의 첫 흑인 여성소설로 자리매김하면서, 하퍼와 뒤이어 등장한 20세기 초의 제시 포셋(Jessie Fauset), 넬라 라슨(Nella Larsen)을 한 데 묶어 세 작가를 초기 흑인 여성소설의 대표적 작가로 다루려고 한다. 이 글은 이 세 작가의 대표적인 소설들의 분석을 통하여 초기 흑인 여성소설의 특성과 그 문학적 의의를 살펴보고 흑인 여성소설이라는 보다 더 큰 틀에서 이들의 작품 세계를 이해해 보려는 하나의 노력이 될 것이다.

II

19세기의 흑인문학이 항변과 프로파간다의 전통을 이어왔음은 전술한 바 있거니와 이는 여성문학의 경우에도 예외가 아니었다. 특히 프란시즈 하퍼는 열렬한 노예제 폐지론자(abolitionist)로서 강연 및 문필 활동을 통하여 노예제 폐지 운동에 적극 가담하였고 여권 신장 운동, 금주 운동 등 여러 가지 사회 개혁 운동에도 깊이 관여한 작가였다. 이러한 배경은 『아이올라 르로이』가 인종적 주제를 강조한 윌리엄 웰즈 브라운(W. W. Brown)의 『클로텔』, 프랭크 웹(F. J. Webb)의 『개리

최초의 소설로 인정되고 있지만 Mrs Seacole의 *Wonderful Adventures of Mrs Seacole in Many Lands*가 *Our Nig*보다 한해 전인 1858년에 출판되었음을 지적하고 있다. 그의 *Black American Women's Writing*, p.24 참조.

네와 그 친구들』, 마틴 델라니(M.R. Delany)의 『블레이크』 등 흑인 남성 소설의 프로파간다 전통을 충실히 따르고 있음을 쉽게 설명해 준다.[4] 그러나 항변문학의 전통을 따르며 흑백의 인종적 주제를 강조하여 다룬다는 공통점을 보여주면서도 하퍼의 소설은, 나아가 흑인 여성소설은, 처음부터 남성소설과는 다른 몇 가지 특성을 드러내고 있다. 그 가장 중요한 특성은 아마도 흑인 여성 주인공, 특히 혼혈 여성 주인공에 대한 집요한 관심, 여성 및 여권 문제에 대한 강한 자의식, 그리고 결혼과 가정의 주제일 것이다.

물론 여성 주인공과 혼혈 여성에 대한 관심이 흑인 여성작가의 전유물이었던 것은 아니다. 첫 흑인소설인 『클로텔』은 바로 혼혈 흑인여성인 클로텔과 역시 혼혈인 그녀의 두 딸에 관한 이야기이며, 웹의 『개리네와 그 친구들』, 그리고 찰즈 W. 체스넛의 소설들에도 많은 혼혈 흑인 여성인물들이 등장한다. 그러나 남성 작가들의 작품에서 흑인 여성 및 혼혈 여성들이 대체로 상투적이고(stereotypical) 수동적인 유형의 인물로 도식적으로 그려지고 있는 데 반하여 하퍼 등 여성 작가들의 작품에서는 이러한 상투성에서 벗어나 새로운 개성을 보여주는 능동적 인물로 그려져 있다.

흑인의 상투적 인물형은 물론 백인 사회에 의하여 조작된 측면이 강하다. 노예제도를 정당화하고 합리화하기 위하여 흑백 간의 우열성 차이를 강조해야 하는 백인 사회는 흑인들에게 여러 가지 부정적이고 열등한 이미지를 부여하여 왔고 그러한 이미지는 오랜 상징조작의 과정을 거쳐 결국 흑인의 상투형으로 굳어진 것이라 볼 수 있기 때문이다. 순종적이고 체념적인 톰아저씨(Uncle Tom)형, 희극적이고 낙천적인 어릿광대형(minstrel), 포악하고 비열한 깜둥이(bad nigger)형 등은 흑

4) Harper 당대의 Charles W. Chesnutt도 사실은 프로파간다 전통을 잇고 있다고 볼 수 있다.

인 남성의 대표적인 상투형들이다. 흑인 여성의 경우, 백인 여성의 순수성과 우월성, 즉 순결하고 우아한 백인 "숙녀"(lady)의 이미지에 대조되는 음란하고 단정치 못한 탕녀(loose woman)형, 주인에게 충성스럽고 매사에 만족해하는 풍만한 체구의 유모(mammy)형 등이 그 대표적인 유형이라 볼 수 있다. 한편 이들과 대조적인 또 하나의 유형으로 혼혈 흑인 여성(mulatta)이 있는데[5] 대체로 비극적 가련형으로 그려지는 이들은 백인 작가나 흑인 작가의 작품에서 공히 흑인 여주인공으로 가장 자주 등장하는 상투적 인물형이다. 이러한 흑인 상투형들은 백인 작가들뿐만 아니라 흑인 작가들의 작품에서도 간혹 나타나는데, 흑인 작가의 경우 그것은 어찌 보면 백인 이데올로기에 의하여 이미 사실로 굳어져 버린 미국적 현실을 반영하는 사실적 기술일 수도 있고 백인 출판사와 백인 독자를 의식한 작자의 전략적 배려의 결과일 수도 있을 것이다. 그러나 대체로 흑인 작가들은 백인의 이데올로기에 의해 부여된 이러한 부정적인 흑인 상투형을 거부하고 보다 긍정적인 새로운 흑인의 이미지를 창출해 내려고 노력해 왔다. 하퍼는 그녀의 작가적 배경이 충분히 암시하듯이 바로 이러한 노력을 자신의 중요한 작가로서의 임무라 생각했던 대표적 흑인 작가의 한 사람이다.

『아이올라 르로이』는 이러한 노력이 특히 두드러져 보이는 작품이다.[6] 아이올라 르로이라는 한 흑인 혼혈 여성의 기구한 그러나 성공적인 삶이 주축을 이루는 이 이야기에는 수많은 남녀 흑인 인물이 등장

---

5) 흑인피 한 방울만 섞여도 흑인으로 간주되며 정도에 따라 mulatta, quadroon, octaroon 등으로 세분됨.

6) Barbara Christian은 이 소설이 중요한 이유는 미국 사회에서 받아들여지고 있는 흑인 여성들의 부정적 이미지와 이런 이미지를 반박하려는 작자의 집요한 노력과의 관계를 이 소설이 극명하게 그려 보이고 있기 때문이라고 말한다. Barbara Christian, *Black Women Novelists: The Development of a Tradition, 1892-1976*(London: Greenwood Press, 1980), p.5.

하는데 이들은 거의 예외 없이 여러 가지 미덕을 지닌 긍정적 인물들로 그려져 있다. 예컨대 흑인 노예들의 중심에 서서 그들의 기도 모임을 주도하면서도 군대에 간 로버트 주인님의 가족을 돌보기 위하여 함께 떠나기를 포기하는 이타적인 엉클 다니엘(Uncle Daniel), 북군의 장군에 호소하여 아이올라를 노예 신분에서 구하는 데 결정적인 역할을 하고 북군을 돕다가 결국 목숨을 잃게 되는 정의로운 톰(Thomas Anderson), 흑인 커뮤니티의 구심점 역할을 하며 남자들의 잘못을 비판하고 모성의 중요성을 일깨우는 활달한 안트 린다(Aunt Linda) 등은 흑인 상투형과는 아주 대조적인 인물들이다. 특히 아이올라와 아이올라의 동생 해리(Harry), 아이올라의 외삼촌으로 밝혀지는 로버트 존슨(Robert Johnson), 아이올라와의 결혼에 성공하는 닥터 라티머(Dr. Latimer), 해리의 아내가 되는 미스 델라니(Miss Delany) 등 주요 인물들은 모두 두보이스(W. E. B. DuBois)가 명명한 이른바 「십분의 일의 재능있는 사람」(Talented Tenth)에 속하는 엘리트로 그려져 있다.

하퍼가 이처럼 긍정적인 미덕을 갖추고 지적 우수성을 지닌 흑인 인물들을 대거 등장시키고 있는 이유는 분명하다. 그것은 흑인도 백인 못지않은 훌륭한 품성과 지적 우수성을 갖추고 있음을 강조하고 그럼에도 불구하고 백인 지배의 미국 사회에서 흑인의 이미지가 얼마나 부당히 왜곡되고 그들의 삶이 얼마나 부당한 고통을 당하고 있는가를 강조하기 위함인 것이다. 그 부당함과 그 부당함이 가져오는 고통과 비극성을 가장 잘 극화시켜 보여줄 수 있는 것은 아마도 「검은 백인」이라고 불러야 할, 백인이기도 하고 흑인이기도 한, 혹은 백인도 아니고 흑인도 아닌, 혼혈 흑인(mulatto)의 삶을 통해서일 것이다. 『아이올라 르로이』에 많은 혼혈 흑인이 등장하는 것은 그런 이유에서이다. 노예제도 폐지론 작가들이 인종 차별주의의 이데올로기를 강조하기 위하여, 예컨대 백인의 피를 나누어 가짐으로써 백인에 속한다고 볼 수 있는, 더욱이 교양과 재능을 갖춘 그런 사람을 어떻게 노예로 만들 수 있는가 하는 등의 문제점을 비판하기 위하여 의식적으로 피부색이 덜 검은 혼혈 흑인을 주인공으로 내세우고 있음은 혼혈 흑인의 주제를 다룬 그의 탁월한 저서 『백인도 아니고 흑인도 아닌』(*Neither White Nor Black*)에서 쥬디스 버존(Judith R. Berzon)이 이미 적절히 지적한 바 있다.[7)]

아이올라는 버존이 예시하고 있는 바로 그런 혼혈 흑인의 한 전형이라고 볼 수 있다. 큰 남부 농장의 주인인 백인 아버지와 그의 전 노예인 혼혈 어머니 사이에서 태어난 아이올라는 북부의 한 도시에서 아름다운 백인 소녀로 유복하게 자라지만, 아버지가 갑자기 황열병으로 죽는 사건을 계기로 자신이 흑인이라는 충격적인 사실을 알게 되고 서류상의 하자 때문에 결국 어머니와 함께 남부로 팔려가는 수난을 겪게 된다. 이 시점까지의 아이올라의 삶은 흑인 상투형의 하나인 「비극적 혼혈녀」(tragic mulatta)의 삶을 그대로 재현하고 있는 것처럼 보인다. 그러나 남북전쟁 중 노예로부터 해방되어 야전 병원의 간호사 임무를 수행하면서부터 그녀의 삶은 달라진다. 결혼해서 북부로 가서 함께 살자는 백인 의사 닥터 그레샴(Dr. Gresham)의 구애와 청혼을 거부하면서 아이올라는 전쟁이 끝나면 어머니를 찾아 나설 것을 다짐하며, 병원이 문 닫은 후에는 교사로서의 사명감을 느끼며 자유의 몸이 된 흑인들을 가르치기 시작한다. 우리는 여기서 아이올라가 닥터 그레샴의 구애와 청혼을 거부하는 일, 어머니를 찾아나서는 일, 흑인들을 가르치는 일이 모두 그 나름의 중요한 상징적 의미를 지니고 있음에 주목할 필요가 있다. 먼저 닥터 그레샴의 청혼을 거부하는 일은 안락한 백인의 삶에의 유혹과 동화를 거부하는 일에 다름 아니며, 또한 흑인 사회에 대한 봉사라는 보다 큰 대의명분을 위하여 개인의 사사로운 애정

---

7) Judith R. Berzon, *Neither White Nor Black* (New York: New York University Press, 1978), p.13.

문제를 희생하겠다는 결의의 표현이라 볼 수 있다. 한편 어머니를 찾아나서는 일은 한편으로는 자신의 뿌리, 즉 정체성을 찾는 일이요, 다른 한편으로는 가정의 중요성을 일깨우는 일이다. 흑인들에게 특히 혼혈 흑인들에게 정체성의 문제가 얼마나 중요한 것인가, 그리고 노예제도가 본질적으로 거부하고 파괴한 가정의 의미가 흑인들에게 얼마나 절실한 것인가는 긴 설명을 필요로 하지 않을 것이다. 흑인들을 가르치는 일 역시 한편으로는 흑인들 특히 흑인 여자들에게 대체로 거부되어 온 "일할 권리"를 찾아 행하는 일이요 다른 한편으로는 노예제로부터 해방된 흑인들에게 교육의 문제가 얼마나 중요하고 절실한 것인가를 강조하는 일이기도 하다.

작자는 아이올라의 행동을 통하여 암시한 이러한 중요한 문제들을 궁극적인 지향점으로 삼고 큰 갈등 없이 순조롭게 이야기를 진행시켜 나간다. 소설의 후반에서 로버트 존슨은 어머니와 누나를, 아이올라는 어머니와 동생을, 군 입대로 헤어진 해리는 누나를 각각 찾아 나서서 이들은 결국 모두 재결합하기에 이르고 또한 옛 고향 동네에서 이제는 대부분 성공한 많은 이웃들을 만나 회포를 나누게 된다. 한편 작자는 이러한 과정 중에 아이올라와 로버트로 하여금 북부를 방문케 함으로써 거처와 일자리를 구하며 그들이 겪는 고초를 통하여 북부의 심각한 인종 차별 상황을 고발하는 일을 잊지 않는다. 또한 흑인 지식인들의 토론 모임을 마련하여 이민, 여성 교육, 흑인의 도덕적 발전 등 하퍼 자신이 글과 강연을 통하여 이미 개진한 바 있는 여러 가지 흑인의 당면 과제에 관한 견해를 그들의 대화와 토론의 내용을 통하여 밝혀 보이고 있다. 이야기의 끝부분에서 모든 주요 인물들은 남부로 돌아가 옛날 노예 시절의 그곳에 정착한다. 그리하여 아이올라는 주일학교의 교사와 교회 봉사자로서 일하며 사람들의 사랑과 존경을 받고, 아이올라와의 결혼에 성공한 닥터 라티머는 흑인 병원의 명망있는 의사와 개혁가로 활약하고, 해리와 그의 아내가 된 미스 델라니는 큰 학교를 세워 운영하고, 로버트는 옛 농장을 사들여 가난한 흑인들을 위해 분양 사업을 벌이는 등, 그들 모두 흑인 사회의 지도자로서 흑인의 삶의 향상을 위하여 헌신하는 모습으로 이 이야기는 끝을 맺는다.

위에서 살펴본 대로 『아이올라 르로이』는 흑인 항변소설 혹은 프로파간다 소설의 전통을 충실히 따르고 있는 작품이다. 노예제도의 잔혹한 부도덕성의 고발, 노예 해방 후 재건기를 거치며 더욱 악화되어 가는 흑인 인종 차별에 대한 비판, 그리고 흑인의 삶과 지위의 향상을 위한 개혁 정신의 고취에 있어서 이 작품이 흑인소설로서 지니는 역사적 · 정치적 의의는 출판 당시의 서평들이 뒷받침하듯[8] 결코 과소평가되어서는 안 될 것이다. 그러나 프로파간다 소설로서의 성공에도 불구하고 이 작품은 문학 작품으로서의 많은 한계를 그 대가로 치르고 있다. 예술성을 중시하는 새로운 흑인 미학을 강조하며 흑인문학이 활기를 띠던 할렘 르네상스의 1920년대나 1970년대에 특히, 이 작품이 제대로 평가를 받지 못한 것은 그런 이유에서이다.

이 작품의 가장 큰 결함의 하나는 사실성과 박진감의 결여라고 볼 수 있는데 그것은 너무 많은 역사적 사실들을 배경으로 너무 많은 세부적인 사건들과 너무 많은 인물들을 산만하게 엮고 있는 그 구성의 허술함, 정치적 의도가 앞서는 지나친 계몽성과 감상성, 그리고 당대 흑인들 특히 흑인 여성들의 삶에 대한 비사실적인 묘사 등에서 온다고 볼 수 있다. 이 사실성의 결여는 또한 로버트 본(Robert Bone)이 적절히 지적하고 있는바 초기 흑인 작가들의 인물 처리 방식과도 깊은 관련이 있다. 본에 따르면 초기의 흑인 작가들은 일반적으로 받아들여지는 부정적인 흑인 상투형과 그에 대항하는 작자 자신의 또 하나의 상투형 사이에 갇혀서 자신이 다루는 흑인 인물들을 살아있는 복합적 인

8) Hazel V. Carby, "Introduction" to Frances E. W. Harper, *Iola Leroy* (Boston: Beacon Press, 1987), p.viii.

물로 그리지 못하고 결국 멜로드라마의 정적이고 유형적인 인물로 머물게 함으로써 구체적인 인물 형상화를 통한 사실성 확보에 실패하고 있다는 것이다.[9] 하퍼의 아이올라의 경우도 정도의 차이는 다소 있지만 흑인상투형에 대항하는 작자 자신의 또 다른 상투형 인물의 한계를 벗어나지 못하고 있고 따라서 이러한 인물형상화의 한계가 작품의 사실성 결여에 영향을 주고 있다고 보아야 할 것이다. 본은 이런 방식의 인물 처리가 초기 흑인 작가들이 차용한 당대의 대중소설 형식인 멜로드라마에서 온 것이라고 설명한다.[10] 선과 악의 갈등을 주로 다루는 소재, 모랄 의식의 강조, 악덕과 미덕을 명쾌히 구현해 보이는 분명한 유형적 인물, 인물과 행동에 있어서의 극명한 대조, 이러한 특징의 멜로드라마가 노예제도의 부도덕성과 잔혹성을 호소하려는 흑인 작가들의 목적에 아주 적절한 소설 형식이었을 것임을 짐작하기는 어렵지 않다.

한편 바바라 크리스챤(Barbara Christian)은 『아이올라 르로이』의 작품 내용, 특히 아이올라 등 여성인물들의 삶에 관한 내용이 사실성을 결여하고 있음을 지적하면서, 소설 『아이올라 르로이』의 내용과 재건기의 대부분의 흑인 여성들의 삶에 대한 하퍼의 세부적인 실제 관찰 사이에는 커다란 괴리가 있는데 그 괴리는 당시의 소설 형식과 미국 사회에서의 흑인 여성들의 이미지와 관련이 있다고 주장한다.[11] 크리스챤이 지적하는 이 소설 형식은 본이 언급한 멜로드라마와 사실상 같은 성격의 것으로 크리스챤은 그의 다른 글에서 이 형식을 로맨스(romance)라는 좀더 구체적인 장르의 형식으로 설명하고 있다. 크리스

---

9) Robert Rone, *The Negro Novel in America* (New Haven: Yale University Press, 1965), p.24.

10) *Ibid.*, pp.23-24.

11) Babara Christian, *op. cit.*, p.5.

챤에 따르면, 재건기 중에 더욱 악화되어 가는 흑인 탄압 상황을 보다 효과적으로 알리고 "백인들의 가슴에 더 강한 정의감과 더 기독교적인 휴머니즘을 고취하기 위하여" 하퍼는 스토우 부인 등 노예폐지론 작가들이 프로파간다로서 아주 성공적으로 활용해 온, 주로 백인 여성을 대상으로 고아(高雅)한 이야기를 통해 정서를 자극함으로써 대중적 호소력을 얻기에 가장 적절한, 로맨스 소설의 형식을 택했다는 것이다.[12)]

그런데 로맨스는 하나의 소설 형식으로 몇 가지 관습적 제약, 특히 사회가 정의하는 이상적 여성으로서의 여주인공을 요구한다. 전통적인 로맨스에서 아름답고 순결하고 교양 있는 이 여주인공은 그들의 이상적인 성격과 갈등을 일으키는 위험한 상황, 특히 그들의 이상적 미덕이 사악하고 타락한 세계의 위협에 직면하는 도덕적 위기 상황에 처하게 된다. 이러한 상황에서 이 여주인공은 자신의 기준을 포기하거나 바꾸기보다는 차라리 죽음을 택하게 되는데 이러한 이야기가 독자들에게 주는 효과는 그처럼 완벽한 이상적 미덕이 타락한 세계에 의하여 파괴되지 않기 위해서는 그 타락한 세계가 변해야 한다는 교화적 깨달음이다.[13)] 하퍼가 로맨스를 자신의 메시지를 전할 가장 효과적인 소설 형식으로 택한 이상 로맨스의 정석에 따라 1890년대 당시의 흑인 여성들의 삶에 대한 그의 지식을 접어두고 아이올라를 로맨스의 이상적 여주인공형으로 설정할 수밖에 없었다는 것이, 즉 하퍼의 목적은 리얼리티의 제시나 진실의 추구가 아니라 흑인 특히 흑인 여성들에 대한 독자들의 생각을 바꾸는 것이었기 때문에 로맨스 소설이라는 당시의 가장 대중적인 형식을 사용하여 그 시대의 형식과 의미에 부응하는 방식

12) Barbara Christian, *Black Feminist Criticism: Perspectives on Black Women Writers* (New York: Pergamon Press, 1985), pp.168-69.

13) *Ibid.*, p.168.

으로 리얼리티를 구성할 수밖에 없었다는 것이 크리스챤의 분석이다.[14)]

그러나 백인 독자를 의식하여 백인의 관점에서 이루어진 이러한 인물 묘사나 인물 처리 방식은 근원적으로 백인의 인종 차별적인(racist) 가치관을 반영할 수밖에 없다는 아이러니컬한 한계를 지닌다. 아이올라를 비롯한 해리, 로버트, 닥터 라티머 등 주요 인물들은 대부분 백인의 외모를 갖추고 있으면서도 '백인 행세'를 거부하고 결연히 흑인으로서의 정체성을 고수하지만 흑인의 삶의 향상을 위한 그들의 헌신적인 봉사정신 외에 그들의 삶의 태도나 행동 양식에 있어서 백인과의 차이가 어떤 것인지, 즉 백인과의 차별적인 흑인 정체성이 무엇인지가 모호할 수밖에 없는 것은 그 때문이다.

이렇듯 부당한 인종 탄압 상황에 대하여 흑인도 백인과 마찬가지임을 강조하며 백인의 동정심과 정의감에 호소하는 초기 흑인소설의 이러한 소극적 방식의 대응은 근본적으로 백인 동화주의적일 수밖에 없고 『아이올라 르로이』 역시 그 한계에서 벗어날 수 없었던 것이다. 그리고 그것은 하퍼 자신이 밝힌바, 백인 독자들을 겨냥한 항변소설의 한계이기도 했다. 그러나 20세기 초의 소강상태를 지나 1920년대, 흑인문학 활동이 활발히 전개되던 이른바 할렘 르네상스의 시기에 등단한 두 흑인 여성 작가 제시 포셋과 넬라 라슨의 작품에서 우리는 하퍼의 그것과 유사한 듯하면서도 아주 대조적인 다른 세계에 접하게 된다.

III

포셋의 작품 세계를 잘 보여주는 그의 대표작이라 할 만한 『건포도빵』(*Plum Bun*)의 경우, 백인에 가까운 아름다운 혼혈 흑인 여성의 여

---

14) *Ibid.*, p.170.

주인공 설정, 자기 성취에 이르는 굴곡의 성장 과정, 흑인 중산층 삶의 배경, 결혼, 가정, 커리어 등의 여성적 주제, 백인 행세의 모티프 등, 『아이올라 르로이』와 많은 공통점을 가지고 있는 것처럼 보인다. 그러나 이 같은 유사점에도 불구하고 『건포도 빵』이 『아이올라 르로이』와 다른 근본적인 차이는 작자가 부여하고 있는 여주인공의 성격과 여주인공의 삶을 통하여 작자가 전달하고자 하는 메시지의 차이, 즉 인물 형상화 방식과 주제의 차이에서 온다. 아이올라는 백인에 의하여 조작된 측면이 강한 흑인상투형에 대항하여 작자가 창출해 낸 긍정적인 새로운 인물형에 틀림없지만, 흑인의 우수성을 알리기 위한 이데올로기적 성격의 또 하나의 상투형임 또한 부인할 수 없다. 앞에서 지적한 바, 이러한 정치적 프로파간다 소설의 틀 속에서 하나의 상투형으로서의 아이올라는 살아 있는 한 개인으로보다는 한 계층 또는 집단을 대표하는 이데올로기적 유형의 인물로 그려질 수밖에 없다. 아이올라의 삶 또한 한 흑인 여성의 개인적인 복합적 삶으로서보다는 한 계층이나 집단을 대표하는 유형적 · 전범적 삶으로서의 의미가 더 중요할 수밖에 없을 것이다. 따라서 『아이올라 르로이』에서 결혼, 가정, 커리어 등 여성적(feminist) 문제도 개인적 차원이 아니라 집단적 차원의 정치적 성격의 문제로 다루어지고 있는 것은 아주 자연스러워 보인다.

이처럼 아이올라의 이데올로기적 삶을 포괄적으로 조명하고 있는 『아이올라 르로이』와는 대조적으로 『건포도 빵』은 안젤라 머레이(Angela Murray)라는 한 흑인 혼혈 여성의 사적이고 내밀한 개인적 삶에 초점을 맞추고 있다. 하나의 성장소설 혹은 교양소설(Bildungsroman)이라 부를 수 있는 이 소설은 『건포도 빵』이라는 제목이 시사하듯 "시장에 가서 맛있는 건포도 빵을 사가지고 다시 집으로 돌아온다"는 옛 동요의[15] 내용에 빗대어 한 소녀가 낭만적 환상과 좌

---

15) "To Market, to Market/To buy a Plum Bun;/Home again, Home again,/

절을 거쳐 각성에 이르는, 떠남과 방황과 귀환의 성장 과정을 그려 보이고 있다. 1부인 「집」(Home)에서는 건실하고 행복한 머레이 가족과 두 딸 안젤라와 버지니아(Virginia)가 소개되는데, 피부색이 희어서 백인과 구분이 되지 않는, 늘 행복과 자유를 꿈꾸며 행복과 자유를 모두 보장받은 백인의 삶을 동경하는 안젤라와, 가사 돕는 일과 교회 생활에 만족감을 느끼며 가족과의 화목한 삶을 즐기는 동생 버지니아는 극명한 대조를 이룬다. 흑인으로서의 자신의 처지에 항상 불만과 불안을 느끼는 안젤라는 미술가로서의 성공을 꿈꾸며 결국 '백인 행세'를 해서 자신의 삶을 찾기로 결심하고 뉴욕으로 떠난다. '백인 행세'의 문제에 대해서 안젤라는 이렇게 자문한다. "백인 행세는 근본적으로 나쁜 것인가? 어머니는 행복하지 않았던가? 백인은 '힘'(power)을 가지고 있고 '힘'의 뱃지는 '백인됨'(whiteness)이 아닌가?"[16]

2부 「시장」(Market)은 뉴욕이라는 큰 시장에서 안젤라가 미술학교를 다니며 백인 사회에서 겪는 여러 가지 새로운 경험을 다루고 있다. 주로 부르주아 계층에 속하는 진보적인 신여성 타입 등 여러 유형의 백인 여성들과의 교유, 그 교유를 통하여 행복과 자유와 '힘'에 대한 열망이 구체화되어 가는 과정, 그리고 미술학교 동료인 안소니 크로스(Anthony Cross)와의 우정, 특히 '힘'과 부와 지위를 보장해 줄 결혼 대상 후보로서의 로저 필딩(Roger Fielding)이라는 백인청년과의 교제가 2부의 주요 내용을 이룬다.

3부 「건포도 빵」(Plum Bun)은 제목이 암시하듯이 시장에 가서 사올 맛있는 건포도 빵의 상징이랄 수 있는 백만장자의 아들 로저와 안젤라와의 관계에 초점을 맞추고 있다. 흑인에 대하여 적대감을 가지고 있

Market is done."

16) Jessie R. Fauset, *Plum Bun: A Novel without a Moral* (Boston: Beacon Press), p.73.

는 인종차별주의자인 로저는 안젤라를 백인으로 알고 그녀를 사랑하게 되고 안젤라 역시 자신이 원하는 모든 것을 상징하는 로저와의 사랑에 깊이 빠져들게 된다. 그러나 백만장자 아버지의 권위에 대한 로저의 맹종과 그의 타고난 바람끼 때문에 두 사람의 관계는 결국 파경에 이르고, 그 과정에서 안젤라는 결혼과 순수한 사랑 사이의 괴리, 남녀 관계에 있어서의 여성의 한계를 절감하며 자신만의 새로운 삶을 다시 시작해야겠다고 애써 다짐을 한다. 한편 버지니아는 음악 교사의 일자리를 얻어 뉴욕의 할렘으로 오게 되고 안젤라는 할렘에서 한 흑인 연사의 훌륭한 강연을 듣고 흑인으로서의 자존심과 동류의식을 느끼는 계기를 맞기도 한다.

4부인 「다시 집으로」(Home Again)는 좌절과 고독감 속에서 자신의 뿌리를 그리워하는 안젤라의 공허한 삶과, 처음의 어려움을 극복하고 친구와 직업과 안정을 확보하여 성공적으로 살아가는 버지니아의 활기찬 삶을 대조적으로 보여준다. 안젤라는 그 공허감에서 벗어나기 위하여 진정으로 서로 이해하며 사랑할 수 있는 사람이 절실히 필요함을 느끼며 자신을 사랑하고 있음에 틀림없고 자신도 사랑하고 있다고 생각하는 안소니 크로스를 다시 만나기 시작한다. 그리고 결혼에 대해서 다시 생각하면서 결혼이란 수단이 아니라 목표 자체여야 하리라는 깨달음에 이른다. 이 과정에서 아이러니컬하게도 서로를 백인이라고 생각하고 있었던 안소니와 안젤라는 자신들이 유색인임을 밝히게 되지만 안소니에게는 이미 약혼녀가 있고 그 약혼녀가 버지니아임이 드러난다. 안소니는 안젤라의 사랑을 확인하고 그녀와 다시 결합하기를 원하지만 안젤라는 버지니아를 위해 안소니를 거부하고 "아무와도 그 고통을 함께 나눌 수 없는 영혼의 아픔"을 느끼며 병상에 누워 죽음을 생각한다. 그리고 "어떻게 죽어야 할지를 모르기 때문에 어떻게든 끈질기게 살아남아야 했던 흑인 조상들의 잔혹한 운명"을 생각하며 자신도 그렇게 살아가야 하리라고 다짐한다. 한편 버지니아는 사실상 안소니

보다는 고향친구인 매튜(Matthew)와 결혼하고 싶었음을, 그리고 아직도 매튜를 사랑하고 있음을 안젤라에게 고백한다. 안젤라는 이제 버지니아를 자주 만나며 숨김없이 자기 모습대로 살기로 결심하며 할렘의 삶에 점점 동화되어 가기 시작한다.

마지막 5부 「장 다 보다」(Market Is Done)는 화가로서의 자신의 커리어와 "유색인이라는 자신의 변칙적인 위치"의 문제로 심각하게 고민하는 안젤라의 모습으로 시작된다. '백인 행세' 에 대한 깊은 회의와 갈등을 느끼고 있던 안젤라는 친구인 미스 파월(Miss Powell)이 흑인이라는 이유로 수상 거부를 당한 사실에 분노를 느끼고 결국 그 사건이 계기가 되어 자신이 유색인임을 공개적으로 밝히게 된다. 직장에서 곧 해고되고 장학금 수혜의 기회도 잃게 된 안젤라는 고향인 필라델피아에 들른 후 파리 유학길에 오른다. 이 이야기는 버지니아가 안젤라에게 보낸 크리스마스 깜짝 선물이 안소니로 밝혀지고 버지니아는 매튜와 재결합한다는 다소 안이하고 갑작스런 해피엔딩으로 끝을 맺고 있다.

한 아이가 건포도 빵을 사러 시장에 갔다가 원하던 건포도 빵을 사서 집으로 다시 돌아온다는, 이 소설의 제사(題辭)로 쓰이고 있는 동요의 내용이 시사하듯, 이 소설은 안젤라라는 한 소녀가 건포도 빵을 구하려는 꿈을 안고 집을 떠나 뉴욕이라는 큰 시장에 가서 희망과 좌절과 방황의 여정 끝에 결국 건포도 빵을 구한다는 즉 무지의 상태에서 출발하여 경험의 과정을 거쳐 어떤 깨달음을 얻고 다시 돌아오는 전형적인 성장소설의 구조를 갖춘 작품이다.

작자는 이 소설에 짐짓 '모랄이 없는 소설' (A Novel without a Moral)이라는 부제를 달아 놓고 있지만 사실 이 작품을 이해하는 핵심은 '건포도 빵' 으로 상징되는 그 '깨달음' 의 모랄이 무엇인가를 이해하는 것이다. 그만큼 이 작품은 역설적이게도 많은 모랄을 담고 있는 '모랄이 가득 담긴 소설' (A Novel full of Morals)인 셈이다. 이 소설이 암시하는 모랄, 그 깨달음의 모랄을 이해하기 위해서는 먼저 '건포도 빵' 의 의미를 제대로 이해하는 것이 중요하다.

'건포도 빵' 의 일차적 의미는 오얏 빵, 좀더 일반적으로는 건포도를 넣어 만든 건포도 빵을 뜻한다. '플럼' 은 또한 뭔가 좋고 훌륭한 물건이나 일을 뜻하는 속어적 의미도 있고, 그 연장선에서 재산, 부자를 뜻하기도 한다. 그러니까 '플럼 반' 은 모두가 원하는 좋은 물건, 훌륭한 일, 부자 같은 것이다. 그래서 동요 속의 아이가 원하는 '플럼 반' 은 맛있는 건포도 빵이고, 안젤라가 얻기를 바라는 '플럼 반' 은 자신에게 자유와 행복과 '힘' 을 보장해 주는 백인의 삶, 그런 삶을 구현해 줄 수 있는 부유한 백인 남자와의 결혼인 것이다. 안젤라의 '백인 행세' 는 바로 그러한 백인의 삶의 실습이요, 로저와의 사랑은 그러한 결혼에 이르는 전초 작업의 과정이다. 안젤라와 로저의 관계에 초점을 맞추고 있는 3부의 소제목이 '플럼 반' 인 것은 그런 이유에서이다. 그러나 안젤라는 결국 이 '플럼 반' 을 얻는 데 실패한다. 스스로의 커밍아웃으로 끝이 난 그녀의 '백인 행세' 는 백인의 삶을 위한 모의 연습에 그치고, 불안전한 착상(着床)으로 시작된 로저와의 사랑 역시 유산되고 만다. 그러나 좌절과 절망을 가져온 이 실패의 과정을 통하여 안젤라에게 일어나는 변화, 그 변화가 가져다 주는 깨달음이 중요한 것이다. 그 깨달음의 결과로 얻은 것, 그것이 진정한 '건포도 빵' 일 것이기 때문이다. 그런 의미에서 안젤라는 비록 세속적인 '건포도 빵' 을 얻는 데는 실패했지만 보다 중요하고 근본적인 정신적 '건포도 빵' 을 얻는 더 큰 성공을 이룩한 것이다.

그렇다면 잃음으로 해서 얻게 된 이 아이러니컬한 성공, 즉 안젤라가 궁극적으로 얻게 된 '건포도 빵' 의 구체적 내용은 어떤 것인가? 아마도 가장 가시적인 '건포도 빵' 은 안소니와의 결합으로 결실을 맺은 진정한 사랑의 성취일 것이다. 그것은 로저와의 관계에서 사랑과 결혼 사이의 깊은 괴리를 경험한 후 안젤라가 이르게 된 깨달음, 즉 결혼이란 수단이 아니라 그 자체가 목표인, 순수한 사랑의 결실이어야 한다는 깨달음이 가져다 준 귀한 선물인 것이다. 안젤라가 얻게 된 또 하나의 '건포도 빵' 은 세속적 삶을 즐기는 방편이나 세속적 성공에 이르는 수단으로 생각해 온 자신의 예술을 일생의 커리어로서 진지하게 받아들이게 된 그 자아정의(self-definition)이다.

그러나 무엇보다도 더 중요한 '건포도 빵' 은 '백인 행세' 로의 오랜 방황 끝에 결국 자기 자신으로의 귀환에 성공케 한 흑인으로서의 자신의 뿌리와 정체성에 대한 확인이다. 안소니와의 진정한 사랑의 성취나, 커리어로서의 자신의 예술에 대한 확신도, 안젤라가 흑인 여성으로서의 자신의 정체성을 확인하고 자기 자신에게로 돌아옴으로써 오직 가능했던 것이다. 이 시점에서 우리는 '건포도 빵' 이라는 '플럼 반' 의 의미를 되새겨볼 필요가 있다. '플럼' 은 이 경우 '건포도' (raisin)를 뜻하는데, '레이진' 은 그 검보라 색깔이나 말라 쪼그라든 모양으로 해서 '흑인' 이나 '흑인의 삶' 을 연상시키는 말이다.[17] 그렇다면 이 소설에서 '건포도 빵' 이라는 말은 동화 속의 아이에게는 맛있는 건포도 빵을, 실제 이야기 속의 안젤라에게는 귀중한 흑인의 정체성을 각각 뜻하는 이중적 의미로 쓰이고 있음을 알 수 있다. 또한 '건포도 빵' 의 이중적 의미를 통하여 동화 속의 단순한 환상 세계와 소설 속의 복합적인 현실 세계를 교묘히 병치하고 있는 이 작품의 구성상의 아이러니를 확인할 수 있다. 자클린 매크랜든(Jacquelyn Y. McLendon)이 적절히 시사하고 있듯이 인종 문제에 비교적 온건한 태도를 취해 온 포셋에게는 이러한 "동화의 아이러니컬한 전도"(a fairy tale's ironic inversion)가 피부색, 인종, 계급, 성(gender)에 대한 미국 백인 사회의 지배 담론적

---

17) 'raisin'이라는 말은 Langston Hughes의 유명한 시 "Dream Deferred"에 나오는 'raisin in the sun'이라는 시구로 해서, 그리고 Lorraine Hansberry가 자신의 희곡의 제목으로 이 글귀를 차용함으로 해서 이제는 흑인과 흑인의 삶을 상징하는 말로 받아들여지고 있다.

허구를 드러내는 데 효과적인 수단이 될 수 있었을 것이다.[18)]

사실 이러한 허구를 드러내 보이는 안젤라의 '백인 행세' 에 대해서도 작자의 비판은 비교적 온건하다. 흑인의 삶에 대한 왜곡된 백인의 가치관을 수용케 함으로써 자아성취와 자신의 정체성 확인을 방해하는 안젤라의 오도된 '백인 행세' 를 작자는 물론 비판적으로 그리고 있지만, '백인 행세' 를 통하여 안젤라가 시도하는 자아확인, 자기향상, 성공의 꿈의 추구, 그리고 "인종적, 성(gender)적으로 그녀에게 제한을 가하는 환경으로부터 탈출"[19)]하려는 그녀의 노력에는 긍정적인 태도를 보이고 있는 것이다. 많은 비평가들이 그녀를 백인문학을 모방하는 온건한 전통주의자로, 때로는 백인문화지향적인 흑인 부르주아 계층을 대변하는 작가로 오해하거나 폄하하기까지 하는 것은[20)] 바로 이러한, 흑인도 백인 중산층의 생활 방식의 혜택을 누릴 수 있는 능력과 권리가 있음을 보여주려는, 포셋의 태도에 기인할 것이다. 물론 포셋이 그의 작품에서 교육 받은 혼혈 흑인 지식인과 흑인 부르주아 계층의 삶을 주로 다루고 있는 것은 사실이다. 그러나 포셋 자신이 그러한 계층에 속하여 살아왔기 때문에 자신이 가장 잘 알고 있는 세계를 작품의 배경이나 소재로 삼고 있는 것은 당연하다 할 수 있으며, 포셋이 그의 작품을 통하여 제기하고자 하는 '피부색, 인종, 계급, 성' (color, race, class, gender)의 쟁점들을 가장 효과적으로 극화하기 위하여는 교육받은 중류층 혼혈 흑인 여성을 작품의 중심인물로 삼을 필요가 있었을 것임 또한 충분히 이해할 수 있다.[21)]

---

18) Jacquelyn Y. McLendon, *The Politics of Color in the Fiction of Jessie Fauset and Nella Larsen* (Charlotteville: University Press of Virginia, 1995), p.29.

19) *Ibid.*, p.39.

20) Judith R. Berzon이나 Imamu Amiri Baraka 같은 흑인비평가는 그 대표적 예이다.

21) McLendon, *op. cit.*, p.37.

데보라 맥도웰(Deborah McDowell)의 지적처럼[22] 포셋의 가장 주요한 주제는 백인 사회에서의 불평등한 인종적 · 성적 · 계급적 권력 관계에 대한 탐색과 비판이라 할 수 있다. 포셋이 즐겨 다루는 여러 주제들, 예컨대 흑인 중산층의 삶에 대한 비판적 옹호, 백인 남성 특권과 성적 억압의 관습, 인종주의와 섹시즘(sexism)의 복합적 관계, 권력 수단으로서의 결혼과 '백인 행세'의 문제 등은 "미국 백인지배 사회에서의 불평등한 권력 관계의 비판"이라는 큰 주제의 포괄적 틀 안에서 모두 설명될 수 있을 것이다.

그러나 이 비판의 강도가 비교적 온건한 것은 포셋의 특징이자 그의 한계라 볼 수 있다. 그 한계는 목사의 딸로 태어나서 명문 코넬대학까지 졸업한 비교적 유복한 작자 자신의 성장 과정, 하퍼의 경우와 마찬가지로 그가 택한 '로맨스'적 소설 형식에서 오는 센티멘탈리즘, 근본적으로 흑인도 백인과 마찬가지로 인간의 존엄성과 문화적 삶을 누릴 권리를 가지고 있다는 차원에서 흑인의 삶을 옹호하는 그의 단순하고 소극적인 인종적 태도에 기인할 것이다.

위에서 살펴본 대로 하퍼와 포셋이 비슷한 소재와 비슷한 소설 형식을 활용하고 있으면서도 몇 가지 근본적인 차이를 보이듯이, 포셋과 그의 동시대 여성 작가인 넬라 라슨 역시 미국 흑인 중산층의 삶과 혼혈 여성의 문제라는 공통된 소재를 다루면서도 근본적으로 아주 다른 세계를 보여주고 있다. 그 다름은 흑인 중산층의 삶을 보는 작가의 시각과, 인종과 성에 대한 여주인공의 태도와, 무엇보다도 이야기를 서술하고 표현하는 방식에 있어서의 근본적인 차이에서 온다.

---

22) McDowell, *op. cit.*, p.xvi.

IV

라슨의 『뜬 모래밭』(*Quicksand*)은 흑인뿐만 아니라 백인 중산층의 삶을 비판적으로 보는 아이러닉한 시각, 인종, 성 계급의 문제에 대한 여주인공의 복합적인 애증의 갈등, 그리고 그 미묘한 심리적 갈등을 심층적으로 묘사하는 섬세한 표현 방식으로, 같은 해(1928)에 발표된, 비슷한 소재를 다루고 있는 『건포도 빵』과 극명한 대조를 보이는 작품이다.

이 소설의 제사(題辭)로 사용된 랭스턴 휴즈(Langston Hughes)의 다음 시는 이 소설의 주제를 아주 적절히 의미 깊게 암시하고 있다.

> 우리 아버지는 근사한 저택에서 돌아가셨고,
> 우리 엄마는 통나무집에서 죽었지요.
> 나는 어디서 죽을지 모르겠어요.
> 백인도 아니고 흑인도 아니니.
>
> My old man died in a fine big house,
> My ma died in a shack.
> I wonder where I'm gonna die,
> Being neither white nor black.

이 소설은 백인도 아니고 흑인도 아닌 자신의 정체성에 혼란을 느끼는 이 시의 화자처럼, 혼란과 좌절 속에서 자신의 정체성을 찾아 방황하는 헬가 크레인(Helga Crane)이라는 한 혼혈 흑인 여성의 삶에 관한 이야기이다.

헬가의 방황은 남부의 낙소스(Naxos)라는 흑인 학교의 교사직을 떠나 북부 시카고로 향하는 그녀의 여정으로 시작된다. 낙소스라는 이름이 상징하듯[23] 앵글로 색슨 백인 중류사회의 청교도적 가치관을 가르치며 '모든 열정과 자발성을 억압'하는 이 학교의 구속적 분위기와 자신을 '숙녀'(lady)로 부르며 설득하려는 로버트 앤더슨(Robert Anderson) 교장의 위선적 태도에 반발하여 헬가는 과감히 낙소스를 떠난다. 자신이 태어나서 자란 시카고로 향하는 동안 그녀는 불행했던 흑인 아버지와 백인 어머니의 삶과 죽음 그리고 흑인과 백인 사회 사이에서 항상 외로웠던 자신의 어린 시절을 회상한다. 시카고에 도착해서 그녀는 찬 공기만큼이나 상쾌한 자유의 기쁨을 누리지만 그것도 잠시일 뿐 백인인 엉클 피터(Uncle Peter)의 새 부인으로부터 냉대를 받고 곧 일자리를 찾아나서야 하는 냉혹한 현실에 부딪힌다. 다행히 부유한 헤이즈 로어 부인(Mrs. Hayes-Rore)의 강연 여행을 돕는 일자리를 얻어 뉴욕으로 온 헬가는 할렘 생활에서 자신을 발견한 것 같은 소속감을 느끼는 한편 헤이즈 로어 부인의 조카인 앤 그레이(Anne Grey)와 살면서 부르주아 사회의 물질적 만족감이 주는 자유의 즐거움을 잠시 누리기도 한다. 그러나 계절이 바뀌면서 헬가는 다시 자신에 대한 두려움과 소외감으로 불안해지고, 백인 중산층의 삶을 모방하는 데 열심이면서도 늘 인종 문제에만 집착하는 앤의 위선적인 태도에 환멸감을 느낀다. 이러한 실의 상태에 빠진 헬가에게 뜻하지 않게 엉클 피터로부터 5천 달러의 유산이 날아들고 그녀는 그 돈으로 이제 자유롭게 뉴욕의 구속을 벗어나 이모가 살고 있는 코펜하겐으로 떠날 계획을 세운다.

코펜하겐으로 떠나기 전, 친구들에 이끌려 할렘의 술집을 찾게 된 헬가는 음악과 춤으로 술렁대는 할렘 술집 특유의 분위기에 빠져들며 갈등을 일으키는 자신의 모습을 이렇게 표현하고 있다.

---

23) 'Naxos'는 'Saxon'의 철자 순서를 바꾼 anagram이다. 이 학교는 그 교육지침으로 하여 Booker T. Washington의 Tuskegee 대학을 곧 연상시킨다.

. . . 헬가는 사람의 육체와 연기와 알콜의 냄새를 잊어가고 있었다. 빙빙 돌아가는 남녀의 망각을, 색깔과 소음과 이 모든 것의 뒤틀린 엄청난 유치함을 잊어가고 있었다. 야릇한 음악이 그녀를 들어올려 버티게 하며 취하게 했다. 그녀는 경쾌하면서도 격렬하고 음울한 악단의 연주에 숨이 막히며 찢기고 짓이겨지는 느낌이었다. 생명의 본질은 육체적 움직임인 것 같았다. 갑자기 음악이 사라지자 그녀는 자신을 애써 현재로 다시 끌어올리려 했다. 그러자 자신이 그 밀림 속에 빠져 있었을 뿐만 아니라 분명 그 밀림을 즐겼었다는 수치감이 그녀를 조롱하기 시작했다.

그녀는 이곳을 떠나야겠다고 굳게 마음먹었다. 나는 밀림의 동물이 아니야, 그녀는 스스로에게 다짐하듯 말했다. . . .

. . . For the while Helga was oblivious of the reek of flesh, smoke, and alcohol, oblivious of the oblivion of other gyrating pairs, oblivious of the color, the noise, and the grand distorted childishness of it all. She was drugged, lifted, sustained, by the extraordinary music, blown out, ripped out, beaten out, by the joyous, wild, murky orchestra. The essence of life seemed bodily motion. And when suddenly the music died, she dragged herself back to the present with a conscious effort; and a shameful certainty that not only had she been in the jungle, but that she had enjoyed it, began to taunt her. She hardened her determination to get away. She wasn't, she told herself, a jungle creature. . . .[24)]

흑인의 삶의 원시적 열정을 본능적으로 받아들이면서도 그러한 삶을 외면하고 거부하려는 헬가의 이중적인 모습은 헬가 자신이 비판적으로 바라보는 흑인 부르주아의 위선적 모습이라는 점에서 매우 아이러니컬하다. 할렘에서의 이러한 착잡한 경험을 떨쳐 버리려는듯 헬가는 곧 덴마크행 기선에 오른다.

덴마크에 도착한 헬가는 이모의 적극적인 주선으로 코펜하겐의 백인 부르주아 사회에 소개되고 그 이국적인 풍모로 해서 곧 호기심의 대상이 된다. 미국의 흑인 사회와 너무나 대조적으로 물질적 · 문화적 풍요로움을 자유롭게 누릴 수 있는 코펜하겐의 새 생활에 헬가는 한동

---

24) Charles R., Larson, ed., *An Intimation of Things Distant: The Collected Fiction of Nella Larson* (New York: An Anchor Book, 1992), pp.89-90.

안 만족과 즐거움을 느끼며 유명한 화가인 액슬 올슨(Axel Olsen)의 청혼을 받기에까지 이른다. 그러나 자신을 희귀한 상품처럼 생각하는 올슨의 청혼을 거절하고 헬가는 차츰 덴마크의 생활에 막연한 불만을, 그리고 미국에 대한, 흑인의 삶에 대한 강한 향수를 느껴 잠시 미국에 돌아가기로 결심한다.

다시 찾은 뉴욕 할렘의 열띤 생활에서 헬가는 흑인과의 유대감을 운명적으로 확인하며 분노처럼 자신을 괴롭히던 덴마크에서의 고독감에서 어느 정도 벗어나지만 미국 땅에서 영원히 흑인으로 살아야 하는 현실은 너무 가혹한 것이라 생각하며, '유럽의 육체적 자유'와 '미국의 정신적 자유', 두 세계 사이에서 심한 갈등을 겪는다. 이제는 로버트 앤더슨과 결혼한 앤의 달라진 태도에 서운함을 느끼던 어느 날, 한 파티에서 우연히 앤더슨으로부터 키스를 받게 된 헬가는 아직도 가슴속에 남아 있는 앤더슨에 대한 자신의 열정을 확인하고 결국 앤더슨과의 모험을 운명처럼 받아들일 마음의 준비를 한다. 그러나 자신의 실수였음을 고백하는 앤더슨에게 충격적인 배신감을 느끼고 격심한 자기혐오의 수렁에 빠진 헬가는 어느 폭풍우치는 날 미친 듯 길거리를 방황하다가 실제로 하수구의 수렁에 빠지게 된다. 간신히 피해 들어간 가게 앞 교회(storefront church)의 격정적인 춤과 노래의 예배에 빠져든 헬가는 자신도 모르게 소리를 지르며 환각적인 종교적 체험을 하고 플레센트 그린(Pleasant Green) 목사의 부축을 받아 호텔로 돌아온다. 그 종교적 체험의 순간을 작자는 다음과 같이 묘사하고 있다.

> . . . 그녀 주위에서 소리를 지르는 사람들의 모습이 사방에서 마구 엄습해 왔다. 거의 광란의 상태로 그녀는 난간을 붙들었다. 그리고는 느닷없이 마치 미친 사람처럼 주위의 다른 모든 소리보다 더 크게 마구 소리를 지르기 시작했다. 얼굴 위로는 눈물이 마구 쏟아져 내렸다. 그녀는 자신이 내쏟는 말도, 그 의미도 의식하지 못했다. "오 하느님, 자비, 자비, 저에게 자비를 베푸소서!" 그녀는 같은 말을 뇌이고 또 뇌였다. . . .

> 모든 게 분명해졌다. 기적 같은 차분함이 그녀에게 내려앉았다. 삶이 널리 퍼져 가면서 아주 편안해지는 느낌이었다. 헬가 크레인은 단순한 행복을, 그녀가 살아 온 그 복잡한 삶의 짐에 짓눌리지 않은 그런 단순한 행복을 되찾고픈 강력하고 절박한 열망이 그녀 안에서 솟구치는 것을 느꼈다.

> . . . The yelling figures about her pressed forward, closing her in on all sides. Maddened, she grasped at the railing, and with no previous intention began to yell like one insane, drowning every other clamor, while torrents of tears streamed down her face. She was unconscious of the words she uttered, or their meaning: "Oh, God, mercy, mercy. Have mercy on me!" but she repeated them over and over. . . .
>
> The thing became real. A miraculous calm came upon her. Life seemed to expand and to become very easy. Helga Crane felt within her a supreme aspiration toward the regaining of simple happiness, a happiness unburdened by the complexities of the lives she had known. (p.142)

거의 자포자기의 수렁에서 허우적대던 헬가는 기적처럼 갑자기 찾아든 마음의 평온함 속에서, 신의 자비와 단순한 행복에의 간절한 소망을 계시처럼 느끼며 자신을 구원해 줄 어떤 절대적인 힘을 발견한 듯한 종교적 깨달음에 이른다. 그리고 그 절대적 힘과 종교적 계시에 자기 자신을 내맡기기라도 하듯 그린 목사와 전격적으로 결혼을 하고 그가 목사로 일하는 앨라바머의 한 조그만 마을로 떠난다. 그곳에서 헬가는 처음 얼마 동안 자신에게 일어난 새로운 변화에 만족하며 그 단순한 행복감을 얻은 듯한, 이전의 모든 굴욕과 절망의 보상으로 드디어 뭔가 '실체'(actuality)를 붙잡은 듯한, 드디어 자신의 영혼의 방황이 끝난 듯한 성취감을 느낀다. 또한 그 실체적인 삶의 질을 향상시키기 위하여 모든 것과 모든 사람을 사랑하려고 노력하며, 남편과의 성적인 삶에서도 일생 동안 그녀에게 거부되어 온 자연스런 정서적 해방감을 느끼기도 한다.

그러나 자식을 계속 낳아 기르고 가정의 모든 일을 꾸려야 하는 노예 같은 여자의 힘겨운 삶에 대한 불만이 점점 쌓여 가고, 그 불만은,

더 큰 믿음으로 그것을 이겨내려는 그녀의 노력에도 불구하고, 남편에 대한 증오감과 종교에 대한 불신으로 발전해 간다. 내세에 보상을 받을 거라는 믿음으로 자신의 운명을 체념하며 받아들이는 다른 여자들과는 달리, 헬가는 백인들만을 위한 신에 환멸을 느끼고 어떻게든지 자신의 힘으로 이 끔찍한 현실과 이 굴욕적인 결혼 생활에서 벗어나려고 몸부림친다. 이 이야기는 「억압과 영락」의 이 끔찍한 현실로부터 탈출하려고 몸부림치는, 그러나 다시 곧 다섯 번째의 아이를 가지게 됨으로써 뜬 모래밭(quicksand) 같은 끔찍한 현실로 다시 빨려들어가는 헬가의 암울한 모습으로 끝을 맺고 있다.

> 그렇다면, 이제 그녀의 삶이 되어버린 이 억압과 영락의 질곡에서 어떻게 벗어날 수 있을 것인가? 그건 정말 어려운 일이었다. 정말 너무 어려운 일이었다. 그것은 거의 무망한 일이었다. 그래서 그녀는 잠시 — 정말로 잠시라고 그녀는 다짐했다. — 어디론가 떠날 계획을 접기로 했다. 그녀는 애써 자신에게 설명했다. "난 아직 너무 약해, 몸이 너무 아파. 이제 조금 있으면, 정말 다시 기운을 차리게 되면 . . ."
> . . . 나중에, 자리에서 일어서게 되면, 이제 조금만 더 있으면, 지금은 쉬어야 해. 기운을 차려야 해. 자야 해. 그리고 나서 나중에 무슨 방법을 생각해 낼 수 있겠지. . . .
>
> 그러나 그녀가 자리에서 일어나 고통 없이 다시 걸어 다닐 수 있게 되자마자, 그리고 아이들이 맡겨놓은 이웃집에서 돌아오자마자, 그녀는 다섯 번째 아이를 가지기 시작했다. (밑줄은 필자)

> How, then, was she to escape from, the oppression, the degradation, that her life had become? It was so difficult. It was terribly difficult. It was almost hopeless. So for a while — for the immediate present, she told herself — she put aside the making of any *plan for her going*. "I'm still," she reasoned, "too weak, too sick. By and by, when I'm really strong . . . "
> . . . Later. When she got up. By and by. She must rest. Get strong. Sleep. Then, afterwards, she could *work out some arrangement*. . . .
>
> And hardly had she left her bed and become able to walk again without pain, hardly had the children returned from the homes of the neighbors, when she began to have her fifth child. (pp.161-62. 이탤릭은 필자)

위의 결말부에도 암시되어 있듯이 이 작품에 일관되어 나타나는 떠남 혹은 여행의 모티프와 만족 – 불만족 혹은 희망 – 절망의 반복적 패턴은 헬가의 삶을 이해하는 데, 그래서 궁극적으로 이 작품의 주제를 이해하는 데 매우 중요하다. 흑인의 삶의 터전인 남부의 한 마을에서 자신이 태어난 고향인 북부의 시카고로, 흑인의 도시 삶의 상징인 뉴욕의 할렘으로, 백인 어머니의 조국인 덴마크의 코펜하겐으로, 코펜하겐의 백인 사회의 삶 이후 다시 할렘으로, 그리고 또 다시 흑인의 삶의 근원인 남부 앨러바마의 한 시골 마을로 계속 이어지는 헬가의 이 순환적인 여정은 자신의 삶의 뿌리와 정체성을, 그래서 궁극적으로 흑인으로서 그리고 여성으로서 자신의 온전한 삶을 찾으려는 기나긴 도피와 방황과 추구의 여정에 다름 아니기 때문이다. 또한 만족–불만족의 패턴 역시 백인도 아니고 흑인도 아닌, 경계인 혹은 주변인으로서의 헬가가 느낄 수밖에 없는 불안감과 불안정감을, 그리고 그녀가 일시적으로 희망과 만족과 소속감을 느낀다 해도 그 불안감과 불안정감이 근본적으로 해소되지 않는 한 그것은 곧 좌절과 불만과 소외감으로 바뀔 수밖에 없을 것임을 설득력 있게 보여주고 있기 때문이다.

이 소설의 암울한 결말은 헬가가 그녀의 처절한 몸부림에도 불구하고 결국 좌절과 불만과 소외감에서 벗어날 수 없을 것임을 강력히 시사하고 있다. 작자는 헬가의 좌절과 소외감은 그녀 자신의 개인적인 비극적 결함에서 오는 것이라기보다는 개인의 자유로운 삶을 억압하는 견고한 사회의 관습과 제도, 개인의 열정과 자발성을 부정하는 경직된 사회 규범, 즉 사회의 작위적 구성(social construct)의 산물임을 암시하고 싶었을 것이다.

이 소설에서 헬가를 끊임없이 옥죄고 좌절시키고 소외시키고 방황케 하는 것은 바로 이 비인간적인 사회의 작위적 구성이다. 헬가의 삶은 억압적인 사회 관습과 경직된 사회 규범으로 구체화되는 이 작위적 구성이 인종(race)뿐만 아니라 성(gender), 섹스(sex), 계급(class)의 모든 차원에서 자유롭고 자연스런 인간적 삶을 어떻게 통제하고 있는가를 잘 보여준다. 헬가를 불안정하게 만드는 그녀의 양가적(兩價的) 애증의 경험은 대부분 자유로움, 자연스러움, 자발성에 대한 그녀의 본능적인 순수한 열망, 그리고 동시에 그녀의 사회 규범의식이 강요하는 그것들에 대한 두려움, 그 열망과 두려움 사이에서 빚어지는 긴장과 갈등의 산물이다. 앤더슨에 대하여 그녀가 느끼는 금욕적인 애증의 감정, 할렘의 삶에 대한 불안한 이중적 반응, 흑인 부르주아의 삶에 대한 아이러닉한 비판적 태도, 남편과의 결혼 생활에서 느끼는 혼란스런 애증의 감정 등은 그 좋은 예들일 것이다.

때로 그녀의 순수한 열망이 그녀의 두려움을 이길 때 그녀는 만족과 희망과 성취감을 느끼며 주변인으로서의 소외감에서 벗어나기도 한다. 하지만 대부분의 경우 그녀의 순수한 감정과 열정은 그녀의 의식 속에 또아리를 틀고 있는 사회적 규제에 대한 두려움에 의해 억제당하고 결국 그녀를 다시 절망과 좌절과 소외감에 빠져들게 한다. 그러나 이 소설의 끝 장면이 보여주듯이 헬가는 현실이라는 그 절망과 좌절의 뜬 모래밭(quicksand)에 갇혀 점점 더 깊이 빠져들면서도 그 수렁에서 벗어나려는 저항의 몸짓을 포기하지 않는다. 작자가 이 작품을 통하여 궁극적으로 전하려는 것은 헬가의 비극적 삶에 대한 어떤 처방이나 해답이라기보다는 아마도 이 절박하고 비장한 헬가의 몸짓 자체의 의미였을 것이다. 라슨의 이러한 의도를 매크렌든은 다음과 같이 적절히 지적하고 있다.

> 『뜬 모래밭』과 『백인 행세』에서 라슨은 그녀의 여주인공들이 궁극적으로 작위적인 사회구조에 갇히고 말면서도 그러한 작위적 구조화에 저항하는 과정을 보여주고 있다. 그러니까 결국 이 작품에서 작가 라슨에게 중요한 것은 헬가 크레인을 벌주는 것이 아니라 그 '끔찍한 진실'을 진솔하게 이야기하는 것이다.
>
> In *Quicksand* and *Passing* Larsen shows the process by which her women

protagonists resist being socially constructed even while they are ultimately trapped within those constructions. In the end, then, it is not Larsen who punishes Helga Crane; but it is Larsen who is committed to telling the "awful truth."[25]

현실에 대한, 그 현실을 만들어 낸 사회의 작위적 구성에 대한, 이러한 비장한 저항과 거부의 몸짓이, 그리고 그 몸짓에 대한 심층적인 진솔한 묘사가 아마도, 센티멘털리즘에 머물고 만 『아이올라 르로이』와 『건포도 빵』과는 달리, 이 소설을 보다 높은 비극의 차원으로 끌어올릴 수 있었을 것이다.

V

지금까지 19세기 말에서 20세기 초에 걸쳐 발표된, 세 여성 작가의 대표작이라 할 만한 세 작품을 통하여 초기 흑인 여성소설의 특성을 살펴보았다. 이 세 작품은 교육받은 흑인 혼혈 여성을 주인공으로 흑인 중류 사회를 그들의 삶의 배경으로 삼고 인종 문제를 여성 및 여권의 문제와 연결지어 다루고 있는 등 여러 가지 공통점을 보이고 있다. 그러나 이 같은 작품의 틀이나 소재, 그리고 인물 설정의 유사점에도 불구하고 세 작품은 비슷한 만큼이나 서로 다르다. 그 차이는 이 작품들이 쓰여진 시대적 배경의 차이에서 오는 것이기도 하지만 곧 흑인 여성소설 자체의 변모와 발전을 뜻하는 것이기도 하다.

『아이올라 르로이』가 발표된 19세기 말은 흑인 인종 차별이 더욱 심화되고 흑인의 삶의 조건이 더욱 열악해 가는 시기여서 그러한 악화된 인종 상황을 고발하고 흑인의 삶과 지위를 향상시키기 위한 지식인의

25) McLendon, *op. cit.*, p. 93.

노력이 절실히 요구되던 시기였다. 한편 『건포도 빵』과 『뜬 모래밭』이 발표된 이른바 할렘 르네상스의 1920년대는 흑인의 삶에 대한 새로운 인종적 자각, 흑인 정체성과 흑인 정신의 새로운 인식, 그리고 이를 표현할 새로운 흑인 미학을 필요로 했던 시기였다.

『아이올라 르로이』는 19세기 말의 이러한 시대적 요구에 부응하여 백인 독자들에게 흑인 억압의 상황과 그 도덕적 부당성을 고발하고 이의 개선을 호소하려는, 그리고 흑인도 백인 못지않은 지적 우수성과 자기 향상의 능력을 가지고 있음을 강조하고 고취하려는 분명한 목적으로 쓰여진, 정치적 성격이 매우 강한 소설이다. 따라서 『아이올라 르로이』에서는 중산층 혼혈 엘리트들의 인물 설정이나 성격 묘사, 흑백 갈등의 인종적 주제, 아이올라 등 여성 인물들의 삶을 통하여 강조하려는 가정, 결혼, 커리어 등의 여성 문제를 다루는 문학적 방식이나 기교도 모두 이 정치적 목적을 성취하는 데 충실히 기여하고 있다.

한편 『건포도 빵』과 『뜬 모래밭』은 흑인 정체성에 대한 새로운 자각과 인식이라는 할렘 르네상스의 정신을 반영하는 데는 어느 정도 공통점을 보여주지만 같은 해에 발표되었다는 사실이 믿기지 않을 만큼 매우 대조적이다. 우선 두 작품은 『아이올라 르로이』의 경우와 달리 여주인공의 내밀하고 사적인 개인적 삶을 그려 보이고 있지만 『건포도 빵』이 '떠남 – 방황 – 각성' 이라는 잘 짜여진 정석적 틀 속에서 긍정적인 성장의 주제를 강조하고 있다면, 『뜬 모래밭』은 여주인공의 삶에 작용하는 복합적인 갈등의 요소와 그것이 가져오는 좌절과 실패의 삶에 더 초점을 맞추고 있다. 인종적 주제를 다룸에 있어서도 『건포도 빵』이 흑인도 백인에 못지않는 지적 우수성과 행복한 삶을 향유할 권리를 지니고 있다는, 『아이올라 르로이』가 이미 제시한 전통적인 주장을 재확인하고, 백인 사회에서의 불평등한 인종적 권력 관계를 비판하고 있다면, 그래서 흑인 부르주아의 삶을 유보적으로 변호하고 있다면, 『뜬 모래밭』은 그런 주장이나 비판보다는 그러한 인종적 편견과 불평등을 가져온 사회의 작위적인 관습, 제도, 규범들이 개인의 자유로운 삶을 어떻게 억압하는가, 그리고 개인은 그러한 억압적 환경에 어떻게 대응하며 살아가야 하는가를 천착하고, 그래서 흑인 부르주아 계층의 이중적 삶의 아이러니를 드러내 보이고 있다. 또한 여성 문제에 있어서도 『건포도 빵』은 흑인 여성의 커리어, 사회적인 성적 역할(gender role), 성(sex)과 결혼 등에 대하여 비교적 온건한 어조로 그 중요성이나 의의를 강조하고 있는 반면, 『뜬 모래밭』은 이러한 문제들을 여주인공의 좌절된 삶을 통해서 훨씬 더 복합적으로 그리고 격렬하게 극화시켜 보이고 있다.

그러나 이 두 소설의 가장 두드러진 차이는 무엇보다도 이러한 주제적 차이에 잘 상응하고 있는 그 표현 방식의 차이일 것이다. 『건포도 빵』의 산문이 좀더 설명적이고 서술적이고 온건하다면 『뜬 모래밭』의 그것은 좀더 묘사적이고 극적이고 격렬하다고 볼 수 있는데 이러한 특성은 두 소설의 표현 기법, 즉 『건포도 빵』이 대체로 따르고 있는 19세기 감상적 멜로드라마의 온건한 리얼리즘(genteel realism) 기법과 『뜬 모래밭』이 새롭게 시도하고 있는 심리적 리얼리즘(psychological realism) 기법에 각각 아주 효과적으로 기여하고 있다.

결국 주제와 표현 형식을 모두 아우르는 이 두 작품의 근본적인 차이는 보수적 전통성과 실험적 현대성의 차이라고 정리해 볼 수 있을 것이다. 『건포도 빵』이 『아이올라 르로이』와 유사한 19세기 멜로드라마의 소설 형식을 사용하여 대체로 '온건한'(genteel) 리얼리즘을 따르고 있는 전통적 소설이라면 『뜬 모래밭』은 진 투머(Jean Toomer)의 『케인』(*Cane*) 같은 할렘 르네상스 시기의 모더니즘 미학을 지향하고 있는 실험적 소설이라고 말할 수 있다. 그러니까 위 세 작품을 통해서 본 초기 흑인 여성소설은 이데올로기를 내세운 프로파간다 소설로부터 전통적인 온건한 리얼리즘 소설로, 그리고 다시 실험적인 모더니즘 소설로 변모하며 발전해 갔다고 볼 수 있다.[26)]

이후 조라 닐 허스튼(Zora Neal Hurston), 앤 페트리(Ann Petry), 폴 마샬(Paule Marshall)을 거쳐 토니 모리슨(Toni Morrison), 토니 케이드 밤바라(Toni Cade Bambara), 앨리스 워커(Alice Walker), 그리고 게일 존스(Gayl Jones)과 글로리아 네일러(Gloria Naylor)에 이르기까지, 흑인 여성작가들은 이러한 전통성과 현대성의 새로운 변주를 거듭하는 변화와 발전 속에서, 초기의 이 소설들이 다루고 있는 인종적 주제의 여러 쟁점들, 특히 흑인 공동체와 계층의 문제, 그리고 가정, 결혼, 섹스 등의 여성적 주제를 다각적으로 탐색해 오고 있다. 20세기 중반 이후의 활발하고 풍요로운 흑인 여성 작가들의 활동은 이처럼 초기 흑인 여성 작가들이 쌓아 놓은 초석 위에서 가능했던 것이다. 이 초석을 쌓는 데 공을 들인 초기의 세 여성 작가, 특히 미국 흑인 여성소설의 수준을 한 단계 끌어올리며 새로운 도약과 발전의 전기를 마련하는 데 결정적으로 기여한 넬라 라슨에 대하여 새로운 재평가의 작업이 이루어져야 하리라 생각한다.

(2004, 『미국학』 제27집)

26) 이러한 세 작품의 특징은, 노예제폐지론자요 사회개혁가였던 Harper, 비교적 유복한 중산층 가정에서 안정된 편집일과 교직에 머물렀던 Fauset, 백인 어머니와 흑인 아버지의 혼혈로 태어나서 항상 자신의 불안정한 정체성을 강하게 의식했던 Larsen, 이 세 작가의 전기적 배경과 밀접히 연관되어 있어 흥미롭다.

3 미국 흑인문학의 좌표*

찰스 체스넛 Charles W. Chesnutt의
『여자마술사』 *The Conjure Woman*
『젊은 시절의 아내』 *The Wife of His Youth*

I

흑인 작가들의 작품이 미국 문학에서 어느 정도 정당한 평가와 주목을 받기 시작한 것은 비교적 근래의 일이다. 그 평가는 리차드 라이트(Richard Wright)의 『토박이』(*Native Son*, 1940)를 기점으로 하여 랭스턴 휴즈(Langston Hughes)의 시, 랄프 엘리슨(Ralph Ellison)의 『보이지 않는 사람』(*Invisible Man*, 1952), 제임스 볼드윈(James Baldwin)의 『산에 올라 말하라』(*Go Tell It on the Mountain*, 1952), 르로이 존스(LeRoi Jones, 일명 I. A. Baraka)의 희곡, 이쉬마엘 리드(Ishmael Reed)의 소설, 그리고 토니 모리슨(Toni Morrison) 등 일군의 여성작가들의 작품으로 이어진다. '어느 정도' 라는 한계를 지은 것은 위에 열거한 작가들 외에 아르나 봉땅(Arna Bontemps), 안 페트리(Ann Petry), 체스터 하임즈

---

*이 글은 1980년에 쓰여진 것으로 개관의 내용이 1970년대 말을 기준으로 한 다소 오래된 것이나 수정 보완을 하지 않고 원문대로 게재함.

(Chester Himes), 손도스 레딩(Saunders Redding), 궨돌린 브룩스(Gwendolyn Brooks), 윌리엄 멜빈 켈리(W. M. Kelly) 등 우수한 현대 흑인 작가들의 이름이 현대 미국 문학에 관심을 가진 우리나라의 학자나 비평가들의 귀에도 비교적 낯설 만큼 아직도 흑인문학이 미국의 학자와 비평가들에 의하여 정당한 평가를 받고 있지 못하기 때문이다. 1920년대 할렘 르네상스(Harlem Renaissance)의 주역이라 할 수 있는 진 투머(Jean Tommer), 클로드 멕케이(Calude Mckay), 카운틴 칼른(Counteen Cullen) 등 소위 '뉴 니그로' (New Negro) 작가들,[1] 1910년대에 주로 활약하면서 '뉴 니그로 운동' (New Negro Movement)의 초석을 마련하는 데에 기여한 제임스 웰든 존슨(James Weldon Johnson), 뒤보이스(W. E. B. DuBois)[2] 그리고 1890년대와 1900년대에 왕성한 창작활동을 보인 찰스 체스넛, 폴 로렌스 던바(Paul Laurence Dunbar)의 경우도 예외가 아니다.

미국 흑인 작가들에 대한 이와 같은 부당한 평가는 미국 문학 사상사의 고전으로 일컬어지는 패링톤(Vernon L. Parrington)의 『미국 사상의 주류』(*Main Currents in American Thought*)가 흑인문학을 거의 언급하고 있지 않은 데서, 그리고 미국 문학사의 가장 권위있는 저서로 알려진 스필러(Robert Spiller), 캔비(H. S. Canby) 등의 공저 『미국문학사』(*Literary History of the United States*)에서 흑인문학이 얼마나 소외되어 있으며 인색하게 할애된 몇몇 주요 흑인 작가들에 대한 평가마저 얼마나 요식적인 기술에 그치고 있는가에서 단적으로 드러난다.[3] 흑

---

1) 이 용어는 Harlem Renaissance를 대표하는 주요 작품들을 집대성하여 흑인 비평가 Alain Locke가 1925년 펴낸 흑인문학 선집, *The New Negro*에서 비롯된다.

2) W.E.B. DuBois는 흑인 저술가로 가장 널리 알려진 사람 중의 한 명이지만 그가 *The Quest of the Silver Fleece* 등 많은 소설과 시를 남기고 있다는 사실을 아는 사람은 드물 것이다.

3) *Literary History of the United States*는 Chesnutt를 Paul Laurence Dunbar와 함

인문학에 대한 이러한 평가에는 예술적 가치와 질에 있어서 대체로 흑인 작가들의 작품이 동시대의 백인 작가들의 그것에 비하여 뒤떨어져 왔다는 점, 대부분의 흑인 작가들이 흑인들의 종족적 전통에 깊이 뿌리를 박은 소위 '사회항변'(social protest)이나 '선전'(propaganda) 문학'의 좁은 한계를 벗어나지 못함으로써 미국 문학의 '주류'(Main Stream)에 미치지 못하고 있다는 점 등 몇 가지 원인을 들 수 있을 것이다. 그러나 그 가장 중요한 원인은 무엇보다도 정치 · 경제 · 사회 등 미국 문학의 모든 분야에서 면면히 흘러나온 흑인에 대한 백인의 그 인종적 편견일 것이다. 백인 비평가나 학자들이 흑인문학을 평가할 때 적용해 온 미국 문학의 '주류'라는 기준도 따지고 보면 백인 중심의, 백인 우위의 편견에서 비롯된 배타적인 기준이라고 볼 수 있다.

미국의 백인 학자나 비평가들이 흑인을 열등시하는 인종적 편견을 가지고 있지 않았다면, 그리고 문화적 애국주의(chauvinism)를 벗어나서 흑인 문화를 미국 문화의 중요한 한 부분으로 양자를 전체적인 미국 문화의 한 틀 속에 받아들이는 공정한 태도를 취했다면, 적어도 노예제도하에서 글을 읽고 쓰는 것이 흑인들에게 엄격히 금지되었었고 그 노예제도가 폐지된 것이 19세기 후반에 이르러서였다는 역사적 사실을 당연히 고려해야 했을 것이다.

흑인문학이 부당하게 무시되어 왔다는 흑인 작가와 비평가들의 항변에 대해서 백인 비평가들은 대체로, 문학 작품을 평가하는 궁극적 기준은 작품의 예술성이어야 한다는 입장으로 대답한다.[4] 그러나 문

께 짤막한 두 paragraph에서 언급하고 있을 뿐이며 두 사람 다 Joel Chandler Harris와 plantation tradition을 따르는 dialect writer로 취급하고 있다 (New York: MacMillan Co., 1963, pp.854-55).

4) 흑인문학 연구의 권위자라 할 수 있는 백인 비평가 Robert Bone도 그의 저서 *The Negro Novel in America*(New Haven: Yale University Press, 1958) 서문에서 같은 입장을 밝히고 있으나 그의 이론은 많은 편견을 담고 있는 듯이 보이

학에 있어서의 예술성에 대한 안이하고 편견적인 한계 구분은 자칫 문학 작품의 불구적인 해석을 가져오기 쉽고 문학 특히 소설에 있어서 예술성과 사회성의 필연적인 긴장관계를 경시하기 쉬운 법이다. 문학사를 다루는 경우 그 위험은 더욱 심각해질 수밖에 없다. 더욱이 그들이 내세우는 그러한 평가 기준이 백인 작가들과 흑인 작가들에게 공정하게 적용되어 오지 않았다는 데에 보다 근본적인 문제가 있다.

이 글의 목적은 백인 비평가들의 이러한 편견에 부당히 평가 절하를 당해 온 흑인문학의 대표적인 작가의 한 사람으로 체스넛의 경우를 들어서 그의 작품을[5] 정당히 평가하고 나아가서 미국 흑인문학에 대한 이해의 폭을 넓히는 데 기여하고자 함이다. 체스넛을 특정 작가로 다룬 것은 여러 가지 면에서 그가 근대 미국 흑인문학의 진정한 선구자라는, 그리고 그의 작품 세계가 흑인문학의 진수와 흑인문학이 안고 있는 중요한 문제들을 아주 넓게 포괄하고 있다는 이유에서이다.[6]

며 이 점은 Darwin T. Turner의 "*The Negro Novel in America: In Rebuttal,*" *CLA Journal, X* (December, 1966), pp.122-34에서 신랄히 비판되고 있다.

5) Chesnutt은 두 개의 단편집 외에 세 권의 장편소설을 남기고 있지만 이 글에서는 그의 작가적 능력이 보다 잘 드러나고 있는 그의 단편소설들을 주로 분석의 대상으로 삼으려 한다.

6) Sterling Brown은 그의 저서 *The Negro in American Fiction* (New York: Argosy-Antiquarian, 1969), pp.78-79에서 이렇게 말한다. "체스넛은 흑인들이 직면하고 있는 문제들에 대하여 단호하게, 그러나 예술적으로, 당당히 이야기한 최초의 흑인 작가이다. 한 비평가는 체스넛이 첫 흑인소설가였고 아직도 가장 훌륭한 소설가라고 주장하며 또 다른 비평가는 체스넛의 소설은 오늘의 거의 모든 흑인소설들의 초안을 그 안에 담고 있다고 말한다."(Chesnutt is the first to speak out uncompromisingly, but artistically, on the problems facing his people. One careful critic has stated that Chesnutt 'was the first Negro novelist, and he is still the best', and another has said that his books contain early drafts of about all of the recent Negro novels.)

II

미국 흑인문학(African-American Literature)의 시초를 따지는 일은 다른 문학의 경우와 마찬가지로 쉬운 일이 아니다. 구전문학을 기점으로 한다면 그 역사는 아프리카 흑인들이 그들의 구전문학의 전통을 가지고 미국 땅에 첫 발을 내디딘 16세기로 거슬러 올라갈 것이고, 흑인 작가에 의하여 문자화된 작품이 발표된 시점을 기준으로 삼는다면 주피더 해먼(Jupiter Hammon), 필리스 휘틀리(Phillis Wheately) 등의 시가 발표된 1760~1970년대가 그 시초가 될 것이며, 한 집단의 문학으로서 흑인문학의 전통에 대한 의식과 자각이 일기 시작한 시점을 강조한다면 19세기 초, 특히 처음으로 흑인에 대한 잡지가 나타나기 시작한 1820년대가 될 것이다. 1820년대 이후 흑인들에 의한 저술 활동이 전례 없이 활발해진 사실을 중요시한다면 흑인문학의 태동기를 19세기 초로 보는 견해는 충분한 타당성을 지니는 것으로 보인다.

1853년 흑인 작가에 의한 첫 소설 『클로텔』[7]이 나타나기 전까지 흑인들에 의한 저술 활동은 상품으로서가 아니라 인간으로서의 흑인의 기본적인 권리와 자유를 절규하는 반노예제도의 호소문, 노예제도의 참상을 체험담으로 호소하는 노예 수기(slave narrative)가 주종을 이루어 왔다. 이들 중 데이비드 워커(David Walker)의 『4개 조항의 호소문』(1829)은 흑인의 절박한 호소를 처음으로 한 권의 책에 체계화시킨, 그리고 미국의 수사적(修辭的) 전통과 성서적 전통 속에 흑인 설교(black sermon)의 전통의 뿌리를 심은 업적만으로도 주목을 요하는 작품이다. 그러나 이 시대의 가장 중요한 문학적 수확은 더글러스의 『프

---

7) William Wells Brown에 의하여 쓰여진 이 소설은 나중에 3개의 다른 버전으로 개작되어 발표되었다.

레더릭 더글러스 일생기』(1845), 윌리엄 웰즈 브라운(W.W. Brown)의 『도망 노예, 윌리엄 웰즈 브라운의 이야기』(1847), 헨리 비브(Henry Bibb)의 『미국 노예, 헨리 비브의 삶과 모험의 이야기』(1849) 등에 의하여 이루어진 노예 수기의 전통이다. 이 노예 수기는 노예제도의 비인간적인 인종적 탄압을 적나라하게 폭로하고 또한 사회정의의 실현을 호소함으로써 노예제도 폐지에 기여한 정치적 · 사회적 의의뿐만 아니라 미국의 자서전 문학과 넌픽션의 전통 그리고 미국 소설의 리얼리즘의 대두에 기여한 문학적인 공헌으로도 결코 과소평가될 수 없으며 무엇보다도 흑인문학의 독특한 하나의 서사 양식을 확립시켰다는 데에 가장 큰 의의가 있을 것이다. 브라운의 『클로텔』(1853), 프랭크 웹(Frank J. Webb)의 『개리네와 그 친구들』(1857), 마틴 델라니(Martin Delany)의 『블레이크, 혹은 미국의 오두막』(1859) 등 반 노예제도 소설들은 바로 이 노예 수기의 전통의 산물이며 사실 노예 수기의 서사 양식에 기본적인 소설 형식을 가미했다 해도 과언이 아니다.

이렇듯 남북전쟁 이전까지 노예 수기의 전통 속에서 이어져 온 흑인문학이 남북전쟁 이후 노예제도가 폐지됨과 함께 침체기에 들어선 것은 당연한 결과였을 것이다. 오히려 남북전쟁 이후 '재건' 의 시기를 거친 20여 년 동안은 스토우 부인(Mrs. Stowe)의 『톰 아저씨의 오두막』(1852)에 대한 반발로 우후죽순처럼 쏟아져 나온, 백인 작가들의 '찬 노예제 소설' 의 전통을 이어받아 역시 백인 작가들에 의하여 주로 쓰여진 '남부 농장 전통의 소설' (plantation tradition fiction)이 흑인의 문제를 주로 다룬 것이 사실이다.

'노예농장 전통' 은 "찬 노예제도의 의식을 강화하고 또 그 의식에 의하여 강화되면서"[8] 남북전쟁 전 노예제도하의 남부를 미화하고 그 시절의 목가적인 평화로움에 대한 향수를 주로 그리는 문학 전통을 말

---

8) Sterling Brown, *op. cit.*, p.18.

한다. 이 전통의 대표적인 백인 작가인 토마스 넬슨 페이지(Thomas Nelson Page)의 『옛 버지니아에서』(*In Old Virginia*, 1887)에서 볼 수 있듯이 '노예농장 전통의 소설' 은 대체로 남북전쟁 전의 남부 시절에 대해 향수를 느끼며 그 시절의 평화로움과 아름다움을 이야기하는 늙은 흑인, 그 시절의 기사도적인 무용담, 주인과 노예, 백인과 흑인 사이의 인간적 사랑의 미담 등으로 짜여진 감상적인 멜로드라마의 양식을 취함으로써 흑인의 삶의 진상을 호도하고 있는 것이 그 특징이다. 흑인 민속의 연구와 민담의 수집에 지대한 공적을 세우고 흑인의 진실을 드러내는 데에 일익을 담당한 백인 작가 조엘 챈들러 해리스(Joel Chandler Harris) 역시 그의 유명한 화자(話者)인 엉클 레뮤스(Uncle Remus)를 통해서 노예농장 전통을 은연중에 강조하고 있다거나 많은 흑인 작가들 역시 그 전통을 따르고 있었다는 사실은[9] 당시에 그 전통이 얼마나 깊이 뿌리를 내리고 있었는가를 보여주는 좋은 예일 것이다. 그러나 '재건' 이후의 남부는 그와 같은 화해 속의 평화로움과는 거리가 먼 것이었다. 남부에 차츰 만연되어 가는 짐 크로우이즘(Jim Crowism, 흑인 차별 대우), 흑백 분리주의(segregation), 린치, 공민권 박탈(disfranchisement), 죄수 노동 계약 제도(convict lease system) 등의 흑인에 대한 탄압은 오히려 공인된 노예제도하의 그것보다 더 가혹한 것이었다. 조지 워싱턴 케이블(George Washington Cable)은 이러한 남부의 진상을 정확히 관찰하고 노예농장 전통을 신랄하게 공격할 용기를 가졌던 백인 작가의 대표적인 예일 것이다.

체스넛이 본격적으로 작품을 발표하기 시작한 1880년대 말은 이처럼 남부에서의 흑인에 대한 탄압이 점증되면서도 흑인을 다루는 작품들이 대부분 노예농장 전통에 의하여 쓰여지고 있었고 미국 문학의 전

9) Chesnutt과 함께 동시대의 흑인문학을 대표한 P. L. Dunbar는 대체로 plantation tradition을 따르고 있는 흑인 작가의 대표적 예라고 말할 수 있다.

체적인 흐름은 대체로 '점잖은 전통' (Genteel Tradition)을 따르고 있던 시기였다. 체스넛의 문학은 이러한 시대적인 특성 속에서 배태되고 성숙되어 왔음을 우리는 먼저 주목해야 할 것이다.

III

1887년부터 발표되기 시작하여 1899년 『여자 마술사』(*The Conjure Woman*)라는 책으로 묶여 출판된 체스넛트의 일련의 마술 이야기(conjure story)들은 여러 가지 면에서 흑인 단편소설의, 나아가서 진정한 의미의 흑인소설의 효시라 할 수 있다.[10] 『여자 마술사』가 발표되기 전까지 흑인 작가에 의하여 쓰여진 소설은 장편이 3, 단편이 6, 도합 9편에 불과하며[11] 그나마 대부분 남북전쟁 이전에 활약한 노예제도 폐지론(abolitionist) 작가들에 의하여 쓰여진, 예술적 완성도가 낮은 작품들이다. 이 작품들은 흑인 고유의 노예 수기의 전통 속에 쓰여졌다는 문학사적인 가치와 노예제도하에서의 흑인들의 생활과 흑백 간의 인종적 갈등을 충실히 그리고 있다는 사회 기록적 가치의 한계를 넘어서지 못하고 있음이 사실이다. 이들 작품들에 등장하는 흑인이나 백인들은 대체로 판에 박은듯한 상투적 인물(stereotype)에 머물고 있으며 그 구성과 기교는 소설로서의 초보적 단계를 벗어나지 못하고 있기 때문이다. 그러나 체스넛의 작품은 그 예술적 수준에서 이들의 한계를 훨씬 넘어서고 있다. 우선 『여자 마술사』의 흑인 화자로 등장하

10) *The Conjure Woman*은 7개의 단편으로 이루어져 있지만 등장 인물과 지리적 배경, 그리고 서술 양식의 일관성으로 하나의 소설로 다루어질 수도 있을 것이다.

11) Robert Bone, *Down Home* (New York: Putnam's Sons, 1975), p.5.

는 엉클 줄리어스(Uncle Julius)는 소위 '아저씨' (Uncle), '아줌마' (Auntie), '유모' (Mammy) 식의 상투적 인물 혹은 그런 인물에 대한 반작용으로 등장한 호전적인 '반상투적 인물' (counter-stereotype)에 떨어지지 않고 살아 있는 인물로 그려져 있으며 무엇보다도 이 작품에서 체스넛은 작가로서의 심미적 거리를 초연히 지키며 정교한 여러 가지 소설적 기교를 구사하고 있는 것이다.

『여자 마술사』는 엉클 줄리어스를 등장시켜 전설 같은 흑인들의 민담을 전함으로써 얼핏 조엘 챈들러 해리스의 전통을 그대로 이어받은 민담처럼 보이기도 하고,[12] 늙은 흑인을 등장시켜 주로 남북전쟁 전 남부 농장 시절의 회고담을 들려 줌으로써 남부 농장 전통을 따르고 있는 것처럼 보이기도 한다.[13] 체스넛 자신은 『여자 마술사』에 담긴 모든 이야기는 완전히 자기의 상상력으로부터 창조된 것이며 해리스의 이야기를 전혀 모방하지 않았다고 주장하지만[14] 적어도 서술 양식에 있어서 해리스의 영향을 받은 것은 부인할 수 없는 사실이며 비록 창작된 내용이라 하더라도 체스넛이 구사하고 있는 이 민담 형식은 흑인문학의 민속 전통(folk tradition)을 세우는 데 대단히 중요한 선구적 역할을 한 것임에 틀림없다. 체스넛이 해리스식의 설화 양식을 택한 데에는 또 다른 중요한 이유가 있을 것이다. 그것은 특히 당시의 흑인 작가들에 가해진 출판상의 어려움이다. 체스넛이 『여자 마술사』(1899)와 『젊은 시절의 아내』(*The Wife of His Youth*, 1899)를 출판했을 때만 해도 그가 흑인이라는 사실이 독자들에게 알려지지 않았던 것은 이 어

---

12) J.C. Harris는 Uncle Remus를 화자로 등장시켜 흑인들의 민담을 전하는 일련의 작품 *Uncle Remus: His Songs and His Sayings* (1880), *Nights With Uncle Remus* (1883)를 발표한 바 있다.

13) 주 3 참고.

14) Charles W. Chesnutt, "Post-Bellum-Pre-Harlem," *The Crisis*, XXXVIII(1931), p.193.

려움의 정도를 잘 설명해 준다. 작품을 발표하고 출판하기 위해서는 독자와 출판사의 반응이라는 현실적인 문제를 고려하지 않을 수 없고 따라서 당시에 많은 독자들로부터 호의적인 반응을 받은 해리스식의 설화 양식은 이런 어려움을 쉽게 덜어 줄 수 있었을 것이다. 어쩌면 체스넛은 흑인의 삶의 진실을 널리 알리기 위하여, 그래서 미국이 안고 있는 도덕적 위기의 심각함을 일깨우기 위하여 백인들이 저항을 느끼지 않을 온건한 표현 양식을 의식적으로 택했을는지 모른다. 『여자 마술사』가 많은 백인 비평가들에 의하여 '노예농장 전통의 소설'로 오해를 받은 것도 아마 그런 이유에서였을 것이다. 그리고 이러한 체스넛의 의도가 그로 하여금 그 시대의 문학 정신의 주류를 이루어 온 '점잖은 전통'을 따르게 했을 것임을 짐작하기는 어렵지 않다. '점잖은 전통'은 엄격히 제어된 문학적 표현, 극단을 피하는 작자의 초연한 태도, 리얼리티에 대한 때로는 이중적인 아이러닉한 관점, 따라서 소극적이고 제한된 이상주의 등을 그 특징으로 삼는다. 체스넛의 작품 특히 그의 전반기의 작품들은 이러한 '점잖은 전통'에서 쓰여졌다고 볼 수 있다.

『여자 마술사』의 첫 이야기인 「마술에 홀린 포도원」(The Goophered Grapevine)은 아내의 요양차 오하이오에서 노스 캐롤라이나의 페잇츠빌(Patesville)에 내려온 백인 사업가 존(John)의 일인칭 서술로 시작된다. 이 이야기는 계속되는 여섯 개의 이야기에 등장 인물과 지리적 배경의 일관성을 주고 『여자 마술사』 전체에 공통된 주제의 틀을 마련해 주고 있다는 점에서 특히 주목을 요하는 이야기이다. 존은 일견 조용하고 평화로워 보이는 페잇츠빌의 모습을 이렇게 기술한다.

> 정말이지 내가 그 마을을 처음 보았을 때 그 마을에는 평온함 속에 마치 안식일의 고요함 같은 것이 내려앉아 있었다. 그러나 나중에 나는 그 졸리운 듯한 고요함의 표면 아래서 보다 깊은 삶의 흐름이 — 사랑과 증오와, 기쁨과 절망과, 야망과 탐욕과, 믿음과 우정이 — 더 활기 있어 보이는 지방들에 못지않게 꾸준히 흐르고 있음을 알게 되었다.

Indeed, when I first saw the town, there brooded over it a calm that seemed almost sabbatic in its restfulness, though I learned later on that underneath its somnolent exterior the deeper currents of life — love and hatred, joy and despair, ambition and avarice, faith and friendship — flowed not less steadily than in livelier latitudes.[15)]

이 고요한 수면 아래 가려진 사랑과 미움과 기쁨과 슬픔과 희망과 절망의 흐름은 엉클 줄리어스를 통해서 우리 앞에 펼쳐질 흑인들의 삶의 세계에 대한 함축적인 이미지를 제공하며 이 이미지는 남부 노예농장의 생활에 대한 안이하고 향수적인 감상에 넌지시 제동을 거는 역할을 하고 있다. 포도원을 사려고 돌아다니다가 한 황폐한 포도원에서 우연히 만나게 된 엉클 줄리어스의 첫 인상에 대한 존의 묘사는 이러한 작자의 의도를 한층 더 분명히 보여준다.

그는 완전히 검지는 않았다. 그리고 이 사실은 . . . 흑인의 피와는 약간 다른 어떤 기질을 암시하는 것이었다. 또한 그의 눈에는 완전히 아프리카적인 것은 아닌 어떤 약삭빠름이 남겨 있었는데 후에 경험을 통해 안 일이지만 그것은 그의 성격에 담겨 있는 어떤 약삭빠름을 나타내고 있었던 것이다.

He was not entirely black, and this fact . . . suggested a slight strain of other than negro blood. There was a *shrewdness* in his eyes, too, which was not altogether African, and which, as we afterwards learned from experience, was indicative of a corresponding shrewdness in his character. (pp.9-10. 이탤릭체는 필자)

엉클 줄리어스의 '약삭빠름' (shrewdness)은 적어도 두 가지 면에서 중요한 의미를 지닌다. 엉클 줄리어스의 약삭빠름에 대한 이 묘사는 첫째, 그가 남부의 농장 생활에 소박한 향수를 느끼는 소위 '톰 아저

---

15) Charles W. Chesnutt, *The Conjure Woman* (Ann Arbor: The University of Michigan Press, 1969), p.4. 이하 본문 인용 페이지 수는 이 edition에 따름.

씨' (Uncle Tom)의 상투형에서 벗어나고 있음을 암시하며 둘째, 이야기를 전달하는 수단으로서의 화자로서만이 아니라 개성있는 하나의 등장 인물로서의 그의 중요성을 시사하고 있다. 그리고 이 두 가지 사실은 이 작품의 구조 자체와 긴밀한 연관을 맺고 있다는 점에서 주목할 만하다. 『여자 마술사』의 모든 이야기들은 이중적인 구조로 이루어져 있다. 그 하나는 존, 존의 아내 애니(Annie), 엉클 줄리어스로 이루어지는 현실 세계에 담긴 외부 구조이며 다른 하나는 엉클 줄리어스의 전설적인 이야기 안에 담긴 내부 구조이다. 엉클 줄리어스가 해리스의 엉클 레뮤스와 근본적으로 구분이 되는 것은 엉클 레뮤스가 대체로 이야기를 전달하기 위한 수동적인 화자의 위치에 머무르고 있는 데 반해 엉클 줄리어스는 화자로서 동시에 능동적인 등장 인물로서 이 이중구조의 구심점을 이루고 있다는 점이다. 따라서 엉클 줄리어스는 그의 이야기를 통하여 옛날의 남부(Old South)에 대한 향수에 젖은 회고담이나 단순한 민담의 한계를 넘어 의도적인 모랄을 전하고 있으며 동시에 존 부부와의 관계에서 그의 이야기를 실용적인 목적을 위한 수단으로 사용할 수 있는 것이다.

「마술에 홀린 포도원」은 노예들이 포도를 훔쳐먹는 것을 막기 위하여 주인인 마스 두갈(Mars Dugal)이 흑인 마술사 안트 페기(Aunt Peggy)의 힘으로 마술을 건 한 포도원에 얽힌 이야기이다. 포도를 훔쳐먹게 되는 사람은 일년 안에 죽게 된다는 이 마술의 효험을 알지 못한 헨리(Henry)라는 새로 온 노예가 포도를 훔쳐먹은 사실이 드러나자 늙기는 했지만 제 몫의 일을 훌륭히 해내는 이 노예를 구하기 위하여 노예 감독관은 안트 페기에게 마술을 풀어줄 것을 부탁한다. 봄철에 전지될 포도덩굴의 수액을 머리에 뿌리는 마법에 의하여 헨리는 죽음을 모면하긴 하지만 그 대신 그는 봄이 되면 젊고 활기에 넘치다가 가을이 되면 늙고 쇠약해지는 포도덩굴의 운명을 나누어 가지게 된다. 영리에 밝은 마스 두갈은 봄철이면 헨리를 비싼 값에 팔고 가을철이 되면 싼값에 사들임으로써 상당한 돈을 벌어들인다. 그러던 어느 날 한 양키 외판원이 나타나 새로운 포도 압착기와 새로운 과학적 포도 재배법을 사용하여 포도원 규모를 확장하고 이익을 증대시키도록 마스 두갈을 유혹하고 마스 두갈은 그 유혹에 빠져들게 된다. 결국 줄곧 마술에 걸려온 그 포도원은 폐허가 되고 포도덩굴의 운명을 나누어 가진 헨리 역시 죽고 마는 것으로 이야기는 끝난다.

「마술에 홀린 포도원」의 내부 구조를 이루는 이 이야기는 무지할 정도로 순박하게 들리는 엉클 줄리어스의 담담한 어조로 전해지지만 그 안에 담긴 모랄은 결코 그처럼 순박하거나 담담한 것일 수 없다. 하나의 상품으로서 포도덩굴의 운명으로 전락할 수밖에 없는 헨리의 삶을 통하여 그리고 헨리의 비참한 운명을 상업적 영리 수단으로 이용하는 마스 두갈의 비정과 탐욕을 통하여 우리는 노예제도의 비인간화적 폭력과 상업주의의 맹목적인 탐욕에 대한 깊고 날카로운 풍자를 읽을 수 있기 때문이다. 한편 외부 구조를 이루는 엉클 줄리어스와 존의 세계에서는 엉클 줄리어스의 약삭빠름이 중요한 기능을 발휘한다. 엉클 줄리어스가 존에게 이 이야기를 들려주는 중요한 이유는 그가 이 포도원에서 얻고 있는 적지 않은 이익을 계속 유지하기 위하여 존으로 하여금 이 포도원을 살 생각을 포기하도록 유도하려는 것이다. 얼핏 엉클 줄리어스의 이러한 약삭빠름은 별로 중요한 의미를 가지고 있지 않은 것처럼 보인다. 그러나 흑인과 백인 간의 이러한 약삭빠름을 통한 상호 기만과 불신의 풍토는 체스넛이 『여자 마술사』를 통해서 그려 보이고 있는 노예제도하의 옛날의 남부에 만연되어 있었고 엉클 줄리어스가, 따라서 체스넛이 살던 당시의 남부 사회에도 그 풍조는 그대로 남아 있었다는 점, 그리고 흑인과 백인 간의 인종적 관계가 전혀 개선되지 않은 사회에서 흑인이 생존하기 위해서는 자구책으로서의 이러한 약삭빠름이 필요할 수밖에 없을 것이라는 점을 중시한다면 엉클 줄리어스의 약삭빠름과 이에 대한 존의 반응은 이야기 자체가 전달하는 모랄과는 또 다른 의미의 중요성을 지닐 수 있을 것이다. 로버트 본(Robert Bone)이 『여자 마술사』의 부차적인 주제로 정확히 지적하고 있는 "외양의 기만성과 인간적 동기에 대한 회의의 필요성"(the deceitfulness of appearances and the necessity of a certain skepticism where human motives are concerned)[16]은 특히 외부 구조를 이루는 이야기들에서 두드러지게 나타난다. 엉클 줄리어스의 약삭빠름에 또 하나의 중요성을 부여한다면 그것은 흑인 열등의 일반적인 편견에 대해서 백인을 능가할 수도 있는 흑인의 지적 능력을 암시하고 있다는 점일 것이다. 이러한 엉클 줄리어스의 약삭빠름은 두 번째 이야기 「가련한 샌디」("Po' Sandy")에서도 중요한 역할을 담당한다.

「가련한 샌디」는 존이 아내를 위하여 부엌 건물을 새로 짓기 위해서 뒤쪽에 있는 낡은 건물을 헐고 그 재목의 일부를 사용하기로 결정하는 데서 시작된다. 엉클 줄리어스는 이 재목에 얽힌 한 노예 부부의 기구하고 슬픈 운명의 이야기를 들려준다. 마스 마라보(Mars Marrabo)의 노예 샌디는 착하고 일 잘하는 노예여서 마스 마라보의 자녀들이 모두 성장하여 결혼생활을 하게 되자 그들은 서로 샌디를 데리고 살기를 원한다. 주인의 농장을 떠나 샌디가 그들의 집을 전전하며 사는 동안 그의 아내는 다른 곳으로 팔려가고 집에 돌아온 샌디는 새 아내인 테니(Tenie)를 맞게 된다. 샌디와 테니는 곧 서로를 깊이 사랑하게 되지만 늙은 숙부의 부탁을 받은 주인이 샌디를 다시 그에게 빌려 주기로 결정함으로써 그들은 헤어지지 않을 수 없는 운명에 놓인다. "샌디네 주인 양반은 누구나 기쁘게 해주고 싶어하는 그런 느긋한 양반이었읍죠. 그래서 그러마고, 그에게 샌디를 빌려줄 수 있노라고, 말했읍죠." (Sandy's marster wuz one er dese yer easy-gwine folks w'at wanter please eve'ybody, en he says yas, he could len' 'im Sandy.) (p.43) 그러나 엉클

---

16) Robert Bone, *op. cit.*, p.86.

줄리어스가 흘리듯이 들려주는 이 짧은 말에는 깊은 의미의 아이러니가 담겨 있다. '모든 사람' (every body)을 기쁘게 해주기 위하여 샌디와 테니를 서슴없이 떼어 놓을 수 있는 마음 좋은 마스 마라보에게 샌디는 물론 '사람 아닌 사람' (nobody)일 따름인 것이다. 샌디는 그의 고통을 이렇게 표현한다.

> 이번 달엔 짐스 양반이 날 빌려가고, 그러면 난 여차여차해야 하고, 다음 달엔 아치 양반이 날 빌려가고 그러면 또 여차여차해야 하고, 그러구선 또 지니 아씨네로 가야 하고, 이 샌디가 되었다가 저 샌디가 되고, 여기 있는 샌디였다가 저기 있는 샌디가 되고, 그래서 결국 나에겐 집도 없고 남자 주인도 없고 여자 주인도 없고 도대체 아무것도 없는 것처럼 생각이 된단 말이야. 마누라를 계속 가질 수조차 없어. 전번 마누라는 내가 작별 인사를 할 기회도 없이 팔려가 버렸지. 그리고 이제는 테니, 당신을 놔두고 또 떠나야 하게 된 거라구. 당신을 다시 만나게 될지 어쩔지도 모르구서 말이야. 나무나 나무 그루터기나 바위나, 하여튼 얼마 동안 농장에 계속 머물러 있을 수 있는 어떤 것이 되었으면 좋겠어.
>
> Here I is lent ter Mars Jeems dis mont', en I got ter do so-en-so; en ter Marks Archie de nex' mont', en I got ter do so-en-so; den I got ter go ter Miss Jinnie's; en hit's Sandy dis en Sandy dat, en Sandy dis en Sandy dat, en Sandy yer en Sandy dere, tel it 'pears ter me I ain' got no home, ner no marster, ner no mistiss, ner no nuffin. I can't eben keep a wife: my yuther ole 'oman wuz sol' away widout my gittin' a chance fer ter tell her good-by; en now I got ter go off en leab you, Tenie, en I dunno whe'r I'm eber gwin ter see you ag'in er no. I wisht I wuz a tree, er a stump, er a rock, er sump'n w'at could stay on de plantation fer a w'ile. (pp.44-45)

한때 마술사였던 테니는 결국 샌디를 나무로 변신시키고 밤에만 마술을 풀어 샌디와의 아쉽고 안타까운 밀회를 계속한다. 그러던 어느 날 테니는 함께 여우로 변신하여 도망하기로 한 그녀의 계획을 샌디에게 알릴 기회도 없이 갑자기 주인 아들 부인의 병 구완을 위해서 집을 떠나게 되고 그 사이 샌디가 몸담고 있는 나무는 주인집의 부엌을 짓기 위한 재목으로 베어진다. 그러나 이 재목으로 지어진 새 부엌에서는 밤이면 고통스런 신음소리가 들리고 샌디의 유령이 나타나 주인은 결국 부엌을 헐고 그 재목의 일부를 학교 교실을 짓는 데 사용하게 된다. 한편 샌디를 잃은 후 거의 광란의 상태로 부엌과 학교 건물 주위를 헤매던 테니는 어느 추운 겨울 아침 학교의 건물의 마루 위에서 싸늘한 시체로 발견된다. 지금도 밤이면 신음소리가 들리고 유령이 나타나는 이 학교 건물이 지금 존의 집의 뒤쪽에 있는 바로 그 낡은 건물임을 밝히면서 엉클 줄리어스는 이야기를 끝맺는다.

이 이야기는 슬픈 사랑의 이야기만으로도 아름다움과 공포와 비장감이 가득 넘치는 가작이다. 그러나 이 이야기는 인간의 가장 숭고한 사랑이라는 주제에 초점을 맞추어 노예제도의 비정을 조명함으로써 그 비극적 의미를 슬픈 사랑의 이야기가 주는 감동의 한계를 넘어서서 보다 높은 윤리적 차원으로 끌어 올리고 있다. 한편 이 작품의 외부 구조에서 엉클 줄리어스는 「마술에 홀린 포도원」에서보다 더욱 중요한 역할을 수행한다. 그는 애니로부터 흑인 노예들의 비참한 삶에 대한 깊은 이해와 연민의 정을 불러일으키는 데 성공할 뿐만 아니라[17] 학교 건물이 헐리지 않음으로 해서 흑인들이 그 건물을 교회로 사용할 수 있도록 하는 데 성공함으로써 그의 약삭빠름의 기능을 최대한으로 활

17) pp.60-61 참고: "세상에 그런 일이 일어날 수 있다니, 얼마나 끔찍한 제도에요!" 줄리어스가 이야기를 끝냈을 때 애니가 외쳤다. "그런 일이라니?" 존이 놀란 표정으로 물었다. "아니, 당신은 사람이 나무로 변할 수 있는 가능성을 정말 믿는단 말이오?" "아네요, 그게 아니에요." 그녀는 얼른 대답했다. 그리고는 눈빛이 약간 흐려지며 얼빠진 표정으로 중얼거렸다. "가엾은 테니!" ("What a system it was," [Annie] exclaimed, when Julius had finished, "under which such things were possible!" "What things?" [John] asked, in amazement. "Are you seriously considering the possibility of a man's being turned into a tree?" "Oh, no," she replied quickly, "not that;" and then she murmured absently, and with a dim look in her fine eyes, "Poor Tenie!")

용하고 있기 때문이다.

「시스 베키의 아기」(Sis Becky's Pickaninny) 역시 노예 매매에 의하여 가족이 흩어져야 하는 흑인 노예들의 아픔을 담고 있는 이야기이다. 남편이 멀리 팔려감으로써 남편과 생이별을 한 시스 베키는 경마 투기에 빠진 주인에 의하여 말과 교환되어 팔려가게 됨으로써 또 다시 그녀의 유일한 위안인 어린 아들 모세와 떨어져 살아야 하는 고통을 겪는다. 모세는 안트 페기의 마술에 의하여 벌새로 다시 앵무새로 변신하여 어머니를 쫓아가 목이 메이도록 노래를 부르고 시스 베키는 그 새가 모세임을 알아보고 안타까운 아쉬움을 달래곤 한다. 그러다가 결국 안트 페기의 교묘한 술책에 의하여 말과 시스 베키는 다시 교환되고 모자는 같은 집에서 다시 함께 살게 된다는 해피 엔딩으로 이 이야기는 끝을 맺는다.

이 이야기는 노예제도가 인간의 사랑에 대한 얼마나 큰 죄악을 범하고 있는가를 짙은 페이소스 속에 담고 있다는 점 외에 다른 두 가지 점에서 중요한 의미를 지니고 있다. 첫째, 새로 변신한 모세의 노래가 주는 암시이다. 모세의 노래는 곧 흑인들의 영가를 연상시킨다. 노예 생활의 모든 아픔을 슬픔으로 승화시킬 수 있는 흑인들의 그 영험적 상상력을 우리는 모세의 노래를 통하여 그리고 그 노래를 들으며 고통을 달래는 시스 베키의 안타까움을 통하여 아프게 느낄 수 있다. 흑인들의 영가는 그들의 삶의 아픔에 뿌리를 내린, 그 아픔을 스스로 달래며 삭이는, 그들의 영혼의 절절한 울림인 것이다. 둘째, 이야기의 서두에 나오는 '토끼 발'에 대한 미신이다.[18] 존은 "당신네 흑인들은 이 유치한 미신들을 내던지고 이성과 상식에 맞추어 살아 나가는 걸 배우기 전까지는 이 세상에서 결코 성공할 수 없을 겁니다. 덫과 함정과 사방

18) 토끼 발을 몸에 지니고 다니면 모든 재액을 모면할 수 있고 늘 행운이 따른다는 흑인들의 널리 알려진 미신.

에 적들로 온통 둘러싸인 험한 인생 길을 죽은 토끼 앞다리나 들고 쭈빗쭈빗 걸어가면서 그 앞다리가 행복과 성공을 늘려 주고 실패와 불행을 막아 주리라고 믿는다는 건 얼마나 우스꽝스런 일입니까!"(your people will never rise in the world until they throw off these *childish* superstitions and learn to live by the light of *reason* and *commonsense*. How absurd to imagine fore-foot of a poor dead rabbit, with which he timorously felt his way along through a life surrounded by snares and pitfalls, beset by enemies on every hand, can promote happiness or success, or ward off failure or misfortune!(p.135. 밑줄과 이탤릭체는 필자) 라고 엉클 줄리어스의 무지를 한탄하지만 엉클 줄리어스는 시스베키가 토끼 발을 가지고 있었더라면 모세와 헤어지는 불행을 겪지 않았을 것이라고 말한다. 이 작품에서 토끼 발에 대한 '유치한(childish) 한 미신' 은 존이 주장하는 이성(reason)과 상식(commonsense)의 한계를 뛰어넘는 인간의 상상력의 세계를 상징한다고 볼 수 있으며 그 세계는 곧 예술의 세계와 직결될 수 있을 것이다. 존의 모든 노력에도 불구하고 더욱 악화만 되던 애니의 우울증이 엉클 줄리어스의 이야기에 의하여 곧 호전된다는 사실은 중요한 상징적 의미를 지닌다. 인간의 마음의 병은(애니의 병이 우울증이라는 점을 주목할 필요가 있다) 이성과 상식에 의해서가 아니라 상상력과 예술의 세계를 통해서 치유될 수 있을 것이기 때문이다. 이런 관점에서 보면 엉클 줄리어스는 이 작품에서 예술가의 위치에 접근하고 있으며 그것은 애니의 옷 주머니에서 토끼 발이 발견된 사실에서 뒷받침을 받을 수 있다. 이 상징적 의미를 좀더 추적해 본다면 우리는 노예제도란 상상력과 예술의 세계가 거세된 인간의 병든 마음에서 비롯된 것이라는 암시를 발견할 수도 있을 것이다.

흑인 마술사들의 기괴한 복수담에 얽힌 흑인들의 어두운 삶을 통하여 상상과 도덕의 문제를 다루고 있는 「마술사의 복수」(The Conjurer's

Revenge)와 「회색 늑대의 유령」(The Gray Wolf's Ha'nt), 흑인 노예로 변신이 된 백인 주인의 아이러니컬한 체험을 통하여 흑인의 삶에 대한 백인의 이해를 돕고 있는 「마스 짐의 악몽」(Mars Jeem's Nightmare), 오해로 빚어진 흑인 젊은이들의 비극적인 사랑 이야기를 들려 주면서 파경 직전의 백인 남녀의 사랑을 결합시켜 주는 「깡충발 하니발」(Hot Foot Hannibal), 나머지 이 네 편의 작품에서도 체스넛은 겉이야기와 속이야기의 이중구조에 정교한 조화와 균형을 유지함으로써 『여자 마술사』의 모든 이야기들을 하나의 유기적인 전체의 틀 안에 통합시키는 데에 성공하고 있다.

『여자 마술사』에서 작자가 궁극적으로 추구하는 것은 노예제도의 가면을 꿰뚫어 그 진상을 드러내고 그 가면 아래에 가려진 흑인들의 삶의 깊은 진실을 상상의 세계를 통하여 보다 풍부하게 보여주려는 것이다. 『여자 마술사』의 모든 이야기들 속에 줄곧 나타나는 변신(transformation)의 의미는 이 상상의 세계의 폭을 넓혀 주는 데 중요한 역할을 한다. 그것은 한편으로는 인간을 포도덩굴이나 노새의 운명으로 변신시키고 있는 노예제도의 비정과 폭력을 생각게 하며 다른 한편으로는 그 비정과 폭력의 고통을 벗어나 차라리 한 마리의 새나 한 그루의 나무로 변신되고 싶은 흑인들의 소망을 암시하기도 한다. 그러나 이 변신이 주로 흑인 마술사 안트 페기에 의해서 이루어지고 있다는 점에 주목한다면 사실의 세계를 '변형'(transform)시킬 수 있는 흑인들의 상상적 능력, 그 능력이 포함하는 힘에 대한 암시라고 볼 수도 있을 것이다. 체스넛이 많은 영향을 받은 해리스의 엉클 레뮤스 이야기가 주로 흑인 민담의 주인공 격인 브러 래빗트(Brer Rabbit)에 관한 이야기라는 사실은 이 암시를 뒷받침해 주고 있다. 브러 래빗트는 브러 울프(Brer Wolf), 브러 라이온(Brer Lion), 브러 폭스(Brer Fox)의 억센 힘을 가지고 있지 못하지만 그의 상상력과 약삭빠름을 통해서 그들의 폭력의 끊임없는 위협으로부터 생존을 유지할 수 있고 오히려 그들의 힘을 무력한 것으로 변형시킬 수 있기 때문이다. 브러 래빗트와 브러 울프와의 관계는 흑인과 백인과의 관계의 알레고리(allegory)로 보아 지나침이 없을 것이다.[19] 그런 의미에서 브러 래빗트의 상상력과 약삭빠름은 엉클 줄리어스의 그것과 교묘히 연관되어 있음을 우리는 알 수 있다. 『여자 마술사』는 이처럼 정교한 의미를 그 독특한 이중구조의 균형 속에 함축함으로써 단순한 민담의 한계를 훨씬 넘어서는 예술적 성취에 이르고 있는 것이다.

IV

『여자 마술사』에 뒤이어 같은 해(1899)에 출판된 『젊은 시절의 아내』(*The Wife of His Youth and Other Stories of the Color Line*) 역시 그때까지 발표된 단편들을 주로 모아서 엮은 작품집이다. 따라서 『여자 마술사』에서 구사되고 있는 체스넛의 문체상의 특징이나 기법에는 큰 변화가 없지만 작자 자신이 밝히고 있듯이[20] 이 작품집에 실린 대부분의 이야기들은 흑인들이 안고 있는 보다 현실적인 문제들을 다루고 있다는 점에서 『여자 마술사』와는 사뭇 다른 분위기를 전하고 있다. 「그랜디슨의 떠남」(The Passing of Grandison)을 제외한 모든 이야기의 무대가 남북전쟁 전의 남부 농장에서 전후 재건 시대의 마을이나 도시로 옮겨진 것은 작자의 당연한 의도에서 비롯되었을 것이다. 또한 백인 주인과 흑인 노예 간의 인간관계와 흑인 노예의 약삭빠름을 다루고 있

---

19) Bernard Wolfe는 그의 논문 "Uncle Remus and the Malevolent Rabbit," *Commentary* (July, 1949), pp.31-41에서 Brer Rabbit tales를 백인 주인에 대한 흑인 노예의 증오를 담은 공격으로 해석하고 있다.

20) Helen M. Chesnutt, *Charles Waddell Chesnutt: Pioneer of the Color Line* (Chapel Hill: University of North Carolina Press, 1952), pp.115-16.

는 「그랜디슨의 떠남」은 그 주제에 있어서도 『여자 마술사』의 세계에 훨씬 접근하는 작품이다. 그러나 엉클 줄리어스의 다분히 주관적인 시점에 의하여 마련된 마술 이야기의 틀을 벗어나 보다 객관적인 시점에서 쓰여진 이 이야기는 『여자 마술사』의 그 견고한 유기적 전체의 틀 안에 끼어들 수가 없었을 것이다. 그만큼 『젊은 시절의 아내』는 『여자 마술사』에 비해 작품들 간의 일관된 주제 의식이나 유기적인 연관성이 결여되고 있지만, 흑인이 당면하고 있는 여러 가지 문제를 그려 보이려는 것이 『젊은 시절의 아내』에서의 간의 의도라면 작품들 사이의 유기적 연관성의 결여가 이 작품집의 결함 사항이 될 수는 없을 것이다. 그런대로 이 작품에 실린 주요 작품들은 혼혈 흑인(mulatto)이 안고 있는 특수한 상황과 흑백 간의 보다 심각한 갈등이라는 두 개의 큰 주제에 수렴하고 있는 듯이 보인다. 「젊은 시절의 아내」, 「원칙의 문제」(A Matter of Principle), 「그녀의 버지니아 유모」(Her Virginia Mammy)가 전자의 문제를 주로 다루고 있다면 「보안관의 아이들」(The Sheriff's Children), 「상황의 얽힌 그물」(The Web of Circumstance)은 후자의 문제를 강조하고 있는 작품들이다. 「원칙의 문제」와 「젊은 시절의 아내」는 '푸른 정맥 모임' (Blue Vein Society)이라는 기발한 착상이 암시하듯이 중류층의 혼혈 흑인에 대한 날카로운 풍자를 담고 있다. 「원칙의 문제」의 씨세로 클레이튼(Cicero Clayton)이나 「젊은 시절의 아내」의 라이더 씨(Mr. Ryder)는 푸른 정맥이 보일 정도로 피부가 희어야 회원이 될 수 있다는 의미에서 그렇게 이름지어진 그로블랜드(Groveland)[21]의 흑인 상류사회인 '푸른 정맥 모임' 의 회원들이다.

---

21) Chesnutt의 작품의 주 무대를 이루고 있는 Groveland는 Chesnutt이 태어난 Ohio 주의 Cleveland의, Patesville은 그가 여덟 살이 되던 해 옮겨간 그의 부모의 고향인 North Carolina 주의 Fayetteville의 비슷한 음을 따서 만든 가공의 지명들이다.

「원칙의 문제」는 한 월례 모임에서 행한 씨세로 클레이튼의 연설 내용으로 이야기가 시작된다. “인종 문제를 다루는 데 있어서 우리나라가 필요로 하는 것은 인간의 우애에 대한 보다 분명한 개념 설정입니다.”(What our country needs most in its treatment of the race problem is a clearer conception of the brotherhood of man.)[22] 클레이튼이 내세우는 우애(brotherhood)의 개념은 백인의 피가 많이 섞인 혼혈 흑인은 엄연히 흑인과 구분되어야 한다는 그의 신념[23] 위에 세워진 것이며 이러한 그의 신념에 따라 그는 중상층의 백인이나 백인에 가까운 혼혈 흑인들과만 친교를 맺고 ‘완전 흑인’(pure black)들을 결코 그의 집안에 들여놓지 않는 것을 원칙으로 삼고 있다. 이러한 그의 원칙이 그의 딸 앨리스(Alice)의 혼사 문제로 어떻게 시련과 수난을 겪는가가 이 작품의 줄거리를 이룬다. 거의 백인에 가까운 아름다운 앨리스는 푸른 정맥 회원들의 선망의 대상으로 앨리스의 성공적인 결혼은 클레이튼에게 거의 절대적인 의미를 갖는 문제이다. 그러던 어느날 워싱턴 시의 한 파티에서 앨리스와 춤을 춘 적이 있는 브라운(H.M. Brown)이라는 흑인 국회의원이 그로블랜드로 앨리스를 방문하고 싶다는 의사를 전해 온다. 브라운에 대한 앨리스의 기억은 희미하지만 그가 백인에

22) Charles W. Chesnutt, *The Wife of His Youth* (Ann Arbor: The University of Michigan Press, 1968), p.94. 이하 본문 인용 페이지 수는 이 edition에 따름.

23) pp.94-95: “백인들은 우리를 한덩어리로 몰아서 흑인으로 취급하며 우리는 그들로부터 흑인들과 똑같은 사회적 추방을 당하고 있습니다. . . . 그들의 피를 반 혹은 그 이상 나누어 가져 현대의 가장 강력하고 진취적인 종족에 속할 수 있는 사람들은 다른 사람들이 자신을 흑인이라고 부를 권리가 있듯이 그들을 백인이라고 부를 권리가 있는 것입니다.”(. . . the white people lump us all together as negroes, and condemn us all to the same social ostracism . . . . People who belong by half or more of their blood to the most virile and progressive race of modern times have as much right to call themselves white as others have to call them negroes.)

가까운 혼혈 흑인일 것이라는 확증을 얻어 낸 클레이튼은 그를 맞이하러 역으로 나간다. 그러나 H.M. Brown이라는 이름이 쓰여진 가방 옆에 앉아 있는, "구원의 백인 피"(redeeming white blood)가 한 방울도 섞이지 않은 흑인의 모습을 본 클레이튼은 망설임 끝에 그 자리를 피해 집으로 돌아온다. 그는 의사를 매수하여 앨리스가 장질부사에 걸려 그의 집이 격리되어 있는 것으로 브라운에게 전하고 브라운을 위하여 예정된 대대적인 파티 계획을 취소하기에 이른다. 결국 클레이튼이 본 그 흑인은 브라운의 동행자이며 브라운 자신은 거의 백인에 가까운 혼혈 흑인임이 드러나고, 클레이튼은 앨리스의 라이벌인 왓킨스(Watkins)의 딸 로라(Laura)에게 브라운을 빼앗기고 만다. 이 작품은 그의 아픈 상처에도 불구하고 여전히 그의 '원칙'을 주장하는 아이러닉하고 희극적인 클레이튼의 연설로 끝을 맺고 있다. "이 인종 문제를 다루는 데 있어서 미국의 백인들이 가장 필요로 하는 것은 인간의 우애에 대한 보다 고차원적인 개념을 갖추는 일입니다. 왜냐하면 신은 하나의 피로 지상의 모든 민족을 만들어 낸 것이기 때문입니다."(What the white people of the United States need most, in dealing with this [racial] problem, is a higher conception of the brotherhood of man. For of one blood God made all the nations of the earth.)(p.131)

「원칙의 문제」는 '푸른 정맥'으로 상징되는 중류층 혼혈 흑인의 위선적인 가식과 허구, 같은 흑인에 대한 왜곡된 편견, '흰색은 옳고 아름답다'라는 그들의 허구적 환상을 날카롭게 희화화하고 있는 일종의 '풍속 희극'(comedy of manners)이라 볼 수 있을 것이다. 이 작품에서 구사되고 있는 경쾌한 터치의 스타일은 이러한 희극적 아이러니를 전달하는 데 매우 효과적이다. 그러나 「원칙의 문제」는 결코 하나의 재치있는 희극담의 한계에 머무르고 있지만은 않다. 본(R. Bone)이 명쾌하게 분석하고 있듯이 이 작품은 궁극적으로 허구(fiction)의 본질을 탐구하면서 '인종(race)이란 사회적 허구(social fiction)'에 다름이 아니며 그런 의미에서 '인종 문제는 미국의 최고의 허구(supreme fiction)' 라는 심각한 주제를 전달하고 있는 것이다.[24)]

「젊은 시절의 아내」 역시 '푸른 정맥 모임' 에 대한 풍자로 이야기가 시작된다. 작자는 푸른 정맥 모임의 특성을 이렇게 이야기한다.

> 그 모임의 유용성에 대해서도 역시 의견들이 달랐다. 그 모임을 흑인들이 고통을 당하는 바로 그 편견의 극심한 예로 격렬히 비난하는 것으로 알려진 사람들이 있었다. 그러나 후에 그런 사람들이 그 모임의 내부에 편승하는 데 성공을 하게 되면 그들은 그 모임이 하나의 구명선이요, 닻이요, 보루요, 방패라고, — 이 거치른 사회를 헤쳐가는 데 그들 인종을 인도하는, 낮에는 구름기둥이요 밤에는 불기둥이라고, 열심히 그리고 진지하게 주장하는 것이었다.
>
> Opinions differed, too, as to the usefulness of the society. There were those who had been known to assail it violently as a glaring example of the very prejudice from which the colored race had suffered most; and later, when such critics had succeeded in getting on the inside, they had been heard to maintain with zeal and earnestness that the society was a lifeboat, an anchor, a bulwark and a shield, — a pillar of cloud by day and of fire by night, to guide their people through the social wilderness. (p.2)

그러나 그 풍자적 토운은 「원칙의 문제」의 그것보다 훨씬 더 온건하며 주인공인 라이더 씨 역시 다분히 희극적 인물의 요소를 지니고 있는 클레이튼에 비해 보다 지적이고 상상력이 풍부한 인물로 그려지고 있다.[25)] 그것은 「원칙의 문제」가 혼혈 흑인 사회의 한 풍자적인 풍속

---

24) Robert Bone, *op. cit.*, p.101.

25) 예를 들어 Blue Vein Society의 명분을 설명하는 그의 주장은 Clayton의 허황하고 위선적인 principle에 비해 어느 정도 지적인 깊이를 보여준다.
p.7: "우리의 운명은 백인종에 의한 흡수냐 흑인종 안에서의 소멸이냐의 기로에 놓여 있습니다. 백인들은 아직 우리를 원하지 않습니다. 하지만 머지않아 우리를 받아들일 것입니다. 흑인들은 우리를 환영할 겁니다. 그러나 그것은 우리에게 있어서 퇴보를 의미하는 것이 될 겁니다. '어느 누구에게도 원한을

도를 그려 보이고 있다면 「젊은 시절의 아내」는 그러한 사회 속에서의 한 인간의 도덕적 자각의 문제를 다루고 있다는 두 작품의 주제의 차이에서 연유할 것이다.

푸른 정맥 모임의 지도자인 라이더 씨는 우아하고, 지적인 미모의 과부 몰리 딕슨 부인(Mrs. Molly Dixon)을 아내로 맞을 결심을 하고 그의 결심을 공표할 기회로 호화로운 무도회를 열 준비를 한다. 무도회가 열리기로 되어 있는 날 오후 "마술사의 지팡이에 의해서 과거로부터 불러일으켜진 듯 옛 농장 시절의 삶의 한 조각처럼 보이는"(p.10) 한 늙은 흑인 여자가 그를 찾아온다. 그녀는 그녀의 남편을 찾고 있다면서 리자 제인(Liza Jane)을 찾는 쌤 테일러(Sam Taylor)라는 혼혈 흑인을 혹시 아느냐고 묻는다. 라이더 씨의 권고에 의하여 그녀는 남북전쟁 전 멀리 남부로 팔려가게 되어 있던 남편 쌤 테일러를 도망시키고 그 죄로 자신도 딴 곳으로 팔려갔다는, 남북전쟁이 끝난 후 남편이 틀림없이 자기를 데리러 왔었겠지만 자기가 딴 곳으로 팔려갔기 때문에 만날 수 없었으리라는, 그래서 지금까지 25년 동안 이렇게 남편을 찾아 떠돌아다니고 있다는 그녀의 긴 사연을 들려 준다. 라이더 씨는 그녀의 이야기를 흥미있게 들으면서 그녀에게 남편이 죽었을 수도 있지 않느냐고 그리고 노예결혼(slave marriage)은 합법적인 것이 아니기 때문에 다른 여자와 이미 결혼을 했을 수도 있지 않느냐고 묻는다. 그

품지 않고 모든 사람들에게 자비를 베푸는' 자세로 우리는 우리 자신과 우리를 뒤따를 사람들을 위해서 우리가 할 수 있는 최선의 노력을 해야 합니다. 자기보존은 자연의 제일법칙인 것입니다." (Our fate lies between absorption by the white race and extinction in the black. The one doesn't want us yet, but may take us in time. The other would welcome us, but it would be for us a backward step. 'With malice towards none, with charity for all,' we must do the best we can for ourselves and those who are to follow us. Self-preservation is the first law of nature.)

러나 제인은 조금도 주저없이 이렇게 말한다. "쌤한테는 상관 없는 일이죠. 쌤은 제 소식을 알아낼 때까지는 딴 여자와 결혼 안 할 꺼에요. 전 그걸 알아요. 제가 죽기 전에 쌤을 찾아내리라는 걸 무언가가 줄곧 저에게 이야기해 주고 있거든요."(Wouldn' make no diff'ence wid Sam. He wouldn' marry no yuther 'ooman 'tel he foun' out 'bout me. I knows it. Sump'n 's be'n tellin' me all dese years dat I's gwin fin' Sam 'fo' I dies.')(p.15) 그녀의 남편이 이제는 높은 지위에 올라 그녀와 만나는 것을 원하지 않을 수도 있지 않느냐는 라이더 씨의 질문에도 그녀는 "아닙니다. 정말이지 쌤은 그런 사람이 아닙니다. 저한테 참 잘해 줬어요 . . ." (No, indeed, suh, Sam ain' kin' er man. He wuz good ter me . . .)(p.15) 라고 자신 있게 대답한다. 그날 밤 무도회에서 라이더 씨는 건배의 연설을 통해 이상적인 여성상을 그려 보이면서 낮에 만난 흑인 여자의 이야기를 들려 준다. 그의 이야기가 몰리 딕슨 부인에 대한 예찬인 것으로 믿고 있던 모든 사람들의 예상을 뒤엎고 그는 자신이 바로 그 흑인 여자의 남편임을 밝히면서 이 이야기는 극적인 결말을 맺는다.

「젊은 시절의 아내」는 백인 사회의 이상을 추구하여 자신의 삶의 진실을 외면하고 있는 중류층의 혼혈 흑인 사회의 도덕적 미망과 그 허위성을 그 사회를 대표하는 라이더 씨라는 한 지적인 인물의 자각을 통하여 극화시키고 있는 작품이다. 라이더 씨의 도덕적 자각은 자기 정체의 확인이라는 보다 근원적인 문제를 포함하고 있다는 점에서 더욱 깊은 의미를 전한다. 옛날의 아내에 대한 남편으로서의 위치 확인은 과거의 삶에 대한 자기의 위치 확인을 뜻하며 옛 아내에 대한 남편으로서의 도덕적 의무는 바로 과거에 대한 부인할 수 없는 자신의 도덕적 의무에 다름이 아니기 때문이다. 쌤 테일러로 상징되는 라이더 씨의 과거는 잊고 싶고 외면하고 싶은 노예생활의 모멸과 아픔을 담고 있지만 그 과거는 라이더 씨의 삶의 중요한 부분을 이루고 있음에 틀림없으며 그 삶의 진실을 부정하는 것은 결국 자신의 전체의 삶을 부정하는 도덕적 죽음을 뜻할 것이다.

이러한 주제의 중요성을 떠나서라도 이 작품은 작자의 숙련된 예술적 기량을 보여주고 있다는 점에서 또한 중요하다. 백인에 가까운 젊고 아름다운 피부를 가진 몰리와 늙고 주름이 가득한 옛 아내 리자 사이에서 겪어야 할 라이더 씨의 갈등을 기니비어 왕비(Queen Guinevere)의 아름다움을 묘사한 시구와 리자의 늙고 초라한 모습을 교묘히 병치함으로써 상징적으로 예시하고 있는 작자의 기량은 특히 주목할 만하다. 그러나 이 이야기를 하나의 예술작품으로 성공시킬 수 있는 것은 무엇보다도 건배 연설을 통하여 라이더 씨의 고통과 갈등이 암시적으로 전달되면서 마지막 클라이막스에 이를 때까지, 시종 정교한 아이러닉 토운 속에 심미적 거리를 유지하고 있는 작자의 예술적 초연함 때문일 것이다.

「그녀의 버지니아 유모」는 백인과 분간이 거의 불가능한 한 흑백 혼혈 여자와 백인 남자와의 사랑을 그리고 있는 이야기이다. 자신은 물론 주위 사람들로부터 백인으로 통하고 있는 클라라(Clara)는 자기가 고아로 길러진 양녀라는 사실을 알게 된 후 친부모의 정체를, 그래서 자신의 정체를 확인하게 될 때까지 존(John)의 구혼을 받아들이지 않기로 결심한다. 그것은 한편으로는 자신의 자존심을 위해서 다른 한편으로는 유망한 젊은 의사인 존의 장래를 위해서이다. 그러던 어느날 그녀의 무용 강습소에서 알게 된 혼혈의 중년부인 하퍼 부인에게 그녀는 자기의 고민을 털어놓게 되고 결국 하퍼 부인으로부터 그녀의 부모는 버지니아의 훌륭한 백인 가문인 스태퍼드(Staffords) 가에 속하고 하퍼 부인 자신이 바로 클라라의 유모였다는 사실을 알게 된다. 물론 독자는, 그리고 존 역시 하퍼 부인의 호소를 담은 눈빛과 그들의 서로 닮은 모습에서 하퍼 부인이 바로 클라라의 어머니라는 사실을 짐작하지만 이러한 사실은 분명히 밝혀지지 않은 채 두 젊은 남녀는 드디어 행복한 결합에 이른다. 클라라의 행복을 위하여 자신의 신분을 끝까지 밝히지 않는 하퍼 부인에게 클라라가 외치는 "유모, 사랑하는 버지니아 엄마"(And my mammy, My dear Virginia mammy)라는 마지막 구절은 'mammy' 라는 말이 지니는 그 이중적인 의미로 해서 비장감이 담긴 아이러니를 전한다. 이 작품은 한 혼혈 모녀의 애절한 이야기를 전형적인 멜로드라마의 틀 속에 담고 있는 소품임이 사실이다. 그러나 혼혈 흑인의 여주인공을 등장시켜 흑인문학사상 처음으로 흑인과 백인 간의 결혼문제의 주제를 본격적으로 다루고 있다는 점에서 그리고 이 주제를 비극적 차원에서 더욱 심층적으로 다루고 있는 체스넛의 첫 장편 『삼나무 뒷집』(*The House Behind the Cedars*, 1900)의 모태를 이루고 있다는 점에서 이 작품의 문학사적 의의는 높은 평가를 받을 만하다.

흑백 혼혈에 대한 흑인 작가들의 관심은 흑인문학의 중요한 한 전통을 이루고 있다. 흑인 작가에 의하여 쓰여진 첫 소설 『클로텔』에서부터 프란시스 하퍼(Frances E. W. Harper)의 『아이올라 르로이』(*Iola Leroy*, 1892), 제임스 웰든 존슨(James Weldon Johnson)의 『한 흑인 출신 백인의 자서전』(*The Autobiography of An Ex-colored Man*, 1912)을 거쳐 존 윌리암스(John A. Williams)의 『총각 구락부』(*The Junior Bachelor Society*, 1976)에 이르기까지 혼혈 흑인을 주인공으로 등장시켜 혼혈 흑인이 처한 특수한 상황을 다루고 있는 작품들은 수없이 많다. 체스넛은 혼혈 흑인의 문제를 흑인문학의 심각한 주제로 인식하기 시작한 최초의 흑인 작가라 해도 과언이 아니다.[26] 『클로텔』에는 수많은 혼혈 흑인이 주요 인물로 등장하지만 그들에게는 흑인 노예들의 슬픔과 고통을 강조하기 위한 단순한 역할이 주어져 있을 뿐이기 때문이

26) 위에 언급한 *The Wife of His Youth*의 몇몇 작품 외에 Chesnutt의 두 장편 *The House Behind the Cedars*와 *The Marrow of Tradition*은 혼혈 흑인의 문제를 본격적으로 다루고 있는 대표적인 예일 것이다.

다. 피부색이 삶의 모든 조건과 인간성의 우열까지를 결정짓는, 그리고 피부빛이 아무리 희더라도 한 방울의 흑인의 피만 섞여 있으면 흑인의 운명을 나누어 가져야 하는 미국 사회와 같은 부조리한 인종 차별 사회에서 순수한 백인도 순수한 흑인도 아닌, 더구나 그가 속해야 하는 흑인 사회에서까지 증오와 동시에 질시의 대상이 되어야 하는 혼혈 흑인이 추구해야 하는 정체성(identity) 문제는 이중적이고 모호하고 따라서 복합적일 수밖에 없다. 미국 흑인의 역사 자체가 흑인이며 동시에 미국인이어야 하는 화해될 수 없는 이중적 정체성의 갈등의 역사라면[27] 혼혈 흑인의 경우 그 갈등은 더욱 심화될 수밖에 없을 것이다. 혼혈 흑인이 흑인소설에서 많이 다루어지고 있는 한 이유는 이러한 갈등을 통해서 흑인의 삶이 지니는 보다 복합적인 의미를 전달하려는 것임을 짐작하기는 어렵지 않다.

체스넛이 혼혈 흑인의 문제에 대하여 유별난 관심을 가지고 그의 작품의 대부분의 주요 인물로 혼혈 흑인을 등장시키고 있는 것은 체스넛 자신이 백인으로 통할 수도 있는 소위 '자발적 흑인' (voluntary negro)이라는 점에서 극히 당연한 일이다. 체스넛의 경우도 예외가 아니듯이 흑인소설에 등장하는 혼혈의 주인공은 대체로 엘리트로 그려진다. 작자의 이러한 태도에는 무의식적인 인종 차별적 관점이 담겨 있음이 사실일 것이며 이 점은 체스넛의 작품을 올바르게 평가하는 데도 간과될 수 없는 중요한 요소이다. 혼혈 주인공을 엘리트로 그리는 작가들의 동기에는 이러한 인종 차별적 관점과 '백인에의 동화' (white assimilation) 심리가 어느 정도 작용하고 있을 것임을 부인하기는 어렵겠지만 그들이 엘리트 혼혈 흑인을 등장시키고 있는 데는 보다 중요하

27) W.E.B. DuBois는 *The Souls of Black Folk*의 서두에서 American Negro의 이중적 identity에 관하여 언급하고 있다. J. H. Franklin, ed., *Three Negro Classics* (New York: Avon Books, 1965), p.215.

고 근본적인 몇 가지 이유가 있을 것이다. 첫째, 백인 중산층의 가치관을 모방하는 흑인 지식층의 위선과 가식에 대한 공격을 보다 효과적으로 하기 위함이다. 「원칙의 문제」와 「젊은 시절의 아내」는 그 좋은 예일 것이다. 둘째, 쥬디스 버존(Judith R. Berzon)이 시사하고 있듯이[28] 흑인들도 백인들과 동등한 대우를 받을 수 있는 지적 능력과 문화적 소양을 갖추고 있으며 백인들의 생활 양식의 혜택을 누릴 수 있다는 신념을 보여주기 위함이다. 이러한 주장과 신념은 체스넛의 『삼나무 뒷집』과 『전통의 뿌리』(*The Marrow of Tradition*)에서 잘 드러나고 있다. 셋째, 흑인들을 가혹하게 짓밟는 미국의 계급적 사회제도(caste system)의 비정을 보다 비극적으로 극화하기 위함이다. 『삼나무 뒷집』은 거의 백인에 가까운 엘리트 혼혈 흑인을 여주인공으로 등장시켜 백인 행세와 흑백 간의 결혼(intermarriage)의 주제를 다룸으로써 이러한 계급적 사회제도에 희생되는 흑인들의 비극적인 좌절을 성공적으로 담고 있는 예이다. 사실 혼혈 흑인이 전통적으로 흑인 사회의 상층을 이루어 일종의 특권층으로 흑인 지식층을 대표해 왔다는 점을 고려한다면 소위 '혼혈 흑인소설'(mulatto fiction)이 흑인문학의 중요한 한 전통을 이루고 있다는 사실은 쉽게 이해될 수 있을 것이다. 위에 열거한 몇 가지 이유 이외에도 흑인소설에서 혼혈 흑인이 자주 등장하는 것은 백인의 피를 나누어 가졌음에도 불구하고 그 피를 함께 나누어 가진 백인들로부터 비인간적인 학대를 받아야 하는 혼혈 흑인의 아이러니컬한 입장이 흑인들의 아픔에 대한 보다 강한 동정심과 비장감과 비극적 감동을 불러일으킬 수 있기 때문이다. 혼혈 흑인의 이러한 아이러니컬한 운명이 암시하는 의미는 「보안관의 아이들」에서 더욱 심화되어 나타난다.

---

28) Judith R. Berzon, *Neither White Nor Black* (New York: New York University Press, 1978), p.15, p.103.

「보안관의 아이들」은 한 혼혈 흑인의 비극적 운명을 아이러닉하게 그려 보이고 있지만 이 작품의 진정한 주인공은 백인이라는 점에서[29] 그리고 이 백인 주인공의 갈등에 초점을 맞추어 흑인과 백인 간의 근원적인 인간관계의 문제를 조명하고 있다는 점에서 단순한 혼혈 소설과는 다른 평가를 요구한다. 이 이야기는 남북전쟁과 재건사업이라는 역사적 흐름이, 그 흐름이 담고 있는 도덕적 위기의식의 영향이, 거의 미치지 않은 남부의 한 조그만 외딴 마을을 배경으로 전개된다. 이 조그만 마을에 어느 날 백인이 살해되는 충격적인 사건이 일어나고 곧 이어 한 낯선 혼혈 흑인이 용의자로 체포되면서 이야기가 시작된다. 흑인에 의하여 백인이 살해되었다는 사실에 격분한 마을 사람들은 용의자로 감금되어 있는 혼혈 흑인을 린치하기 위하여 감옥으로 몰려가고 보안관으로서 남달리 강한 책임감을 가진 캠블 보안관(Sheriff Campbell)은 그의 양심과 용기로써 이들을 물리치기에 성공한다. 그러나 보안관의 방심한 틈을 이용하여 그 혼혈 흑인은 보안관의 권총을 집어 들어 그에게 총을 겨누고 감옥의 문을 열 것을 요구하면서 이렇게 말한다. "난 그 노인을 죽이지 않았어요. 하지만 난 나의 결백을 증명해 보일 수 없을 겁니다. 난 9시에 그 노인의 집에 있었으니까요 . . . . 진범이 그 전에 밝혀지지 않으면 설령 공정한 재판이라 하더라도 난 유죄 판결을 받게 될 겁니다."(I didn't kill the old man, but I shall never be able to clear myself. I was at his house at nine o'clock. . . . I would be convicted, even with a fair trial, unless the real murderer were discovered beforehand.)(p.82) 자신의 목숨을 걸고 백인 폭도들로부터 생명을 구해 준 그 혼혈 흑인으로부터 이제 자신의 생명을 위협받아야 하는 보안관과 혼혈 흑인 그 두 사람 사이의 아이러니컬한 위치 전도는 그들

29) "The Sheriff's Children"은 *The Wife of His Youth*에 수록된 아홉 개 이야기 중에서 백인을 주인공으로 다루고 있는 유일한 작품이다.

의 대화를 통하여 혼혈 흑인의 정체가 밝혀짐으로써 절정에 이른다.

"맙소사!" 보안관은 어쩔 수 없는 공포감에 사로잡혀 외쳤다. "설마 자네 생명의 은인을, 죽이지는 않겠지?"

"당신은 지금 당신이 알고 있는 이상으로 진실을 말하고 있소." 그 혼혈 흑인은 말했다. "정말로 나는 내 생명을 당신에게 빚지고 있는 사람이오."

보안관은 흠칫 놀랐다. 그 위험의 순간에도 놀라움은 가능했던 것이다. "자네는 도대체 누군가?" 그는 망연히 물었다.

"톰이요, 씨슬리의 아들이죠 . . . . 씨슬리를 기억 못하시겠소? 알라바마로 떠나는 노예 상인에게 당신이 그녀의 아들과 함께 팔아 넘긴 그 씨슬리 말이요."

보안관은 물론 기억하고 있었다. 그 후로 그는 수없이 그 일을 후회했던 것이다.

"맙소사!" 그는 가쁘게 숨을 몰아쉬며 말했다. "그렇다면 자네 자신의 아버지를 죽이지는 않겠지?"

"내 아버지라구요?" 그 혼혈 흑인은 대꾸했다. ". . . 당신이 날 위해서 아버지의 의무를 행한 게 뭐가 있습니까? 나에게 당신의 이름을 주었습니까, 나를 보호해 주었습니까 . . . . 당신은 아들인 나를 수렁창에 팔아 넘겼지요."

"Good God!" exclaimed the sheriff in involuntary terror; "you would not kill the man to whom you owe your own life."

"You speak more truly than you know," replied the mulatto. "I indeed owe my life to you."

The sheriff started. He was capable of surprise, even in that moment of extreme peril. "Who are you?" he asked in amazement.

"Tom, Cisley's son," returned the other . . . . "Don't you remember Cisley — Cisley whom you sold, with her child, to the speculator on his way to Alabama?"

The sheriff did remember. He had been sorry for it many a time since . . . .

"Good God!" he gasped, "you would not murder your own father?" "My father?" replied the mulatto. ". . . What father' s duty have you ever performed for me? did you give me your name, or even your protection? . . . you sold me to the rice swamps."(pp.84-85)

아들에 대한 아버지의 의무 포기는 흑인문제에 대한 미국의 의무 포기를 상징적으로 암시한다 해도 과언이 아니다. 이러한 아버지의 의무

포기가 가져온 자신의 비극적 운명을 자조적으로 술회한 후 그 혼혈 흑인은 이렇게 말한다. "하지만 난 당신을 쏘고 싶진 않습니다. 난 아직 사람을 죽여 본 적이 없어요. 그 노인도 물론 죽이지 않았구요. 만일 내가 당신을 쏘지 않는다면 아침까지 비상소집을 하지 않고 날 붙들려 하지 않겠다고 약속하시겠어요?"(But still I hate to shoot you; I have never yet taken human life — for I did *not* kill the old captain. Will you promise to give no alarm and make no attempt to capture me until morning, if I do not shoot?)(p.87) 이러한 고통스러운 망설임과 갈등 끝에 그는 결국 자기의 안전을 위해서는 보안관을 죽일 수밖에 없다는 결론에 도달한다. 그러나 그 권총의 방아쇠를 잡아당기려는 순간 열린 문을 통해서 들어온 보안관의 딸 폴리(Polly)에 의하여 그는 쓰러진다. 보안관은 아침에 의사를 불러올 때까지 그의 상처에 붕대를 감아 지혈을 한 후 집으로 돌아와 거의 뜬눈으로 밤을 새우면서 양심의 고통스런 갈등을 통하여 자신의 과오의 의미와 속죄의 의무에 대한 도덕적 깨달음에 이른다.

> 그날 밤 잠못 이루며, 정적 속에서 그가 오직 신과 함께 있을 때, 그의 마음 속으로는 그에게 익숙치 않은 어떤 이상한 생각들이 밀려들었다. 한두 시간 전, 죽음과 직면했을 때, 그는 물에 빠진 사람이 느낀다고들 말하는 그런 느낌과 비슷한 이상한 감정의 상태를 경험했던 것이다. — 도덕적인 기능이 선명해지는 느낌이랄까, 육체의 껍질이, 도덕적 판단을 흐리게 하는 격정이나 편견과 함께 잠시 걷혀지고, 일생을 통하여 경험한 모든 행동들이 선명한 진실의 빛 속에서, 그들의 정확한 관계에서, 또렷이 드러나는 그런 느낌이었다. 그것은 아마도 신이 그를 보는 것과 같은 태도로 그가 자신의 이 아들에게 뭔가 해야 할 의무를 빚지고 있다고, 어떠한 법이나 관습도 인간의 본성 안에 내재한 그런 의무는 파괴할 수 없다고 생각했다. . . . 그 수인(囚人)이 절망 속에서 자신의 아버지를 죽음의 운명으로 몰고 갈 그런 말을 내뱉을 때 그의 눈에 담긴 타는 듯한 격정을 부모의 권위가 담긴 손길이라면 제어할 수 있었을 것이다. 그 보안관은 자신이 이 불길 같은 격정을 노예생활의 수렁으로부터 구원할 수 있었으리라고 느꼈다.

In the silent watches of the night, when he was alone with God, there came into his mind a flood of unaccustomed thoughts. An hour or two before, standing face to face with death, he had experienced a sensation similar to that which drowning men are said to feel — a kind of clarifying of the moral faculty, in which the veil of the flesh, with its obscuring passions and prejudices, is pushed aside for a moment, and all the acts of one's life stand out, in the clear light of truth, in their correct proportions and relations, — a state of mind in which one sees himself as God may be supposed to see him. . . . He saw that he had owed some duty to this son of his, — that neither law nor custom could destroy a responsibility inherent in the nature of mankind. . . . The hand of parental authority might have restrained the passions he had seen burning in the prisoner's eyes when the desperate man spoke the words which had seemed to doom his father to death. The sheriff felt that he might have saved this fiery spirit from the slough of slavery.(pp.90-92)

그러나 다음날 아침 그가 감옥에 도착했을 때 그의 혼혈 아들은 감아놓은 붕대를 풀어 버림으로써 이미 굳은 시체로 발견된다. 자신의 목숨을 구하기 위해서는 아버지의 목숨을 빼앗을 수밖에 없는 그 혼혈 흑인의 절박한 상황, 결국 이복 누이의 총탄에 죽어야 하는 그의 운명, 그리고 자신의 죄악과 속죄의 의무에 대한 보안관의 때늦은 깨달음은 그 상황과 그 죽음과 그 때늦은 깨달음이 암시하는 상징적 의미로 해서 강한 비극적 아이러니를 전하고 있다. 본이 지적하고 있듯이 그의 혼혈 아들이 육체적인 겁쟁이지만 '도덕적인 영웅'(moral hero)인 데 반해 캠블 보안관은 '육체적 용기'는 갖추고 있지만 '도덕적 용기'를 결하고 있으며[30] 이러한 아이러니는 수인(囚人)인 아들을 감시해야 하는 보안관 자신이 사실은 인종 차별(racism)이라는 감옥에 갇힌 정신적·도덕적 수인이라는 보다 근원적인 아이러니에 연결된다. 이처럼 이 작품 전체에 짙게 그리고 풍부하게 깔린 아이러니는 이 작품에서 다루어지고 있는 흑백 간의 특수한 상황이 드러내는 의미를 보다 보편

30) Robert Bone, *op. cit.*, p.96.

적이고 상징적인 차원으로 끌어올리는 데 크게 기여하고 있다.

「보안관의 아이들」은 처음으로 백인의 갈등을 통하여 백인의 시점에서 흑인의 문제를 진지하게 다루고 있다는 점 외에도 '진실' (truth)이 아닌 '상황' (circumstance)에 의하여 흑인에게 편견적으로 가해지는 법의 부당성과 린치, 살해 등을 통한 흑백 간의 보다 격렬한 대립을 암시하고 있다는 점에서, 그리고 그의 스타일에 있어서도 사실주의적인 때로는 자연주의적인 요소가 많이 드러나고 있다는 점에서, 체스넛의 작품 세계에 하나의 전기를 마련하고 있는 작품으로 평가될 수 있을 것이다.

『젊은 시절의 아내』의 마지막 작품인 「정황의 얽힌 그물」은 제목이 이미 시사하듯이 '정황' (circumstance)에 의하여 희생이 되는 한 흑인의 운명을 통하여 「보안관의 아이들」에서 암시된 흑인에 대한 법의 편견과 그 부당성을 정면으로 다루고 있다.

근검과 절약으로 경제적 안정을 누리면서 남부럽지 않게 살아가는 흑인 대장장이 벤 데이비스(Ben Davis)는 쏜톤 대령(Colonel Thornton)의 말채찍이 도난당하는 뜻하지 않은 사건으로 감옥에 갇히게 된다. 그가 범인으로 지목된 것은 쏜톤 대령이 말발굽을 고치려고 그의 가게에 들렀을 때 그가 대령의 채찍을 보고 자기도 그런 좋은 채찍을 가지고 싶다고 말한 사실과 도난당한 채찍이 그의 가게에 숨겨져 있었다는 사실을 (범인은 끝내 밝혀지지 않지만 그의 가게 종업원이 범인이라는 암시는 여러 번 드러난다) 근거로 한 소위 '정황 증거' 에 의한 것이다. 갓 검사직에 올라서 좋은 기록을 남기기를 열망하는 야심만만한 젊은 백인 검사는 모두 백인으로 구성된 배심원들 앞에서 이렇게 열변을 토한다.

> 배심원 여러분, 우리는 기소장에 설명된 사실들을 직접 증거에 의해서만 아니라 증인의 증언보다도 더욱 강력한 일련의 정황 증거에 의해서 보여드리고자 합니다. 사람은 거짓말을 할 수 있습니다. 그러나 정황은 거짓말을 못

합니다. 우리는 피고가 거칠고 뻔뻔스러운 아주 위험한 성격의 인물임을 증명해 보일 것입니다. 피고는 사회의 복지에 위태로운 재산관을 가지고 있는 자로 이 나라에서 소유되고 있는 재산의 반은 훔친 것이며 만일 정의가 실현된다면 백인들은 그들이 소유하고 있는 토지를 흑인들에게 나누어 주어야 한다고 주장해 온 것입니다. 말을 바꾸자면 피고는 흑인 폭력 혁명주의자요, 공산주의자요, 톰 페인과 볼테에르의 은밀한 신봉자요, 무정부주의 선전운동의 주구로서 이는 준엄한 법의 손길에 의하여 제지되지 않으면 그 위험한 이빨로 우리의 사회제도를 물어뜯어 파멸로 끌어내릴 것입니다.

We expect to show, gentlemen of the jury, the facts set out in the indictment, — not altogether by direct proof, but by a chain of circumstantial evidence which is stronger even than the testimony of eyewitnesses. Men might lie, but circumstances cannot. We expect to show that the defendant is a man of dangerous character, a surly, impudent fellow; a man whose views of property are prejudicial to the welfare of society, and who has been heard to assert that half the property which is owned in this country has been stolen, and that, if justice were done, the white people ought to divide up the land with the negroes; in other words, a negro nihilist, a communist, a secret devotee of Tom Paine and Voltaire, a pupil of the anarchist propaganda, which, if not checked by the stern hand of the law, will fasten its insidious fangs on our social system, and drag it down to ruin. (p.298)

그러나 이 열변을 멍하니 듣고 있는 벤은 "톰 페인(Tom Paine)과 볼테에르(Voltaire)라는 사람에 대해서 들어 본 적도 없고 폭력 혁명주의자와 무정부주의라는 말의 뜻이 무엇인지도 모르며 선전운동(propaganda)과 감자(potato)가 어떻게 다른지조차 설명할 수가 없다." 젊은 검사의 이 처녀 논고는 그를 일약 유명한 웅변가로 만들어서 후에 정치가로서의 성공의 디딤돌을 마련해 준다. 한 백인 살인범에게 격한 감정의 정황을 참작하여 1년 선고를 내리고 다른 한 젊은 백인 위조범에게는 개전의 정을 참작하여 6개월의 선고를 내리는 같은 법정에서 벤은 말채찍을 훔쳤다는 절도죄로 징역 5년에 중노동의 선고를 받게 된다. 선고를 받을 때의 벤의 표정을 작자는 이렇게 그리고 있다. "여러 사람들이 벤의 얼굴을 바라보고 있었다. 그 얼굴에는 절망의 표정이 퍼뜩 스쳤고, 그리고는 돌과 같은 무표정밖에 남지 않았다. 그 무표정 뒤에 그는 그것들이 무엇이든간에 그의 진짜 느낌들을 감추고 있었던 것이다."(Several people were looking at Ben's face. There was one flash of despair, and then nothing but a stony blank, behind which he masked his real feelings, whatever they were.)(p.313) 절망 뒤에 오는 '진짜 느낌들' 을 가리고 있는 이 벤의 무표정은 짓눌린 흑인의 절망의 모든 의미가 농축된 강한 이미지를 전해 준다. 무표정에 가려진 벤의 '진짜 느낌들' 은 그가 출옥한 5년 후 쏜톤 대령에 대한 강한 복수심으로 응결된다. 벤은 대령이 자기를 고의적으로 파멸시키려 한 것이라고 믿으며 이렇게 생각한다. "그 자신은 한 전체 종족의 축적된 억울함을 대표하며 쏜톤 대령은 그들을 억압하는 다른 종족을 대표하는 것이다."(He represented in his person the accumulated wrongs of a whole race, and Colonel Thornton the race who had oppressed them.)(p.318) 가족과 집을 모두 잃은 벤은 기진맥진하여 대령의 집에 이른다. 그러나 천사처럼 아름다운 대령의 어린 딸을 보고 그 천진하고 따스한 정에 마음이 흔들려 벤의 복수심은 주춤거린다. 바로 그때 대령이 나타나자 잠시 망설임의 순간이 지난 후 "학대받은 죄수의 생활이 몸에 배인 그의 본능 때문인지 아니면 그 아이에게서 받은 영향 때문인지" 벤은 갑자기 도망치기 시작한다. 벤이 그의 딸에게 덤벼드는 것으로 판단한 대령은 벤을 쏘고 벤은 두 손을 내뻗은 채 아이의 발 밑에 쓰러져 죽는다.

이 작품에서도 작자는 특히 법정 장면과 마지막 장면에서 정교한 아이러니를 구사함으로써 이야기의 효과를 높이는 데 성공하고 있다. '진실' 에 의해서가 아니라 '상황' 에 의하여 벤의 사건을 판결짓는 검사나 벤의 마지막 행동을 곡해하는 대령의 편견은 흑인 문제 자체를 진실에 의해서가 아니라 정황에 의하여 판단하고 그 판단이 옳다고 주장하는 미국 사회의 편견을 상징함에 다름이 아닐 것이기 때문이다.

법정 장면의 묘사는 이 작품의 중요한 부분을 이룬다. 그것은 그 묘사가 이 작품의 주제와 직결되어 있다는 이유에서만이 아니라 '보안관의 아이들'을 제외한 이전의 작품에서는 별로 드러나지 않았던 작자의 사실적인 스타일을 보여주고 있다는 이유에서이다. 이 사실적인 묘사는 체스넛 자신이 법률을 공부했고 법정 기록관과 변호사였던 그의 직업과도 관련이 있겠지만 이 작품이 보여 주는 드라이저(Theodore Dreiser)식의 자연주의적 요소와 흑백 간의 갈등에 대한 작자의 강경한 태도에 깊게 연관되어 있다는 점에서 더욱 중요하다. 그것은 체스넛의 작품 세계의 중요한 변모를 의미하는 것이기 때문이다. 이러한 변모를 우리는 이 작품의 결말부에서 충분히 암시받을 수 있을 것이다. 이야기 자체의 결말에 부족함을 느낀 듯, 혹은 이 단편집 『젊은 시절의 아내』의 마지막 페이지에서 뭔가 작자의 변을 밝혀야 할 필요성을 느낀 듯, 체스넛은 이렇게 덧붙이고 있다.

> 언젠가 세월의 긴 순환의 주기가 돌아오면 모든 사람이 사랑과 조화 속에 함께 살고 평화와 정의가 천년이고 번성할 또 한번의 황금시대가 온다고들 말한다. 신이여 그 날이 빨리 오게 하소서, 그리고 반짝이는 희망의 실줄기가 정황의 그물에 엉켜서 우리가 그 실줄기를 놓치지 않게 하소서. 우리가 참을성 있게 희망을 잃지 않고 그 날이 다가오기를 기다릴 수 있도록, 이따금, 그리고 여기저기서, 우리로 하여금 그 황금시대의 맛을 조금이라도 느낄 수 있게 하소서.
>
> Some time, we are told, when the cycle of years has rolled, there is to be another golden age, when all men will dwell together in love and harmony, and when peace and righteousness shall prevail for a thousand years. God speed the day, and let not the shining thread of hope become so enmeshed in the web of circumstance that we lose sight of it; but give us here and there, and now and then, some little foretaste of this golden age, that we may the more patiently and hopefully await its coming!(p.323)

작자의 이 호소에서 우리는 『여자 마술사』와 『젊은 시절의 아내』의 많은 작품에 담겨 있는 체스넛의 그 초연하고 온건한 태도를 찾기 어렵다. 그 변화는 『젊은 시절의 아내』 이후 계속 발표된 그의 장편들, 특히 『전통의 뿌리』(1901)와 『대령의 꿈』(*The Colonel's Dream*, 1905)에서 두드러지게 나타난다. 문학을 통하여 미국 사회의 인종적 편견의 장벽을 무너뜨리고 흑인의 정당한 사회적 위치를 찾는 데 기여하려는 것이 그의 작가적 의도라면[31] 남부의 재건기 이후 급격히 악화 일로를 치닫는 흑백 간의 관계와 흑인에 대한 점증하는 인종적 탄압은 그의 전기 작품들이 보여주는 초연함과 온건함을 계속 유지시킬 수가 없었

---

31) Chesnutt는 이미 1880년 그의 일기에서 그의 작가로서의 의도를 이렇게 밝히고 있다. Helen M. Chesnutt, *Charles Waddell Chesnutt: Pioneer of the Color Line*, p.21: "나는 아무래도 글을 써야 할 것 같다. . . . 내가 만일 작가가 된다면 나는 높고 성스러운 목적을 위해서 글을 쓸 것이다. . . . 나는 온 나라에 만연될 만큼 해독이 심한, 그리고 온 민족과 그에 관련된 모든 것이 경멸과 사회적 추방의 희생물이 되게 할 만큼 강력한 계급제도의 부당한 정신을 깊이 생각하고 있다. 나는 이 정신이 미국민의 도덕적 발전을 저해하는 장벽이라고 생각한다. 그래서 나는 이 부당한 정신에 대항해서 단호하고 조직적인 개혁운동을 이끄는 선봉장의 한 사람이 되고 싶다. . . . 흑인이 할 일은 정당한 인정과 평등을 얻기 위하여 자신을 일깨워 준비하는 일이다. 그리고 그가 정당한 인정과 평등을 얻을 수 있는 길을 여는 것이 문학의 할 일이다. . . . 내가 만일 이 일을 추진해 나가는 데 어떤 일을 할 수 있다면, 그리고 그 일에 있어서 어느 정도 성공의 가능성을 찾을 수 있다면, 나는 기꺼이 나의 일생을 문학에 바칠 것이다."(I think I must write a book. . . . If I do write, I shall write for a purpose, a high, holy purpose. . . . I consider the unjust spirit of caste which is so insidious as to pervade a whole nation, and so powerful as to subject a whole race and all connected with it to scorn and social ostracism — I consider this a barrier to the moral progress of the American people; and I would be one of the first to head a determined, organized crusade against it. . . . The Negro's part is to prepare himself for recognition and equality, and it is the province of literature to open the way for him to get it. . . . If I can do anything to further this work, and can see any likelihood of success in it, I would gladly devote my life to it.)

을 것이다.

1899년의 윌밍턴(Willmington) 흑인 학살사건을 모델로 흑인의 공민권을 박탈하려는 백인 폭도들과 이에 저항하는 흑인들 사이의 격렬한 대결을 본 줄거리로 혼혈 흑인과 백인 자매 사이의 미묘한 갈등을 곁 줄거리로 다루고 있는 『전통의 뿌리』와 백인 주인공을 통하여 남부 재건기 이후의 가혹한 경제구조와 흑인 압제의 수단인 죄수노동 계약제도(convict lease system)를 신랄히 공격하고 있는 『대령의 꿈』은 백인 비평가들에 의하여 대체로 '사회항변' 혹은 '선전'(propaganda) 소설로 경시되고 있음이 사실이다. 그러나 흑인이 겪어왔던 전대 미문의 인종적 편견으로 얼룩진 가혹한 미국적 현실을 고려한다면 흑인 작가들이 주로 인종적 주제를 다루고 그들의 작품이 대체로 사회항변을 담고 있다는 것은 극히 당연한 일이며 오히려 그래야 한다는 주장도 가능할 것이다. 새삼 강조할 필요도 없이 인간의 삶을, 인간의 생각과 행동과 갈등을 최대한의 진실 속에 그려 보이는 것이 문학의 가장 중요한 목적의 하나라면 미국의 흑인 작가가 가장 진실하게 그릴 수 있는 인간의 삶의 문제는 인종적 주제를 포함할 수밖에 없으며 그 주제는 필연적으로 사회항변의 문제를 수반할 것이기 때문이다. 물론 사회항변이기 이전에 예술작품으로서의 조건이 선행해야 한다는 것은 두말할 나위도 없다. 이런 의미에서 하나의 문학작품으로서 상당한 수준에 이르고 있는 『전통의 뿌리』를 '선전문학'으로 격하시키고 있는 것은 백인 비평가들의 편견에서 비롯된 부당한 평가가 아닌가 생각된다.[32)]

「보안관의 아이들」과 「상황의 얽힌 그물」은 흑인이 당면한 문제를 보다 사실적인 수법으로 정면에서 다루고 있는 이러한 체스넛의 후기 작품들과 흑인의 삶의 진실과 그 애환을 보다 온건하고 초연한 어조로

---

32) *The Colonel's Dream*은 *The Marrow of Tradition*에 비해 문학 작품으로서의 많은 결함을 보이고 있는 것이 사실이다.

토로하고 있는 그의 전기 작품들 사이의 교량 역할을 하고 있는, 다시 말해서 체스넛의 심각한 변모를 보여주는 전환기의 작품이라는 점에서 더욱 중요한 의미를 지닌다.

V

전기 작품에서 후기 작품에 이르는 동안 이러한 변모 과정을 거침으로써 체스넛의 작품은 흑인문학이 안고 있는 여러 가지 중요한 문제와 요소들을 폭넓게 포괄하고 있다. 그리고 이 점이 흑인문학의 이해를 위한 하나의 노력인 이 글에서 체스넛을 연구대상으로 삼은 중요한 한 이유이다.

그의 주요 작품들의 분석을 통하여 드러나고 있는 몇 가지 중요한 문제와 요소는 다음과 같이 요약될 수 있을 것이다. 첫째, 『여자 마술사』를 통해서 보여지는 민속적 전통이다. 체스넛은 민담의 형식을 빌려서 흑인의 원색적인 삶의 정신과 그 신비를 근원적으로 탐험함으로써 조라 니일 허스튼(Zora Neal Hurston), 이쉬마엘 리드로 이어지는 흑인문학의 민속적 전통을 확립하는 데 크게 기여하고 있다. 둘째, 흑백 혼혈 주제이다. 『젊은 시절의 아내』에 수록된 많은 작품들과 『삼나무 뒷집』, 『전통의 뿌리』 두 장편에서 진지하게 다루어지고 있는 혼혈 흑인의 문제는 '혼혈 흑인소설' 이라는 하나의 부 장르(subgenre)를 이룰 만큼 흑인문학의 중요한 한 맥을 이어오고 있다. 셋째, 흑인과 백인 사이의 결혼(interracial marriage)의 문제이다. 「그녀의 버지니아 유모」에서 가볍게 암시되고 있는 이 문제는 『삼나무 뒷집』에서 흑인의 비극적 정체 확인을 담은 심각한 주제로 발전하며 이후 제임스 웰든 존슨의 『한 흑인 출신 백인의 자서전』 등 많은 흑인소설에서 중요한 주제로 다루어지고 있다. 넷째, 사회항변의 요소이다. 노예 수기로부터 면면히 이어져 오는 이 사회항변의 전통은 흑인문학의 정수임에 틀림없다. 리차드 라이트의 『토박이』는 물론, 하나의 예술작품으로 높이 평가를 받는 랠프 엘리슨의 『보이지 않는 사람』 등도 사회항변을 강하게 담고 있다는 사실은 이를 뒷받침할 수 있을 것이다. 「정황의 얽힌 그물」과 『전통의 뿌리』는 이 문제를 예술작품의 차원에서 성공적으로 다루고 있는 흑인소설의 첫 예라 해도 과언이 아니다.

이 글에서 체스넛을 대표적인 흑인 작가의 한 사람으로 다루고 있는 또 하나의 이유는 위에서 시사되고 있듯이 흑인문학에 있어서 그의 선구적인 위치이다. 위에 언급한 흑인문학의 중요한 문제와 요소들은 대체로 체스넛에 의하여 처음으로 진지하게 혹은 성공적으로 다루어져 그 전통을 이루어 왔으며 이러한 선구자로서의 체스넛의 역할은 문학사적 측면에서 높은 평가를 받아야 할 것이기 때문이다.

체스넛을 연구 대상으로 택한 세 번째의 이유는 그가 작가로서의 예술적 능력과 기량을 갖춘 최초의 흑인 작가라는 점이다. 그는 우선 작자와 독자와의 거리의 균형을 기술적으로 유지함으로써 그의 이야기에 흥미와 감동을 담을 줄 아는 '이야기꾼' 으로서의 뛰어난 능력을 보여준다. 두 가지의 이야기를 엉클 줄리어스를 구심점으로 하는 이중구조 속에서 흥미있게 그리고 감동적으로 전하고 있는 『여자 마술사』는 그 좋은 예일 것이다. 또한 그의 타고난 풍자가로서의 능력은 그의 유려하고 우아한(genteel) 문체와 교묘한 조화를 이루어 그의 이야기에 상징적인 모랄을 담는 데 대단히 효과적이다. 그러나 무엇보다도 체스넛의 작품에 가장 두드러진 특징을 부여하고 있는 것은 아이러니를 구사하는 그의 뛰어난 능력이다. 그 능력은 인생을 희극적인 혹은 비극적인 고정된 시점으로 보는 그전의 흑인 작가들과는 달리 아이러닉한 시점으로 조감할 수 있는 그의 폭넓은 예술가적 시야에서 비롯된 것이 아닐까 한다. 미국 사회에서의 흑인의 삶 자체가 하나의 아이러니라면 체스넛의 이러한 시점은 그 삶의 이중적인 진실을 드러내고 그 진실의 의미를 추구하는 데에 아주 적절한 것일 것이다.

『여자 마술사』와 『젊은 시절의 아내』를 읽고 윌리엄 딘 하우얼즈(William Dean Howells)가 체스넛을 모파상(Maupassant), 투르게네프(Turgenev), 헨리 제임스(Henry James)에 비견한 것은[33] 결코 과찬만은 아닐 것이다. 적어도 그의 탁월한 몇몇 단편소설들은 그 당시의 일급의 백인 작가들 예를 들어 마크 트웨인(Mark Twain), 암브로즈 비어스(Ambrose Bierce)의 그것에 비해 조금도 손색이 없는 훌륭한 예술적 성취를 보여주고 있기 때문이다. 그렇다고 그에게서 예술적 기량의 결함을 찾기가 어렵다는 것은 결코 아니다. 그의 가장 두드러진 결함은 멜로드라마의 수법에 대한 지나친 의존이다.[34] 그의 적지 않은 작품을 통하여 드러나고 있듯이 멜로드라마의 수법은 흥미와 동정심을 불러일으키는 데는 효과적이지만 그 감상의 한계를 넘어서 작자의 의도를 의미깊게 전달할 수 없기 때문이다. 그의 또 하나의 중요한 결함은 그의 문체에 깊이 뿌리 박힌 '점잖은 스타일' 에서 발견될 수 있을 것이다. 전술한 바 있듯이 점잖은 스타일은 그 본질에 있어서 현실적인 사회문제를 사실적으로 다루는 데 어쩔 수 없는 한계를 지닌다. 물론 그의 후기 작품에서 체스넛의 스타일은 상당한 변화를 보여주고 있는 게 사실이지만 인종 문제에 대한 그의 강경한 태도와 사회항변의 문제를 성공적으로 담기에는 그의 스타일은 여전히 너무 점잖은(genteel) 한계에 머무르고 있음 또한 사실이다. 그의 후기 작품인 장편소설들이 문

---

33) William Dean Howells, "Mr. Charles W. Chesnutt's Stories," *Atlantic Monthly*, LXXXV(May, 1890), p.700.

34) 그러나 19세기 후반의 영국과 미국 소설들이 대체로 멜로드라마의 전통을 벗어나고 있지 못했다는 점, 그리고 옳음과 그름의 갈등에서 오는 모랄의 문제를 주로 다루고 독자들에게 쉽게 이해와 흥미를 줄 수 있는 멜로드라마의 특성이 체스넛의 작가적 의도에 적합했을 것이라는 점을 고려할 필요가 있을 것이다.

학 작품으로서 『여자 마술사』와 『젊은 시절의 아내』의 성공에 이르고 있지 못한 것은 장편소설가로서의 그의 능력의 문제와도 관련이 있겠지만 그의 스타일의 문제와도 결코 무관하지 않을 것이다.

그러나 이러한 결함에도 불구하고 체스넛은 그 당시의 흑인 작가들[35)]중에서 가장 뛰어난 예술적 능력과 기량을 갖춘 작가임에 틀림없다. 흑인 작가로서만이 아니라 미국의 작가로서의 체스넛의 업적에 대한 다윈 터너(Darwin T. Turner)의 다음과 같은 진술은 이 글의 맺음말을 대신하는 데 아주 적절한 것으로 보인다.

> 그는 흑인의 민담에 예술적 형식을 부여했고 엉클 레뮤스보다 더 사실적인 화자를 창조해 냈다. 그는 당대의 가장 재능있는 단편소설가의 한 사람이었으며 탁월한 예술적 능력을 갖춘 최초의 미국 흑인 작가였다. 그러나 그의 가장 주요한 업적은 아마도 그가 1880년 스스로에게 내세웠던 임무를 수행한 일일 것이다. 그는 많은 미국민들이 외면하고 싶어하는 문제들 — 즉 미국 흑인들이 직면한 인종 상호간의 그리고 인종 내적인 문제들을 깊이 탐구하고 정직하게 보고했다는 높은 평가를 받은 최초의 미국 흑인 작가인 것이다.
>
> He gave artistic form to Negro folk tales and created a narrator who is more realistic than Uncle Remus. He was one of the most talented short-story writers of his time and the first artistically distinguished Afro-American fiction writer. But perhaps his major achievement is that which he set for himself in 1880. He was the first Afro-American fiction writer to earn a reputation for examining in depth and reporting honestly on matters which many Americans wished to ignore — the interracial and intraracial problems of Afro-Americans.[36)]

(1980, 『영어영문학』 73호)

---

35) 1890년대와 1900년대 Chesnutt과 쌍벽을 이루었던 Dunbar 역시 예술적 기량이 탁월한 작가였지만 그의 능력은 소설에서보다 시에서 더 훌륭히 발휘되고 있다.

36) Charles W. Chesnutt, *The House Behind the Cedars* (New York: Collier Books, 1969)의 Introduction, p.xviii.

4 할렘 르네상스Harlem Renaissance와 모더니즘

I

미국 흑인문학의 모더니즘을 논할 때 우리는 두 가지 시각을 상정해 볼 수 있을 것이다. 그 하나는 서구적 모더니즘의 시각이요 다른 하나는 모더니티의 개념을 흑인문학의 인종적 특수성에 연결시켜 보는 시각이다. 미국 문학의 경우 모더니즘은 1910년대 초 에즈라 파운드(Ezra Pound)가 주도한 이미지즘(Imagism) 운동을 시발점으로 하여 1920년대를 정점으로 1930년대 초까지 계속되었다고 말할 수 있다. 그러나 이러한 서구적 모더니즘의 현상이 같은 시기의 미국 흑인문학에서도 그대로 나타나고 있는 것은 아니다. 미국의 흑인문학은 분명 미국 문학의 중요한 한 부분을 이루고 있으면서도 그 인종적 특수성으로 인하여 이른바 미국 문학의 '주류'(main stream)와는 다른 미국 흑인문학 나름의 특수한 배경과 전통을 이루어 온 까닭이다.

미국 흑인문학의 경우 역시, 1920년대에 새로운 변화가 일어나기 시작하여 1920년대를 절정기로 1930년대 초반까지 그 변화가 계속되었다는 점은 미국 문학 전체의 경우와 일치하지만 그 변화의 성격과 특성이 서구적 모더니즘과 반드시 일치하지는 않는다. 물론 그 새로운 변화는 미국 문학의 전반적인 모더니즘의 영향과 무관하지 않고 랭스턴 휴즈(Langston Hughes)나 진 투머(Jean Toomer)처럼 표현형식과 기교의 실험성에 있어서 서구적 의미의 모더니스트의 특성을 고루 갖춘 흑인 작가들도 없지 않았지만 그 변화는 서구적 모더니즘 같은 그러한 어떤 특수한 양식의 문학 사조라기보다는 전통적인 것 또는 기성질서에의 항거와 새로운 것의 추구라는 모더니즘 정신이 흑인의 삶의 특수한 상황에 대한 새로운 인식과 결합하여 이루어진 하나의 모더니즘적 태도라 보는 것이 더 타당할 것이다. 따라서 미국 흑인문학의 모더니즘을 이야기할 때 우리는 서구적 및 백인 중심의 미국적 상황과는 다른 미국 흑인의 삶의 인종적 특수성에 초점을 맞추어 모더니즘의 정신이 어떻게 그러한 특수한 상황에 투사되고 있는가에 주목해야 할 것이다.

이러한 모더니즘의 정신이 20세기 초 미국 흑인문학에 두드러지게 나타난 그 새로운 변화를 우리는 "뉴 니그로 운동"(The New Negro Movement), "뉴 니그로 르네상스"(The New Negro Renaissance), 혹은 "할렘 르네상스"(Harlem Renaissance)라는 이름으로 부른다. "뉴 니그로"라는 용어는 알렌 로크(Alain Locke)가 1925년에 출판한 새로운 흑인 작가들의 작품 모음집인 『뉴 니그로』(*The New Negro*)라는 책의 제목에서 연유한 것이며, 할렘 르네상스는 새로운 의식의 흑인 예술 및 흑인문학이 뉴욕시의 할렘을 중심으로 활발히 전개된 데서 비롯된 이름이다. "뉴 니그로"의 이름을 낳게 된 『뉴 니그로』는 1925년 알렌 로크가 『서베이 그래픽』(*Survey Graphic*)지의 할렘 특집호를 편집했을 때의 자료를 모태로 하여 그 전의 몇 년 사이에 미국 흑인문학에 나타난 흑인들의 내적 및 외적 삶의 변화에 관한 중요한 기록들을 정리, 편찬한 것이다.

한편 할렘 르네상스[1])의 시기는 1차대전 이후부터 1930년대 중반까지로 다소 느슨하게 이해하는 것이 일반적이지만 학자에 따라 짧게는 새로운 흑인문학의 활동이 가장 왕성했던 1920년대, 길게는 새로운 흑인 의식의 상징적 조직체인 NAACP(National Association for Advancement of Colored People)가 결성된 1910년부터 2차대전이 시작되는, 그리고 다른 한 시대의 시작을 알리는 리차드 라이트(Richard Wright)의 『토박이』가 출판된 1940년까지로 설정하며[2] 또는 몇 가지 중요한 사건이 일어난 1917년부터 할렘 폭동이 폭발한 1935년까지로 이해하기도 한다. 1917년이 중요한 시점으로 주목을 받는 것은 이 해에 제임스 웰던 존슨(James Weldon Johnson)의 「노예해방 50년을 기념하는 송시」(Fiftieth Anniversary Ode)를 수록한 『50년 외』(*Fifty Years and Other Poems*)가 출판되었고, 같은 해에 유능한 흑인 비평가 브레이스웨이트(William Stanley Braithwaite)가 스핀간 상(Spingarn medal)을 수상하면서 이 책의 출판이 흑인 작가들에게 새로운 각성과 흑인 해방 운동의 시발점을 제공하고 있다고 주장한 점,[3] 또 같은 해에 흑인의 린치행위에 항거하여 세인트 루이스 폭동의 심각한 흑인 폭동이 일어났고 클로드 멕케이(Claude Mckay)의 유명한 「할렘 무희」(Harlem Dancer)가 발표된 점, 그리고 처음으로 진지하게 흑인의 삶을 다룬 백인 작가 토렌스(Ridgely Torrence)의 흑인에 관한 세 희곡(*Gramy Maumee, The Rider of Dreams, Simon the Cyrenian*)이 뉴욕에서 상연된 점이 고려된 때문일 것이다.

대체로 1910년대 중반 이후 두드러지게 나타나기 시작한 미국 흑인

---

1) 앞으로 Harlem Renaissance라는 용어로 통일하여 사용할 것이며 HR로 줄여 쓸 것임.

2) Michael W. Peplow and Arthur P. Davis, eds., *The Negro Renaissance: An Anthology* (New York: Holt, Rinehart and Winston, Inc., 1975), p.xx.

3) Ruth Miller, ed., *Backgrounds to Blackamerican Literature* (Scranton: Chandler Publishing Co., 1971), p.165 참조.

의 내적, 외적 삶의 이러한 변화는 무엇보다도 새로운 인종적 자각과 이상의 추구, 그리고 흑인 정신의 발견과 그 해방에의 욕구로 집약될 수 있을 것이다. 백인에 의하여 일방적으로 부여된 흑인의 삶의 관습적 질서와 전통에 대한 저항과 거부에서 비롯된 이 변화는 분명 모더니즘의 정신을 밑바닥에 깔고 있다. 그러나 이 모더니즘의 정신이 미국 흑인의 삶의 특수한 상황에 어떻게 투사되고 있는가를 이해하기 위해서는 복합적인 그 정치, 사회, 경제, 문화적 배경에 대한 포괄적인 검토가 선행되어야 하리라 생각한다.

II

HR을 가져온 원인과 그 역사적 배경을 검토하는 일은 노예해방 이후 약 반세기의 미국 흑인의 역사 자체를 검토하는 작업이라고 할만큼 HR은 여러 가지 복합적 요인의 상승작용으로 이루어진 필연적인 결과라고 말할 수 있다. 무엇보다도 노예제도가 폐지된 후 아이러니컬하게도 흑인에 대한 백인의 박해는 점점 더 심해지고 공민권 박탈, 교육 · 교통 · 공공시설 이용 제한 등 여러 가지의 흑인차별 정책과 KKK(Ku Klux Klan) 등에 의하여 자행되는 가혹한 린치 등의 폭력으로 흑인들의 삶은 더욱 위축되고 피폐해짐으로써 1910년대쯤에는 그러한 억압된 삶의 강요를 거부하는 새로운 변화가 필연적으로 요구되었으리라는 점을 먼저 지적해야 할 것 같다. 흑인분장악극쇼(minstrel show)가 웅변으로 보여주는, 백인들에 의하여 그들에게 강요된 인습적인 삶의 질서와 흑인 상투형에 대한 반발은 이미 20세기 초에 체스넛(Charles W. Chesnutt)과 두보이스(W. E. B. DuBois) 같은 작가들의 작품을 통하여 강력히 드러나기 시작하였다. 1차대전 중 흑인 자원부대인 NY 15보병연대가 전쟁 중에 당한 차별대우와 모욕,[4] 종전후 흑인 귀향 군인들에 대한 폭행과 린치, 그러한 린치행위에 대한 반발로 일어난 세인트 루이스 폭동 및 1919년의 노동절 폭동(May Day Riot) 등 일련의 사건들은 백인의 점증하는 박해와 그에 대응하는 흑인들의 태도 변화를 잘 보여준다.

1890년대부터 시작되어 1920년대에 이르는 흑인 인구의 '대이동'(Great Migration) 또한 HR의 중요한 배경을 이루고 있다. 당시 미국 흑인의 총인구 1,000여만 중에서 20%에 달하는 200만 명이 남부에서 북부 또는 중서부로 그리고 농촌에서 도시로 이동했다는 사실은 그 인구 이동의 규모가 얼마나 큰 것이었는가를 단적으로 보여준다. 북부 도시로의 흑인 인구의 이동은 이민 규제의 강화와 함께(1924년에는 강력한 이민법이 제정됨) 노동력이 줄어들고 반면에 1차대전 후 미국의 산업팽창으로 노동시장이 확대됨으로써 싼 노동력의 수요가 급증함에 따른 필연적 결과였는데 도시로의 이 인구 이동은 허긴즈(N. I. Huggins)의 지적처럼[5] 농촌의 단순하고 동질적인 삶에서 도시의 복합적이고 다원적인 삶으로의 변화를 가져왔다는 점에서 중요한 의미를 지닌다. 또한 알렌 로크와 로버트 본이 각각 시사하고 있듯이[6] 이 이동은 남부에서 북부, 농촌에서 도시로의 이동일 뿐 아니라 "중세의(medieval) 미국에서 현대의(modern) 미국으로"의 이동이라는 점에서 흑인들의 새로운 인종적 자각에 크게 기여했음에 틀림없다.

이 흑인의 대이동과 관련하여 할렘 같은 대도시에서 이루어진 게토(ghetto)의 공동체 생활이 HR을 가속시킨 또 하나의 원인이 될 수 있을 것이다. 과거의 남부의 농촌생활에서는 흑인들 간의 유대의식이 같

---

4) Nathan Irvin Huggins, *Harlem Renaissance* (London: Oxford University Press, 1971), p.54 참조.

5) *Ibid.*, p.57.

6) Alain Locke, ed., *The New Negro* (New York: Atheneum, 1977), p.6; Robert Bone, *The Negro Novel in America* (New Haven: University Press, 1965), p.53.

은 조건 밑에서 같은 문제로 고통을 받고 있다는 비교적 단순하고 다분히 추상적인 차원의 것이었던 데 반해 도시 게토의 공동생활에서의 유대의식은 현실적이고 복합적인, 완전히 새로운 공동체 경험에 기초한 구체적인 것이라는 점에서 이 새로운 공동체 생활은 중요한 의미를 지닌다. 그러한 공동체 생활은 전체 성원의 생활수준 향상과 교육 기회의 개선을 위한 노력의 과정을 통하여 "자기 존중과 독립의 새로운 태도"를 기르게 하고 "새로운 공동체 경험은 그것을 해석할 새로운 문학 운동을 요구"함으로써 지식인 계층을 만들어 냈다는 본의 설명은[7] 매우 타당하다.

HR을 촉진한 또 다른 원인은 보다 급진적인 조직적 흑인 운동의 확산이다. 점증하는 린치행위와 흑인차별에 분노를 느끼고 워싱턴(Booker T. Washington) 같은 흑인 지도자의 소극적인 '점진주의'(gradualism)에 좌절을 느낀 두보이스를 주축으로 한 29명의 젊은 흑인 지식인들이 1905년 나이아가라 폴즈(Niagara Falls)에 모여 흑인의 완전한 시민권을 요구한 나이아가라 운동(Niagara Movement)[8]은 이러한 운동의 기폭제 구실을 했다고 볼 수 있다. 이 모임에서 두보이스는 적극적 행동을 위한 조직체의 구성을 제안하면서 즉각적인 흑인 남자의 참정권, 공공시설 이용의 흑인차별 철폐, 미국 헌법의 준수, 흑인들의 교육 받을 권리 등을 강력히 주장함으로써 특히 급진적인 젊은 지식층의 지지를 받았으며 1910년에는 다른 흑인 및 백인 집단과 결유(結紐)하여 NAACP를 결성하게 된다. 1908년의 스프링 필드(일리노이 주) 흑인 폭동을 계기로 흑인의 인종과 지위 향상의 필요성을 절감한 흑백 자유주의자들이 가담한 NAACP의 결성에는 윌리엄 딘 하우

7) Robert Bone, *ibid.*, p.54.

8) *Family Encylopedia of American History* (New York: The Reader's Digest Association, Inc., 1975), p.800.

얼스(William Dean Howells), 존 듀이(John Dewey) 등의 백인 지식인들도 발기인으로 참가하였으며 특히 흑인의 시민권, 균등한 교육 기회, 흑백의 평등을 위한 법적 투쟁 등을 활발히 전개해 나감으로써 흑인들의 인종적 자각을 고취하는 데 크게 기여하였다. 흑인들의 삶의 개선과 지위 향상에 NAACP 못지않게 기여한 단체는 NUL(National Urban League)이다. NAACP보다 1년 늦게 1911년 National League on Urban Conditions Among Negroes라는 이름으로 결성된 이 단체는 특히 도시와 산업지대로 밀려드는 흑인 노동자들의 생활 개선을 목표로 삼았지만 후에는 흑인뿐만 아니라 모든 소수인종의 문제까지를 포함하는 범소수민족 지위 향상 운동으로 그 목적을 확대해 갔다. NAACP와 NUL이 미국인으로서의 흑인의 정체성과 지위 향상의 문제에 관심을 쏟았다면 마커스 가비(Marcus Garvey)가 주도하여 1914년 창설한 UNIA(Universal Negro Improvement Association)는 범세계적 안목에서 흑인 문제에 접근했으며 '아프리카로 돌아가기' (Back to Africa)를 모토로 미국으로부터 독립을 주창하는 과격한 민족주의 노선을 택했다. 가비의 이러한 과격한 민족주의적 계획은 현실적으로는 실패했지만 흑인의 민족적 자긍심과 민족적 목적의식을 고양한 점에서는 그 나름의 성공을 이룩했다고 말할 수 있을 것이다.

이러한 단체들의 흑인의 지위 향상을 위한 운동과 병행된 언론의 역할 또한 HR의 중요한 배경을 이루고 있다. NAACP의 기관지인 『더 크라이시스』(*The Crisis*)는 1910년 NAACP의 결성과 함께 두보이스를 편집인으로 창간되어 흑인에 대한 폭력 린치 행위, 흑인폭동 사건, 흑인에 관한 부당한 행위나 추문들을 중점적으로 보도함으로써 흑인 문제의 개선을 위한 선도적 역할을 하였다. 또한 랭스턴 휴즈의 유명한 시 「흑인, 강을 이야기하다」(The Negro Speaks of Rivers) 등 흑인 작가의 문학 작품을 게재하여 문학 운동으로서의 HR에 활기를 불어넣기도 했다. NUL의 기관지인 『오퍼튜니티』(*Opportunity*) 역시 흑인 문제를 중점적으로 다루었지만 『더 크라이시스』보다 더 온건하고 학구적인 입장을 취했으며 특히 흑인문학의 현상모집을 통하여 1925년에는 랭스턴 휴즈의 「지친 블루스」(The Weary Blues)를 일등 당선작으로 발표하는 등 휴즈, 아르나 봉땅(Arna Bontemps), 제시 포셋트(Jessie Fauset) 등을 배출함으로써 HR을 활성화하는 데 큰 몫을 했다. 또한 1917년 랜돌프(A. Philip Randolph)와 오윈(Chandler Owen)이 창간한 『더 매신저』(*The Massenger*)도 『더 크라이시스』나 『오포튜니티』와 함께 미국 흑인들의 새로운 의식 변화에 기여한 바 적지 않으며 UNIA의 기관지인 『뉴 월드』(*New World*) 역시 흑인의 정체성 확인과 민족적 자긍심 고취에 도움을 주었다고 볼 수 있다.

HR의 원인과 배경은 위에 열거한 흑인의 특수한 상황이나 흑인 운동 단체와 흑인 언론의 활동에만 국한된 것은 아니다. HR은 분명 하나의 미국적 현상이었고 그런 관점에서 흑인의 삶과 흑인의 문화에 대한 백인 작가들의 관심 또한 HR을 촉진하는 데 중요한 역할을 했던 것이다. 예컨대 앞에서 언급한 토렌스의 세 희곡, 유진 오닐(Eugene O'Neil)의 『존스 황제』(*Emperor Jones*, 1920)와 『신의 아이들은 모두 날개가 있다』(*All God's Chillun Got Wings*, 1923), 셔우드 앤더슨(Sherwood Anderson)의 『검은 웃음』(*Dark Laughter*, 1925), 두보우즈 헤이워드(Dubose Heyward)의 『포지』(*Porgy*, 1925), 칼 반 베흐텐(Carl Van Vechten)의 『깜둥이 천국』(*Nigger Heaven*, 1926) 등은 모두 흑인의 삶을 소재로 흑인의 주제를 진지하게 다루고 있는 작품들이다. 특히 칼 반 베흐텐은 할렘에 거의 상주하다시피 하면서 문학, 미술, 사진 등 다양한 예술 활동뿐만 아니라 흑인 작가 지식인들과의 밀접한 교류, 그리고 이들에 대한 재정적 후원을 통하여 흑인의 문학과 예술 및 할렘의 생활을 백인 사회에 널리 알리는 데 결정적인 공헌을 한 바 있다.

반 베흐텐의 행적이 상징적으로 보여주는, 백인들 사이에 확산되어 간 당시의 '흑인유행'(Negro vogue) 또한 HR에 활기를 불어넣은 중요한 한 요소로 작용했다고 볼 수 있다. '째즈시대'(Jazz Age)[9]로 불리는 1920년대의 할렘은 1차대전 이후 전쟁의 불안과 공포와 환멸로부터 벗어나 새로운 변화와 위안을 갈구하던, 그리고 전후의 물질주의적 · 상업주의적 속물근성에 식상했던 백인들 특히 젊은 지식인층들에게는 더할나위 없이 적절한, 술과 춤과 섹스가 확보된 쾌락 추구의 메카가 되었던 것이다. 그러나 할렘은 이들에게 부도덕한 쾌락의 상징에 그치는 것은 아니었다. 1910년대 중반 이후 특히 1차대전 이후 미국에 다소 왜곡되어 널리 알려진 프로이트의 심리학은 많은 사람들에게 성(sex)과 원시성(primitivism)을 건강한 활력으로 정당화시켜 주었고 할렘은 바로 이러한 건강한 섹스와 원시성의 상징이 되기도 하였다. 과거에는 흑인들의 열등함이나 미개함의 척도로 생각되던 성본능, 원시성, 놀이추구의 게으름 등이 오히려 흑인들의 덕목으로 치부되어 '흑인유행'을 유발하게 된 것은 역사의 아이러니가 아닐 수 없다.

지금까지 검토해 본 대로 HR은 19세기 말에서 20세기 초에 이르는 기간에 미국 흑인의 삶에 일어난 여러 가지 복합적인 새로운 변화와 그에 따른 새로운 각성의 필연적인 결실이라고 볼 수 있을 것이다. 이제 이 결실의 주요 성격과 특성은 어떠한 것인지 살펴보기로 하겠다.

III

앞의 배경 설명에서도 암시되었듯이 HR의 가장 중요한 특성은 무엇보다도 흑인의 인종적 정체성에 대한 새로운 각성과 발견일 것이다. HR의 흑인 작가들은 백인에 의하여 그들에게 부여된 흑인 상투형을

---

9) 1920년대에 유행했던 Jazz나 Charleston이 모두 흑인의 음악과 흑인의 춤이었다는 사실은 주목할 만하다.

수동적으로 받아들이는 백인 동화주의의 태도를 거부하고 그들 자신의 정체성을 스스로 찾으려는 주체적이고 능동적인 자세를 취한 것이다. 물론 마틴 델라니(Martin Delany) 등으로 비롯되는 흑인 민족주의(black nationalism)나 찰즈 W. 체스넛 등으로 대표되는 사회항변의 전통은 흑인문학 속에서 면면히 이어져 오고 있었지만 그러한 전통은 지나치게 전투적이거나 의식적이든 무의식적이든 흑인의 인종적 열등감을 그 밑에 깔고 있었던 것이 사실이다. 이전의 흑인 작가들과 구분되는 HR 작가들의 가장 두드러진 차이점은 흑인의 삶 또는 흑인적인 것을 진솔하게 받아들이는 자세, 그리고 그것에 대한 그들의 긍정적이고 때로는 심미적이기까지 한 그 태도의 변화라고 볼 수 있다. 그들은 부정과 극복의 대상처럼 여겨졌던 흑인의 삶 자체를 진솔하게 묘사하고 그 삶에서 긍정적 요소와 아름다움을 찾으려 했으며 이러한 긍정적인 자기 발견의 자세가 흑인 존재의 뿌리 찾기로 이어진 것은 자연스러운 현상이었다. 그러나 그들이 추적해야 할, 그들의 현재를 과거와 의미깊게 연결시켜 줄 흑인 유산, 그 문학적 뿌리를 노예생활로 집약되는 미국에서의 그들의 굴욕적인 삶의 역사에서 찾을 수는 없었다. 따라서 그들이 결국 눈길을 돌린 곳은 그들의 모국인 아프리카였던 것이다. HR의 두드러진 특성이 이 아프리카 근원에 대한 향수와 탐색, 흑인 민속문화와 원시성에 대한 깊은 관심과 예찬, 그리고 흑인의 인종적 자긍심의 강력한 표출임은 이러한 맥락에서 쉽게 이해될 수 있다. 그러나 허긴즈도 지적하듯이 아프리카에 대한 탐색에 치중한 나머지 미국에서의 '실제 과거'(actual past)를 소홀히 한 것, 그리고 '막연하고 먼 반신화의 세계'(something which was vague, distant, half myth)를 위해 '즉접적이고 직접적인 가시적 현실세계'(that which was immediate, personal, and discernible)를 결과적으로 거부한 것은 이 아프리카적 원시성 추구의 최대의 아이러니[10]라고 할 수 있으며 그런 점에서 아프리카적 근원의 탐색은 HR 문학의 가장 큰 강점이자 동시에 가장 큰 약점이 될 수도 있을 것이다.

HR의 또 하나의 중요한 특성은 이렇듯 흑인의 인종적 정체성과 인종적 전통의 보전을 추구하면서도 동시에 미국인으로서의 흑인의 역할과 위치를 강조하고 있다는 점이다. HR의 작가들은 아프리카적 근원에 대한 향수에도 불구하고 백인이 지배하는 미국 사회로부터의 분리를 원하기보다는 미국 문화의 협조자와 참여자로서, 그리고 무엇보다도 미국의 국민으로서 미국 사회에 공헌해야 한다는 적극적인 입장을 취하고 있는 것이다. 이러한 입장은 『뉴 니그로』의 권두언격인 로크의 「뉴 니그로」(The New Negro)라는 글에 잘 나타나 있다.

> 미국 흑인들은 항상 높은 평가를 받아 온 그들의 민속예술, 특히 음악에 있어서만이 아니라 비록 덜 인정받고 덜 두드러지긴 하지만 더 광범한 여러 분야에서도 그 나름의 아주 튼실한 공헌을 해 왔음을 이제는 더욱 더 인정해야 할 것이다. 미국 흑인들은 그들을 가장 과소평가하는 미국의 지역에서 수대에 걸쳐 농업의 모체를 이루어 왔고 그 지역에서 참을성 있게 노동력을 제공하며 물질적으로만이 아니라 정신적으로도 공헌해 왔다. . . . [미국 흑인들은] 이제 자신이 기여자임을 의식하며 수혜자나 피후견인의 위치로부터 미국 문명의 협력자와 참여자의 위치로 탈바꿈하고 있다. 이렇게 함으로써 사회적으로 얻는 것은 재능있는 미국 흑인들의 능력을 메마른 논쟁의 장으로부터 생산적인 창조적 표현의 장으로 끌어내는 것이다. 그렇게 해서 그들이 얻게 되는 문화적 평가는 이제 인종관계의 바람직한 개선에 선행하거나 수반되어야 할 흑인에 대한 재평가에 이르는 관건임이 드러나게 될 것이다.
>
> . . . It must be increasingly recognized that the Negro has already made very substantial contributions, not only in his folk art, music especially, which has always found appreciation, but in larger, though humbler and less acknowledged ways. For generations the Negro has been the peasant matrix of that Section of America which has most undervalued him, and here he has contributed not only materially in labor and in social patience, but spiritually as well. . . . [The Negro] now becomes a conscious contributor and lays aside the

---

10) Nathan Irvin Huggins, *op. cit.*, p.189.

status of a beneficiary and ward for that of a collaborator and participant in American civilization. The great social gain in this is the releasing of our talented group from the arid field of controversy and debate to the productive fields of creative expression. The especially cultural recognition they win should in turn prove the key to that revaluation of the Negro which must precede or accompany any considerable further betterment of race relationships.[11)]

이러한 아메리카니즘의 노력은 흑인의 인종적 정체성 추구와 얼핏 상반되어 보이지만 이른바 두보이스가 정의한, 흑인이며 동시에 미국인이어야 하는 미국 흑인의 이중 정체성, 그 '이중의식'(double consciousness)[12)]의 필연적 산물임을 이해하기는 어렵지 않다. 그러나 HR 작가들의 이러한 아메리카니즘의 노력은 미국 흑인의 그 비극적 이중의식의 갈등과 투쟁의 엄청난 두께를 외면한, 미국 흑인의 이중 정체성의 문제에 대한 너무나 안이하고 낙관적인 처방이라는 인상을 지우기 어렵다. 더욱이 위 인용문의 마지막 부분의 행간에 암시되고 있듯이 이러한 태도는 다분히 소수의 '재능 있는 흑인 지식층'(talented group)의 권익을 앞세운 엘리트 의식의 발현이라는 한계를 지니며 또한 흑인의 재평가나 흑백관계의 개선을 여전히 백인의 관점이나 기준에 의존하고 있지 않는가 하는 문제점을 드러내고 있다.

로크 자신도 "인종적 가치 위에 아메리카니즘을 세우려는 흑인의 노력"(attempt to build [the Negro's] Americanism on race values)의 성공은 흑인과 백인이 미국 문화, 인습, 제도를 완전히 공유함으로써만이 가능함을 지적함으로써[13)] 자신의 주장의 한계를 시인하고 있는 것은 주목할 만하다.

---

11) Alain Locke, ed., *op. cit.*, p.15.

12) Booker T. Washington, W. E. B. DuBois, and James Weldon Johnson, *Three Negro Classics* (New York: Avon Books, 1965), p.215 참조.

13) Alain Locke, ed., *op. cit.*, p.12.

HR의 세 번째 중요한 특성 또한 이러한 흑인 아메리카니즘의 정신과 무관하지 않다. 그 특성은 HR가 흑인 자체의 특수한 문화 현상이라기보다는 미국 문화 나아가 서구 문화 자체의 변화와 밀접한 관계를 맺고 있는 이른바 시대정신(Zeitgeist)의 필연적 산물이라는 점이다. 지배문화의 가치와 기존의 질서에의 순응을 거부하고 자신들의 전통 속에서, 혹은 그 전통의 재검을 통하여, 어떤 새로운 대안을 찾으려는 노력은 HR의 흑인 작가들만이 아니라 당대의 백인 지식층에도 공통된 현상이었기 때문이다. 그 대표적인 예를 우리는 젊은 백인 지식인 그룹인 '길 잃은 세대' (lost generation)에서 찾아볼 수 있다. 1차대전 후 서구와 미국 사회에 밀어닥친 서구 문명에의 환멸, 기존의 권위체제에 대한 항거, 다분히 프로이디아니즘(Freudianism)의 영향에서 비롯된 인간의 본능적 원시성의 예찬, 그리고 예술과 문학에서의 새로운 소재와 기법을 향한 실험 등 당대의 시대정신을 요약해 보이는 문화적 변화들은 '길 잃은 세대' 의 특성일 뿐만 아니라 바로 HR의 특성이기도 했고 그 변화들은 모더니즘이라는 포괄적인 개념으로 그들의 예술 및 문학세계에 공통적으로 반영이 된 것이었다. 물론 기법상의 변화에 있어서 이 시대의 흑인문학은 백인문학의 그것과 일치하지는 않지만 현대성의 인식과 그 문학적 반영에 있어서 양자는 공통된다고 볼 수 있다.

HR의 마지막으로 중요한 특성은 아마도 문자 그대로의 '획기적' (epoch-making)인 그 문학사적 의의에서 찾아야 할 것이다. 흑인문학사상, 아니 미국 문학 전체의 역사에 있어서도, 한 특정 시기에 한 장소를 중심으로 공통된 인종의식을 바탕으로 하여 그처럼 많은 작가들이 왕성한 작품 활동을 벌였던 예는 없다. 10여 년이라는 짧은 기간에 공동의 주제의식을 지닌 수십명의 흑인 작가가 등단하여 데이비드 리틀존(David Littlejohn)의 지적처럼 그 중의 "20여 명이 문학적 성숙과 독립을 성취"[14]한 기록만으로도 HR의 문학사적 의의는 매우 크다 할 것이다. 20이라는 숫자는 1920년 이전까지 100여 년의 미국 흑인문학의 역사에서 문학적 성숙에 이르렀다고 평가할 수 있는 흑인 작가들 전체를 합친 숫자를 훨씬 넘는다. HR 시기에 일어난 이러한 변화는 그 전까지의 미국 흑인문학의 질과 양의 수준에 비교해 볼 때 실로 엄청난 것이라 할 수 있다. HR의 또 하나의 중요한 문학사적 의의라면 그 것은 인종적 정체성 추구와 인종적 자긍심의 예찬이라는 대체로 공통된 주제의식을 공유하면서도 소재의 선택이나 표현 기법에서 드러낸 문학적 다양성이다. 이러한 다양성은 대체로 사회항변과 노예농장 전통으로 대표되는 그 전까지의 흑인문학의 비교적 단조로운 패턴과 비교해 볼 때 그 예술적 수준의 고하를 떠나서라도 매우 중요한 발전적 변화임에 틀림없다. 이제 이러한 왕성한 창작활동의 결실과 문학적 다양성의 실체가 어떤 것인지, 그리고 앞에서 열거한 HR의 중요한 특성들이 어떻게 문학적으로 형상화되어 있는지 당대의 몇몇 대표적인 작가들의 작품을 통하여 검토해 보기로 하겠다.

IV

HR 시기에 발표된 많은 작품들은 그 질적 수준만이 아니라 다루는 내용 역시 매우 다양하기 때문에 HR의 특성을 포괄적으로 보여줄 소수의 몇몇 대표 작가를 선정한다는 것은 쉬운 일이 아니다. 그러나 선정성을 추구하는 '째즈 시대'의 백인 독자들이나 북부 흑인 부르주아 독자들을 만족시키기 위해 쓰여진 이류 작품들, 진솔한 삶의 갈등이나 사회 현실의 문제를 외면하고 피부색 등 인종적 호기심을 소재로 한 감상적인 작품들을 제외한다면, 그리고 인종 차별에의 항거, 인종적 자긍심, 아프리카적 근원에의 관심, 흑인의 민속적 삶, 할렘 등 도시

14) David Littlejohn, *Black On White* (New York: The Viking Press, 1966), p.39.

생활의 실상 등, 보다 근본적인 문제들을 진지하게 다룬 작품들에 주목한다면, 우리는 클로드 맥케이, 카운티 칼른(Countee Cullen), 진 투머(Jean Toomer), 랭스턴 휴즈, 루돌프 피셔(Rudolph Fisher), 에릭 월론드(Eric Walrond), 제시 포셋트, 넬라 라슨(Nella Larsen), 아르나 봉땅(Arna Bontemps), 조라 닐 허스튼(Zora Neale Hurston) 등을 선정 대상에 올릴 수 있을 것이다.[15] 그러나 지면 관계상 여기서는 1920년대에 할렘을 중심으로 주로 활약했고 '문학적 성숙도'가 가장 높다고 생각되는 앞의 네 작가 맥케이, 칼른, 투머, 휴즈를 검토의 대상으로 삼기로 하겠다. 이들은 대부분 소설도 썼지만 앞으로 살펴볼 이들의 작품이 주로 시 작품인 것은 HR 시기의 소설은 시와는 달리 대체로 상업주의에 영합한 문학성 함량 미달의 것이 많다는 점과 역시 지면상의 제한을 고려한 것이다.

이 네 사람은 몇 가지 점에서 서로 공통되는데 이 공통점은 HR의 성격과 직결된다는 점에서 주목할 만하다. 첫째 네 작가는 HR의 선구적 역할을 한 두보이스와 제임스 웰든 존슨과 마찬가지로 모두 유수한 대학을 졸업한 엘리트들로서 이들의 교육적 배경은 HR의 강점이자 동시에 약점이기도 한 문화적 엘리티즘의 성격에 크게 기여했다고 볼 수 있다. 둘째로 이들은 작가에게 있어서의 예술적 통제와 감정적 초탈의 중요성을 강조하고 이를 유지하기 위하여 줄곧 노력했다는 점에서 공통된다. 그들의 교육적 배경과 무관하지 않는 이러한 노력은 그들의 작품의 문학성을 높이는 데 주요한 밑받침이 되었을 것이다. 셋째로 이들은 흑백 인종 문제에 접근하는 데 있어서 과거의 많은 흑인 작가들의 경우처럼 투쟁적인 민족주의자나 온건한 동화주의자의 어느 한편의 입장을 취하지 않고 이중적인 균형 감각을 유지했다는 점에서

---

15) W. E. B. DuBois와 James Weldon Johnson을 여기에 포함시킬 수도 있을 것이다.

서로 공통된다. 이 이중적 태도 혹은 이중 감각 또한 HR의 중요한 한 특성이라고 말할 수 있을 것이다.

자마이카에서 출생하여 미국으로 이주해 온 클로드 맥케이(1889~1948)의 경우 그의 성장 배경 자체가 이러한 이중 감각과 무관하지 않다고 생각된다. 그러한 배경은 그로 하여금 더 객관적인 초연함을 가지고 그리고 더 정확하고 균형잡힌 눈으로 미국 사회를 볼 수 있게 만들었을 것이다. 그래서 맥케이는 때로 자마이카(나아가 아프리카)에 대한 향수에 의하여 더욱 강화되었을, 미국 사회에서의 흑인의 소외감과 공허감을 읊기도 하지만, 때로 미국 사회의 인종적 편견에 대하여 결연히 분노하기도 한다. 「할렘 무희」(Harlem Dancer)와 「우리 죽어야 한다면」(If We Must Die) 같은 시는 멕케이의 이러한 다른 모습들을 각각 잘 형상화해 보이고 있는 작품들이다.

「할렘 무희」
손뼉 치는 젊은이들, 젊은 창녀들과 함께 웃는다.
그리고는 그녀의 완벽한 반라의 옷이 움직이는 것을 지켜 본다.
그녀의 목소리는 피크닉 날 흑인 연주자들이 부는
플루트 뒤섞인 소리 같다.
얇은 망사, 몸 위로 늘어뜨린 채
그녀는 노래부르며 우아하고 고요하게 춤춘다.
나에겐 그녀가 폭풍을 견뎌내 더욱 아름다워진,
자랑스레 너울대는 야자수 같다.
그녀의 검은 목 위로 윤기나는 검은 머리가
풍요롭게 내려앉는다. 환호하며 동전 던지며,
술기오른, 당돌한 눈빛의 사내들, 아니 젊은 여자들도
열정적인 눈길로 그녀의 몸을 삼킬 듯 바라본다.
하지만 거짓 미소짓는 그녀의 얼굴을 보면서
나는 그녀의 실체가 그 낯선 곳에 있지 않음을 안다.

"The Harlem Dancer"
Applauding youths laughed with young prostitutes
And watched her perfect, half-clothed body sway;

Her voice was like the sound of blended flutes
Blown by black players upon a picnic day.
She sang and danced on gracefully and calm,
The light gauze hanging loose about her form;
To me she seemed a proudly-swaying palm
Grown lovelier for passing through a storm.
Upon her swarthy neck black shiny curls
Luxuriant fell; and tossing coins in praise,
The wine-flushed, bold-eyed boys, and even the girls,
Devoured her shape with eager, passionate gaze;
But looking at her falsely-smiling face,
I knew her self was not in that strange place.

1917년에 쓰인 이 시는 할렘의 실상을 새로운 시각과 진솔하고 강렬한 어휘로 시화(詩化)하여 충격적인 반응을 일으킨 문제작으로서 흑인 정체성의 문제를 심도있게 다룬 작품이다. 이 시의 가장 중요한 주제는 아마도 마지막 두 줄에 의미깊게 농축된, 할렘의 술집에서 춤을 추는 한 흑인 무희의 모습을 통하여 형상화되고 있는 흑인의 삶의 공허감("falsely smiling face")과 소외감("strange place")일 것이다. 그 공허감과 소외감은 흑인 무희의 풍요로운 아름다움 그리고 주위에 흥청대는 분위기와 대조되어 더욱 강한 시적 공감을 불러일으킨다. 그러나 이 짤막한 시에는 그 이상의 많은 중요한 것들, 예컨대 술과 노래와 젊음의 방탕이 넘치는 할렘 술집의 생생한 풍경, 본능적인 섹스와 원시성의 활력, 우아하고("gracefully") 풍요로운("luxuriant") 흑인의 아름다움, "폭풍을 견뎌냄으로 더욱 아름다워진/자랑스레 너울대는 야자수"의 이미지에 담긴, 아프리카에의 향수와 섞인 흑인 정체성에 대한 자긍심 등이 담겨 있다. 그리고 바로 이러한 요소가 이 시를 할렘 르네상스의 도래를 알리는 대표적인 선구적 작품으로 평가받게 만든 이유일 것이다.

한편 「우리 죽어야 한다면」의 토운은 「할렘 무희」의 그것과는 사뭇 다르다.

우리 죽어야 한다면, 우리를 에워싸고
우리의 저주받은 운명을 조롱하며 마구 짖어대는
굶주린 미친 개들에 쫓겨, 치욕스럽게
우리에 갇혀 죽는 돼지가 되지 않게 해다오.
우리 죽어야 한다면, 오, 당당하게 죽게 해다오.
우리의 값진 피가 헛되이 뿌려지지 않도록.
그러면, 극악무도한 우리의 적들도 우리에게
경의를 표하지 않을 수 없으리라, 우리 비록 죽더라도!
오, 동지들이여! 우리 함께 우리 공동의 적에 맞서자!
비록 엄청나게 열세여도 우리의 용맹함을 보여주자.
그래서 그들의 수천 대에 맞서 한 대의 치명타를 가하자!
우리 앞에 무덤이 입벌리고 있으면 어떤가?
사나이답게 비겁한 저 살육의 무리들에 맞서자.
벽에 밀려, 죽어가면서도, 반격을 가하면서!

If we must die, let it not be like hogs
Hunted and penned in an inglorious spot,
While round us bark the mad and hungry dogs,
Making their mock at our accursed lot.
If we must die — O, let us nobly die,
So that our precious blood may not be shed
In vain; then even the monsters we defy
Shall be constrained to honor us though dead!
O, Kinsmen! we must meet the common foe!
though far outnumbered, let us show us brave,
And for their thousand blows deal one deathblow!
What though before us lies the open grave?
Like men we'll face the murderous, cowardly pack,
Pressed to the wall, dying, but fighting back!

2차대전 당시 영국의 처칠 수상이 영국군의 사기를 고취하기 위하여 읊었을 만큼 이 시는 단호하고 전투적인 어조로 인종적 편견과 박해에 대한 맥케이의 분노를 강렬히 표현하고 있다. 그 박해의 절박함은 '죽음'을 나타내는 어휘가 14행의 짧은 시에서 무려 아홉 번이나 반복됨으로써 절박하게 강조된다. 그러나 맥케이가 이 시에서 더욱 강조하고자 하는 것은 '잔혹한' (murderous) 백인들의 박해나 '치욕스럽고' (inglorious) '저주받은' (accursed) 흑인의 운명보다는 가해자인 백인의 '비겁하고' (cowardly) 짐승처럼 '야비한' (mad and hungry dogs) 모습과 대조되는, 비록 피해자이긴 하지만 '인간다운' (Like men) 위엄과 자존심을 끝까지 지켜야 할 '용감한' (brave) 흑인의 모습이다. 이 시의 가장 훌륭한 문학적 성취는 바로 흑인과 백인의 관계에 있어서의 이 전도(顚倒)의 아이러니일 것이다. 맥케이가 생각하는 이러한 용기와 자존심은 그로 하여금 부당하고 잔혹한 백인들의 박해에 분노하면서도 때로 그 박해를 가하는 미국 사회를 아픈 현실로 받아들이게 만들기도 한다. 「미국」(America) 같은 시는 맥케이의 이러한 이중적 비전을 보여주는 좋은 예이다.

> 비록 나에게 쓰디쓴 빵을 먹이고,
> 그 호랑이 이빨을 내 목에 박고 내 삶의 숨결을 앗아가도,
> 나는 내 젊음을 시험하는 이 문명화된 지옥을
> 사랑한다고 고백해야겠다.
> 그녀의 활기는 내 혈관 속에 파도처럼 흘러
> 나에게 그녀의 증오에 대항할 힘을 준다.
> 그녀의 거대함은 나의 존재를 홍수처럼 휩쓴다.
> 하지만 반역자가 지엄한 왕에 맞서듯
> 나는 두려움이나 악의나 조롱의 말 조금도 없이
> 그녀의 벽 안에 서 있다.
> 나는 어둡게 앞날을 들여다 본다.
> 그리고 거기서, 시간의 틀림없는 손길 아래서,
> 모래 속에 가라앉은 값진 보물들 같은,
> 그녀의 힘과 화강암처럼 단단한 경이로움을 본다.

> Although she feeds me bread of bitterness,
> And sinks into my throat her tiger's tooth,
> Stealing my breath of life, I will confess
> I love this cultured hell that tests my youth!
> Her vigor flows like tides into my blood,

Giving me strength against her hate.
Her bigness sweeps my being like a flood.
Yet as a rebel fronts a king in state,
I stand within her walls with not a shred
Of terror, malice, not a word of jeer.
Darkly I gaze into the days ahead,
And see her might and granite wonders there,
Beneath the touch of Time's unerring hand,
Like priceless treasures sinking in the sand.

'고통의 쓴 빵' 과 '호랑이의 이빨' 과 '문명화된 지옥' 으로 형상화되는 미국 사회의 인종적 박해에도 불구하고, 그리고 '왕을 거역하는 반역자' 처럼 미국 사회에 저항하면서도, 시인은 그 지옥인 미국을 사랑하고, '미국의 활기' 에서 그 증오에 대항할 '힘' 을 얻으며, 그를 휩쓰는 거대한 파도 같은 미국의 무자비한 힘 속에서 '귀중한 보물' 의 가능성을 보아 내기도 한다.

맥케이의 시에 암시된 이러한 이중적인 감정 혹은 태도를 우리는 카운티 칼른(1903~1946)에게서도 찾아볼 수 있다. 목사인 양부로부터 정치사회적 개혁주의와 동시에 종교적 보수주의라는 상호 모순되어 보이는 정신적 영향을 받으며 자란 칼른의 성장 배경[16)] 역시 그의 이러한 특성과 무관하지 않을 것이다. '깜둥이' 라는 말이 남긴 아물지 않는 상처의 아픔을 이야기한 「사건」(Incident)이나 흑인의 아름다움을 예찬한 「찬가」(Song of Praise), 그리고 아프리카 근원과 흑인 정체성을 탐색하는 「유산」(Heritage) 등에서 볼 수 있듯이 칼른은 인종 문제에 집요한 관심을 보이며 때로 인종 박해의 부당함을 강렬하게 비판하기도 하지만 대체로 절제된 감정의 균형을 확인할 수 있다.

---

16) Roger Whitlow, *Black American Literature* (Totowa: Rowman and Allanheld, 1973), p.83 참조.

「사건」
서로 팔짱을 낀 채 그들은 길을 건넌다.
흑인 소년과 백인 소년.
낮의 황금빛 영광이요
밤의 검은 빛 자랑인.

드리워진 차양 틈으로 흑인들은 내다본다.
그리고 백인들은 이야기한다,
두 소년이 감히 함께
나란히 걸어가는 것에 분개해하며.

그 시선과 그 말에 아랑곳없이
그들은 지나간다. 칼처럼 번뜩이는 번개가
천둥의 길을 환히 밝히는 게
놀랄 일이 아니라는 듯.

"Incident"
Locked arm in arm they cross the way,
The black boy and the white,
The golden splendor of the day
The sable pride of night.

From lowered blinds the dark folk stare
And here the fair folk talk,
Indignant that these two should dare
In unison to walk.

Oblivious to look and word
They pass, and see no wonder
That lightening brilliant as a sword
Should blaze the path of thunder.

칼른이 바라는 미국 사회는 '낮의 황금빛 영광' 인 백인 소년과 '밤의 검은 빛 자랑' 인 흑인 소년이 흑인 어른들의 의아한 눈길이나 백인 어른들의 분노의 투덜댐에 아랑곳없이 서로 팔짱을 끼고 '밝은 번개불' 이 환하게 퍼뜩 밝히는 대로를 가로질러가는, 마치 꿈 속의 한폭 그림처럼 아름답게 균형잡힌 그런 사회일 것이다. 그러나 칼른의 많은 작품에서 이 이중의 감정은 대체로 때로는 냉소적이고 때로는 회의적인 아이러니의 형태로 표출되며 종교적인 함축을 지니는 것이 특징이다. 「내가 아는 한 숙녀를 위하여」(For a Lady I Know)와 「춤추는 발을 가진 여인이 노래하다」(She of the Dancing Feet Sings)는 그 좋은 예들이다.

「내가 아는 한 숙녀를 위하여」
그녀는 생각한다.
그녀 계층의 사람은
저 하늘나라에서도 늦게까지 코골며 잔다고,
한편 불쌍한 흑인 천사는 일곱시에 일어나
하늘나라의 허드렛일을 한다고.

"For a Lady I Know"
She even thinks that up in heaven
Her class lies late and snores,
While poor black cherubs rise at seven
To do celestial chores.

「춤추는 발을 가진 여인이 노래하다」
폭풍우 몰아칠 때 흔들리는
사과나무 가지 같은 사지와
춤추는 발을 가진 제가
저 천국에서 무슨 일을 할 수 있을까요?

춤은 죄악이고
제 얼굴 좋아할 사람도 없고
저를 안아줄 팔도 없는 저 완벽한 곳에서
어떻게 행복하게 살 수 있을까요?
제 가슴 가득 넘치는
경쾌한 노래를 부르러 몸 굽히기엔
천사와 지천사들
자존심이 허락지 않겠지요.

저 아래 지옥의 간절한 눈빛의 천사들은
제 얼굴을 보고 미소지을 거에요. 그리고
이해할 거에요. 저 완벽한 곳에서
떨어져 보았으니까요.

"She of the Dancing Feet Sings"
And what would I do in heaven, pray,
Me with my dancing feet,
And limbs like apple boughs that sway
When the gusty rain winds beat?

And how would I thrive in a perfect place
Where dancing would be sin,
With not a man to love my face,
Nor an arm to hold me in?

The seraphs and the cherubim
Would be too proud to bend
to sing the faery tunes that brim
My heart from end to end.

The wistful angels down in hell
Will smile to see my face,
And understand, because they fell
From that all-perfect place.

천국에서까지도 흑백 차별을 당연한 것으로 생각하는 백인의 오만한 믿음에 대한 「내가 아는 한 숙녀를 위하여」의 풍자가 다소 냉소적이라면 「춤추는 발을 가진 여인이 노래하다」의 아이러니는 다분히 회의적이다. 전자가 인종 문제에 대한 이승과는 다른 천국의 공정함을 믿고 있는 데 반하여 후자는 흑인의 이승의 삶의 진실을 이해하지 못하는 천국의 경직함에 짙은 회의를 느낀다. 이 후자의 시는 시인의 활기찬 춤을 죄악시하고 그의 검은 얼굴과 아름다운 음악("faery tunes")을 그 비천함을 이유로 거부함으로써 그를 무기력과 행동불능 상태("what would I do")에 빠지게 하는, '완벽한 세계' 인 천국의 천사들과, 시인의 검은 얼굴을 미소로 맞으며 그의 삶을 이해해 줄, 타락하여 그 '완벽한 세계' 로부터 떨어진 '지옥' 의 천사들과의 대조를 통하여 자조와 회의가 뒤섞인 강렬한 아이러니를 전한다.

흑인 정체성과 관련된 종교에 대한 이러한 회의는 흑인의 삶에 한계를 지우면서도 흑인으로 하여금 시인이 되어 '노래' 하도록 허용한 불가사의한 신의 섭리를 묻는 「하지만 이상한 일이 아닌가」(Yet Do I Marvel) 같은 시에 잘 형상화되어 있다. 칼른은 일생동안 흑인의 정체성과 예술과 종교문제의 복합적인 갈등으로부터 완전히 벗어나지 못한 것처럼 보인다. 이러한 칼른의 곤경은 바로 두보이스가 묘사한 흑인의 이중성, 즉 "미국인이자 흑인인 그의 이중성,[17] 두 개의 영혼, 두 개의 생각, 두 가지의 안간힘, 하나의 검은 육체 안에서 싸우는 두 개의 이상"(his twoness, — an American, a Negro; two souls, two thoughts, two unreconciled striving; two warring ideals in one dark body)의 곤경을 예시(例示)한 것이라는 마가렛 페리(Margaret Perry)의 해석은[18] 매우 적절하다. 후에 랭스턴 휴즈로부터 강력한 비판을 받게 되는 "나는 흑인 시인이 아니라 그저 시인이 되고 싶다"(I want to be a poet — not a Negro poet.)라는 칼른의 비장한 고백은[19] 예술가와 흑인이라는 이중 정체성의 갈등 속에서의 그의 고뇌와 방황이 어떠했는가를 잘 보여준다.

예술과 인종 문제, 예술가와 흑인의 정체성의 이러한 갈등의 문제는 아마도 진 투머(1894~1967)의 경우에 가장 첨예하게 드러나지 않는가 생각된다. 투머가 루이지애나 부지사인 핀치백(Pinchback)의 외손

---

17) Washington, and Johnson, *op. cit.*, p.215 참조.

18) Margaret Perry, *Silence to the Drums: A Survey of the Literature of the Harlem Renaissance* (London: Greenwood Press, 1976), p.57.

19) Michael W. Peplow and Arthur P. Davis, eds., *op. cit.*, p.471.

자로 백인과 거의 구분할 수 없을 정도의 흰 피부색을 가진 혼혈이었으며 줄곧 모호했던 그의 인종적 정체가 그의 갑작스런 작품 활동의 중단과 함께 미궁으로 빠져버린 사실과, 그가 최초의 진정한 흑인 예술가로 격찬을 받을만큼 그의 예술적 기교가 뛰어났고 또 그가 문학의 예술적 기능을 중시했다는 사실은, 예술과 인종 문제의 갈등이 그에게 얼마나 심각한 문제였을까를 쉽게 짐작케 해준다.

투머는 『케인』을 발표하기 전에 이미 알렌 로크와 친교를 맺고 있었으며 흑인 여류시인인 존슨(Georgia Douglas Johnson)의 집에서 흑인 작가들과의 문학 모임에 주도적으로 참여하고 있었지만 그 당시 이미 새로운 인종적 개념, 즉 백인종이나 흑인종을 초월한 '미국인종'(American race)이라는 새로운 인종적 의식을 가지고 있었던 것으로 알려져 있다.[20] 투머는 동료 흑인 작가들에게 이 새로운 인종적 개념을 이해시키려 했고 희곡 『나탈리 만』(*Nathalie Mann*)이나 「첫번째 미국」(The First America) 같은 시를 통해서 그의 새로운 인종 이데올로기를 전달하려고 노력했다. 조지 허친슨(George B. Hutchinson)의 지적처럼 백인만이 아니라 흑인들도 '인종적 순수성' (racial integrity)을 가장 강력히 주장하던 바로 그 시기에 투머가 작가로서의 성숙기에 들어섰다는 것은 투머 생애의 가장 큰 아이러니[21]가 아닐 수 없었을 것이다. 투머는 흑인 동료 작가들로부터 비판을 받을만한 이러한 인종 의식을 지니고 글을 썼고 『케인』 이후 사실상 작품 활동을 중단한 후에는 어디론가 잠적하다시피 하여 백인으로, 좀더 정확히 이야기 하자면, 백인도 아니고 흑인도 아닌 '미국인' 으로 살아간 것으로 전해진다. 그러나 투머가 흑인의 인종적 문제를 외면하거나 소홀히한 것은 결코 아니다.

---

20) George B. Hutchinson, "Jean Toomer and the New Negroes of Washington," *American Literature*, Vol.63, No.4 (December 1991), pp.683-92.

21) *Ibid.*, p.687.

그는 칼른처럼 흑인으로서가 아니라 한 미국인으로서, 궁극적으로는 한 예술가로서 작품을 쓰고자 했을 따름이다. 실제로 그는 흑인의 삶을 소재로 매우 훌륭한 예술작품을 만들어 내는 데 성공한 것이다. 그 성공의 결실이 1921년 조상의 고향인 조지아를 방문하고 그곳에서 그가 깊은 감명을 받은 흑인의 삶의 정수를 문학적으로 형상화한 『케인』(1923)이라는 작품집이다.

『케인』은 시, 스케치, 단편소설, 심지어 희곡까지 문학의 모든 장르에 걸친 다양한 표현양식을 통하여 흑인의 삶의 여러 측면을 다채롭고 풍부하게 묘사하고 있는 독특한 작품이다. 그러나 그는 인종적 문제의식을 고취하거나 인종 박해를 비판하기 위해서가 아니라 그것이 인간의 삶의 진실을 깊고 풍부하게 전달하는 더 적절하고 효과적인 문학적 소재이기 때문에 흑인의 삶을 그렸던 것이다. 그의 궁극적인 관심은 인간의 삶, 그 기쁨과 슬픔, 바람과 좌절, 그 상처의 고통, 무엇보다도 상실, 소외, 죽음 등으로 특징지어지는 현대인의 삶인 까닭이다. 그런 측면에서 본다면 『케인』에서 다루고 있는 주제들은 비록 흑인의 삶을 통해서이지만 소위 '길 잃은 세대' 문학의 주제들, 예컨대 현대인의 정신적 죽음, 죽음에의 집착, 정체성의 상실, 부르주아 가치의 거부 등과 매우 유사한 특성을 지니고 있다.[22)]

그러나 『케인』의 가장 중요한 특성은 아마도 그 예술적 실험성에 있을 것이다. 맥케이나 칼른이 현대성에 대한 강한 의식을 가지고 있었지만 그들의 표현 기법에 있어서는 매우 전통적이었던 것과 대조적으로 투머는 주제적인 측면에 있어서만이 아니라 그 표현 기교적인 측면에서 매우 현대적이었던 것이다. 『케인』에 수록된 작품들의 형식적 다양함이 보여주는 표현 양식 자체에 있어서의 실험성, 엄격한 심미적 객관성, 풍부하고 신비로운 상징적 이미지의 구사, 언어의 절제와 함

---

22) Margaret Perry, *op. cit.*, p.33 참조.

축 그리고 그 서정적 음악성 등은 모더니스트로서의 그의 면모를 유감없이 보여주고 있다. 예컨대 「아들의 노래」(Song of the Son)의 풍부한 이미지와 서정적 음악성은 흑인의 삶의 민속적 특성을 창출해 내는 데 매우 효과적이다. 이 시의 마지막 두 연의 음미만으로도 우리는 그러한 효과를 쉽게 감지할 수 있을 것이다.

> 쥐어짜지고, 소나무 숲 하늘로 터져 사라지는,
> 아, 짙은 보랏빛으로 익은 오얏 같은 흑인 노예들이여.
> 사람들이 나무에서 다 따버리기 전에
> 오얏 하나를 얻었지. 씨 하나가
>
> 영원한 노래되어, 노래하는 나무 되었네.
> 나무는 노예들의 영혼을 부드럽게 노래하네,
> 그 영혼들이 어떠했는지, 나에게는 어떠한지,
> 노예들의 영혼을 부드럽게 노래하네.
>
> O Negro slaves, dark purple ripened plums,
> Squeezed, and bursting in the pine-wood air,
> Passing, before they strip the old tree bare
> One plum was saved for me, one seed becomes
>
> An everlasting song, a singing tree,
> Caroling softly souls of slavery,
> What they were, and what they are to me,
> Caroling softly souls of slavery.

한편 「개종」(Conversion)이나 「조지아의 초상」(Portrait in Georgia) 같은 시는 투머의 표현 기법상의 실험성을 단적으로 보여주는 좋은 예이다.

> 「개종」
> 아프리카 영혼의 수호자,
> 럼주에 취하고
> 요상한 카사바 포식하고
> 흰 얼굴의 냉소 머금은 신의

낯선 말과 허약한 이야기에 굴복해서 —
희죽 웃고, 소리내 울고,
아멘,
호산나 외친다.

"Conversion"
African Guardian of Souls,
Drunk with rum,
Feasting on a strange cassava,
Yielding to new words and a weak palabra
Of a white-faced sardonic god —
Amen,
Shouts hosanna.

「조지아의 초상」
머리카락 — 린치 가해자 로프처럼 똘똘 만
밤색 땋은 머리,
눈 — 화형용 나뭇단,
입술 — 오래된 상처, 혹은 처음 잡힌 빨간 물집,
숨결 — 사탕수수의 마지막 달콤한 향기,
그리고 불에 탄 후의 검은 육체의 재처럼 하얀 그녀의 가녀린 몸.

"Portrait in Georgia"
Hair — braided chestnut,
coiled like a lyncher's rope,
Eyes — fagots,
Lips — old scars, or the first red blisters,
Breath — the last sweet scent of cane
And her slim body, white as the ash of black flesh after flame.

두 작품 모두에서 우리는 고도로 절제된 언어, 새로운 현대적 어휘, 신선한 파격적 이미지, 그리고 이런 것들에 짙게 용해된 흑인의 삶의 진수를 느낄 수 있다. 특히 백인 문명과 종교에 동화되어 자신의 근원과 정체성을 잃어가는 흑인의 모습을 시화(詩化)한 「개종」은 투머의 여러 가지 요소들이 성공적으로 농축되어 결합된 투머 문학의 정수를 담은 원액 같은 작품이다. 투머 문학의 한 중요한 성취는 바로 이러한, 흑인의 민속적 삶의 소재와 예술적 기교와의 훌륭한 결합이다. 우리는 이러한 바람직한 결합을 랭스턴 휴즈(1902~1967)의 문학에서 다시 한번 확인하게 된다.

새로운 표현 기법에 대한 관심과 그 실험성 및 독창성에 있어서 휴즈와 투머는 여러 가지 점에서, 예컨대 새로운 운문 형식, 새로운 시어(詩語), 언어의 음악성 등에서 공통된다. 그러나 공통되는 총론 안에 담긴 각론에서 휴즈와 투머는 또 여러 가지 점에서 서로 대조를 이룬다. 투머의 시어가 정련되고 다소 현학적인 것이라면 휴즈의 그것은 관용적이고 구어적이며, 투머의 음악성이 단아하고 서정적이라면 휴즈의 그것은 보다 본능적이고 대중적이다. 휴즈의 시에서 우리가 째즈나 블루스 같은 친근한 음악적 리듬에 자주 접하는 것은 그런 까닭이다. 그러니까 투머가 서구적 모더니즘의 전통에 보다 기울어 있다면 휴즈는 미국적 토속적 전통에 더 가깝다고 말할 수 있을 것이다. 특히 휴즈의 자유로운 운문형식은 월트 휫트먼(Walt Whitman), 바첼 린지(Vachel Lindsay), 칼 샌드버그(Carl Sandburg)로 이어져 온 미국의 '자유시' (free verse) 전통의 맥락에서 이해되어야 할 것이다.

흑인의 소재를 다루는 데 있어서도 두 사람은 대조적이다. 투머가 흑인의 삶의 고뇌와 페이소스 같은 정신적 특성에 차분히 주목한다면 휴즈는 흑인의 삶의 모든 측면에 부산히 눈길을 돌린다. 미국 사회의 인종적 편견에 대한 항변, 흑인의 삶의 애환, 흑인의 자긍심, 아프리카 근원에의 탐색, 할렘의 삶 등 휴즈의 시나 소설이 다루는 주제와 내용은 실로 다양하다. 그러나 어떤 주제를 다루든 우리는 휴즈의 작품에서 항상 두 가지의 공통된 특성을 발견하게 된다. 그 하나는 삶의 고통에도 불구하고 그것을 인고하며 삶을 긍정적으로 받아들이는 태도이며, 다른 하나는 보통 사람들의 경험을 일상적 언어로 쉽게 전달하는 그 친근한 대중성이다. 마가렛 페리는 삶의 고뇌를 인고하며 긍정적으로 받아들이는 그 태도를 '낙천적 인고정신'(optimistic stoicism)이라는 아주 적절한 표현으로 요약해 설명한다.[23] 사실, 휴즈의 작품에는 표면적인 분방함 밑에 항상 어떤 절제된 인고정신이 깔려 있고 그러한 인고정신이 전하는 고뇌에도 불구하고 동시에 담담한 낙천주의가 담겨 있다. 이 '낙천적 인고정신'은 바로 흑인의 삶의 역사요 그 역사를 지탱해 온 흑인 정신의 정수이다. 이 정수를 흑인의 일상적 경험으로부터 포착하여 예술적으로 승화시킬 수 있는 데에 예술가로서의 휴즈의 탁월함이 있다. 「어머니가 아들에게」(Mother to Son) 같은 시는 휴즈의 이런 특성을 잘 보여주는 작품이다.

자, 아들아, 내 말 좀 들어보렴.
내겐 삶이 크리스탈 계단이 아니란다.
그 계단엔 못도 튀어 나와 있고,
널빤지도 찢겨져 있고,
바닥은 카펫 같은 것도 깔리지 않은 채
휑뎅그레 드러나 있단다.
하지만 나는
줄곧 오로지,
그리고는 다시 돌아오르지.
그러다간 때로는 불빛이 전혀 없는
깜깜한 곳으로 들어간단다.
그러니 애야, 돌아서지 말거라.
좀 힘들어 보인다 해서
계단 위에 주저앉지 말거라.
이제 떨어져서는 안 되지 —
엄마는 아직도 이렇게 걸으니까, 애야,
난 아직도 오르지 않니.
내겐 삶이 크리스탈 계단이 아니란다.

---

23) *Ibid.*, p.46.

Well, son, I'll tell you:
Life for me ain't been no crystal stair.
It's had tacks in it.
And splinters,
And boards torn up,
And places with no carpet on the floor —
Bare.
But all the time
I'se been a — climbin' on,
And turnin' corners,
And sometimes goin' in the dark
Where there ain't been no light.
So boy, don't you turn back.
Don't you set down on the steps
'Cause you finds it's kinder hard.
Don't you fall now —
For I'se still goin', honey,
I'se still climbin'.
And life for me ain't been no crystal stair.

할렘의 술집 풍경을 사실적으로 묘사하고 있는 「할렘 나이트클럽」(Harlem Night Club) 같은 시에서도 이러한 삶의 긍정의 태도가 잘 드러나고 있다. 그리고 그러한 태도는 이 시의 활기 있는 음악적 리듬, 도시 흑인의 감성의 정확한 포착에 의하여만 가능한 그런 생기있는 리듬에 매우 적절히 실려 있다. 같은 할렘 술집의 풍경을 다루고 있는 맥케이의 「할렘 무희」와 이 시의 차이는 휴즈의 특성이 어떤 것인가를 극명하게 보여준다.

캬바레 안의 번지르한 흑인 소년들.
째즈 밴드, 째즈 밴드, —
음악을 울려라, 울려라, 울려라!
내일을 . . . 누가 아느냐?
오늘 춤추거라!

백인 소녀들의 눈이

들뜬 흑인 소년들을 부른다.
흑인 소년들의 입술이
밀림의 희열을 웃는다.

금발 사내들의 팔에 안긴
검은 갈색 소녀들,
째즈 밴드, 째즈 밴드, —
이브의 매혹을 노래하라!

흰 사람들, 갈색 사람들,
내일에 대해서 무얼 아느냐?
길들이 어디로 향할지
어찌 아느냐?

째즈 소년, 째즈 소년, —
즐겨라, 즐겨라, 즐겨라!
내일은 . . . 암흑이다.
오늘 즐기거라!

Sleek black boys in a cabaret.
Jazz-band, jazz-band, —
Play, pLAY, PLAY!
Tomorrow . . . who knows?
Dance today!

White girls' eyes
Call gay black boys.
Black boys' lips
Grin jungle joys.

Dark brown girls
In blond men's arms,
Jazz-band, jazz-band, —
Sing Eve's charms!
White ones, brown ones,
What do you know
About tomorrow
Where all paths go?

Jazz-boys, jazz-boys, —

Play, pLAY, PLAY!
Tomorrow . . . is darkness.
Joy today!

삶에 대한 이러한 태도는 이 시에서도 암시되고 있듯이, 그리고 「나도」(I too)의 경우에 더 분명히 드러나듯이, 미국 사회에서의 흑인의 위상과 관련한 휴즈의 아메리카니즘의 태도에도 직결된다.

나도, 미국을 노래한다.
나는 더 검은 동생.
사람들이 오면
부엌에 가서 먹으라고 내보낸다.
하지만 나는 웃지,
그리고 잘 먹어,
그리고 튼튼하게 자라지.

내일은
사람들이 오면
식탁 옆에 앉을 거야
그때엔
아무도 감히
나에게 말하지 못할 거야,
'부엌에 가서 먹으라' 고.

게다가, 내가 얼마나 아름다운가를 보고는
부끄러워할 거야. —

나도, 미국을 노래한다구.

I, too, sing America.

I am the darker brother.
They send me to eat in the kitchen
When company comes.
But I laugh,
And eat well,

And grow strong.

To-morrow
I'll sit at the table
When company comes
Nobody'll dare
Say to me,
"Eat in the kitchen"
Then.
Besides, they'll see how beautiful I am
And be ashamed, —

I, too, am America.

'낙천적 인고정신' 을 진하게 깔고 있는 이 시는 백인의 인종적 박해에 굴복하지 않고 맞서는 미국인으로서의 당당한 흑인의 모습과 흑인의 정체성에 대한 자긍심을 잘 보여준다. 흑인이며 동시에 미국인인 미국 흑인의 이러한 이중적 정체성은 아프리카의 뿌리와 미국의 역사를 강의 이미지로 연결시키고 있는 「흑인이 강을 말하다」(Negro Speaks of Rivers)에서는 강의 흐름과 역사의 흐름의 상징적 결합을 통하여 원초적인 하나됨에 이른다.

나는 강을 안다. . . .
이 세상만큼이나 오래된, 인간의 혈관에 흐르는 핏물보다 더 오래된, 태고의 강들을 안다.
내 영혼은 강처럼 깊어 간다.

나는 이른 새벽 유프라테스 강에 몸을 담는다,
콩고 강 가까이 오두막 짓고 그 속에서 아늑히 잠든다,
나일 강을 바라보고 그 위로 피라밋을 들어올린다.

에이브 링컨이 뉴 올리언즈에 내려갈 때
나는 미시시피 강의 노래를 듣는다,
그리고 미시시피 강의 진흙 가슴이 황혼에 온통 금빛으로 바뀌는 것을 본다.

나는 강을 안다:
태고의 어두운 강들을,
내 영혼은 강처럼 깊어간다.

I've known rivers. . . .
I've known rivers ancient as the world and older than the flow of human blood in human veins.
My soul has grown deep like the rivers.

I bathed in the Euphrates when dawns were young,
I built my hut near the Congo and it lulled me to sleep,
I looked upon the Nile and raised the pyramids above it.

I heard the singing of the Mississippi when
Abe Lincoln went down to New Orleans,
And I've seen its muddy bosom turn all golden in the sunset.

I've known rivers:
Ancient, dusky rivers,
My soul has grown deep like the rivers.

위에서 몇몇 작품을 통하여 살펴보았듯이 휴즈의 시는 대체로 사물이나 경험에 대한 어떤 조화, 균형감, 긍정적 깨달음을 전달하는 데 성공하고 있다. 그리고 그 성공은 그가 다루는 소재의 친숙함과 무엇보다도 그것을 표현하는 언어의 친근감에 기인한다. 때로 그의 시는 너무 단순하고 쉽게 느껴지지만 그것은 고도의 숙련된 기교가 빚어내는 그런 단순함이다. 예를 들어 단순하고 친근하게 느껴지는 그의 언어는 흑인들의 일상적 어휘와 흑인들의 대화의 소리와 흑인 음악의 리듬을 적절히 혼합하고 그 함량을 조정하여 조제해 낸 언어인 것이다. 휴즈는 한 인터뷰에서 그가 글을 쓰는 주요 목표는 "흑인의 삶을, 그리고 민주주의의 여러 문제들과 흑인의 삶과의 관계를 해석하고 논평하는 것"[24]이라고 말한 바 있으며, 자신의 한 논문에서는 시와 인생 사이에

24) *Phylon 7* (4th Quarter, 1950), p.307.

'언어의 장벽'이 있어서는 안 된다고 강조한 바 있다.[25)] 휴즈에게 있어서 시란 '고급예술'이 아니라 '흑인의 특징적인 삶을 리듬 속에 증류해 낸 것'[26)]이었다. 칼른이나 투머에게 심각한 문제였던 예술가와 흑인 정체성 사이의 갈등을 우리는 휴즈에게서 전혀 느낄 수 없다. 그것은 허긴즈의 정확한 지적처럼 휴즈는 예술을 '심각한 고급 문화'로 다루지 않음으로써 '흑인-예술가 딜레마'에서 벗어날 수 있었기[27)] 때문이다. 휴즈는 또한 예술을 대중문화로 인식함으로써 많은 HR 작가들과는 달리 이른바 '문화적 엘리티즘'에 빠져들지 않을 수 있었던 것이다. 흑인 정체성의 새로운 인식과 발견, 흑인의 일상적 삶과 예술과의 성공적 결합, 다양하고 왕성하고 지속적인 그의 풍부한 작품 활동, 이 모든 것은 휴즈를 HR을 대표하는 진정한 흑인 민족시인으로 평가받게 하기에 조금도 부족함이 없을 것이다. 이제 휴즈를 정점으로 한 HR의 의의와 그에 대한 평가의 점검으로 이 글을 마무리하려 한다.

V

HR가 미국 흑인문학의 역사에 현대성을 부여한 결정적 계기가 되었음은 아무도 부인하지 않을 것이다. 그러나 대부분의 학자나 작가들은 HR가 하나의 문학 운동으로서 실패했다는 데 대체로 동의하는 것처럼 보인다. HR에 대한 비판은 당대와 1920년대 직후에 이미 시작되어서 두보이스는 HR의 작가들이 흑인의 천박한 삶을 예찬함으로써

25) Langston Hughes, "Ten Ways to Use Poetry in Teaching," *CLA Journal* 10 (1968), p.275.

26) Margaret Perry, *op. cit.*, p.49.

27) Nathan Irvin Huggins, *op. cit.*, p.227.

흑인 대중의 수준을 향상시키는 데 실패했다고 비난했고, 조지 샤일러(George Schuyler) 같은 작가는 그러한 문학 운동이 존재했다는 사실 자체를 부정하면서 당시의 흑인 작가들의 작품은 백인과 유럽 문화의 영향에서 벗어나지 못했음을 지적했으며[28] 스털링 브라운(Sterling Brown)은 HR 문학이 당시 할렘의 현실인 실업자 행렬이라든가 과밀학교, 소년범죄 등을 외면함으로써 일상적 삶의 투쟁과 갈등의 드라마를 결하고 있음을 비판한 바 있다.[29]

흑인문학을 연구하는 오늘날의 학자들도 대부분 HR에 대하여 비판적 태도를 취한다. 예컨대 데이비드 리틀존은 HR은 실체가 없는 일종의 유행으로서 많은 작가들이 '작위적 흥분상태' (artificial excitement)와 허위의식에 사로잡혀 흑인 부르주아 독자들에 영합하는 상업적 작품을 써내는 데 열중했으며, 문학적 자세에 있어서 그들은 이미 그들이 그리는 세계와 그들 자신과의 차이를 드러내고 있었다고 혹평한다.[30] 에드워드 마골리스(Edward Margolies) 역시 HR 작가들이 째즈시대의 독자들에 영합하여 흑인의 춤과 노래, 쾌락을 강조하는 이류 작품을 양산함으로써 그들의 작품은 흑인 대중의 경험에 관한 진실한 기록이 되지 못하고, 선배 작가들의 점잖음, 고상함, 계급적 속물 근성에 반발하여 오히려 자신들을 왜곡시켰음을 지적하고 있다.[31] 허긴즈와 데이비드 레버링 루이스(David Levering Lewis)의 경우 HR의 실패의 원인을 전혀 반대로 진단하고 있어서 흥미롭다. 허긴즈는 그의 『할렘 르네상스』(*Harlem Renaissance*, 1971)를 통해서 HR의 실패가 인종

---

28) Roger Whitlow, *op. cit.*, p.97.

29) Sterling Brown, *The Negro in American Fiction* (New York: Atheneum, 1969), p.149.

30) David Littlejohn, *op. cit.*, pp.45-46.

31) Edward Margolies, *Native Sons: A Critical Study of Twentieth-Century Negro American Authors* (Philadelphia: J.B. Lippincott Company, 1968), p.31.

적 정체성을 너무 의식한 '인종적 편향성'(racial provinciality)에 기인한다고 진단하는 반면, 루이스는 그의 저서 『할렘이 유행할 때』(*When Harlem Was in Vogue*, 1981)를 통해서 HR의 실패의 원인은 오히려 인종 문제와 흑인이 처한 어려운 현실의 심각성을 경시하고 예술의 힘에 지나치게 의존하는 흑인 지식인들(talented tenth)의 문화적 엘리티즘과 동화주의에의 믿음에 있다고 주장한다.[32)]

그러나 HR을 비판하는 학자들도 그 장점과 의의를 부정하지는 않는다. 예컨대 리틀존은 앞에서도 언급한 바 있듯이 20여 명의 흑인 작가가 짧은 기간 동안에 문학적 성숙과 독립에 이른 점, 그들이 느끼고 표현한 인종적 자긍심의 진정성과 영속성, 그리고 랭스턴 휴즈라는 걸출한 작가를 배출한 점을 그 의의로 꼽는다.[33)] 마골리스 역시 HR의 '무력한 사람들'(little people)에 대한 강조는 1930년대의 더 암울한 자연주의 문학의, 할렘의 도시 배경은 더 사실적인 도시의 삶의 기록의, 남부 흑인 사회에 대한 묘사는 흑인 농민의 삶의 보다 사실적인 기술의 모태가 되어 미국 문학의 발전에 기여했음을 그 의의로 지적한다.[34)] 한편 휴스턴 베이커(Houston A. Baker, Jr.)는 HR이 비록 실패하기는 했지만 민족적 자기 정의(self definition)의 성공적 성취와 새로운 현대적 변화의 실현을 가능하게 한 것, 특히 민속(folk)이 아니라 인종(race)과 민족(nation)의 문제, 즉 민족문화(national culture)를 일깨운 것을 그 중요한 현대적 의의로 평가한다.[35)] 베이커는 HR의 모더니즘적 성격을 '형식의 완전습득'(mastery of form)과 '완전습득의 변형'(defor-mation of mastery)이라는 새로운 개념으로 파악하여 부커 T. 워

---

32) Houston A. Baker, Jr., *Modernism and the Harlem Renaissance* (Chicago: The University of Chicago Press, 1987), pp.10-12 참조.

33) David Littlejohn, *op. cit.*, p.39.

34) Edward Margolies, *op. cit.*, p.35.

35) Houston A. Baker, Jr., *op. cit.*, p.73.

싱턴과 찰즈 W. 체스넛에서 이어져 오는 '형식의 완전습득' 의 전술이 칼른과 맥케이에 의해서, 그리고 두보이스에서 비롯된 '완전습득의 변형' 의 전술은 투머에 의하여 각각 보완되고 있다고 지적하며[36] 이 양자의 조화의 역학이 흑인문학의 모더니즘의 특성이라고 주장한다. 또한 베이커는 HR가 '르네상시즘', 즉 20세기 초부터 흑인 지식인 사이에서 싹터 온 '민족주의적 참여정신' (spirit of nationalistic engagement)에 길을 열었을 때 비로소 완전한 현대성을 획득했다고 말한다. 그리고 그 '르네상시즘' 의 개념은 HR에만 국한된 것이 아니라 오늘날에도 계속 그 함축적 의미를 지니는 하나의 생산적 전술 전략 체계라고 강조한다.[37] 베이커의 위 주장에도 암시되어 있듯이 HR은 비록 하나의 문학 운동으로 실패했다 하더라도 그 교훈적 의의와 유산, 특히 인종적 자긍심, 강한 정체의식, 아프리카 근원에의 탐색 등의 그 민족주의적 측면은 지금도 흑인문학과 흑인문화에 중요한 영향을 미치면서 지속적인 전통으로 살아 있다.

(1992, 『미국학』 제15집)

36) *Ibid.*, pp.85-87.

37) *Ibid.*, p.91.

5 진 투머 Jean Toomer 의 『케인』 *Cane**

융합과 일탈에의 이중적 비전

I

진 투머(Jean Toomer)의 『케인』(*Cane*)은 미국 흑인문학사에서 매우 중요하고 독특한 하나의 사건으로 자리매김될 만하다. 그 중요함은 이 작품이 지닌 문학적 비중의 무거움 때문이요 그 독특함은 이 작품을 쓴 작가나 이 작품의 범상치 않은 유별남 때문이다. 그리고 『케인』의 출현을 하나의 문학사적 사건으로 자리매김할 수 있는 것은 이 작품의 충격적일 만큼의 그 독창적인 특성뿐 아니라 그만큼 빼어난 문제작을 쓴 유능한 작가가 많은 학자와 비평가들의 기대를 저버리고 『케인』을 거의 유일한 작품으로 남긴 채 사실상 문단에서 사라져 버렸다는 사실에 근거를 둔다.

이전의 흑인문학의 전통에 비추어 볼 때 『케인』은 여러 가지 점에서

* Cane은 사탕수수, 지팡이, 채찍, 혹은 아벨(Abel)의 형 카인(Cain)을 암시하는 등 여러 의미를 지닐 수 있어서 그냥 "케인"으로 표기함.

파격적이다. 우선 흑인문학의 정석처럼 다루어 온 흑백 대립의 전통적인 인종적 주제로부터 『케인』은 많이 벗어나 있고 따라서 기존의 프로파간다, 즉 항변문학이라는 흑인문학의 전통적 기준에서 보면 이 작품은 매우 이단적이고 파격적일 수밖에 없다. 그러나 투머의 문학적 후견인이라 할만한 월도 프랭크(Waldo Frank)는 1923년 『케인』 초판의 서문에서 인종 문제의 정치성을 초월한 그 예술성을 오히려 이 작품의 장점으로 강조하여 흑인으로서가 아니라 하나의 시인으로서 궁극적으로 미의 형상화라는 예술적 주제를 추구하는 작자의 예술가적 태도를 높이 평가하고 있다.[1)] 이 작품의 또 하나의, 그리고 더욱 두드러진 파격성은 이러한 예술가적 태도의 필연적 결과로 나타난 형식상의 실험에서 드러난다. 이미저리와 상징, 생략 기법을 과감히 구사하는 독창적인 시적 문체와 시, 소설, 희곡 등 기존의 장르 구분을 자유롭게 뛰어넘는 표현 형식의 신축성과 유연성은 그 실험의 대표적인 성공적 산물이다.

작품의 주제나 형식, 즉 텍스트 자체에 있어서만이 아니라 이 작품을 쓴 작가 자신의 정체성 문제 역시 파격적이다. 투머는 흑인으로서는 아주 드물게 루이지애나 주의 부지사로서 지사 대행의 고위직에까지 오른 핀치백(P. B. S. Pinchback)의 외손자로서 이른바 엘리트 가문 출신이며 거의 백인에 가까울 만큼 피부색이 희어서 어린 시절을 주로 백인 사회에서 보내며 자랐다. 이러한 가문과 성장의 배경은 그의 인종적 정체 의식에 큰 영향을 미친 것으로 보인다. 투머는 한 잡지사의 편집자에게 보낸 편지에서 자신이 '아마도 일곱 개 종족의 혼혈일 것' 임을 밝히면서 자신의 인종적 정체성에 대하여 다음과 같이 말하고 있다.

---

1) Frank Durham, ed., *The Merrill Studies in* Cane (Columbus: A Bell & Howell Co., 1971), p.18.

. . . 인종적으로 볼 때 나는 일곱 개의 피가 섞인 것 같다.(확실한 것은 누가 알겠냐). 프랑스, 네덜란드, 웨일즈, 독일, 흑인, 유대인, 그리고 인디언 피. 이 때문에 미국에서의 나의 위치는 좀 묘하다. 나는 백인과 유색인, 이 두 인종 그룹에서 비슷하게 살아 왔다. 내 자신의 생각으로는 나는 당연히 그리고 어쩔 수 없이 미국인이다. 나는 인종적 혼합 상태에 상응하는 정신적 융합 상태를 추구해 왔다. 어떤 한 요소도 거부하지 않고, 어떤 요소를 다른 요소에 종속시키려는 욕구도 전혀 없이, 나는 그 여러 요소들이 상호 보족적으로 기능하도록 노력했다. 그 여러 요소들이 서로 조화롭게 공존하도록 애써 온 것이다. . . .

. . . Racially, I seem to have (who knows for sure) seven blood mixtures: French, Dutch, Welsh, Negro, German, Jewish, and Indian. Because of these, my position in America has been a curious one. I have lived equally amid the two race groups. Now white, now colored. From my own point of view I am naturally and inevitably an American. I have strived for a spiritual fusion analogous to the fact of racial intermingling. Without denying a single element in me, with no desire to subdue one to the other, I have sought to let them function as complements. I have tried to let them live in harmony. . . .[2)]

이어서 그는 조지아 방문 이후[3)] 흑인들의 삶에 대하여 점점 더 깊은 관심과 애정에 빠져들고 있음을 토로하지만 결코 자신이 흑인임을 분명하게 공식적으로 밝히고 있지는 않다. 1921년 월도 프랭크와 조지아 여행을 떠나기 전 프랭크에게 보낸 투머의 편지와, 1923년 투머의 정체를 궁금해하는 출판사 편집인인 클로드 베네트(Claude Bennett)에게 보낸 투머의 답장은 흑인이라는 그의 인종적 정체성에 대한 아마도 그 나름의 가장 분명한 언급의 예가 될 것이다.

. . . 어떤 마을에 머물든 나는 흑인으로 알려져야 하리라. 첫째는, 나의 모험은 백인의 억압을 체험함으로써 가장 풍요로운 결실을 얻을 수 있기 때문

---

2) Jean Toomer, *Cane*(New York: Harper & Row, 1969), p.viii.

3) 남부 흑인들의 삶을 구체적으로 체험해 보고 싶어했던 Toomer는 1921년 여름, 당시 흑인에 관한 글을 쓰고 있었던 Waldo Frank와 함께 Georgia 농촌 지역을 방문하였다.

이요, 둘째는, 내 피부색깔(태양에 그을러 거의 검은색이 되었는데)이 현재 육체적으로 당연히 그렇게 보이게 하고 있기 때문이다. . . .

. . . 옛 민요들, 절분법식 가락들, 검은 피부의 삶에 담긴 진한 달콤한 맛, 이런 것들을 흑인적이라고 한다면, 나는 육체와 영혼, 모두 흑인적이다. 나의 스타일, 나의 미학은 나의 실체를 예술 작품으로 형상화하려는 시도, 그 이상도 그 이하도 아니다. . . .

. . . At whatever town we stay, I'll have to be known as a Negro. First, only because by experiencing white pressure can the venture bear its fullest fruit. Second, because the color of my skin (it is nearly black from the sun) at the present time makes such a course a physical necessity. . . .[4]

. . . In so far as the old folk-songs, syncopated rhythms, the rich sweet taste of dark-skinned life, in so far as these are Negro, I am, body and soul, Negroid. My style, my esthetic, is nothing more nor less than my attempt to fashion my substance into works of art. . . .[5]

그러나 이런 경우에도 투머는 필요에 따라 자신이 흑인의 역할을 할 수 있음(전자의 경우)과 흑인의 정서와 정신을 공유하고 있음(후자의 경우)을 시사하는 것일 뿐 자신이 인종적으로 흑인이라는 사실을 분명하게 인정하고 있는 것은 아니다. 투머의 이러한 회피적 태도는 『케인』의 출간 후 조지 이바노비치 구르예프(Georges Ivanovitch Gurdjieff)의 이른바 초월적 신비주의 사상에 깊이 빠져들면서[6] 더욱

---

4) University of Pennsylvania Library의 Waldo Frank Collection 소장의, Jean Toomer가 Waldo Frank에게 1921년 8월 15일에 보낸 편지. *The Merrill Studies in* Cane, p.4에서 재인용.

5) Fisk University의 Toomer Collection 소장의, Jean Toomer가 Claude Bennett에게 1923년 4월 29일에 보낸 편지. *The Merrill Studies in* Cane, p.8에서 인용.

6) Gurdjieff(1874~1949)는 러시아 태생의 초자연적 신비주의자로, 1922년에는 France의 Fontainebleau에 연구소를 세우고 1924년에는 뉴욕에서 試術會를 가지기도 하면서 Toomer 등 많은 추종자를 양성하였다. Toomer는 *Cane*을 출간한 다음해인 1924년 Fontainebleau 연구소에서 여름을 보내기도 하였다.

더 굳어진 감이 없지 않은데, 구르예프의 신비주의 사상이 요구하는, 자아 의식에서 세계 혹은 우주 의식으로 자아의 경험세계를 확대해 나가는 심오하고 추상적인 내적 성찰의 과정이 인종 등 구체적인 현실의 문제들을 사소한 것으로 쉽게 초월할 수 있게 해주었을 것임을 이해하기는 어렵지 않다. 그리고 이러한 의식의 변화는 투머가 그 이상 더 『케인』과 같은 작품을 쓸 수 없게 되고 그의 말년의 삶이 미스테리 속에 묻혀 버리게 된 사실과 결코 무관하지 않을 것이다.

투머의 『케인』은 이와 같은 그 파격성과 유별남, 그 신화적 요소 때문에 그러한 요소들이 지나치게 강조됨으로써 오히려 정당하고 정확한 평가를 받지 못해 온 감이 없지 않다. 이 글의 목적은 이러한 점을 염두에 두고 이 작품을 다각적인 관점에서 포괄적으로 검토하고 궁극적으로 이 작품의 정당한 문학사적 의의를 검증해 보려는 것이다.

II

『케인』을 처음 접할 때 독자들을 먼저 당황케 하는 것은 수록된 작품들의 무질서해 보이는 파편성(fragmentary)과 모호한 그 장르적 정체성이다. 단편소설들의 모음인가 하면 갑자기 시들이 끼어들고, 소설로 분류될 만한 작품들에도 시적인 혹은 희곡적인 요소들이 진하게 섞여 있고, 마지막 장을 이루고 있는 「카브니스」(Kabnis) 같은 작품의 경우 중편소설인지 희곡인지 가늠하기조차 쉽지 않다. 물론 『케인』의 이

Arna Bontemps은 Gurdjieff의 신비주의 사상을 "a system of teaching by which one sought to attain through instruction and discipline new levels of experience, beginning with the difficult first step to self-consciousness and progressing to world- and possibly cosmic-consciousness."라고 요약하고 있다 (Jean Toomer, *Cane*, p.xiii 참조).

런 요소는 『케인』이 그 동안 발표된 여러 종류의 글들을 한데 묶은 것이라는 사실로 어느 정도 설명될 수 있을 것이다. 그러나 『케인』은 워싱턴 어빙(Washington Irving)의 『스케치북』(*Sketch Book*)처럼 여러 개의 글들을 평면적으로 그저 모아 놓은 것도 아니고, 모음 글들의 경우 보통 그렇듯이 시와 소설 등 기존의 장르별로 작품들을 분류하여 묶어 놓은 것도 아니다. 『케인』은 표면적인 파편성에도 불구하고 그런 단순한 배열 이상의 어떤 의미 구조를 가지고 있고 그 구조는 기존의 장르 개념을 초월하여 어떤 주제 의식과 직결되어 있다. 그러니까 투머는 『케인』을 통하여 셔우드 앤더슨(Sherwood Anderson)의 『와인즈버그, 오하이오』(*Winesburg, Ohio*)처럼, 그리고 훗날의 리차드 브로티간(Richard Brautigan)의 『미국의 송어낚시』(*Trout Fishing in America*)처럼, 독창적인 하나의 새로운 문학 장르를 개척한 셈이라고 말할 수 있을 것이다. 실제로 투머는 앤더슨과의 교감을 통하여 그의 영향을 많이 받았는데,[7] 아마도 앤더슨의 『와인즈버그, 오하이오』는 『케인』의 형식에 있어서 적지 않은 영향을 주었을 것으로 추정된다. 그리하여 투머는 기존의 장르의 경계를 자유롭게 넘나듦으로써 『와인즈버그, 오하이오』보다 한 차원 더 높은 형식상의 실험을 시도한 것이라고 볼 수 있다.

얼핏 개개의 작품은 단편적으로 혹은 파편적으로 보일지 모르지만 『케인』은 매우 의미심장하게 구분된 3개의 장으로 구성되어 있다. 남부 조지아의 농촌 마을을 배경으로 주로 흑인 여자들의 삶을 묘사한

---

7) 1922년 Toomer가 Waldo Frank에 보낸 편지의 다음과 같은 내용은 이를 뒷받침한다. "Sherwood Anderson has doubtless a very deep and beautiful emotion by way of Negro. Here and there he has succeeded in expressing this. But he is not satisfied. He wants more. He is hungry for it. I come along. I express it. It is natural for him to see me in terms of this expression. . . ." *The Merrill Studies in Cane*, p.2에서 재인용.

1부, 워싱턴 D.C.와 시카고 등 북부 도시를 배경으로 주로 흑인 남자와 여자들의 인간관계를 엮은 2부, 그리고 북부에서 남부로 돌아온 카브니스라는 인물의 의식을 다른 여러 인물들과의 교감을 통하여 조명하는 3부가 그것이다. 1부는 마치 『와인즈버그, 오하이오』가 중서부 오하이오의 한 마을을 배경으로 삼듯이 남부 조지아의 한 농촌 마을을 배경으로 하여 그곳에 살고 있는 한 무리 여성들의 초상화를 그려 보인다.[8] 『와인즈버그, 오하이오』의 여러 주인공들처럼 이들 역시 대체로 '그로테스크'(grotesque)한 인물들로 작자는 그들의 불행하게 뒤틀린 비극적인 삶의 이야기를 공감과 연민이 담긴 따뜻한 어조로 담담하게 펼쳐 보이고 있다.

6개의 단편소설과 10개의 시들로 구성된 1부의 첫 작품인 「카린사」(Karintha)는 고도로 절제된 언어와 상징적인 시적 이미지로 시와 산문의 정교한 조화를 이루어 낸 가작으로서 앞으로 『케인』의 세계를 포괄적으로 예시하고 있는 매우 중요한 작품이다. 시와 산문을 조화롭게 엮는 이 작품의 독특한 언어 형식, 지는 해와 땅거미(dusk)의 반복되는 진한 이미지, 그 이미지가 불러일으키는 사라짐, 혹은 애잔한 상실감, 그러면서도 아름다운 목화꽃(cotton flower), 부드러운 향기의 솔잎(pine needle), 가녀리게 피어오르는 제재소의 톱밥 연기(smoke)의 이미지들이 마술적으로 이루어 내는 조지아의 아름다운 농촌 풍경은 『케인』 전반에 걸쳐 의미심장하게 반복되고 있다. 산문적으로 요약하자면 「카린사」는 어렸을 때부터 마을의 뭇 남성들의 섹스의 대상이 되어 스물 꽃다운 나이에 이미 몇 번의 결혼에 실패를 겪고, 숲 속에서 사생아

8) 한 지역의 주민에 대한 일련의 초상화를 그려 보이는 이런 작품의 효시는 *Winesburg, Ohio*보다 4년 전에 출판된, Edgar Lee Masters의 *Spoon River Anthology* (1915)인데 *Cane*도 *Winesburg, Ohio*처럼 이 작품에 많은 영향을 받았을 것으로 추정된다.

를 낳고, 결국 창녀처럼 영락해 버린 카린사라는 한 흑인 여성의 어둡고 불행한 이야기이다. 그러나 첫 부분의 "해질녘 땅거미처럼 완벽한 아름다움을 지닌"(carrying beauty, perfect as dusk when the sun goes down) 어린 카린사의 순수한 이미지는 마지막 부분의, 온갖 불행을 겪고 난 20세의 카린사의 모습에 다시 한번 똑같이 그대로 반복되고, 독자들은 그 애잔한 슬픔의 잔상이 일으키는 아름다움을 공감하게 된다. 어둡고 추하기만 할 수도 있는 카린사의 짓이겨진 삶이 이처럼 아름답고 순수한 차원으로 승화될 수 있는 것은 현실에 의해 줄곧 왜곡되고 파괴되면서도 사랑이 지니고 있는, 그리고 지녀야 하는 본질적인 순수한 생명력이 카린사의 삶을 통하여 상징적으로 구현되어 있기 때문이다. 그리고 이러한 상징적 구현의 성공은 작가가 구사하고 있는 시적 이미지, 예컨대 "사람들에게 산다는 것이 무엇인가를 일깨워 주는 한 줄기 섬광"(a wild flash that told the other folks just what it was to live) 같은 열두 살의 카린사의 모습. "빛 속에 번뜩이는 검은 새처럼 생생한 한 가닥의 색깔"(a bit of vivid color, like a black bird that flashes in light)인 카린사의 퍼뜩 스쳐가는 모습. 그녀의 자궁에서 아기가 그 위로 떨어져 내린 "부드럽고 향긋한 솔잎 침대" 등의 빼어난 시적 이미지들의 산물이라 해도 과언이 아니다. 『케인』의 첫 이야기로서의 「카린사」의 또 하나의 중요성은 섹스의 주제와 관련된다. 『케인』이 기존의 흑인소설들과 가장 다른 점 중의 하나가 바로 이 섹스의 주제를 강조한 점일 것이다. 기존의 흑인문학에서 거의 금기시되어 온 섹스의 문제를 표면으로 끌어 올렸을 뿐만 아니라 아주 솔직하고 과감하게 다룬 『케인』의 혁명적인 선구적 역할을 W.E.B. 두보이스는 다음과 같이 설명하고 있다.

> 언젠가는 흑인 민중의 세계가 일어서서 성의 관습으로부터 유색인의 세계를 처음으로 감히 해방시킨 작가로서 진 투머를 가리킬 것이다. 대부분의 미

국 사람들에게 있어서 흑인들의 아주 비관습적인 행동에도 불구하고 흑인 세계 안에 얼마나 엄격하고 관습적인 생각이 자리잡고 있는가를 제대로 인식한다는 것은 불가능한 일이다. 하지만 이러한 모순은 엄연한 사실이다. 그리고 진 투머는 우리의 성 관습의 표면을 가로질러 그의 펜을 휘두른 최초의 흑인 작가이다.

The world of black folk will some day arise and point to Jean Toomer as a writer who first dared to emancipate the colored world from the conventions of sex. It is quite impossible for most Americans to realize how straight-laced and conventional thought is within the Negro World, despite the very unconventional acts of the group. Yet this contradiction is true. And Jean Toomer is the first of our writers to hurl his pen across the very face of our sex conventionality.[9]

「카린사」에 이은 「베키」(Becky) 역시 섹스에 의해서 희생된, 흑인 사생아를 둘이나 낳고 마을에서 쫓겨나 신작로와 철로 사이의 섬 같은 자투리땅에서 홀로 살다가 자신의 오두막의 무너진 굴뚝에 깔려 죽어간 한 불행한 백인 여성의 이야기이다. 「카린사」의 경우와 마찬가지로 첫 부분과 마지막 부분에서 다시 반복되면서 이야기를 감싸고 있는 아래의 산문시 같은 요약문에 이 작품의 주제가 잘 농축되어 있다.

베키는 두 흑인 아들을 가진 백인 여자였다. 그녀는 죽었다. 그리고 두 아들은 떠났다. 소나무가 예수에게 속삭인다. 성경 책갈피가 그녀의 무덤 위에서 바스락거리며 펄럭인다.

Becky was the white woman who had two Negro sons. She's dead; they've gone away. The pines whisper to Jesus. The Bible flaps its leaves with an aimless rustle on her mound.

베키는 흑인 사생아를 낳음으로 해서 백인과 흑인 사회 모두에서 쫓

---

9) W. E. B. DuBois, "The Younger Literary Movement," *The Merrill Studies in* Cane, p.41.

겨나고 결국 백인과 흑인 모두를 저주하며 마을을 떠난 두 아들로부터도 버림을 받지만 남몰래 오두막도 지어 주고 음식도 전해 주는 마을 사람들의 도움을 받는다. 의미 깊게 계속 반복되는 '예수 그리스도에게 속삭이는 소나무' 의 이미지는 아마도 마을 사람들이 막연히 공유하는 동정심과 연민의 정을 종교적인 차원으로 승화시키고 싶은 작자의 기원을 담고 있을 것이다. 그리고 발로(Barlo)가 무너진 굴뚝 더미, 즉 그녀의 무덤 위에 올려놓은 성경의 책장이 바람결에 하염없이 바스락대는 마지막 이미지는 그러나 그 기원이 속절없는 공허한 것이 될지도 모른다는 작자의 허무에의 예감을 형상화한 것이 아닌가 생각된다.

베키의 비극적 운명이 수동적이라면 뒤이은 「카르마」(Carma)의 여주인공 카르마의 운명은 자신의 능동적 행동의 업보라는 점에서 (그녀의 이름에서 독자들은 '업보' 의 의미를 가진 'karma' 라는 단어를 곧 떠올릴 것이다) 더욱 비극적이다. 이 이야기는 남편이 계약노동으로 타지를 떠돌아다니는 동안 아내가 다른 남자와 불륜의 관계를 맺고 이 사실을 알게 된 남편이 아내와의 다툼 끝에 아내의 정부를 죽이고 감옥에 간다는, 어찌 보면 작자 자신이 거듭 강조하고 있듯이 '순전히 멜로드라마' 같은 이야기일 수도 있다. 그러나 카르마는 그런 멜로드라마의 상투적인 여주인공과는 사뭇 다르다. 그리고 바로 이 점이 짐짓 멜로드라마임을 강조하는 작자의 역설을 설명해 줄 수 있을 것이다. 흙먼지 길에서 마차를 익숙하게 몰고 남자처럼 기운이 세고 건장한, 남편과 다툰 후 총을 들고 뛰쳐나와 사탕수수 밭에서 자살을 가장하는 격정적인 카르마는 강인한 여전사 같은 인물이다. 작자는 불륜 행위를 저지른 카르마에 대하여 오히려 미묘한 동정적 태도를 보이는데 작자의 이런 태도는 카르마와 같은 인물형에 대한 작자의 긍정적인 시각을 암시하려는 의도로 읽힌다. 카르마의 부도덕성에도 불구하고 여전사 같은 그녀의 여성상을 창출해 내고 싶었을 것이기 때문이다. 카르마의 모호한 처리는 이 작품의 문제점이 될 수 있겠지만 이러한 새로운 흑인 여성상의 원형으로서의 카르마의 형상화는 성공적이었다고 평가할 수 있을 것이다.

「카르마」에 뒤이어 등장하는 「펀」(Fern)의 여주인공은 눈에 대한 묘사로 시작된다.

> 얼굴이 눈 속으로 흘러들었다. 사람의 눈길이 잠시 머물 때마다 이내 그녀의 눈 쪽으로 흔들리지 않을 수 없게, 부드러운 크림 거품과 애절한 잔물결 일으키며 흘러들었다.
>
> Face flowed into her eyes. Flowed in soft cream foam and plaintive ripples, in such a way that wherever your glance may momentarily have rested, it immediately thereafter wavered in the direction of her eyes.

펀의 이야기는 그녀의 눈에 관한 이야기라 해도 과언이 아니다. 그러나 펀의 눈은 아마도 육감적인 열정과 원시적인 활력을 담고 있을 카르마의 눈과는 달리 모든 것이 그 안으로 조용히 흘러들어가는, 모든 것을 그 안에 포용하는 마술적인 눈이다. 그녀의 눈은 우리가 볼 수 있는 분명하고 구체적인 것들을 찾지 않으며 또한 아무것도 거부하지 않는 것처럼 그리고 모든 것을 쉽게 허용할 것처럼 보이면서도 사람들이 그녀에게 줄 수 있는 어떤 것도 바라지 않는 그런 신비로운 눈이다. 그래서 그녀에게 쉽게 접근할 수 있으리라 믿었던 많은 사내들은 결국 자기도 모르게 그녀에게 거부되고 있음을 깨닫게 되고 그런 깨달음은 그들에게 그녀에 대한 경외감을 불러일으켜 그녀의 처녀성을 보존케 하는 데 도움을 준다. "여자가 뭔가를 찾을 때 그녀의 눈은 거부한다"(when a woman seeks, her eyes deny)는 말은 의미심장하다. 펀이 찾는 대상은 가시적인 물질적 · 육체적 차원을 초월하는 '어떤 것' 이며 그녀에게 그 '어떤 것' 을 줄 수 없는 보통 사내들은 거부될 수밖에 없기 때문이다. 이 이야기의 화자의 경우도 예외가 아니다. 펀의 신비로운 눈에 이끌려 그녀에게 접근해 보려는 그의 상투적인 시도는 결국 실패로 끝난다. 그러나 북부로 돌아온 화자는 그녀에게 '뭔가 훌륭한 일'(some fine unnamed thing)을, 아마도 그녀가 구하는 그 '어떤 것'을 해줄 수 있기를 소망하며 그녀의 이름을 남부 조지아의 소중한 추억으로 간직한다. 『케인』에 수록된 대부분의 작품들과 달리 이 작품에서 일인칭 화자를 작품의 주요 인물로 등장시키고 있는 것은 편의 눈이 상징하는 그 소중함을 마치 작자가 직접 개입하여 강조하는 듯한 느낌을 주려는 의도에서 비롯된 것이라 생각된다. 편의 눈이 상징하는 것은 육체적 · 물질적 한계를 초월한 "범신론적 경지에 가까운 자연의 정신적 본질"(the spiritual essences of nature that almost bordered on pantheism)[10] 같은 것이라는 점에서 매우 소중할 수밖에 없다. 그래서 편의 모습과 그녀의 노래는 '유태인 성가대 선창자'(Jewish cantor)의 이미지와 반복적으로 연결되며[11] 종교적 차원으로까지 승화될 수 있는 것이다. 편의 이러한 가녀리지만 고아한 정신적 이미지는 카르마의 원시적이고 열정적인 육체적 이미지와 대조를 이루고 있다는 점에서, 또한 편으로 상징되는 이러한 고아한 정신적 본질이 흑인들에게 결여된 것으로 인식되어 온 통념을 전복시키고 있다는 점에서 매우 중요하다.

뒤이은 「에스더」(Esther) 역시 처녀성을 지키며 살아가는 한 흑인 여성의 이야기이다. 그러나 에스더는 타의적 요소에 의한 성적 억압의 희생자라는 점에서 편의 경우와 다르다. 편의 처녀성이 육체의 천박성을 초월한 정신적 추구의 결과물로서의 긍정적 의미를 지니고 있는 데 반하여 에스터의 처녀성은 피부색, 사회 계층 등 자기 외적 요인이 가

10) Clifford Mason, "Jean Toomer's Black Authenticity," Black World, Vol.20, No.1 (November 1970), p.74.

11) 예컨대 "But at first sight of her I felt as if I heard a *Jewish cantor* sing." (p.28) "And then she sang, brokenly. A *Jewish cantor* singing with a broken voice." (p.32) 이탤릭체는 필자.

져온 소외감, 그런 소외감이 더욱 부추긴 신경증적인 성적 환상의 결과물로서 그녀의 삶을 더욱 피폐케 만드는 부정적 의미를 전한다. 에스더의 처녀성이 암시하는 이러한 불모성 혹은 불임성은 아기에 집착하는 그녀의 신경증적 환각작용 속에 역설적으로 강조되고 있다. 에스더의 비극을 더욱 심각하게 만드는 것은 환각 속의 자신의 아기에 대한 그녀의 태도에서 드러나듯 성 자체에 대하여 그녀가 느끼는 강박증적인 죄의식, 그리고 그녀를 절망의 늪에 함몰시킨 그녀의 우상인 킹 발로(King Barlo)의 타락이다. 발로의 타락은 에스더와의 관계를 떠나 그 자체로서도 이 작품의 또 하나의 중요한 주제라 할 수 있다. 마을 사람들이 신앙심 깊은 인도의 수행자처럼, 그리고 건장하고 당당한 아프리카 후예의 상징처럼 우러러본 발로가 술과 여자와 담배 연기에 파묻힌 마지막 장면은 흑인 사회의 종교적 타락과 흑인 정체성의 상실을 강력하게 시사하고 있기 때문이다.

발로의 타락을 통하여 암시된 이러한 인종적 주제는 1부의 마지막 작품인 「핏빛 불타는 달」(Blood-Burning Moon)에서 흑백 관계의 갈등이라는 흑인문학의 전통적 주제로 연결되고 있다. 이 이야기 역시 남녀 간의 성 문제를 다룬 사랑 이야기라는 점에서는 다른 이야기들과 궤를 같이하지만 한 흑인 여자를 사랑하는 두 남자를 각각 흑인과 백인으로 설정하여 두 사람 간의 격렬한 결투, 그리고 결국 잔혹한 린치와 죽음에 이르는 비극적인 인종적 갈등을 이야기의 주축으로 삼고 있다는 점에서는 사뭇 다르다. 또한 다른 작품들이 서정적 묘사를 좀더 중시하고 있다면 이 작품은 서사적이고 극적인 내용에 좀더 비중을 두고 있다. 이러한 요소는 이 작품이 1부의 마지막 작품이라는 사실과 관련이 있을 것이다. 앞에서 언급했듯이 1부는 남부 농촌을 배경으로 흑인들의 삶의 진솔한 모습과 그 삶의 저변에 깔린 흑인 정신의 정수를 그려 보이고 있는바, 1부를 마무리하는 이 작품이 마지막으로 흑인의 삶의 가장 핵심적인 흑백 갈등의 문제를 주요 내용으로 다루고 있음은 아주 적절하고 온당해 보이기 때문이다. 그리고 이러한 흑백 갈등의 폭력성과 잔혹성은 서사적 내용과 극적 묘사를 통하여 더욱 실감 있게 전달될 수 있을 것임을 이해하기 또한 어렵지 않다. 그러나 작자는 이 전통적인 흑백 갈등의 문제를 결코 상투적으로 다루고 있지 않다. 백인 가해자와 흑인 피해자를 악과 선의 구도로 대립시키는 정석적인 플롯과는 달리 이 작품에서는 백인 청년인 봅 스톤(Bob Stone)도 흑인 청년인 톰 버웰(Tom Burwell)과 마찬가지로 남부에 밀어닥친 산업화 물결의 희생자일 수 있으며 두 남자 사이에 끼인 흑인 여성 루이스(Louise) 역시 일방적인 희생자만이 아니라 어떤 의미에서는 두 남자에 대한 가해자일 수도 있는 것이다. 더욱이 작자는 끔찍한 린치 행위 등 흑백 갈등의 잔혹한 폭력을 다룬 이 산문적 이야기를 핏빛으로 타오르는 붉은 달, 밤 공기에 담긴 끓인 사탕수수의 달콤한 향기, 어둠 속으로 깔려 퍼지는 여인네들의 음울한 노래 소리 등의 반복적 이미지를 통하여 서정적이고 정감적인 시적 차원으로 끌어올리는 데 성공하고 있다. 그리하여 이 작품은 서사와 서정, 그리고 산문과 시의 조화를 통하여 흑인의 삶의 서사적 내용과 서정적 정서를 탁월하게 아우르며 흑인 경험의 정수를 아주 풍요롭게 전하고 있는 것이다.

1부에 수록된 10개의 시들 역시 이러한 효과에 기여하고 있다. 예컨대 「카린사」에 뒤이은 「11월의 목화꽃」(November Cotton Flower)에서 황량하고 추운 겨울철에 피어난 아름다운 목화꽃의 안쓰런 운명은 카린사의 그것을 상징하며 「펀」에 이은 「저녁 노래」(Evening Song)에서 꿈을 꾸는 클로인(Cloine)이라는 여인은 펀의 이미지를 보완해 주는 역할을 한다. 또한 「에스터」 다음에 실린 「개종」(Conversion)이라는 시는 「에스터」에서의 종교적으로 타락한 발로의 모습을 고도로 절제된 풍자적 표현으로 실감 있게 희화화하며, 마지막 「핏빛 불타는 달」 앞에 실린 「조지아의 초상」(Portrait in Georgia)은 린치를 당한 흑인의 초상화를 충격적인 이미지로 묘사함으로써 「핏빛 불타는 달」에서의 흑백 갈등의 비극을 강하게 예시하고 있다.

흑인의 삶이 뿌리 내리고 있는, 흑인 정신의 모태인 남부 농촌의 토양을 떠나 작자는 독자들을 이제 2부의 세계, 즉 북부의 도시로 인도한다. 도시의 배경에 걸맞게 「7번가」(Seventh Street)라는 제목을 달고 있는 2부의 첫 작품은 이렇게 시작된다.

> 돈이 호주머니를 태운다, 호주머니가 아프다,
> 실크 셔츠 차림의 주류밀매업자들,
> 풍선처럼 부풀어, 캐딜락 폭발음 내며
> 전찻길 아래로 쌩 질주한다.
>
> Money burns the pocket, pocket hurts,
> Bootleggers in silken shirts,
> Ballooned, zooming Cadillacs,
> Whizzing, whizzing down the street-car tracks.

호주머니를 괴롭히는 '돈' 뭉치와 말쑥한 실크 옷차림의 '주류밀매업자'와 총알처럼 전찻길 위를 내달리는 '캐딜락 승용차'로 부산하게 펼쳐지는 '7번가'의 세계는 '해가 지면서 동쪽 지평선에 깔리기 시작하는 땅거미의 아름다움으로 조용히 열리는 1부의 '카린사'의 세계와 충격적인 대조를 이룬다. "금주령과 1차대전 사이에서 태어난 사생아"(bastard of Prohibition and the War)인 워싱턴 시의 7번가에서 흑인들은 '회반죽을 한'(whitewashed) 백인 문화에 휩쓸려 흥청망청 타락해 간다. 창녀로 영락한 짓이겨진 삶에도 불구하고 완벽한 아름다움을 잃지 않은 카린사의 모습과 7번가의 흥청대는 흑인들의 천박한 모습은 극명한 대조를 이루는데 이러한 대조가 아름다운 땅거미로 상징되는 「카린사」의 자연 세계와 극장, 카바레, 식당 등의 건물로 상징되는 「7번가」의 인위적 세계와의 대조로 더욱 심화되고 있음은 의미심장하다. 자연의 세계가 자유로운 열린 공간이라면 도시의 건물들은 구속적인 닫힌 공간인 까닭이다. 1부의 이야기가 주로 자연을 배경으로 전개되고 있는 데 반하여 2부의 이야기들이 주로 건물 안에서 또는 건물과 관련하여 이루어지고 있는 것은 결코 우연이 아니다.

두 번째 이야기인 「로버트」(Rhobert)의 시작은 그런 맥락에서 의미 깊다.

> 잠수부의 괴기스런 헬멧처럼 로버트는 머리에 집을 뒤집어쓰고 있다. . . . 피뢰침이, 박제된 죽은 곤충의 안테나처럼 하늘로 솟아 있다. 로버트는 축 늘어졌다. 가라앉는다. 그의 집은 그를 짓누르는 죽은 곤충이다. . . . 죽은 집은 박제된 집이다. 박제 속은 살아 있다. 죽은 집의 살아있는 박제속으로부터 머리를 끌어내는 것은 죄악이다.
>
> Rhobert wears a house, like a monstrous diver's helmet, on his head. . . .
> Rods of the house like antennae of a dead thing, stuffed, prop up in the air. He is way down. He is sinking. His house is a dead thing that weights him down. . . .
> The dead house is stuffed. The stuffing is alive. It is sinful to draw one's head out of live stuffing in a dead house.

로버트의 삶을 옥죄는 그의 집은 자연 세계의 생명력을 결한 죽음의 공간일 뿐이다. 그러나 로버트에게 있어서 감히 그 공간을 벗어나려는 생각은 하나의 죄악이기 때문에 그는 그 공간을 고수하며 박제된 죽음의 삶을 살아갈 수밖에 없다. 백인 부르주아 가치관의 노예로 전락한, "재산 소유 본능의 희생자"[12)]인 로버트의 모습은 북부 도시에서 타락해 가는 흑인 중산층의 전형적 모습이라는 점에서 더욱 중요하다. 유난히 조소적이고 풍자적인 이 글의 어조는 이러한 로버트의 모습을 통해서 드러나는, 생명력과 정체성을 잃어 가는 도시 흑인의 삶에 대한 작자의 비탄과 개탄의 강도가 어떠한지를 잘 보여주고 있다.

'7번가' 라는 상징적 공간과 '로버트' 라는 상징적 인물로 2부의 기

---

12) Robert Bone, *The Negro Novel in America* (New Haven and London: Yale University Press, 1976), p.85.

본 틀을 마련한 후 작자는 이제 구체적인 공간과 인물로 독자를 안내한다. 그 첫 경우가 「에이비」(Avey)이다. 2부의 첫 여주인공인 에이비는 1부의 첫 여주인공인 카린사와 여러 면에서 공통점을 보인다. 에이비는 카린사처럼, 그녀의 삶을 지켜보는 화자를 포함한 많은 남자들의 연모의 대상이며, 아파트 꼭대기 층에 사는 대학생과 화자를 비롯한 많은 남자들의 연인 노릇을 하며, 그래서 결국은 창녀처럼 영락해 버린 불행한 여자이다. 그러나 불행한 삶에도 불구하고 완벽한 아름다움을 끝까지 간직한 카린사의 그 순수한 생명력을 지니지 못했다는 점에서 에이비는 카린사와 근본적으로 다르다. 그리고 그 근본적인 차이가 작자가 강조하고자 하는 1부의 세계와 2부의 세계와의 차이이다. 화자는 에이비의 무관심, 나태, 정서적 · 육체적 불감증을 거듭 강조한다. 에이비가 어느 남자도 만족시켜 주지 못하고 어느 남자에게도 만족하지 못하는 것은 바로 그녀의 이러한 결함 때문이다. 에이비에게는 카린사의 생명력, 카르마의 열정, 심지어 에스더의 집념조차 찾아보기 힘들다. 몇 년이 지난 후 화자가 뉴욕에서 에이비를 찾아 헤매다 실패한 후 워싱턴에 돌아와 그녀를 다시 만나게 된 날이 '동쪽 지평선에 땅거미가 가장 아름답게 깔린' 저녁이라는 사실은 매우 의미 깊다. 그것은 화자가 다시 만나게 된 에이비에게서 "동쪽 지평선에 깔린 땅거미" 처럼 아름다운 카린사의 그 순수한 생명력을 발견할 수 있기를 간절히 원하고 있음을 강력히 시사하고 있기 때문이다. 화자가 에이비를 다시 만난 후 그녀와 함께 찾아간 장소 또한 "남쪽에서 바람이 불 때면 고향 땅의 흙먼지가 도시의 메마른 나무에 비옥한 소나기처럼 쏟아져 내리는" 곳이다. 그곳에서 화자는 워싱턴이라는 도시가 "자신들을 진솔하게 표현할 더 큰 삶"에 대한 그들의 절실한 요구를 도저히 충족시켜 줄 수 없음을, "그녀의 감정의 물길은 잘못된 수로로 넘쳐흘러 소진되고 있음"을 그녀에게 간곡히 이야기한다. 그러나 그녀에게는 아무런 변화가 일어나지 않고, 결국 이야기는 지쳐서 잠든 그녀의 모습을 지켜보며 "고아 여인"(orphan-woman)이라고 체념하듯 중얼거리는 화자의 허탈한 모습으로 끝을 맺는다.

뒤이은 「극장」(Theatre) 역시 워싱턴의 한 극장을 배경으로 에이비와 화자처럼 커뮤니케이션에 실패하는 한 남녀의 모습을 보여 준다. 그러나 「극장」은 제목이 암시하듯 극장과 그곳에 거주하는 사람들에 관한, 그리고 '7번가'의 상징적 세계가 그 구체적인 모습을 드러낸 북부 도시의 대표적인 한 공간에 관한 이야기이기도 하다. "당구장, 식당, 술집 등 깜둥이 뒷골목의 삶이 그 벽 속으로 스며들어가는" 흰 벽의 하워드 극장은 "검은 피부의 사람"들이 백인 부르주아의 퇴폐적 삶으로 흥청대며 빠져드는 공간이다. 그 닫혀진 공간 속에서 흑인 정신의 원천인 춤과 노래는 말초적인 쾌락의 상품으로 전락하고 극장 지배인 동생인 존(John)과 코러스걸인 도리스(Dorris)의 관계 역시 그 인위적인 천박함 속에 유산되고 만다. '얼굴의 반은 그늘 속에 감춰진' 존의 이중적인 모습은 육체와 정신이 분리된 존의 세계의 상징일 것이다. 그 이중적 분리 때문에 존은 '사탕수수밭 사랑'과 '홍수림 축제'의 진솔한 예찬일 수 있는 도리스의 춤과 노래에도 불구하고, 그리고 그녀에게서 풍기는 남부의 사탕수수 냄새에 대한 풍요로운 상상에도 불구하고, 도리스를 끝내 실망시키고 만다. 이러한 존의 모습을 통하여 조명되고 있는, 백인 부르주아의 가치관을 대변하는 흑인 중산층 '딕티'(dicty)[13)]의 공허한 삶은 2부 작품들의 핵심적 내용을 이루고 있다.

「예수를 부르다」(Calling Jesus)라는 짤막한 산문시 같은 다음 작품은 얼핏 다른 작품들과 동떨어진 듯 보이지만 북부 도시의 삶에 의해 억압받고 위축된 흑인 여성의 추운 영혼을 덥혀 주고 달래줄 부드러운

---

13) 'dicty' 혹은 'dictie'라는 용어는 '흑인 상류층,' '흑인 귀족'을 지칭하는 말로 Marcus Garvey 같은 사람들이 즐겨 사용함으로 해서 1920년대에 널리 퍼진 유행어라고 함. 'Barbara Foley, "Jean Toomer's Sparta," *American Literature*, Vol.67, No.4 (December 1995), p.772. 주 18의 내용 참조.

목화꽃의 성스러운 이미지로 『케인』 전체에 상징적 통일성을 부여하고 있는[14] 묵시적인 작품이다. 성스러운 목화꽃의 이 묵시적 이미지를 통하여 남부 농촌의 생명력을 환기시킨 후 작자는 다시 북부 도시의 삶을 농축해 보여주는 한 폐쇄된 공간으로 독자를 인도한다.

「특별석」(Box Seat) 역시 그 제목이 시사하듯 또 하나의 극장을 배경으로 전개되는, 두 '딕티' 남녀 사이의 사랑의 교통의 실패에 관한 이야기이다. 자의식이 강하고 냉소적인 댄 무어(Dan Moore)와 기존의 권위와 질서에 순응하는 뮤리얼(Muriel)의 갈등은 댄이 찾아간, "사방에서 그를 조여 오는 듯한" 또 하나의 닫힌 공간인, 뮤리얼의 하숙집에서부터 시작된다. 댄과 뮤리얼은 서로 사랑하는, 좀더 정확히, 서로 사랑할 수 있는 사이지만 그들의 사랑은 원만히 진행되지 못한다. 댄은 현실을 그대로 받아들이며 무난하게 사는 현상유지의 삶이 최선의 삶이라는 뮤리얼의 실용적인 순응주의와 속물 근성을 못 견뎌 하고, 뮤리얼은 현실 문제에 별 관심 없이 행동보다는 생각에 몰두하며 현실에 대하여 지나치게 비판적이고 냉소적인 댄의 불안정한 태도를 순순히 받아들이지 못하는 것이다. 더욱이 뮤리얼에 대한 사랑을 행동으로 표현하려는 댄의 시도는 뒷방에서 마치 감시자처럼 신문을 뒤척대는 집주인 프리비 부인(Mrs. Pribby)의 방해 행위와 프리비 부인의 권위에 순종하는 뮤리얼의 저항에 의해 번번이 좌절되고 만다. 프리비 부인이 그녀의 집으로 상징되는 그 닫힌 공간, 닫힌 사회의 권위와 압력을 대변한다면 뮤리얼은 그러한 권위와 압력에 맹목적으로 순응하는 노예성을 상징할 것이다. 뮤리얼의 이런 노예성은 링컨극장이라는 또 다른 공간에서도 그대로 이어진다. 쇼프로에 따분해 하면서도 미소 지으며 박수를 차고, 난쟁이들에게 혈투를 벌이게 하는 잔혹스럽고 천박한 투기 쇼에 혐오감을 느끼면서도 결국 관객들의 요구에 굴복하여 난쟁이

---

14) Robert Bone, *op. cit.*, p.85 참조.

챔피언이 바치는 피묻은 장미꽃을 받아드는 모습은 그 좋은 예이다. 그러한 뮤리얼의 모습을 멀리서 지켜보는 댄에게 그녀는 "놋쇠장식의 칸막이 좌석에 갇힌 잘 길들여진 아름다운 여인 . . . 노예 여인"(you she-slave, . . . Sweet, tame woman in a brass box seat)일 따름이다. 뮤리얼의 그 모습은 댄 옆자리의, "촉촉한 흙의 향기"(soil-soaked fragrance)를 풍기는 뚱뚱한 흑인 여자와 의미심장한 대조를 이룬다. 댄은 건장한 그녀의 몸으로부터 튼튼한 뿌리가 뻗어내려 극장의 시멘트 바닥과 아스팔트 길을 뚫고 강 밑으로 퍼져 저 남쪽까지 자유롭게 뻗쳐가는 모습을 상상한다. 북부의 자유로운 '딕티' 뮤리얼과 남부 농장의 노예 시절을 연상케 하는 뚱뚱한 흑인 여자의 대조를 통하여 암시되는, 뿌리 뽑힘과 뿌리 내림, 노예스러움과 자유로움의 이 전복적인 대조는 이 작품의, 나아가 『케인』 전체의 중심 주제와 직결되어 있다는 점에서 매우 중요하다. 댄은 뚱뚱한 흑인 여자의 그 튼튼한 뿌리의 생생한 촉감과 그 뿌리의 맥박처럼 격렬하게 뛰는 자신의 심장의 박동을 느끼며 이 세계를 치유할 "새로운 세계의 그리스도"(A new-world Christ)가 자신의 그 힘찬 맥박으로부터 탄생할 것 같은 환상에 빠지는데, 그것은 새로운 그리스도의 출현에 강박적으로 집념해 온 그가 그 튼튼한 뿌리 내림의 활기와 생명력에서 구원의 가능성을 감지했을 것이기 때문이다. 끝 장면에서 댄은 자리에서 벌떡 일어나 난쟁이 챔피언을 대하는 뮤리얼의 위선적인 모습에 "예수 그리스도도 한때는 문둥이였다!"(JESUS WAS ONCE A LEPER!)고 외침으로써 자신의 그리스도적 사명감을 어느 정도 성취하지만 그 대가가 뮤리얼과의 사랑의 포기라는 사실은 아이러니가 아닐 수 없다.

2부의 마지막 작품인 「보나와 폴」(Bona and Paul) 역시 남녀 간의 사랑의 실패와 좌절에 관한 또 하나의 이야기이다. 그러나 이 작품의 경우 흑인 혼혈 남자와 백인 여자의 관계라는 점에서, 그리고 두 사람 모두 남부 출신이라는 점에서 그 좌절의 의미는 한층 더 복합적이다. "검둥이를 사랑하거나 아니면 증오하는" 남부의 이분법적 사고로부터 완전히 자유로울 수 없는 보나는 폴을 좋아하면서도 끝내 그를 이해하지 못하고 그에 대한 애정의 가능성을 포기하고 만다. 두 사람 간의 사랑의 실패는 흑인을 진정으로 이해할 수 없는 남부 출신 백인이라는 그녀의 태생적 한계, 그리고 "자신을 사랑하지 않은 사람을 먼저 사랑해 본 적이 없는" 그녀의 이기적 태도와 결코 무관하지 않지만 그 실패의 보다 근본적인 원인은 자신의 인종적 상황을 현실로 받아들이지 못하는 폴의 지나친 자의식에 있을 것이다. 보나와의 관계를 어렵게 만드는, 현실에 대한 그의 자조적 태도나 소외 의식은 바로 흑백 혼혈이라는 자신의 이중적 정체성에 대한 그러한 자의식의 산물이다. 그의 강박적 자의식은 주로 감정의 몰입을 억제하는 지적(知的) 편향성으로 드러나는데 그 지적 편향성에는 자신의 흑인 정체성과 갈등을 일으키는 그의 백인 지향성이 잠재해 있다는 데에 문제의 심각성이 있다. 즉 그의 자조적인 지적 편향성은 백인 지향적 혹은 탈흑인적 자의식의 산물이므로 흑인인 자신을 사랑하는 보나의 감정에 굴복하는 것은 결국 자신의 흑인 정체성을 받아들이는 것이 된다. 그래서 자신의 탈흑인적인 지적 편향성을 지키기 위하여 그는 보나와의 사랑을 거부할 수밖에 없는 것이다. 그러면서도 다른 한편으로 폴은 자신의 흑인성에 대한 자의식에서 좀처럼 벗어나지 못한다. 백인 친구들 사이에서 소외감을 느끼고, 낯선 백인들의 시선에서 자신이 흑인임을 확인하며, 시카고 아파트의 창가에 홀로 서서 조지아의 빗긴 석양 햇살과 소나무 언덕 숲과 '사탕수수의 선율'로 자장가를 부르는 흑인 여인의 풍만한 젖가슴을 꿈꾸는 것이다. 이렇듯 백인 지향과 흑인 귀속의 이중 의식 사이에서 갈등을 일으키던 폴은 보나와 함께 크림슨 가든즈(Crimson Gardens)를 나설 때 그들의 관계를 꿰뚫어 보는 흑인 수위의 눈빛에 마치 계시라도 받듯이 불현듯 자신의 인종적 정체성을 깨닫는다. 그러나 자신의 이중 의식의 조화와 균형을 찾으며 보나를 이해하고 그녀와의 관계 회복을 이루려는 그의 다짐은 보나가 떠나 버림으로 해서 결국은 좌절되고 만다.

「특별석」에서 댄이 마지막에 보여주는 가능성(그리스도적 사명감의 소극적 실천이라는)의 대가가 뮤리얼과의 사랑의 포기이듯이 이 작품에서도 폴이 마지막에 보여주는 가능성(이중적 인종 의식의 조화와 균형이라는)의 대가가 보나와의 사랑의 좌절이라는 점은 의미심장하다. 기실 『케인』에 수록된 거의 모든 작품은 한편으로는 어떤 긍정적인 가능성을 보여주면서 다른 한편으로는 그러한 가능성을 방해하는 어떤 부정적인 좌절의 가능성을 동시에 암시하고 있다. 『케인』의 주요 인물들은 "융합(integration)과 일탈(transgression)에의 이중적인 충동"을 동시에 보여주며[15] 『케인』의 강력한 힘은 "말끔한 융화"(seamless unity)에서 오는 것이 아니라 "그 실현이 불가능하기 때문에 오히려 더 강렬해진 그러한 융화에의 열망"에서 오는 것이라는[16] 조엘 페컴(Joel B. Peckham)의 지적은 바로 『케인』의 이러한 이중성의 특성에 대한 적절한 설명이 될 수 있을 것이다.

「보나와 폴」에서 강조하여 보여주는 이러한 이중적 요소는 마지막 3부인 「카브니스」(Kabnis)에서 더 심화되어 나타난다. 「보나와 폴」은 또한 그 형식에 있어서도 희곡적 요소를 많이 구사함으로써 희곡 작품이라 할 수 있는 3부 「카브니스」의 전초적 역할을 충실히 수행하고 있는 작품이다.

1부에서 남부 농촌의 삶을, 그리고 2에서 북부 도시의 삶을 각각 펼쳐 보인 후 3부에서 작자는 무대를 남부 조지아로 다시 옮겨 북부에서 남부의 학교 교사로 부임해 온 카브니스라는 인물을 중심으로 남부와

---

15) Joel B. Peckham, "Jean Toomer's Cane: Self as Montage and the Drive toward Integration," *American Literature*, Vol.72, No.2 (June 2000), p.285.

16) *Ibid.*, p.289.

북부를 아우르는 복합적인 흑인의 삶의 현장을 보여준다. 이러한 구도에 걸맞게 1부나 2부의 이야기들이 한 인물의 비극적 삶이나 두 인물 사이의 갈등을 주로 다룬 단편적인 내용의 것인 데 반해, 3부의 이야기는 여러 인물들의 다양한 관점을 통하여 흑인의 삶을 좀더 복합적으로 조망하고 있다. 이 조망 창구의 중심에 위치한 카브니스는 남부 출신이지만 북부에서 교육받고 성장한, 자신을 북부 흑인으로 여기며 스스로를 '사생아'(bastard)라 비하하는, 자의식이 매우 강한 인물이다. 3부의 이야기는 이러한 카브니스를 중심으로 핼지(Halsey), 레이먼(Layman), 핸비(Hanby), 루이스(Lewis) 등 다양한 유형의 흑인 지식인들이 함께 벌이는 마치 집담회의 담론 같은 양식으로 전개된다.

이 작품은 5장으로 구성되어 있는데 1장은 중심 인물 카브니스에 강렬한 조명을 맞추어 그의 의식 세계와 심리 상태를 심층적으로 묘사해 보임으로써 이야기 전개의 기틀을 마련하고 있는 매우 중요한 부분이다. 불면증에 시달리는 불안정한 카브니스의 모습으로 시작되는 첫 장면부터 흑백 색깔의 상징적 대조를 통하여,[17] 그리고 찬바람 소리가 마치 그렇게 전하는 듯한 "백인의 땅에서 검둥이가 노래하네"라는 노랫말을 통하여, 카브니스의 인종적 자의식이 진하게 표출된다. 그는 조지아의 흰 달빛에서조차 백인의 그림자를 의식하며 모든 것으로부터 단절된 소외감과 고독감, 그리고 그가 떠나 온 북부 도시에의 "무력한 향수"(impotent nostalgia)를 느낀다. 이러한 인종적 자의식은 인간으로서의 자신의 존재 자체에 대한 좌절감으로 발전하여 그로 하여금 자신은 실체가 없는 "하나의 꿈"일 뿐이며 인공 다리로 뒤뚱거리는 "인공 인간(artificial man)"에 지나지 않는다는 극단적인 자조감에 빠져들게 한다. 또한 그로 하여금 자신을 인종적 · 정신적 사생아로 이

17) 이 작품의 첫 단락부터 깨끗함과 따뜻함을 나타내는 흰색, 더러움과 추함을 암시하는 검은색이 극명한 대조를 보이고 있다. Jean Toomer, *Cane*, p.157 참조.

세상에 태어나게 한, 그리고 "아름다움으로 자신에게 고통과 상처를 가함"으로써 아름다움을 추함으로 바꾸어 버린 신에 대하여 강한 원망과 적대감을 느끼게 한다. 이따금 그는 자신에게 기운 차리라고, 밤은 영원히 계속되는 것이 아니라고, 스스로를 추슬러 보기도 하지만, 곧 자조의 늪으로 다시 빠져들고 만다.

핼지의 집 응접실을 무대로 한 2장에는 카브니스, 마구 수리점 주인인 핼지, 설교가이자 교사인 레이먼, 세 인물이 등장한다. 주로 카브니스의 질문에 레이먼이 답하고 핼지가 거드는 식의 대화를 통하여 깜둥이는 철저하게 깜둥이일 뿐인 가혹한 인종 차별, 흑인 교회의 광적인 종교적 열정 등 북부와 다른 남부의 여러 상황들이 드러난다. 무엇보다도 흑인이 취할 수 있는 최선의 방법으로서 스스로 죽음을 택할 수 있는 최소한의 자유와 위엄을 간청한 샘 레이몬(Sam Raymon)의 도끼 학살 사건, 백인 린치자들에게 쫓긴 남편을 숨겼다는 이유만으로 만삭이 된 흑인 여자를 죽이고 배에서 아기를 꺼내 나뭇가지에 아기를 칼로 꽂는 끔찍한 메임 램킨즈(Mame Lamkins) 사건은 카브니스에게 큰 충격을 준다. 더욱이 누군가 창문을 통해 던진 돌멩이에 묶어 보낸 "북부 깜둥이 썩 꺼지라"는 협박 쪽지는 그를 광적인 공포 상태에 빠뜨려 응접실로부터 허겁지겁 도망쳐 나오게 만든다.

3장의 시작은 그렇게 공포에 질려 마구 도망치는, "어설프게 생기 넘치는"(awkwardly animate) 허수아비 같은, 매우 희화적인 카브니스의 모습으로 연결된다. 카브니스는 자신이 마치 옛날의 도망 노예처럼 백인 린치자와 사냥개들에게 쫓기고 있다는 환각에 사로잡혀 집안으로 숨어들고 뒤쫓아 온 핼지와 레이먼은 거의 착란 상태에 빠진 카브니스를 진정시키려고 애쓴다. 카브니스가 핼지가 건네 준 술을 한 모금 마시는 순간 갑자기 교장인 핸비가 나타나 학교 구내에서의 금주 규정을 어겼다는 이유로 다음날 아침까지 사표를 제출하지 않으면 경찰에 고발하겠다고 카브니스에게 으름장을 놓는다. 핸비와 카브니스 사이에 잠시 설전이 벌어진 후 핼지는 카브니스를 자신이 돌보겠노라고, 내일 정오까지 빚을 갚지 않으면 자신도 그를 경찰에 고발하겠다고 핸비에게 으름장을 되놓으며 카브니스를 거든다. 이런 와중에 루이스가 들어서며 황급히 달아나는 카브니스의 모습을 보고 자신이 무슨 도움을 줄 수 있을까 하고 쫓아왔음을 밝힌다. "더 강한 카브니스의 모습이 아마도 그러할 것 같은 모습"으로 어딘가 자신을 닮은 듯한 루이스에게 카브니스는 마치 형제에게이듯 직관적인 의식의 교감을 느끼며 그의 팔에 와락 안기고 싶은 강한 충동을 느낀다. 그러나 다음 순간 그의 냉소적인 자조감은 자신의 그러한 충동을 조롱하며 애써 루이스를 거부케 한다. 그리하여 다시 이전의 강박 상태로 침잠하고마는 카브니스의 모습으로 3장은 끝이 난다.

3장에서는 이 작품의 주요 인물들의 특성이 그들의 대화와 갈등의 상황을 통하여 잘 드러나고 있다. 날카로운 지적 상상력과 감수성을 갖추고 있음에도 불구하고 자기 연민과 때로 자기 증오 그리고 냉소적인 자조감에서 헤어나지 못함으로써 과거로부터 단절되고 현재와의 대면을 회피하는 카브니스는 '정신적 겁쟁이'[18]의 대표적인 인물이다. 루이스의 눈에 비친 카브니스의 모습은 이렇게 표현되고 있다.

> 흙 촉촉이 젖은 아름다움을 약속한 카브니스, 뿌리 뽑혀 이울어간다. 그를 회생시킬 수 있을 흙의 손길 몇 피트 위 허공에 걸린 채. 그를 도우려는 사람으로부터 한팔 길이 떨어진 채 . . .
>
> Kabnis, a promise of a soil-soaked beauty; uprooted, thinning out. Suspended a few feet above the soil whose touch would resurrect him. Arm's length removed from him whose will to help. . . (p.191)

이런 카브니스에게 현실적인 도움을 주는 인물이 핼지인데 핼지는 여러 면에서 카브니스와 대조적인 모습을 보인다. 무엇보다도 카브니

18) Robert Bone, *op. cit.*, p.87.

스가 남부 흑인 사회의 비극적 상황에 절망과 좌절감을 느끼며 그 사회로부터 소외된 '뿌리 뽑힌' 삶을 살아가는 현실 부적응자라면 핼지는 그러한 비극적 상황을 인식하면서도 거기에 좌절하지 않고 그 현실에 적응하며 살아가는 현실주의자라는 점에서 두 사람은 근본적으로 다르다. 그러나 현실주의자로서의 삶을 유지하기 위하여 남부 흑인의 모멸적인 삶 자체에 굴복한다는 점에서 그 역시 카브니스와 같은 정신적 겁쟁이의 한계를 벗어나지는 못한다. 흑인 현실주의자의 또 다른 유형, 즉 독선적인 엘리트 현실주의자를 대표하는 인물은 핸비 교장이다. 그는 도덕적 엄격성과 감성적 비정성으로 핼지와 대조를 보이며 갈등을 일으키지만, 그리고 부커 T. 워싱턴을 연상케 하는, 교육을 통한 흑인의 지위 향상과 흑인의 인종적 발전의 가능성에 대한 강한 신념을 토로하지만, 남부 흑인의 비극적 상황을 현실로 그대로 수용하는, 훗날 『보이지 않는 사람』(*Invisible Man*)의 닥터 블레드소우(Dr. Bledsoe)를 예감케 하는 그의 백인 동화적 태도는 핼지와 크게 다를 바가 없다. 한편 3장에서 처음으로 등장하는 루이스는 30세 정도의 나이, 이지적인 풍모, "더 강한 카브니스의 모습임"직한 카브니스를 닮은 모습, 카브니스와 이루는 "의식의 직관적 교감," "생생한 꿈으로부터 날카롭게 현현한 듯한" 그의 출현, 곤경에 빠진 카브니스를 구하러 온 그의 임무 등의 묘사가 풍부하게 암시하듯이 카브니스를 구원할 그리스도적 인물로 제시되고 있다. 2부의 「특별석」에 등장한 댄 무어처럼 3부에서 그리스도적 임무를 부여받은 상징적 인물로서의 루이스의 역할은 매우 중요하다.

4장은 한달 후의 핼지의 가게를 무대로, 가게에서 함께 일하는 핼지와 카브니스의 일상적인 모습, 즉 실용적인 현실주의자로서의 핼지와 여전히 새로운 환경에 잘 적응하지 못하는 불안정한 카브니스의 일관된 모습을 보여준다. 그러나 4장의 보다 중요한 의미는 핼지의 여동생인 캐리 케이트(Carrie Kate)의 등장과 캐리가 지성으로 돌보는 지하실 속의 눈멀고 귀먹은 노인의 신비로운 정체에 담겨 있다. 캐리와 노인의 역할이 예사롭지 않을 것임은 캐리와 노인에 대한 루이스의 집요한 관심, 그리고 루이스의 눈빛에서 그리스도의 눈빛을 느끼는 캐리와 루이스 사이에 계시처럼 이루어지는 직관적 교감에 의하여 암시되고 있다.

5장은 핼지의 가게 지하실을 무대로, 남부를 떠나기로 한 루이스를 초대하여 핼지와 카브니스가 스텔라(Stella)와 코라(Cora)라는 두 여자와 함께 벌이는 파티 장면을 보여준다. 지하실 한 구석 의자에 미동도 하지 않고 앉아 있는 예언자적 풍모의 노인의 모습에서 루이스는 세례 요한의 모습을 떠올리며 가끔 '죄'에 대하여 뭐라고 중얼거린다는 그 노인에게 깊은 관심을 보인다. 또한 광대처럼 긴 옷을 걸친 우스꽝스러운 모습으로 술과 여자를 즐기자고 거들먹대며 노인을 빈정대는 카브니스에게 루이스는 이런 식으로 사는 데 정말 만족해하느냐고 진지하게 물으면서 그 노인은 "과거의 상징이요, 육신이요, 정신임"을 강조한다. 지금은 창녀로 전락했지만 한때는 핼지의 연인이었던 스텔라 역시 그 노인의 모습에서 백인에게 어머니를 빼앗긴 후 노래를 잃고 상심하며 죽어간 아버지의 모습을, 그 과거를, 떠올린다. 한편 코라와 술판을 벌이던 카브니스는 자신에 대하여 이야기하는 핼지와 루이스에게 그는 "자신의 영혼에 들어맞는 말들을 만들어 내려고" 애써 왔노라고, 하지만 자신의 영혼이 먹고사는 자신의 말들은 악몽에서 빚어진 "뒤틀리고 비틀거리고 기형적인 말들"이었을 뿐이었다고 자조적으로 그러나 얼마큼은 진지하게 이야기한다. 그러나 그러한 진지함은 곧 핼지와 코라가 주도하고 스텔라와 카브니스가 함께 빠져드는 방탕스런 주흥 속에 묻혀 버리고, 그 광경을 지켜보던 루이스는 모든 열정이 싸늘하게 식어 버리는, 주위의 모든 것들이 그의 몸 위로 무너져 내리는, 고통을 느끼며 밤의 어둠 속으로 뛰쳐나오고 만다.

3부의 마지막 장인 6장은 다음날 이른 새벽의 여명과 함께 열린다.

헬지는 아침 일찍 일어나 사람들을 깨우고 불을 피우고 아침을 준비하면서 현실주의자로서의 그의 면모를 유감없이 발휘한다. 모두들 위층으로 올라간 후 지하실에 혼자 뒤쳐져 남은 카브니스는 노인의 모습을 보자 또 다시 그를 빈정대며 예의 냉소적이고 자조적인, 그러나 얼마큼은 진지해진 태도로 죽음과 죄와 흑인의 삶에 대하여 마치 독백을 하듯 장광설을 늘어놓는다. 그때 "아침의 싱싱한 활력"과 "순수한 확신"과 "풋풋한 모성"의 화신인 듯한 캐리가 노인에게 줄 음식을 가지고 들어서며 그가 일어나는 것을 돕겠노라고 말한다. 자신을 돕겠다는 캐리의 말에 카브니스는 자신에게 필요한 것은 영혼의 일으킴이지 육신의 일으킴이 아니라고 말하며 교회를 찾으라는 캐리의 충고에는 자신과 노인에게는 이 지하실이 제격이라고 자조적으로 대꾸한다. 그러나 캐리는 노인이 비록 눈멀고 귀 먹었지만 모든 것을 다 듣고 볼 수 있을 거라고, 옛날 사람들의 영혼은 모든 것을 다 볼 수 있다는 말을 믿는다고 말한다. 그때 노인이 머리를 천천히 흔들며 드디어 말을 하기 시작한다. 한마디씩 떠듬떠듬 그러나 "분명하고 확신에 찬" 어조로 노인은 이렇게 말끝을 맺으며 다시 침묵과 정적 속에 잠긴다. "예수 그리스도에게 . . . 거짓말을 한 . . . 백인들에게 . . . 내려진 죄의 업보" (The sin . . . whats fixed . . . upon the white folks . . . f telling Jesus . . . Lies.) 무슨 계시와도 같은 노인의 이 말과 행동에 캐리는 눈물을 흘리고 카브니스는 애써 경멸의 표정을 짓는다. 캐리는 그러한 카브니스의 달아오른 뺨을 찬 손으로 어루만지고 카브니스는 캐리 앞에 부끄러움을 느끼며 무릎 꿇듯 주저앉는다. 그러나 기도하며 손을 들어올리려는 캐리의 동작은 그 순간 빨리 올라오라고 다그치는 헬지의 목소리에 중단되고 만다. 캐리는 카브니스로부터 광대의 옷 같은 그 긴 옷을 벗기는 일을 도와주고 카브니스가 안전하게 계단을 다 올라갈 때까지 지켜본 후 노인에게 다가가 그 앞에 무릎을 꿇으며 "예수 그리스도여, 임하소서"라고 중얼거린다. 창문을 통해서 들어오는 부드러운 햇빛 속에 캐리와 노인의 모습이 한 폭의 그림처럼 담기고 3부의 이야기는 그 햇빛의 여운과 함께 이렇게 끝을 맺는다.

> 밖에서는, 태양이 숲 나무 꼭대기의 요람에서 떠오른다. 소나무 그림자는 태양이 그의 눈에서 떨구어낸 꿈들이다. 태양이 떠오른다. 금빛 찬란히 빛나는 아이, 태양이 하늘로 들어서서 남부 마을의 회색빛 흙길과 졸리운 창문 아래로 탄생의 노래를 비껴 내린다.
>
> Outside, the sun arises from its cradle in the tree-tops of the forest. Shadows of pines are dreams the sun shakes from its eyes. The sun arises. Gold-glowing child, it steps into the sky and sends a birth-song slanting downgray dust streets and sleepy windows of the southern town.

6장의 마지막 부분은 분명 어떤 희망이나 구원을 암시하는 긍정적 이미지들로 가득하다. 카브니스의 뺨을 어루만져 달래주고 그로부터 광대 옷을 벗겨내는 캐리의 손길에 담긴 구원의 이미지, '과거'의 상징이요 구현체인 노인 파더 존(Father John)이 끝내 토해낸 수수께끼 같은 말에 담긴 계시적 이미지, 부드러운 아침 햇살 속에 평화롭고 조화롭게 담긴 캐리와 파더 존의 성상(聖像)적 이미지, 그리고 "태양이 요람에서 떠오르고" 그 요람으로부터 "금빛 찬란한 아이"의 "탄생의 노래"가 울려 퍼지는 끝 장면의 새로운 탄생과 희망의 이미지, 이런 이미지들은 3부 「카브니스」의 결말에, 나아가 『케인』 전체의 결말에, 어떤 희망적인 매듭을 짓는 것으로 이해될 수 있을 만큼 충분히 긍정적이다.

그러나 한편 이런 결론에 쉽게 도달하기에는 미심쩍은 부분 또한 없지 않다. 우선 구원과 희망의 상징인 그리스도적 인물로 등장하는 루이스의 역할 실패를 들 수 있다. 캐리 케이트의 가능성과 파더 존의 중요성을 인식한 그의 직관력, '더 강한 카브니스'로서의 그가 갖추고 있는 정신적 용기와 도덕적 힘에도 불구하고 루이스는 남부 흑인들의 삶을 온전히 이해하지 못하고 그의 도움을 필요로 하는 사람들에게 아무런 도움을 주지 못한 채 북부로 도피하고 맒으로써 구원자로서의 그의 임무에 실패하고 마는 것이다. 무엇보다도 이 작품의 주인공인 카브니스가 끝내 구원받지 못한 상태로 이야기가 매듭지어지고 있다는 사실은 이 작품을 희망적인 것으로 읽기를 주저케 만든다. 물론 카브니스는 때로 진지한 자세로 자신의 고뇌를 털어놓기도 하지만 곧 냉소적이고 자조적인 방어 태세를 취하고, 광대 옷을 벗겨주는 등의 캐리의 의미 깊은 행위에도 짐짓 과장된 몸짓으로 그 진지함을 희화화시킴으로써 구원의 가능성을 스스로 거부하고 마는 것이다. 아마도 카브니스에게 구원의 가능성이 가장 근접했던 순간은 그의 뺨을 감싸주는 캐리의 손길에 그가 무릎 꿇고 주저앉으며 뭔가 정화감을 느낀 순간이었을 텐데 그 귀한 정화의 순간이 하찮은 헬지의 외침에 곧 깨어지고 마는 것은 매우 의미심장한 상징적 귀결이 아닐 수 없다.

결국 「카브니스」의 결말은 한편으로는 희망적이면서도 다른 한편으로는 여전히 절망적이라고 이야기해야 할 것이다. 그리고 그러한 결말은 『케인』의 마지막을 장식하는 3부 끝 작품의 결말로서 오히려 아주 적절한 결말이라 볼 수 있을 것이다. 왜냐하면 흑인의 삶에 내재한, 한편으로는 긍정적인 가능성과 다른 한편으로는 그러한 가능성을 좌절시키는 부정적 가능성을 동시에 보여주려는 것이, 즉 융합과 일탈의 이중적 상황 그리고 융합과 일탈에의 이중적 충동을 동시에 보여주려는 것이 『케인』에 담긴 작자의 의도일 것이기 때문이다.

III

1부부터 3부까지 『케인』 전체를 관류하고 있는 흑인의 삶에 대한 작자의 이러한 이중적 비전은 3부로 구성된 이 작품의 구조, 그리고 시와 산문 혹은 서정시와 내러티브가 뒤섞인 이 작품의 서술 형식 자체와도 결코 무관하지 않다. 물론『케인』의 모든 이야기들에는 융합의 긍정적 요소와 일탈의 부정적 요소가 동시에 담겨 있기는 하지만, 열린 자연을 배경으로 남부 농촌의 삶을 펼쳐 보이는 1부가 특히 흑인 여성들의 삶을 통하여 흑인의 정서와 정신적 토양, 그 토양에 뿌리 내리고 있는 생명력을 긍정적으로 그려 보이는 데 더 역점을 두고 있다면 폐쇄된 인위적 공간을 배경으로 북부 도시의 삶을 전하고 있는 2부는 주로 '딕티' 들의 공허한 삶을 통하여 흑인 정신의 생명력과 그 정체성이 백인 부르주아 가치관에 의하여 상실되어 가는 부정적인 모습을 더욱 강조하고 있다고 볼 수 있다. 한편 3부는 북부 도시에서 남부 농촌으로 돌아온 카브니스라는 복합적 성격의 인물과 주로 엘리트 흑인들인 주변 인물들의 삶을 통하여 바로 이러한 긍정적 요소와 부정적 요소가 서로 갈등을 일으키며 융합에의 욕구와 그 욕구의 좌절이 혼재(混在)하는 흑인의 삶의 현장을 묘사함으로써 보다 복합적인 작자의 이중적 비전을 암시하고 있는 것이다.

정반합 식의 이러한 작품 구조만이 아니라 서술 형식 자체도 작자의 이러한 이중적 비전을 반영하고 있다고 볼 수 있다. 조얼 페캄(Joel B. Peckham)도 시사하듯이[19] 시와 산문, 그리고 서정적 내러티브와 극적 내러티브를 혼합하는, 그래서 서정시와 내러티브의 이분법적 경계를 허물고 있는『케인』의 독특한 서술 형식은 융합에의 욕구와 그 욕구의 좌절이 공존하는 흑인의 삶의 이중성과 그러한 삶을 보는 작자의 이중적 비전을 전달하는 데 매우 효과적으로 기여하고 있는 까닭이다.

이러한 이중적 비전에 담긴 작자의 의도는 흑인의 인종적 주제를 다루는 자세에서도 드러난다. 즉 전통적인 인종적 주제로 다루어져 온 흑백 갈등, 인종 차별의 문제보다는 흑인 삶 자체에 내재한 이중성과 갈등의 요소에 좀더 초점을 맞춘 자세가 그것이다. 그렇다고 해서 작

---

19) Joel B. Peckham, *op. cit.*, p.285 참조.

자가 흑백 갈등이나 인종 차별 등 흑인이 당면한 현실 문제를 경시하거나 외면하는 것은 결코 아니다. 1부를 매듭짓는 아주 중요한 작품인 「핏빛 불타는 달」이 흑백 갈등의 폭력성과 잔혹성을 강렬한 서사적 묘사로 드러내고 있는 것이나 2부의 「보나와 폴」이 흑백 갈등의 미묘한 심리적 파장을 심각하게 펼쳐 보이고 있는 것은 그 좋은 예들이다. 특히 「카브니스」에서 레이먼의 입을 통해 전해지는 '쌤 레이몬' 도끼 학살 사건[20]과 '메임 램킨즈'의 끔찍한 태아 살해 사건에 대한 상세한 묘사, 그 잔혹성이 카브니스에게 주는, 거의 공황 상태에 그를 빠지게 하는 큰 충격은 투머가 자신의 실제 체험을 통해서 인종차별의 폭력성을 얼마나 심각하게 느끼고 있는지를 잘 보여준다. 그러니까 투머가 깊은 관심을 가지고 다루는, 흑인의 삶에 내재한 일탈에의 욕구, 갈등의 이중적 요소 등은 흑백 갈등, 인종 차별 등의 현실 문제와 동떨어진 것이 아니라 오히려 바로 그러한 현실적인 인종적 갈등의 산물이라고 보아야 할 것이다.

『케인』의 여러 이야기에 짙게 배어 있는 투머의 이러한 인종적 의식에 대한 깊은 이해를 가지고 『케인』을 다시 검토한다면 피상적인 겉읽기로 놓치기 쉬운 이 작품의 숨겨진 많은 진실들을 찾아낼 수 있을 것이고 그러한 겉읽기의 부정확함과 부당함을 확인할 수 있을 것이다. 예컨대 『케인』이 가장 두드러진 특징의 하나인 작품의 구조와 서술 형식은 단순히 한 서구적 모더니스트에 의한 파격적인 예술 형식의 실험만이 아니고 인종 문제의 정치성을 초월한 예술성의 승리인 것만은 더더구나 아니다. 또한 흑백 대립의 전통적인 인종적 주제를 핵심적으로 다루지 않고 향변 문학의 전통을 충실히 따르고 있지 않다 해서 『케

20) 1921년 Toomer가 Georgia를 방문하기 불과 반년 전에 한 백인 농장주에 의하여 11명의 흑인 농노가 학살당한 "Williams Farm" 혹은 "Death Farm" 사건에 근거를 두고 있다. Barbara Foley, *op. cit.*, p.748.

인』을 흑인문학의 이단적 혹은 사생아적 작품으로 치부하는 것이 얼마나 오도(誤導)적인가도 깨달을 수 있을 것이다. 그리고 투머가 흑인으로서의 자신의 정체성에 끝내 모호한 태도를 취한 채 미스터리 속에 사라졌다 해서 정통적 흑인 작가로서보다 신화적 예술가로서의 그의 면모를 더 강조하는 태도에도 동의할 수 없을 것이다.

기실 투머는 흑인 예술가로서의 자신의 정체성에 대해서 누구 못지않게 깊이 성찰하고 고민한 작가였다.[21] 「보나와 폴」의 폴이나 「카브니스」의 카브니스는 바로 투머 자신의 한 자화상이라고 볼 수 있다. 폴이 강하게 느끼는 흑백 혼혈의 이중적 정체성에서 오는 소외감, 백인 지향과 흑인 귀속의 이중 의식 사이에서의 갈등과 고뇌, 그리고 카브니스를 통해 강조되고 있는, 흑인의 인종적 상황으로부터의 소외에서 오는 고독감과 서자(庶子)의식, 융합에의 욕구와 동시에 그런 욕구를 좌절시키는 일탈에의 충동, 이러한 것들은, 특히 그 이중적 요소들이 일으키는 갈등의 양상은, 그 자화상이 강조하는 가장 중요한 부분들이다. 그러니까 투머는 흑인의 외면적 삶보다는 내면적 삶, 흑인의 삶에 담긴 정치적 함의보다는 심리적 · 정서적 함의에 좀더 깊은 관심을 가진 것이지 흑인성이나 흑인의 삶 자체를 결코 소홀히 다루고 있는 것이 아니며 오히려 그것들에 대한 더욱 복합적이고 심층적인 성찰과 탐색을 시도하고 있다고 보아야 할 것이다. 『케인』의 심층적 읽기를 통하여 우리가 이루어야 할 일은 투머가 『케인』에서 이룩하고 있는 바로 이러한 탁월한 성취를 미국 흑인문학의 정통성의 틀 안에서 정당하게 평가하는 일이 아닐까 한다.

(2002, 『영학논집』 26호)

21) 흑인과 예술가라는 이중적 정체성에 대하여 깊이 고뇌한 대표적인 작가로 Countee Cullen, Ralph Ellison 등을 들 수 있다.

6 리차드 라이트Richard Wright의 『토박이』Native Son

두려움과 증오와 폭력의 미학

I

리차드 라이트(Richard Wright)의 『토박이』(*Native Son*)에 대하여 어빙 하우(Irving Howe)는 "『토박이』가 나타난 날, 미국 문화는 영원히 변했다."(The day that *Native Son* appeared, American culture was changed forever.)라고 언급한 바 있다.[1] 하우의 이 말을 다소 과장된 수사적 표현으로 받아들인다 하더라도 『토박이』가 미국 흑인문학에 가져온 획기적 변화와 그 문학사적 의의를 부인하는 사람은 아무도 없을 것이다. 리차드 라이트의 문학적 노선에 비판적 입장을 취해 라이트 공방 논쟁[2]의 기폭제 역할을 했던 제임스 볼드윈(James Baldwin)까

---

1) Irving Howe, *A World More Attractive* (New York: Horizon, 1963), pp.100-101.
2) 사회적 항변(social protest)을 흑인문학의 본령으로 내세우는, 즉 흑인문학이 사회학적 의미를 보다 강조하는 'Wright'류의 입장과 문학은 궁극적으로 예술이어야 한다는 다시 말해 흑인문학의 미학과 예술적 가치를 보다 강조하는 입장 사이의 논쟁을 말하는 것으로, Richard Wright에 대한 James Baldwin의 반

지도 "미국 사회에서 흑인의 존재가 어떤 것인가에 대하여 지금까지 개진된 가장 강력하고 유명한 진술은 의심할 여지가 없이 리차드 라이트의 『토박이』이다"(Now the most powerful and celebrated statement we have yet had of what it means to be a Negro in America is unquestionably Richard Wright's *Native Son.*)라고 말할 만큼[3] 20세기 흑인문학에서 『토박이』가 차지하는 비중은 크다. 1940년 3월에 발표된 『토박이』는 이렇듯 문학사적 중요성에 있어서도 곧 비평가들의 주목을 끌었지만 출판된 첫 달에 25만 부가 팔리는 베스트셀러 1위의 폭발적인 상업적 성공을 거두고 1년이 채 안 되어 오손 웰즈(Orson Wells)의 연출로 뉴욕의 무대에 올려져 114회의 공연과 이듬해의 리바이벌 공연의 흥행 성공을 올림으로써 1940년대 초의 하나의 문학적 사건으로 평가받게 된 것이다.

『토박이』의 출판과 함께 쏟아져 나온 수많은 찬반의 서평과 이후 지금까지도 계속되는 『토박이』에 대한 평가는 리차드 맥시(Richard Macksey)와 프랭크 무어러(Frank E. Moorer)가 지적하듯이[4] "지난 40년 간의 미국의 문화적 도그마의 짧은 역사"를 방불케 할 만큼 다양하다. 사회 추방자(outcast)로서의 현대 흑인 의식의 탐색 작업을 높이 평가하는 캔비(H.S. Canby), 스털링 브라운(Sterling Brown) 등의 찬사와 사회비판적 요소를 강조하는 새뮤얼 실른(Samuel Sillen) 등 좌익비평가들의 극찬, 혹평, 그리고 사회적 주제에 대한 공감과 멜로드라마적 성격에 대한 비판을 고루 담은 맬컴 카울리(Malcolm Cowley), 데이비

박, Ralph Ellison과 Irving Howe와의 2차에 걸친 논쟁, Baldwin에 대한 Eldridge Cleaver의 비난 등으로 이어져 온 바 있다.

3) Edward Margolies, *The Art of Richard Wright* (Carbondale and Edwardsvill: Southern Illinois University Press, 1969), p.v에서 재인용.

4) Richard Mackey & Frank E. Moorer, *Richard Wright: A Collection of Critical Essays* (Englewood Cliffs: Prentice-Hall, Inc. 1984), p.16.

드 데이셔스(David Daiches)의 중용적 입장 등은 『토박이』에 대한 비판을 고루 담은 다양한 모습들을 잘 보여준다. 이러한 다양한 비판적 입장은 지금까지도 계속되어 오고 있지만 대체로 자연주의 혹은 사실주의적 요소, 인종적 주제 및 사회항변적 요소, 심리적 · 상징적 요소, 실존주의적 혹은 부조리 문학적 요소 등으로 그 분석의 강조점을 구분해 볼 수 있을 것이다. 그러나 1960년대 이전의 초기 비평이 자연주의적 요소와 사회비판적 요소에 주로 주목한 데 반하여 1960년대 이후에는 상징적 요소와 실존주의적 요소, 그리고 새로운 시각의 인종적 · 성(性)적 주제 등에 비평의 관심이 더 많이 집중되고 있는 감이 없지 않은데, 이러한 변화는 문화적 도그마와 문학비평이론의 변화에 따른 자연스런 결과라고 생각된다.

이 글은 『토박이』가 지니고 있는 이와 같은 여러 요소 중 특정 요소나 특정 주제를 집중적으로 탐색하기보다는 『토박이』의 주요 특성들을 유기적으로 관련지어 검토함으로써 이 작품에 대한 새로운 포괄적 이해를 얻는 것을 그 목적으로 삼을 것이다. 이러한 목적을 위해서 먼저 『토박이』의 여러 주요 요소들을 미국 소설의 전통의 맥락에서 재점검해 보고 궁극적으로 이 작품의 라이트모티프(leitmotif)라 할 수 있는 '폭력'의 문제와 이 요소들과의 유기적 연관성을 탐사해 보기로 하겠다.

II

『토박이』의 출판 당시나 그 후의 비평에서 공히 이 작품의 가장 큰 강점으로 항상 언급되고 있는 것은 사실주의적 특성에서 오는 그 강렬한 힘이다. 『토박이』의 창작과정과 그 배경을 설명하고 있는 「비거는 어떻게 태어났는가」(How 'Bigger' Was Born)[5]에서 라이트는 자신이 익히 알고 있는 흑인 사회에 관한 지식을 배경으로 주인공 비거를 마치 실험실의 과학자처럼 실험관 안에 넣고 그를 "있는 그대로," "보고 느낀 대로," "살아있는 인격체,"로 그리려 했음을 밝히고 있다.[6] 그리하여 라이트는 어렸을 때 그의 주위에서 그가 늘 볼 수 있었던 다섯 유형의 반항적인 비거 토마스(Bigger Thomas)들로부터 그의 주인공 비거를 만들어 내었고, 비거 안에 담긴 여러 차원의 삶과 리얼리티들, 즉 그의 사적인 개인적 삶, 미국인이자 흑인으로서의 이중적 역할, 두려움과 공포의 요소, 그의 삶의 정치적 함축, 백인 지배의 미국 사회와 그의 관계, 다른 흑인들과 그의 관계, 질척한 도시의 삶 등을[7] 사실적으로 그려내는 것을 이 작품의 주요 목표로 삼은 것이다.

사실『토박이』에는 작가 자신의 자전적 · 실제적 요소가 많이 담겨 있다. 남부에서 시카고로 옮겨와 블랙 벨트(Black Belt)에 사는 비거 가족의 지역 환경적 배경은 라이트의 그것과 일치하며, 비거의 완고한 반항적 성격은 바로 라이트 자신의 성격이며, 백인 아씨의 방에 들어갔을 때의 당혹스런 경험, 비거가 메리(Mary)와 잰(Jan)과 함께 들어가야 했던 치킨 색(Chicken Schack) 식당의 정경 역시 모두 작자 자신의 체험에 근거를 두고 있다. 또한 미스터 달튼(Mr. Dalton)의 행위에서 드러나는 블랙 벨트에서의 흑인 세입자 착취 행위에 대한 설명은 라이트가 신문사의 할렘 특파원으로 그곳의 부동산 실태를 조사한 경험에 기초한 것이며, 비거의 재판 과정과 그에 관한 언론 보도의 묘사는 이

---

5) *Native Son*이 1940년 3월 출판된 직후 Burton Rascoe는 *American Mercury* 5월호에서, David L. Cohn은 *Atlantic Monthly* 5월호에서, 각각 Wright를 미국 흑인 상황을 과장하는 인종 편견자로 매도하면서 사실적이지 못한 최악의 소설이라고 비판했는데, Wright는 이들에 대한 응답으로 *Saturday Review* 6월호에 "How 'Bigger' Was Born"을 발표한 것임.

6) Richard Wright, "How 'Bigger' Was Born," Richard Abcarian, ed., *Richard Wright's* Native Son: *A Critical Handbook* (Belmont: Wadsworth Publishing Co., 1970), p.25.

7) *Ibid.*, pp.27-28.

작품을 쓰기 직전인 1938년에 일어난, 흑인에 의한 백인 여자 강간 살해 사건인 로버트 닉슨(Robert Nixon) 사건의 그것과 매우 흡사하다. 이 작품의 이러한 자전적 · 실제적 배경이 이 작품의 사실주의적 특성에 기여하고 있음을 확인하기는 어렵지 않다. 그러나 이러한 소재를 다루는 서술 기법, 예컨대 쥐잡이를 하는 첫 장면, 당구장에서의 비거와 거스(Gus)와의 싸움, 메리의 살해 장면, 브리튼(Britten)의 심문과 범행 현장의 발각 과정, 좁혀 오는 포위망 속에서의 비거의 필사적인 도피 행각 등을 박진감 넘치게 생생히 묘사하는 라이트의 뛰어난 사실적 서술 기법이 이 작품을 탁월한 사실주의 소설로 만들고 있음을 간과해서는 안 될 것이다.

이 작품은 또한 자연주의적 특성이 매우 강한 소설로 평가받는다. 비거의 메리 살해 사건, 뒤이은 긴 재판 장면, 그리고 결국 비거가 전기 의자에 앉게 되는 결말은 시어도어 드라이저(Theodore Dreiser)의 『미국의 비극』(*An American Tragedy*)을 연상케 하는데, 사실상 두 작품 사이의 이러한 유사성이[8] 『토박이』를 『미국의 비극』의 정통성을 잇는 미국 자연주의 소설의 대표적 작품으로 평가받게 하는 중요한 한 단초가 되었다고 말할 수 있다. 피터 몬로우 잭(Peter Monroe Jack), 에드워드 스킬린(Edward Skillin), 클리프턴 패디먼(Clifton Fadiman) 등은 바로 『토박이』를 『미국의 비극』의 전통에 서는 자연주의 소설로 평가하는 대표적 비평가들이다. 한편 맬컴 카울리, 벤 데이비스(Ben Davis, Jr.), 마가렛 마샬(Margaret Marshall) 등 역시, 『토박이』를 바로 전 해인 1939년에 발표된 존 스타인벡(John Steinbeck)의 『분노의 포도』(*The

8) 그 외에도 두 작품의 주인공 Bigger와 Clyde Griffith의 소위 American dream으로 불릴 수 있는 성공에의 꿈, 실제 살인 사건을 모델로 한 사건 설정, 분명치 않은 살해 동기와 살해 행위, 그리고 재판 과정에서의 자기 각성의 가능성 등 두 작품 사이에는 많은 유사점이 있다.

Grapes of Wrath)와 비교하며 안이한 결정론을 피하는 강력한 자연주의 작가로서의 라이트의 역량을 높이 평가하고 있다.[9)] 사실 『토박이』는 자연주의적 요소를 매우 많이 갖춘 작품이다. 문학에서의 자연주의의 개념을, 특히 사실주의와 구분하여 명확히 설명하기는 어렵지만, 편의상 "가능한 최대한의 과학자적 객관적 태도로 인간을 유전과 환경과 순간의 압력에 의하여 그 운명이 좌우되는 하나의 생물로 보는 새로운 인간관을 제시하는 소설"이라는 자연주의 소설의 정의[10)]를 따른다면, 『토박이』는 외견상으로는 자연주의 소설의 모든 조건을 고루 갖춘 하나의 샘플 같은 작품으로 보일 것이다. 우선 비거는 백인 우월 사회에서의 열등 흑인종이라는 유전적 조건과 가난과 범죄의 온상인 흑인 도시 빈민가라는 환경의 굴레를 벗어나지 못하며 무엇보다도 우발적으로 메리를 살해하게 되는 그 순간에 의하여 그의 운명이 좌우됨으로써 자연주의 소설의 주인공으로서의 역할을 완벽하게 수행해 내고 있는 셈이다. 작자의 과학자적 객관적 태도에 대하여는 전술한 "실험실 속의 과학자처럼" 비거를 시험관 속에 집어 넣고 관찰하겠다는 라이트 자신의 진술을 통해 이미 천명된 바 있다. 또한 이 소설은 자연주의 소설이 대체로 즐겨 다루는 소재와 표현 방법들, 예컨대 빈민굴, 음주, 성적 타락, 살인 등의 소재와 동물 이미저리, 세속적 어휘등의 표현 방법을 고루 갖추고 있기에 자연주의 소설의 표본적 작품이라 일컬을 만하다.

이처럼 이 작품은 매우 사실주의적이며 동시에 매우 자연주의적이다. 그러나 문학작품에서 사실주의적 특성과 자연주의적 특성을 분명

---

9) John M. Reilly, ed., *Richard Wright: The Critical Reception* (Burt Franklin & Co., 1978), pp.39-97 참조.

10) Lilian R. Furst and Peter N. Skrine, *Naturalism* (London: Methuen and Co., 1971), p.42.

히 구분짓기는 쉽지 않으며 또한 그러한 구분짓기는 대개의 경우 무의미하다. 일반적으로 훌륭한 사실주의적 혹은 자연주의적 소설로 평가받는 미국 소설의 경우 이 양자의 특성은 서로 조화를 이루며 혼재하는 것이 보통이며 『토박이』의 경우도 예외가 아니다.

이러한 사실주의적 · 자연주의적 전통은 흑인문학의 경우에 훨씬 더 강력한 호소력을 가질 수밖에 없다. 그것은 미국 흑인의 삶에서 사실적 기록과 묘사, 운명의 주제와 결정론적 철학, 그리고 사회비판적 요소가 얼마나 중요한 의미를 가질 것인가를 생각해 보면 자명해질 것이다.

실제로 미국 흑인문학은 프레더릭 더글러스의 『프레더릭 더글러스 일생기』 같은 노예 수기(slave narrative)로부터 본격적으로 시작되었다고 볼 수 있는데, 이 노예 설화는 기본적으로 사실적 기록과 묘사, 사회 고발과 항변의 메시지를 그 주요 내용으로 담은 문학 형식이다. 노예제도의 문제점과 흑인의 정체성에 대한 자각과 함께 1840년대부터 활발히 쓰여지기 시작한 노예 수기는 노예제도하에서의 흑인들의 참상에 관한 사실적 기록과 묘사를 통하여 노예제도의 잔혹한 비정성과 불법성을 고발하고 항변하면서 흑인문학의 한 전범으로서의 뿌리를 내리게 된 것이다. 이후 1850년대에는 흑인 작가에 의한 첫 소설인 윌리엄 웰즈 브라운의 『클로텔』이 이러한 뿌리 위에서 개화하면서 이 사실기록적 · 사회항변적 요소는 미국 흑인문학 전통의 척추를 이루어 오게 된다. 그러니까 『토박이』는 19세기 후반의 마틴 델라니, 찰즈 W. 체스넛, 20세기 초의 W.E.B. 두보이스, 그리고 많은 할렘 르네상스의 '뉴 니그로' 작가들에 의하여 면면히 이어져 온 이 사실 기록 및 사회 항변의 전통에 충실한, 그 필연적 산물이라고 볼 수 있다. 그의 자전적 작품인 『흑인 소년』(*Black Boy*)에서 라이트 자신은 멘켄(H.L. Mencken), 싱클레어 루이스(Sinclair Lewis), 시어도어 드라이저와 같은 사실주의 혹은 자연주의 작가들의 글을 읽으면서 언어가 "마치 몽둥이처럼" 어떤 주장을 내세우고 강요하기 위한 하나의 무기로 사용될 수 있음을 처음으로 발견했다고 기술하고 있다.[11] 라이트를 포함한 대부분의 흑인 작가들에게 있어서 이 무기의 문학적 기능은 사회비판적, 프로파간다적일 것임을 이해하기는 어렵지 않다.

그러나 『토박이』는 흑인문학의 이러한 사회비판적 · 프로파간다적 전통을 따르면서도 이전의 흑인소설들과는 몇 가지 점에서 다른 모습을 보여주는 데 바로 이 차이가 이 소설을 현대 흑인문학에 한 획을 긋는 기념비적 작품으로 평가받게 만드는 요인일 것이다.

첫째로, 이 작품의 주인공으로 비거라는 새로운 유형의 인물을 등장시킨 점이다. 과거의 흑인소설들이 흑인 주인공이나 주요 등장 인물로서 주로 흑백 혼혈(mulatto)의 중산층지식인, 혹은 정직하고 선량한 '톰 아저씨' 나 '마음 편한 깜둥이' (happy-go-lucky darky) 유형의 다분히 정형화된 상투적 인물을 설정한 데 반하여 이 작품은 흑인 등장 인물로서 기피되어 온 이른바 '비열한 깜둥이' (bad nigger)를 주인공으로 과감히 등장시키고 있다. 비거는 백인 지배의 흑인 억압 사회가 만들어 낸 왜곡되고 위험하고 증오와 두려움으로 가득찬 비극적 인물로, 무력하기 때문에 좌절하고 그래서 그 좌절을 가져온 대상에 대하여 증오와 공격의 자세를 취하는 새로운 흑인상으로 그려짐으로써 이전의 다른 흑인 주인공들보다 훨씬 더 사실적이고 강한 호소력을 지니게 된 것이다.

둘째로, 이 소설은 백인의 흑인 억압과 인종 차별에 대한 강력한 비판을 담음으로써 사회 항변 소설의 전통을 충실히 이으면서도 흑백 간의 단순한 인종 문제만이 아닌 새로운 역사 의식이나 이데올로기의 문제를 비판과 항변의 내용에 포함시키려는 새로운 시도를 하고 있다. 이 새로운 이데올로기적 전환의 모색은 라이트 자신이 10여 년 동안

11) Richard Wright, *Black Boy* (New York: Harper & Row, 1966), p.272.

그 안에 몸담고 참여해 온 공산주의 활동 경험과 깊이 관련되어 있다고 볼 수 있는데,[12)] 그것이 공산주의 이데올로기인가 그렇지 않은가,[13)] 그 시도의 결과가 문학적 성공을 이룩했는가 그렇지 못한가의 문제를 떠나서 그 시도 자체의 의의는 결코 과소 평가될 수 없을 것이다. 또한 그때까지의 대다수의 백인 동화주의적인 소극적 항변소설들과는 달리 이 작품은 흑인 민족주의적인 적극적 항변의 자세를 취함으로써 많은 논란을 불러일으키기도 했다.

셋째로, 흑인소설들이 대체로 남부의 농장이나 소도시를 작품의 공간적 배경으로 삼고 있는 것과 대조적으로 『토박이』는 북부 대도시의 흑인 빈민가를 배경으로 그곳의 충격적인 삶을 적나라하게 드러내 보이고 있다. 물론 폴 로렌스 던바, 찰즈 W. 체스넛, 제임스 웰던 존슨, 클로드 멕케이 등 할렘이나 대도시를 작품의 무대로 활용한 흑인 작가들도 없지 않지만 그것은 어디까지나 지역적 배경으로서일 뿐 『토박이』에서처럼 대도시의 흑인 빈민가가 삶의 현장으로서 그처럼 철저하고 생생하게, 그리고 그곳에서의 흑인들의 삶이 배경으로서가 아니라 작품의 주제적 내용 자체로서 그처럼 밀도 짙게 그려진 적은 없었다. 스티븐 크레인(Stephen Crane)의 『매기』(*Maggie*)나 드라이저의 몇몇 작품이 보여주는 '도시적 사실주의' (urban realism)라는 이름으로 불릴 만한 이러한 특성은 흑인 작가로서는 라이트에 의하여 처음으로 성공적인 결실을 이루었다고 해도 과언이 아닐 것이다.

---

12) Wright는 1932년 좌파 문예클럽인 John Reed Club의 시카고 지회에 가입하여 *New Masses* 등 좌파 정기간행물에 작품을 발표하기 시작했으며 이듬해인 1933년 공산당에 입당하여 7, 8년 간 적극적으로 활동하였으나 그 후 집필 작업과 당 업무 사이에서 차츰 갈등을 느끼다 1944년 공산당에서 탈당하였다.

13) Paul N. Siegel은 "The Conclusion of Richard Wright's *Native Son*"에서 Max가 공산당원이 아니며 그가 법정에서 개진한 내용이 결코 공산주의의 이론이 아님을 조목조목 예를 들어 강조하고 있다.

III

위에서 잠시 살펴본 대로 라이트는 본질적으로 미국 문학의 사실주의적 · 자연주의적 전통에 깊이 뿌리를 내리고 있는 작가라 볼 수 있다. 그러나 자연주의적 주제 의식의 확장과 사실주의적 묘사의 극대화를 위하여 그는 심리적 측면이나 상징적 요소에도 깊은 관심을 가지고 있는 작가이다. 따라서 이 심리적 · 상징적 요소를 담은 그의 표현 기법 또한 우리가 『토박이』를 평가할 때 결코 간과해서는 안 될 이 작품의 중요한 부분이다. 하지만 많은 평자들은 라이트의 자연주의적 사실주의적 요소를 지나치게 강조한 나머지 그의 주제적 측면만을 부각시키고 그의 표현 기법을 경시하는 경향이 있다. "『토박이』는 글쓰기만 빼고는 모든 것을 진지하게 다룬 그런 책 중의 하나이다"(*Native Son* is one of those books in which everything is undertaken with seriousness except the writing.)[14]라는 블랙머(R. P. Blackmur)의 논평은 이러한 경향의 대표적인 예일 것이다. 그러나 블랙머의 평가와는 정반대로 라이트가 '글쓰기' (writing) 자체에 대하여 얼마나 '진지한' (serious) 배려를 하고 있는가를 그의 「비거는 어떻게 태어났는가?」는 잘 보여준다. 그는 이렇게 적고 있다.

> 나는 줄곧 이야기를 전하는 것만이 아니라 표현하려고, 묘사하려고, 노력했다. 만일 어떤 물건이 차다면 그 사실에 대해서 그저 이야기하는 것이 아니라 독자로 하여금 차게 느끼도록 하려고 애썼다. 이런 식으로 글을 쓰면서 나는 때로 의식의 흐름의 기교를 사용하다가 내부 독백으로 전환하고 다시 꿈의 상태를 직접 전달하는 표현으로 바꾸고 다시 비거가 말하고 행동하고 느끼는 것을 사실적으로 묘사하는 스타일로 전환하는 것이 필요함을 느꼈다.

---

14) Richard Abcarian, *op. cit.*, p.v.

And always I tried to *render, depict*, not merely to tell the story. If a thing was cold, I tried to make the reader *feel* cold, and not just tell about it. In writing in this fashion, sometimes I'd find it necessary to use a stream of consciousness technique, then rise to an interior monologue, descend to a direct rendering of a dream state, then to a matter-of-fact depiction of what Bigger was saying, doing, and feeling.[15]

이어서 그는 독자들이 비거의 이야기가 현재 진행되고 있는 것처럼 느낄 수 있도록 대부분의 경우 현재 시제를 사용하고, 시간의 흐름을 실감할 수 있도록 클로즈 업(close-up), 슬로우 모션(slow-motion) 등의 영화적 기법을 구사하였으며, 비거의 느낌과 생각에 대한 강조 효과를 위하여 오직 비거 한 사람만의 시점(point of view)을 관철시켰고, 짧은 시간 안에서 가능한 한 많은 일이 일어날 수 있도록 장면들을 길게 잡았다고 밝히고 있다.[16] 이처럼 표현 기법에서의 라이트의 세심한 배려는 실제로 작품에 생동감과 박진감을 불어넣는 데 큰 도움을 주고 있다. 특히 환유적 비유, 예표(foreshadowing) 등의 상징 수법과 적절한 이미저리의 구사는 이 작품의 주제적 깊이를 더 해주는 데 매우 효과적으로 기여하고 있다는 점에서 주목할 만하다.

이 소설의 첫 장면은 이러한 상징 기법이 성공적으로 구사되고 있는 좋은 예이다. 어머니, 누이동생, 동생, 비거 이렇게 두 여자와 두 남자의 한 가족이 좁은 한 공간에서 모든 사생활이 거부된 상태로 살고 있는 첫 장면은 흑인 빈민가의 삶의 강렬한 환유적 이미지로서 매우 효과적이다. 뒤이은 쥐잡이의 소동은 여러 가지 점에서 더욱 의미심장하다. 쥐의 갑작스런 등장이 불러일으키는 불쾌감과 혐오감은 흑인의 불결하고 추악한 삶의 현실을 곧 떠올리고 신문지로 덮은 죽은 쥐의 피는 메리의 살해 후 그녀의 시체에서 신문지로 떨어지는 피를 예시적으

15) Richard Wright, "How 'Bigger' Was Born," p.33.

16) *Ibid.*, pp.33-34.

로 암시하며, 필사적으로 도망치며 반항하다가 결국 비참한 죽음을 당하는 쥐의 운명은 비거의 운명의 예표적 상징으로 볼 수 있을 것이다. 더욱이 흑인 상황의, 보다 구체적으로는 비거 자신이 처하게 될 상황의 상징적 모습이라 할 수 있는 쫓기는 쥐를 비거 스스로 살해하는 행위는 자기자신을 죽이는, 피해자이면서 동시에 가해자로서의 비거의 비극적인 모습을 아이러니컬하게 시사하고 있다. 흑인들의 불가능하고 아득한 열망과, 그것과 대조적인 백인의 자유로움을 동시에 상징하는 비행기의 비상, 메리 살해의 악마성과 비거의 죄의식 및 공포 심리를 강렬하게 전달하는 붉게 타오르는 난방로의 불꽃, 비거의 눈앞에 어른대는 '흰얼룩' (white blur), 포우(Poe)의 검은고양이를 연상케 하는 미씨즈 달튼(Mrs. Dalton)의 흰 고양이, 차고 흰 그리고 냉혹한 자연의 힘으로서의 눈 등 백인 세계와 비거와의 복합적 관계를 암시하는 흰색의 상징 등은 이 작품에서 효과적으로 구사되고 있는 상징 기법의 또 다른 주목할 만한 예들이다. 『토박이』에서의 이러한 상징적 이미저리의 중요성을 특히 강조하는 제임스 에마뉴얼(James A. Emanuel)은 이 외에도 온도 대조, '소멸' (blot out) 이미지, 눈멂(blindness)의 상징적 이미지 등 많은 예를 열거하고 있다.[17)]

특히 눈멂의 상징은 미국 사회에서의 흑인과 백인과의 근본적인 관계, 바로 그 자체의 상징이라는 점에서 중요하다. 비거가 처음 미스터 달튼 집에 찾아갔을 때 그는 자기자신에 관한, 그러나 정작 자신은 알아들을 수 없는, 달튼 부부의 대화를 들으면서 눈먼 것처럼 느낀다. "그는 이상하게도 눈먼 느낌이었다."(He felt strangely blind.) 그는 미씨즈 달튼이 장님이라는 사실을 나중에야 알게 되고 그녀의 질문에 대답하면서 자기자신도 눈먼 상태로 보이지 않는 사람에게 이야기하는

---

17) James A. Emanuel, "Fever and Feeling: Notes on the Imagery in *Native Son*," Richard Abcarian, ed., *Richard Wright's* Native Son.

기분을 경험한다. 특히 메리의 살해 후에, 그리고 유괴 가장의 범행을 계획할 때, 그는 모든 사람들이, 심지어는 베시(Bassie)까지도 눈이 멀어 있음을 절감하고 그들의 눈멂 상태를 자신의 범행을 은폐하는 데에 이용하기까지 한다. 사실 백인과 흑인 간의 교감 불능의 단절 관계는 그들 사이의 이러한 눈멂의 상태에서 비롯한 것이다. 인종 차별적인 백인은 물론, 흑인을 이해하고 흑인의 복지를 위해 봉사한다는 백인 자선가인 달튼 씨 부부도 흑인 자신의 진짜 모습을 보지 못한다. 탁구대를 기증하는 식의 백인의 자선 행위를 흑인 자신이 원하지 않는다는 사실을 달튼 씨 부부는 알지 못하며 알 필요를 느끼지도 않는다. 달튼 씨 부부에게 있어서 비거는 자기 방식으로 자선을 베풀, 구제와 교정의 대상이요 추상적 개념의 흑인일 뿐 한 구체적 인간, 한 개인으로서의 비거가 아니다. 미씨즈 달튼이 장님이라는 사실은 그런 점에서 아주 적절하다. 비거에게 백인으로서는 파격적인 호의와 친절을 베푸는 메리와 잰 역시 한 인간으로서의 비거의 참모습을 보지 못하는 눈멂의 상태에 있기는 마찬가지이다. 그들은 흑인에게 호의를 베풀어야 한다는 자신들의 입장이나 사명감만을 생각했지 그 호의가 비거에게는 얼마나 곤혹스런 당혹감과 고통을 줄 것인지, 그리고 그들의 호의의 결과가 비거의 일자리를 잃게 함으로써 그의 생존에 얼마나 위험이 될 수도 있을 것인지는 전혀 생각해 보지 않은 것이다. 그러니까 그들에게도 비거는 한 개인으로서의 구체적 인간이 아니라 하나의 추상적인 흑인의 유형일 따름이다. 그러나 더 심각한 문제는 백인들만이 아니라 흑인들도, 비거 자신도, 모든 백인들을 구체적 개인으로서가 아니라 추상적 유형이나 집단으로 보고 있다는, 그래서 결국 그들의 실제 모습을 보고 있지 못하다는 점이다. 서로에게 서로의 실체가 보이지 않는 이런 눈멂 상태의 상징적 의미가, 제목에서 이미 암시되고 있듯이 랄프 엘리슨(Ralph Ellison)의 『보이지 않는 사람』(*Invisible Man*)에서 더욱 심각한 주제로 발전되어 가고 있음은 주목할 만한 일이다.

에마뉴얼은 또한 이 작품에서 중요한 기능을 하며 자주 반복되고 있는 두 가지의 상징을 상술하고 있는데 그 하나는 '방 한가운데 서 있는' 비거의 모습이고 다른 하나는 '벽과 커튼'의 이미지이다. 그런데 여기서 주목할 점은 위에서 살펴본 상징들이 주로 흑백의 갈등, 인종 문제 등 사회적 주제와 관련된 것이라면 이 두 상징적 이미지는 흑백 관계보다는 보다 근원적인 인간의 조건과 실존의 상황 자체를 암시하는 실존주의적 주제와 더 깊은 관련을 맺고 있다는 점이다. 즉 방 한가운데 서 있는 비거의 모습은, 에마뉴얼의 암시처럼 극도로 긴장된 순간의 비거의 상태, 그의 움직임이나 생각을 제한하는 갇힌 공간 안에서 최대한의 동작의 가능성이 얼어붙어 정지되어 있는 순간의 상태를 암시하는 것으로서, 그것은 인간 실존의 상황의 상징적 은유에 다름이 아닐 것이다. 벽과 커튼의 이미지에 대하여는 에마뉴얼은 "무관심과 고립의 방패"(a shield of indifference and detachment), "인위적 단절"(artificial separation), "덫에 걸림"(entrapment) 등의 13가지 상징적 의미를 항목을 매겨 가며 상세히 열거하고 있다.[18] 실존주의 작가들이 즐겨 사용하는 '벽'의 상징, 그 상징이 암시하는 이러한 소외, 고립, 단절, 억압의 요소들은 곧 인간의 근원적 생존 조건, 인간이 처한 실존적 한계 상황을 뜻하는 것임을 이해하기는 어렵지 않다.

『토박이』를 사회적 주제에 초점을 맞추어 사실주의적/자연주의적 사회 항변의 소설로 읽을 때, 그리고 비거를 흑인을 대표하는 유형적 인물로 받아들일 때, 우리는 이 작품에 담겨 있는 이러한 실존주의적 요소를 간과하기 쉽다. 그러나 『토박이』의 인종적 주제(racial theme)만이 아니라 인간의 자유 의지의 문제, 개인의 자유 추구와 같은 이 작품의 보다 근원적인 주제에 주목하고, 비거를 그러한 자유 의지의 행사와 자유 추구의 주체로서의 한 개인으로 이해하려고 할 때, 우리는 이

18) *Ibid.*, pp.166-67.

작품의 결코 만만치 않은 실존주의적 특성과 마주치게 될 것이다.

IV

라이트는 자신의 모든 삶이 문학에 있어서 사실주의와 자연주의를 지향하게끔 자신을 형성해 왔다고 말한 바 있지만 숀더스 레딩(Shunders Redding)이 시사한 대로 흑인의 경험이란 동시에 사실적이며 실존적인 것으로서,[19] 라이트 자신도 그의 초기 작품에서부터 흑인 민족주의적 의식에 기초한 사실주의적 관심과 흑인의 삶의 조건의 부조리에 대한 자각에 근거한 실존주의적 관심을 함께 보여 왔다. 일반적으로 라이트의 문학을 전기와 후기로 나누어서 전기는 사실주의적/자연주의적으로, 후기는 실존주의적으로 구분하는 경향이 있지만 『톰 아저씨의 아이들』(*Uncle Tom's Children*)에 수록된 초기의 단편들은 라이트가 이 두 가지 요소를 이미 성공적으로 조화시켜 결합하고 있음을 잘 보여주고 있다. 라이트는 처음부터 흑인이 당하는 억압의 부당함을 고발하고 항변하는 일 못지않게 억압적 환경에 갇힌 사람이 받는 고통과 고뇌를 알리는 일을 작가의 임무라 생각했고, 그의 이런 생각은 인간 정신은 자유로워야 하고 어떤 인위적 제도나 장치에 의하여 제한받지 않아야 한다는 다분히 실존주의적인 인식으로 발전해 갔다고 볼 수 있다. 『토박이』의 비거는 이러한 인식을 통하여 창조된 인물이라고 볼 수 있는데 우리는 비거의 맹아를 「빅보이 집 떠나다」(Big Boy Leaves Home)의 빅보이에서('Big' 과 'Bigger' 라는 이름의 차이에 주목해 볼 만하다), 『국외자』(*The Outsider*) 등의 후기 소설의 실존적 주인공들의

19) Addison Gayle, Jr., "Richard Wright: Beyond Nihilism," Richard Abcarian, ed., *Richard Wright's* Native Son.

태아를 비거에게서 발견함으로써 일반적 평가와는 달리 라이트의 이런 인식이 초기부터 말기까지 일관되고 있음을 확인할 수 있다. 물론 이러한 실존주의적 인식은 처음엔 도스토에프스키(Dostoevesky), 키에르케고르(Kierkeggard), 니체(Nietzsche) 등으로부터 나중엔 카뮈(Camus)나 사르트르(Sartre) 같은 프랑스의 실존주의 작가들로부터 영향을 받은 바 없지 않지만 근본적으로는 라이트 자신이 경험한, 미국 사회에서의 흑인들의 부조리한 삶의 조건이라는 한계 상황, 그리고 미국 사회에서의 흑인됨이 요구하는 '이중적 비전' 의 구속으로부터 자생적으로 발아한 것이라고 보아야 할 것이다. 맥시와 무어러도 지적하고 있듯이 라이트는 서구의 여러 작가나 사상가들의 영향을 받기 전에 이미 토속적인 강한 실존적 관심들, 예컨대 '깊은 소외감,' '한계 상황,' '인간조건의 부조리,' '고뇌, 불안, 두려움, 죽음의 편재성,' '선택의 세속적 윤리' 에 관한 관심들을 그 나름대로 발전시켜 온 것이다.[20)]

일반적으로 흑인 항변소설의 표본적 작품으로 평가되는 『토박이』에서도 라이트는 흑인 문제에 대한 어떤 집단적 성격의 정치적 · 사회적 해결 방안의 모색과 함께 비거에 초점을 맞춘 개인의 자유의 문제에 대한 집요한 탐색을 시도하며 이 양자를 조화시키려 노력하고 있다. 비록 그 노력이 성공에 이르지는 못했다 하더라도 이 소설이, 특히 이 소설의 제3부(Book Three)가 우리에게 불러일으키는 심각한 긴장감은 바로 그러한 노력에서 비롯된 것이라 볼 수 있다. 그런데도 대부분의 비평가들은 개인의 자유의 문제에 대한 라이트의 탐색과 그 탐색의 초점이 되는 한 개인으로서의 비거에 대하여는 별로 관심을 가지지 않는다. 제3부에 대한 분석에서도 맥스의 법정 변론을 통하여 개진되는 공산주의적 이데올로기와 그 문제점에 대한 논의는 활발하지만 정작 주인공인 비거에 대한 관심은 아주 소홀하거나 극히 피상적인 경우가 대

---

20) Richard Macksey & Frank E. Moorer, *op. cit.*, p.14.

부분이다. 로날드 깁슨(Ronald B. Gibson)은 비거를 하나의 사회적 존재(social entity), 흑인을 대표하는 한 유형으로만 보고, 고뇌하는 한 개인으로서의 비거 자신을 보지 않는 이러한 잘못된 태도를 볼드윈의 예를 들어 비판하고 있다. 즉 "비거는 자신의 증오를 자랑스럽게 생각하기 때문에 죽기를 원하는 것이다"([Bigger] wants to die because he glories in his hatred;)라거나 "비거의 모든 삶은 자신의 증오와 두려움에 의하여 통제되고 결정된다"(All of Bigger's life is controlled, defined by his hatred and his fear.)라는 볼드윈의 결론적 주장은 인간의 근원적 고독에 대한 인식을 거쳐 결국 자기 정체성에 대한 자각과 자기 책임, 자기 수용의 단계에 이르는 비거의 모습을 간과하고 사회적 존재로서의 비거의 모습만을 보기 때문이며, 볼드윈의 이런 잘못은 『토박이』를 흑인소설이나 사회항변 소설로만 보려는 단순 사고에 기인한다고 말한다.[21)]

폴 시이겔(Paul N. Siegel) 역시 대표적인 백인 비평가인 어빙 하우와 로버트 본(Robert Bone)의 예를 들어 비거의 참모습을 보지 못하는 이러한 오류를 날카롭게 지적하고 있다. 시이겔에 의하면 비거가 자신을 발견하느냐 못 하느냐 하는 제3부의 중요한 문제는 마지막 장면에 가서야 그 대답이 주어지는데 "결국 비거는 자신의 증오와 두려움에 내맡겨지게 된다"(At the end, Bigger remains at the mercy of his hatred and fear.)라는 하우의 논평이나 "맥스를 두렵게 한 것은 비거가 증오에 다시 사로잡혀 그의 삶이 만들어 낸 그의 모습, 즉 살인자로서의 모습을 받아들임으로써 끝나게 되지 않을까 하는 것이다. 비거의 진정한 비극은 그가 죽는다는 것이 아니라 증오 속에서 죽는다는 것이다" (What terrifies Max is that Bigger, repossessed by hate, ends by

21) Donald B. Gibson, "Wright's Invisible Native Son," Richard Macksey & Frank E. Moorer, ed., *Richard Wright*.

accepting what life has made him: a killer. Bigger's real tragedy is not that he dies, but that he dies in hatred.)라는 본의 해석에 담긴 비거의 모습은, 흑인임에 대한 두려움과 죽음에의 공포를 극복할 수 있을 새로운 삶으로 자신을 끌어올려 줄 수 있을 그러한 자기 이해, 자기 확신을 결국 획득한 비거의 참모습과는 너무나 다르다는 것이다.[22]

증오와 두려움에서 벗어나지 못하고 있다는, 비거의 마지막 모습에 대한 볼드윈, 하우, 본의 이러한 일치된 견해는 메리의 살해 전, 살해 사건 후의 도피 과정, 그리고 체포된 후 마지막 장면에 이르는 단계를 거치는 동안 비거는 근본적으로 변하지 않았다는 그들의 생각을 반영하고 있다고 볼 수 있다. 그러나 비거가 변하지 않았다는 그들의 생각은 아마도 비거를 흑인 항변소설의 하나의 고정된 유형적 인물로 보는 그들의 안이한 자세에서 비롯되었을 것이다. 그들 수준의 문학적 감식력을 전혀 갖추지 못한 일반 독자들도 특히 제3부에서 비거에게 나타나는 의식의 변화를 감지하기는 어렵지 않을 것이기 때문이다.

비거의 의식의 변화는 메리의 살해 후 곧 나타나기 시작한다. 메리의 살해는 자신의 의지에 의해서가 아니라 우발적으로 일어난 것이긴 하지만 그 사건은 비거의 삶에 결정적인 한 전기를 마련해 주게 된 것이다. 그는 메리를 우발적으로 살해했지만 사실상 그와 같은 범행을 줄곧 생각해 왔음을, 따라서 그 살해 사건은 그러한 자신의 숨겨진 욕구의 필연적 산물이었음을 깨닫고, 그 살해 행위를 통하여 처음으로 자신의 의지를 능동적으로 행사했다는 어떤 성취감을 맛보게 된다. 그리고 "자신의 운명을 자신의 손 안에 쥐고 있음"으로 해서 자기 마음대로 도망갈 수도 있고 범행 사실을 고백할 수도 있다는 자유로움을 처음으로 깨닫게 된다. 이러한 고양된 기분은 그의 도피 행각 중에도

---

22) Paul N. Siegel, "The Conclusion of Richard Wright's *Native Son*," Richard Macksey & Frank E. Moorer, ed., *Richard Wright*.

계속되지만 그가 정신적으로 느끼는 자유로움과 그의 도피 공간을 점점 조여 오는 물리적 압박감은 아이러니컬한 대조를 이룬다. 그의 도피 공간이 완전히 없어졌을 때도 그는 항복을 거부하며 백인들의 손에 결코 생포되지 않으려고 몸부림을 친다. 그러나 그가 체포된 후 그 고양된 느낌은 차츰 무력감으로 가라앉아 가고, 그는 자신이 진실로 자유로운 게 아님을 깨달으며 곧 닥쳐올 죽음에 대한 불안과 두려움을 느낀다. 동시에 그는 그러한 죽음의 공포를 극복케 하고 그 공포에 갇힌 자신을 자유롭게 해줄 수 있을 새로운 양식의 삶을 갈구하기도 한다.

> . . . 그는 새로운 양식의 삶을 갈구했다. . . . 그의 마음속에 새로운 자긍심과 새로운 겸양이 생겨나야 하리라. 그 겸양은 그가 사는 세계의 한 부분과 새로이 동일시함으로써 생겨날 것이고, 이 동일시는 그의 마음 안에서 자긍심과 존엄성으로 작용할 새로운 희망의 기반을 마련해 줄 수 있으리라.
>
> . . . he hungered for a new mode of life. . . . a new pride and a new humility would have to be born in him, a humility springing from a new identification with some part of the world in which he lived, and this identification forming the basis for a new hope that would function in him as pride and dignity.[23)]

재판이 진행되고 그의 죽음이 점점 가까워오는 동안 비거는 새로운 삶이 가져올 수 있을 이러한 '새로운 동일시,' '새로운 자긍심,' '새로운 겸양' 의 상태에 다가가기도 하고 다시 멀어지기도 하면서 고뇌와 갈등을 겪는다. 이 과정에서 맥스는 비거의 살해 행위가 지닌 사회적 · 역사적 의미를 강조하며 비거를 설득하여 구원하려 하고 해몬드(Hammon) 목사는 기독교 신앙을 통하여 그를 교화하려 하지만 비거는 맥스의 이데올로기나 해몬드 목사의 종교적 신앙에 의존하지 않고 자기 자신의 생각과 느낌과 고뇌를 통하여 차츰 얻어 가는 자신에 대

23) Richard Wright, *Native Son* (New York: Harper & Row, 1949), p.256.

한 깨달음, 그 위에서 어떤 자기 정체감을 향해 나아간다. 즉 그는 여태까지 두려워 피해 왔던 자기 자신과의 대면을 통해서 차츰 자신과의 화해에 접근해 가는 것이다. 깁슨도 시사하듯이[24] 비거의 이 나아감의 여정에서 강조되고 있는 것은 그 '홀로임'(solitary nature)이다. 그는 비록 그의 움직임이 균형잡히지 못한 불안한 것이라 하더라도 그 움직임의 주체는 자기 자신일 수밖에 없고, 자신의 가치를 판단할 수 있는 것도 오직 자기 자신일 뿐이며, 자신에 대한 깨달음 혹은 확실한 지식이 가능하다면 그 역시 자기 자신으로부터 나올 수밖에 없음을 거듭 확인하는 것이다. 이러한 고통스런 자기 확인의 과정을 거쳐서 비거는 마지막 장면에 이른다.

> 아, 저도 저 자신을 믿겠지요. . . . 전 아무도 용서하려 하지 않을 겁니다. 아무한테도 절 용서해 달라고 부탁하지도 않을 거구요. 전 울지도 않겠습니다. 그들이 절 살지 못하게 하기 때문에 전 죽인 겁니다. 죽이는 건 공정하지 않을지도 모르죠. 사실 꼭 죽이고 싶은 것은 아니었습니다. 하지만 그 모든 살인이 왜 일어났는가를 생각해 보면 제가 뭘 원했는가, 내가 누구인가를 느끼기 시작합니다. . . . 죽이고 싶진 않았습니다!. . . 하지만 저를 살인까지 하게 만든 것, 그게 바로 접니다!
>
> 'Ah, I reckon I believe in myself . . . . I ain't trying to forgive nobody and I ain't asking for nobody to forgive me. I ain't going to cry. They wouldn't let me live and I killed. Maybe it ain't fair to kill, and I reckon I really didn't want to kill. But when I think of why all the killing was, I begin to feel what I wanted, what I am . . . . I didn't want to kill! . . . But what I killed for, I am!"(pp.391-92)

비거가 결국 자신을 믿게 된 것도, 맥스와 잰, 어머니 등 다른 사람들과의 관계를 의식할 수 있게 된 것도, 그리고 무엇보다도 자신의 삶을 조건지운 증오와 두려움과 죄의식의 속박에서 벗어나 자신의 행위

---

24) Donald Gibson, *op. cit.*, p.97.

의 진정한 의미를 깨닫고 그 행위의 결과로서의 죽음을 자유롭게 받아들일 수 있는 실존적 자각에 이르게 된 것도 이러한 자기 정체성의 획득 위에서 가능한 것이다. 마지막 장면의 비거의 모습은 카뮈의 『이방인』(*L'Etranger*)의 주인공 뫼르소(Meursault)를 연상시키는 전형적인 실존주의적 인물의 그것이다. 그 모습은 흑인의 대표로서가 아니라 보편적인 인간(everyman)으로서의 고뇌하는 모습, 미국 흑인으로서의 비거가 처한 불안과 고통의 상황이 곧 현대의 실존적 상황임을 암시하는, 20세기 현대인의 상징적 모습이라고 볼 수 있을 것이다. 『토박이』는 이러한 비거의 실존적 삶을 통해서 죽음 앞에 선 인간의 실존 문제, 인간 행위의 의지와 자유의 본질 문제, 고독과 소외의 문제, 흑인의 삶으로 형상화되는 부조리한 인간 조건과 한계 상황, 불안과 공포와 죄의 심리, 비합리적 자아의 고통스런 항해 등 실존주의 소설의 거의 모든 주요 주제를 제시함으로써 현대 실존주의 문학의 선구적 역할을 한 작품으로 평가받아 마땅하다.

V

그런데 비거의 마지막 모습에서 우리가 주목해야 할 또 한 가지 사실은 비거의 실존적 깨달음을 농축시킨, "저를 살인까지 하게 만든 것, 그게 바로 접니다!"라는 결정적 각성이, '살인'이라는 자신의 폭력적 행위에 대한 인식에서 비롯된 것이라는 점이다. 사실상 이 폭력(violence)의 모티프는 『토박이』의 주악상(leitmotif)의 기능을 발휘하면서 이 작품의 여러 주요 요소에 유기적 연관성을 부여하고 있다는 점에서 매우 중요하다. 기실 『토박이』는 폭력의 본질에 관한 탐구의 이야기라 할 만큼 여러 가지 형태의 폭력으로 가득차 있으며 『토박이』의 강렬한 인상 역시 무엇보다도 폭력적 요소를 다루는 그 잔혹할 정도로 비정적인 사실성에서 온다고 보아 지나침이 없을 것이다.

실제로 이 작품은 첫 장면부터 격렬한 폭력의 상황으로 시작된다. 비거의 아파트 방 안에 갑자기 쥐 한 마리가 나타나면서 그 조그만 공간은 마치 "전기가 통하듯 격렬한 행동으로 활기를 띠기 시작한다". (The tiny one-room apartment galvanized into *violent action*.) 쥐를 가리키는 베라(Vera)의 눈에는 "넋나간 공포감"(fascinated *horror*)이 담기고, 막다른 구석으로 쫓기던 쥐는 "두려움으로 배를 팔딱대며"(pulsed with *fear*) 뒷발로 일어서서 공격 자세를 취하며, "그놈을 죽여라!"(Kill'im)는 어머니의 외침 속에 비거는 프라이팬으로 쥐를 때려잡은 후 머리를 짓이겨 "박살을 내고"(crushing [the head]), 마루는 쥐의 피로 얼룩진다.(smear of *blood*). 'violent,' 'horror,' 'fear,' 'kill,' 'crushing,' 'blood' 등의 단어를 통하여 난폭하고 격렬한 이미지를 밀도 짙게 전달하고 있는 이 첫 장면은 뒤이어 일어날 일련의 폭력적 상황에 대한, 그리고 비거의 삶에서 폭력이 어떤 의미를 갖는가에 대한 예시적 묘사로서 매우 성공적이다. 그날도 집을 나서면서 비거는 그가 자신의 현실을 제대로 의식하고 직시한다면 "자기 자신이나 누군가를 죽일"(kill himself or someone else) 수밖에 없을 것 같은 불길한 예감을 거듭 느끼며, 따라서 현실을 외면하려는 '무관심'(indifference)과 그 무관심의 반작용으로서의 "폭력적 행동"(violent action)의 반복이 자신의 삶의 리듬임을, 그 리듬은 그의 삶을 지탱해 주는 "보이지 않는 힘"(invisible force)으로서 자신이 순간적으로나마 자신감을 되찾을 수 있는 것은 오직 폭력적 행위를 통해서임을 다시 한번 확인한다. 거스에 대한 폭행은 바로 이 폭력적 행위의 리듬이 가져온 필연적 결과라고 볼 수 있다.

비거는 그날 오후 백인 가게를 털기로 한 계획에 차질을 빚게 했다는 이유로 친구인 거스에게 싸움을 걸어 폭행을 가하지만 거스와 싸움을 벌인 사실상의 이유는 처음으로 백인을 털기로 한 데 대한 비거 자신의 두려움이었던 것이다. 이 '두려움' 은 '증오' 와 함께 비거의 삶의,

나아가 미국 흑인들의 삶의, 핵심적 요소를 이루고 있다는 점에서, 그리고 그것은 그의 폭력적 행동과 직결되어 있다는 점에서 매우 중요하다. 메리 달튼의 살해라는 이 작품의 결정적 사건에 이르는 과정을 담은 제1부의 제목이 '두려움'(Fear)이라는 사실은 이를 잘 뒷받침한다. 비거는 흰눈이 상징하는 냉혹한, 인간의 힘의 한계 밖에 존재하는 거대한 '자연의 힘'(natural force)과 같은, 그리고 그가 갖고 있지 못한 강력한 힘으로 그를 옥죄고 무기력하게 만드는, 그 백인 사회에 대하여 항상 두려움을 느끼고, 그 두려움을 강요하는 대상에 대하여 증오감을 갖지 않을 수 없다. 그리고 그 두려움과 증오감은 대체로 '무관심'의 표면 밑에 억눌려 있지만 그가 어떤 삶의 의미를 의식하거나 자신의 현실을 직시하게 될 때 그의 삶의 리듬에 있어서 '폭력적 행동'으로 분출될 수밖에 없다. 이처럼 두려움과 증오와 폭력은 비거의 삶의 조건이며, 또한 백인 지배의 미국 사회에서 살아가야 하는 모든 흑인들의 삶의 조건일 수 있는 것이다.

그러니까 거스에의 폭력 행사는 백인에 대한 두려움과 백인과의 대면에서의 무력감에 대한 역설적 표현이며 그 행위가 잔혹한 것은 그의 두려움과 무력감에 대한 자의식이 그만큼 강하다는 반증이 되는 것이다. 거스와의 싸움 후 일자리를 구하기 위하여 미스터 달튼 집에 찾아갈 때 비거는 이러한 무력감을 다시 한번 느끼면서 권총을 지니고 가기로 결심한다. 백인 세계에 나가 생활하려면 칼이나 권총을 지니고 있어야 한다는 비거의 생각은 오직 그렇게 함으로써만이 '백인과 동등한' 느낌, 그리고 어떤 '충족감' 같은 것을 느낄 수 있다는 그의 인식에 근거한 것이다. 그러니까, 비거에게 있어서 백인에 대한 두려움과 무력감을 극복할 수 있는, 그래서 그 옥죔으로부터 자유로울 수 있는 유일한 길은 백인이 가지고 있는 힘, 총이나 칼로 상징되는 그 힘을 확보하는 것, 그리고 필요한 경우 그 힘을 발휘하는 것, 즉 폭력의 행사인 것이다. 이런 점에서 메리의 살해는 비록 우발적인 것이긴 하지만 비거가 평소에 가지고 있던 폭력의 역학에 대한 이러한 의식의 필연적 산물이라고 볼 수 있다. 메리의 살해 후 비거가 느끼는 자유로움, '새로운 삶을 창조' 해 낸 것 같은, 뭔가 처음으로 자신이 책임질 일을 해 낸 것 같은 성취감, 그리고 메리를 살해함으로써 자신이 백인과 동등해진 것 같은, 여태까지 '당하기만 하다가 드디어 복수를 한' 것 같은 느낌을 갖게 되는 것은(p.155) 모두 같은 맥락에서 이해될 수 있을 것이다. 그래서 비거는 자신에게 어느 백인보다도 더 친절하게 대해 준 메리를 살해한 데 대해서도 후회나 죄책감을 전혀 느끼지 않고, 메리의 뼈가 발견되었을 때는 다시 백인에 대한 폭력의 욕구를 느끼기도 하며(p.206), 유괴를 가장한 새로운 범죄(또 하나의 폭력 행위로서의)를 계획하기까지 한다. 도주의 과정에서 비거는 어쩔 수 없이 그러나 의도적으로 그의 여자친구인 베시를 또 살해하게 되는데, 이 두 살인 행위를 통해 그는 가장 의미있는 일을 수행했다는, 자신을 위하여 '새로운 세계를 창조' 했다는, 자신의 '힘 있음' (sense of power)을 확인하기도 하는 것이다. 그리고 마지막의 체포되는 순간까지 비거는 경찰의 집요한 공격에 끈질기게 저항하며 자신의 힘과 폭력의 유효성에 대한 믿음을 포기하지 않는다. 이렇게 해서 물리적 폭력의 이야기는 제2부에서 일단 끝을 맺지만, 이 폭력행위의 의미와 그 결과에 대하여 고뇌하고 성찰하는, 그래서 결국 그 행위의 진정한 의미를 깨닫고 결과로서의 죽음을 받아들이는 비거의 각성은 제3부의 중요한 내용을 이루고 있다. 또한 우리는 제3부에서 또 다른 종류의 폭력, 물리적 폭력보다 오히려 더 위험하고 심각하고 근원적인 폭력, 흑인에 가해지는 언론과 사법 제도의 편견적 횡포로 상징되는 정치적 · 제도적 폭력을 목격하게 된다.

이렇듯 『토박이』는 처음부터 끝까지 폭력의 문제를 다층적으로 집요하게 천착하고 있는 작품이다. 이 작품에서 우리는 여러 종류의, 여러 형태의 폭력에 접하게 되지만 그것들은, 크게 백인이 흑인에게 가하는 폭력과 흑인이 백인에게 가하는 폭력, 그리고 흑인이 흑인에게 가하는 폭력의 세 가지 형태로 나눠볼 수 있다. 흑인에게 가하는 백인의 폭력은 위에서 언급한 제3부에서의 언론과 사법제도의 횡포, 블랙벨트에서의 흑인 세입자에 대한 착취 행위 등을 제외하면 이 작품에서 구체적 사건을 통하여 다루어지고 있지는 않다. 그러나 흑인에 대한 백인의 폭력은 비거의 삶뿐만이 아니라 모든 미국 흑인들의 삶을 조건짓고 비거의 모든 행위에 동기 부여를 하는 원천으로서 이 작품 자체의 기본적인 배경을 이루고 있다.

백인의 이 폭력은 흑인을 희생자로 하여 백인 사회의 지배체제와 권위를 유지하기 위한 것이라는 점에서 르네 지라르(Rene Girard)가 말하는 이른바 '제의적' (ritual) 폭력과 그 성격을 같이한다고 볼 수 있다. 지라르는 인류 문화를, '모방 위기' (mimetic crisis)의 폭력에 기초하여 희생양이라는 제의적 장치에 의해 통제되는 것으로 보는데[25] 지라르가 말하는 이러한 제의적 폭력은, 폭력에는 좋은 폭력과 나쁜 폭력이 있다는 전제 위에서 나쁜 폭력을 방지하기 위하여 희생양에게 가해지는 폭력으로서, 순화적인 좋은 폭력으로 정당화된다. 즉 지라르 자신이 밝히고 있듯이 "사회는 무슨 대가를 치르고라도 그 사회가 보호하려고 애쓰는 자신의 구성원을 해칠지도 모르는 폭력의 방향을 돌려서, '희생할 만한' 희생물에게로 향하게"[26] 하는 것이다. 백인이 지배하는 미국 사회에서 이러한 희생물은 흑인이 될 수밖에 없는데, 이 대리 희생자에게 죄를 씌우는 과정은 민족과 문화의 차등적 구분을 낳게 되고 미국 사회에서의 흑백의 차별도 결국 이러한 과정의 산물이라고 볼 수 있을 것이다. 지라르에 따르면 이 희생화 과정이 일으키는 박해자와

---

25) Richard Macksey & Frank E. Moorer, *op. cit.*, p.18에서 재인용.

26) Rene Girard, *La Violence et le Sacre*. 김진식 · 박수호 옮김, 『폭력과 성스러움』 (서울: 민음사, 1993), p.14.

희생자 사이의 갈등은 복수의 위험 상태로까지 심화될 수 있어서 이 복수의 악순환을 막기 위한 가장 효과적인 장치로 활용되는 것이 사법제도라는 것인데, 그 사법제도가 제대로 기능을 발휘하기 위해서는 막강한 정치 권력과 관련되어야만 하므로 모든 사법제도는 종교제도와 마찬가지로 근본적으로 폭력에 기초하게 된다는 것이다.[27] 『토박이』의 제3부에서 우리가 목격하는 사법제도의 폭력은 바로 이와 같은 문맥에서 이해될 수 있을 것이다.

이처럼 인류 문화의 전개와 연관짓는 지라르의 폭력 이론이 흑인에게 가하는 백인의 폭력의 본질을 잘 설명하고 있다면, 백인에 대한 흑인의 폭력은 식민자와 피식민자 사이의 역학적 갈등을 설명하는 프란츠 파농(Frantz Fanon)의 식민지 폭력 이론에 의하여 잘 검증될 수 있다. 파농에 따르면 피식민자가 처음 배우는 것은 항상 자신의 경계선 안에 머물러야 한다는 것이기 때문에 그의 꿈은 그 한계를 넘어설 수 있는 강력한 힘과 용기, 그리고 공격의 행동이다. 그런데 이 공격성은 먼저 그 자신의 종족에 대해서 자기 파괴적으로 나타난다. 그는 식민지자들의 명령에 직면할 때 항상 긴장 상태에 있으며, 자신의 한계를 넘었는지 확신이 서지 않기 때문에 늘 불안과 죄의식을 느낀다. 그러나 그 죄는 그가 승복하는 것이 아니어서 죄로서보다는 저주로 받아들이며 억압을 당하지만 결코 길들여지지 않는다. 그래서 그는 기회가 오면 언제든지 사냥감에서 사냥꾼으로 그 역할을 바꿀 수 있다. 식민지 세계는 적대적이지만 그에게는 선망의 대상이고, 자신은 피억압자이지만 그의 꿈은 박해자가 되는 것이다. 피식민 지식인들은 대체로 식민지 세계에 동화하려는 욕구를 가지고 있지만 착취를 당하는 무산 계급의 대중들은 오직 폭력만이 보답을 받는다는 사실을 발견하고 그들의 요구를 타협을 거부한 폭력의 수단에 의존하게 된다.

---

27) *Ibid.*, pp.32-39.

식민주의란 이성적 기능을 갖춘 제도가 아니라 본질적으로 폭력적인 것이기 때문에 더 큰 폭력에 직면했을 때만 굴복한다는 것을 알기 때문이다.[28)]

파농의 이러한 식민주의 이론은 미국 사회에서의 흑백의 관계에 그대로 적용될 수 있는 것으로 그의 주요 이론은 『토박이』의 비거의 행동을 통하여 설득력 있게 검증되고 있다. 예컨대 백인과 동등감을 느끼게 해줄 힘에 대한 강한 열망, 백인에 대하여 부단히 느끼는 불안과 두려움과 긴장감, 승복할 수 없으면서도 떨쳐버리지 못하는 죄의식, 백인 세계에 대한 증오와 동시에 선망, 공격 욕구와 폭력의 정당성에의 믿음 등 비거의 심리작용과 행동은 파농의 이론을 놀랄만큼 정확하게 극화시키고 있는 것이다. 특히 거스에 대한 비거의 폭행은 흑인이 흑인 스스로에게 가하는 세 번째 형태의 폭력으로, 파농이 지적한 바 있는 자신의 종족에 대한 피식민자들의 자기 파괴적인 공격 욕구 충족의 극명한 예이다. 흑인 스스로에 대한 흑인의 폭력은 흑인들의 공격 욕구와 긴장 해소의 욕구, 자기 증오와 자기 파괴 욕구, 백인에 대한 두려움과 무력감 등이 복합적으로 섞인 역설적 표현이라고 볼 수 있는데, 파농은 식민자들에게는 비이성적 행위로 보이는 피식민자들 부족 혹은 개인간의 정기적인 유혈 폭력은 바로 이러한 공격 욕구와 근육 긴장을 분출시키기 위한 집단적 자기 파괴, 자살적 행위의 다른 표현이라고 지적한 바 있다.[29)]

위에서 잠시 살펴본 백인과 흑인의 삶에 관련된 세 가지 형태의 폭력은 각각 위험한, 나쁜, 혹은 부당한 폭력을 방지, 제거, 혹은 해소하기 위한 수단이라는 점에서 매우 아이러니컬하다. 이처럼 폭력을 억제

---

28) Frantz Fanon, *The Wretched of the Earth*, trans. Constance Farrington (New York: Grove Press, 1966), pp.41-50 참조.

29) Frantz Fanon, "Concerning Violence," Richard Abcarian, ed., *op. cit.*, pp.231-32.

하려는 방법과 수단은 모두 폭력과 무관하지 않으며, 폭력을 방지하거나 제거하기 위해서는 결국 폭력에 의존할 수밖에 없다는 것이 바로 폭력의 근원적인 아이러니이다. 그리고 그것은 곧 인간의 삶, 특히 현대인의 삶의 아이러니이기도 하며 또 생존의 조건이기도 한 것이다. 왜냐하면 희생 제의나 사법제도, 종교제도 등 인간 사회의 모든 의식이나 제도나 관습은 근원적으로 권력/폭력과 관련을 맺고 있다고 볼 수 있으며(이 점에 있어서 미셸 푸코(Michel Foucault)의 생각도 지라르와 다르지 않다.) 이러한 인식은 폭력적 · 억압적 상황이 점점 더 심화되어 가는 현대의 삶에서 더욱 강한 설득력을 얻고 있기 때문이다. 현대 소설에서 폭력의 문제가 가장 중요하고 보편적인 주제의 하나로 다루어지고 있다는 사실은 결코 우연이 아니다. 그런 의미에서 또한, 라이트는 현대 소설의 선구적 역할을 한 작가로 높이 평가받아 마땅할 일이다.

라이트가 병적일 정도로 지나치게 폭력에 집착한다는 알프레드 케이진(Alfred Kazin)의 비판은[30] 어느 정도 정당한 것이긴 하지만 하우가 지적하듯이 소설이라는 장르 자체가 폭력이나 잔혹함 등의 극한적 효과를 지향하는 특성이 있다는 사실과,[31] 폭력은 미국 흑인의 삶의 핵심에 자리잡고 있는 문제라는, 폭력의 문제를 떠나서 미국 흑인의 삶을 이야기하기는 불가능하다는 사실을 우리는 감안해야 할 것이다. 그러나 이 폭력의 모티프는 무엇보다도 『토박이』의 얼핏 대립적으로 보이는 두 요소, 즉 사실주의적/자연주의적 요소와 실존주의적 요소 양자에 있어서 공히 핵심적으로 작용하면서 이 두 요소에 유기적 연관성을 부여하는 매개의 역할을 하고 있다는 점에서 중요하다. 백인 지

---

30) Irving Howe, "Black Boys and Native Sons," Richard Abcarian, ed., *op. cit.*, p.140.

31) *Ibid.*,, p.140.

배의 미국 사회에서의 흑인의 삶을 사실적으로 그리고 자연주의적 관점에서 그리는 이 소설에서 그 삶의 근원적 조건인 폭력이 핵심적 모티프로 다루어지고 있는 것은 극히 당연하며, 한편 이러한 흑인의 상황은 본질적으로 권력과 폭력의 제도적 산물인 인간 사회의 실존적 상황과 궤를 같이하는 것이어서 그러한 상황에서의 실존적 인식 또한 인간의 자유 의지와 긍정적으로 혹은 부정적으로 밀접히 연관된 폭력을 그 핵심적 내용으로 포함할 수밖에 없는 것이다. 이 소설에서 폭력은 이처럼 사실주의와 실존주의라는 이 소설의 두 축의 균형을 이루는 큰 주제(라이트모티프)로 기능하면서 궁극적으로 이 작품의 통일성에 성공적으로 기여하고 있다고 볼 수 있다.

VI

지금까지 『토박이』의 분석을 통하여 이 작품의 몇 가지 중요한 요소와 특성, 즉 사실주의적/자연주의적 요소, 상징적 기법, 실존주의적 요소, 폭력의 모티프 등을 특히 이들 간의 유기적인 상호 연관성에 주목하여 검토해 보았다. 그러한 과정에서 이 작품의 문학사적 의의나 중요성, 특히 흑인 항변소설의 새 지평을 열고, 현대 실존주의 소설의 기초를 다지고, 현대 소설의 핵심적 주제인 폭력의 주제를 일찍이 강조한 그 선구적 역할, 즉 현대 소설의 새로운 전통을 세우는 데 기여한 그 의의에 대하여 언급한 바 있다. 그러나 이 작품은 기존의 미국 소설의 전통을 충실히 이어 발전시킨 정통적인 미국 소설로서도 정당한 평가를 받아야 하리라 생각한다. 『토박이』가 미국 흑인소설의 사실주의적 전통을 잇는 중추적 작품이며 미국 자연주의 소설의 전통의 주축을 이루는 대표적 작품임은 이미 지적한 바이지만 이 작품은 또한 미국 소설의 전통적인 주제나 모티프들을 충실히 다루고 있다는 점에서도 미국 소설의 고전적 작품이라 일컬을 만하다.

예컨대 미국 소설의 가장 중요한 주제의 하나인 도피(escape) 혹은 추구(quest)의 주제는 비거의 불안정한 삶의 역정에서, 더욱 구체적으로는 범행 후의 비거의 '도주'(flight)와 감옥에서의 자기 정체성의 추구 과정에서 잘 드러나고 있고, 도피/추구의 주제와 밀접히 연관된 입문(initiation) 및 여행(journey)의 모티프는 메리의 살해 사건을 통해 새로운 세계를 경험하는 비거의 삶 자체가 하나의 입문을 위한 상징적 여행이라는 점에서 쉽게 확인될 수 있다. 또한 『어떤 다른 세계』(*A World Elsewhere*)라는 리차드 포이리어(Richard Poirier)의 비평서의 제목이 시사하듯 미국의 작가들이 그들의 작품 속에서 집요하게 추구하는 이상적인 삶의 터전으로서의 '어떤 다른 장소'의 모티프는 자신의 삶을 옥죄는 갇힌 공간에 대한 비거의 강한 불만, 그리고 그 공간으로부터 어떤 열린 물리적·정신적 공간으로의 해방에 대한 그의 집요한 열망에 잘 담겨 있다. 『토박이』의 간판격 주제라 할 폭력의 주제 역시, 미국 문학의 중요한 한 특성이라 할 수 있는 보이지 않는 억압적 권력이나 폭력에 대한 저항, 그리고 그 폭력의 본질을 파헤쳐 그것을 드러내고 그것의 억압 규제로부터 끊임없이 벗어나려는 노력에 그 뿌리를 내리고 있다고 보아도 지나침이 없을 것이다.

물론 서두에서도 잠시 밝혔듯이 『토박이』의 결함을 지적하는 평자들도 많다. 실제로 『토박이』에는 몇 가지 중대한 결함이 있다고 볼 수 있다. 예를 들면 제3부에서 1, 2부의 박진감 넘치는 사실적 서술 방법을 유지하지 못하고 설명식 서술 방법으로 주저앉고 만 형식적 약점, 이 형식적 약점과 밀접한 관계가 있는, 맥스를 통하여 전달하려는 혁명적 이데올로기와 사회주의적 역사의식이 예술적으로 충분히 소화되지 못한 점, 그리고 흑인의 문제를 너무 거칠고 원초적인 차원에서, 오직 흑백 간의 갈등과 투쟁이라는 관점에서만 다룸으로써 흑인의 삶을 포괄적으로 조망하지 못한 점 등이 그것이다. 그러나 이러한 결함에도 불구하고 위에서 이미 살펴본 바 『토박이』가 이룩한 여러 가지 중요한 문학적 성취들, 그리고 현대 소설에서의 『토박이』의 높은 문학사적 위상은 손상 없이 정당하게 평가를 받아야 할 것이다.

(1994, 『인문논총』 32집)

7 랄프 엘리슨Ralph Ellison의 『보이지 않는 사람』Invisible Man

개인과 사회, 그 갈등의 현장

I

미국 소설의 특성이나 전통을 그 주제적 측면에서 검토해 볼 때 우리는 미국 소설이 즐겨 다루어 온 몇 가지 중요한 주제 혹은 모티프들에 주목하게 된다. 인간과 자연의 대립, 인간소외, 도피 혹은 탈출, 자기 정체 확인의 추구, 입문(initiation)의 주제 등은 그 대표적인 것들이라 볼 수 있는데, 이러한 주제들은 궁극적으로 '개인과 사회의 갈등'이라는 커다란 주제 안에 대체로 수렴될 수 있을 것이다.

사실 소설이 어떤 사회적 상황에 처한 어떤 개인들의 이야기라면 그것은 필연적으로 개인과 사회의 문제를 그 안에 포함하게 되는 것이지만 미국 소설의 경우, 이 '개인과 사회' (혹은 '개인 대 사회')의 주제에 유별나게 집착하여 그것을 강조해 온 감이 없지 않다. 그것은 초기 식민지 시대부터 인간과 환경, 그리고 개인과 사회와의 새로운 역동적 관계가 부단히 추구되고 탐험되고 실험되어 온 미국의 역사적 현실과 결코 무관하지 않을 것이다. 그러나 미국의 주요 작가들의 주요 작품에서 이 주제는 매우 다양하게 다루어져 오고 있음을 알 수 있다. 예를 들어 제임스 페니모어 쿠퍼(James Fenimore Cooper)의 경우 '개인과 사회' 의 주제는 내티 범포(Natty Bumppo)로 상징되는 자연인으로서의 개인과 문명으로 제시되는 인위적 사회와의 긴장, 특히 『개척자들』(*The Pioneers*)에서의 내티 범포와 템플턴 마을(Templeton town)의 갈등을 통하여 잘 드러나듯이 자연적인 것과 인위적인 것, 즉 자연과 문명의 대립으로 제시되며, 나사니엘 호손(Nathaniel Hawthorne)의 『주홍글자』(*The Scarlet Letter*)나 허만 멜빌(Herman Melville)의 『빌리 버드』(*Billy Budd*)에서는 개인의 도덕의식과 사회적 윤리의식 사이의 갈등으로 발전한다. 한편 스티븐 크레인(Stephen Crane), 시어도어 드라이저(Theodore Dreiser)의 소설 등 19세기 후반에서 20세기 초에 이르는 소위 자연주의 소설이라 불리는 작품들에서 이 '개인과 사회' 의 주제는 대체로 무력한 한 생명체로서의 개인과 이러한 개인에 무관심한 냉혹한 환경으로서의 사회와의 대립으로 변모하며 20세기 초 이후의 현대 소설에서는 산업화된 자본주의 사회에서의 필연적인 개인과 사회의 관계, 즉 주변 인물로 영락한 개인과 물질적 가치가 지배하는 조직화된 사회와의 갈등으로 주로 다루어지고 있다.

또한 우리가 보통 막연하고 포괄적인 의미로 사용하는 개인과 사회라는 용어 자체도 보다 구체적이고 다층적인 개념으로 규정될 수 있을 것이다. 예를 들어 '개인과 사회' 의 범주에는 자아로서의 개인과 타자로서의 사회, 부분으로서의 개인과 전체로서의 사회, 그리고 개체로서의 개인과 조직체로서의 사회 등이 포함될 수 있으며, 긴장 관계를 이루기는 하지만 서로 대립되거나 갈등을 일으키지 않는, 개인의 삶과 전체의 삶이 조화를 이룰 수 있는 공동체로서의 사회와 그 사회를 이루는 일원으로서의 개인의 관계 또한 그 안에 상정될 수 있을 것이다. 이처럼 결코 단순하지 않은 이 개인과 사회의 주제는 미국 흑인문학의 경우 더욱 복합적인 양상을 띠게 된다. 그것은 미국 흑인문학이 백인 우위의 미국 사회에 의한 인종적 박해의 희생자이면서 동시에 그 박해의 주역인 미국 사회를 구성하는 미국인이어야 하는 흑인들의 역설적인 이중적 삶을 주로 다루고 있는 까닭이다.

이 글의 목적은 이 같은 '개인과 사회'의 주제가 포괄하는 중요한 문제점들을 랄프 엘리슨(Ralph Ellison)의 『보이지 않는 사람』(*Invisible Man*)을 통하여 보다 구체적으로 탐구해 보려는 것이다. 『보이지 않는 사람』을 분석의 대상으로 삼은 것은 이 작품이 제2차 세계대전 이후의 가장 탁월한 미국 소설로 평가받을 만큼[1] 높은 수준의 문학성을 갖춘 작품이며, 아직까지 흑인 소설가[2]에 의하여 쓰여진 아마도 가장 방대한 작품으로, '깜둥이'이면서 동시에 미국인이어야 하는 미국 흑인의 삶의 경험을 매우 넓고 깊게 천착함으로써 그 경험의 진수를 가장 포괄적으로 의미 깊게 전달하고 있는 흑인소설이라 판단되었기 때문이다.

모든 문제작들이 대체로 그렇듯이 『보이지 않는 사람』도 여러 측면과 여러 각도에서 매우 다양하게 연구되고 평가되어 오는 셈이지만,[3]

---

1) 1965년 200명의 작가, 비평가, 편집자들을 대상으로 시행한 Book Week 투표에서 "지난 20년 동안에 출판된 가장 탁월한 한 권의 소설"로 *Invisible Man*이 선정된 바 있다.

2) 이하 흑인소설, 흑인 작가라 할 때는 달리 설명이 없는 한 미국 흑인소설, 미국 흑인 작가를 지칭한다.

3) Stewart Rodnon이 제시한 Invisible Man의 6가지 가능한 접근 방법(approach)은 이와 관련하여 참고할 만하다(Stewart Rodnon, "Ralph Ellison's *Invisible Man:* 6 Tentative Approaches," *Studies in* Invisible Man, ed. Ronald Gottesman (Columbus: Charles E. Merrill, 1971), pp.109-20). Rodnon의 6가지 approach의 대상은 다음과 같다. ① Poe, Melville, Mark Twain, Faulkner, Saul Bellow 등 미국 문학 전통과의 연관성, ② Dostoyevski, Kafka, Dickens, Joyce 등 서구 문학 전통과의 연관성, ③ 해학, Gothic 소설적 특성, 은유, 시점 등 문학 기교적 측면, ④ 흑백 관계, 권위에의 영합, 입문(initiation) 등 주제적 측면, ⑤ 성장소설(Bildungsroman), 자기 발견, 사회에 대한 개인의 반응, 반영웅적 주인공(anti-hero) 등의 특성을 가진 다른 작품들과의 비교 연구, ⑥ 포괄적인 미국

일반적으로 가장 많은 연구의 대상이 되고 있는 것은 이 작품의 자기 정체성 추구(search for identity)의 주제라고 볼 수 있다. 사실 이 소설의 다른 중요한 측면들, 즉 악한 소설(picaresque novel)적 구성, 성장소설(Bildungsroman)적 요소, 입문의 주제, 반영웅적 주인공(anti-hero)의 실존적 각성 등도 자기 정체성 추구의 주제와 긴밀한 연관을 맺고 있다. 그런데 이 자기 정체성 추구의 주제는 궁극적으로 '개인과 사회의 갈등'의 주제와 그 뿌리를 함께 하고 있다고 볼 수 있을 것이다. 자기 정체성은 타자와의 관계, 즉 사회적 관계 속에서 오직 의미를 가질 수 있는 것이며 사회에 의하여 주어지고 사회에 의하여 유지되는 측면이 강하기 때문에[4] 자기 정체성의 추구는 필연적으로 사회와의 갈등을 통해서 전개될 수밖에 없는 까닭이다. 그러나 이 작품에서 자기 정체성 추구의 주제가 더욱 중요하고 복합적인 의미를 갖는 것은 그 추구가 현대 미국 사회에서의 한 흑인의 삶을 통하여 이루어지고 있기 때문이다.

이 소설은 한 지적인 흑인 청년이 소년에서 성인에로의, 남부에서 북부로의, 무지(innocence)에서 경험(experience)으로의 여정을 거쳐 갖가지 모험과 방황 끝에 결국 '보이지 않음'(invisibility)이라는 자신의 정체성을 발견하는, 어떤 의미에서는 '보이지 않음'으로부터 '보임'(visibility)의 상태에 이르는 이야기라고 말할 수 있다. 많은 비평가들, 특히 백인 비평가들은 이 작품이 흑인의 인종적 주제를 초월해서 자기 정체성 추구와 인간성의 발견이라는 보편적 진실을 다루고 있음을 강조한다. 그러나 이 소설의 이름 없는 흑인 주인공이 처한 특수한 인종적 상황이 갖는 의미는 결코 소홀히 다루어질 수 없다. 엘리슨 자신도

흑인 문제.

4) Todd M. Lieber, "Ralph Ellison and the Metaphor of Invisibility in Black Literary Tradition," *American Quarterly* 24 (1972), p.88.

시사하듯이 문학은 궁극적으로 보편적인 '공적 진실'(public truth)을 이야기하는 것이지만 그 공적 진실은 특수한 '사적 진실'(private truth)에 기초해야 하는 것이며, 이 작품의 경우 사적 진실을 이루는 흑인의 인종적 경험(racial experience)은 바로 이 작품의 뿌리를 이루고 있기 때문이다. 더욱이 이 작품은 매우 다양하고 풍부한 흑인민속(Negro folklore)을 바로 소설 형성의 골격으로 삼고 있다고 볼 수 있다.[5] 이 작품에는 트루블러드(Trueblood)의 삶과 그의 오두막집, 그리고 타프 동지(Brother Tarp)의 족쇄로 상징되는 노예제도, 흑인대학으로 암시되는 남부 재건(Reconstruction), 라스(Ras)로 대표되는 흑인 민족주의 운동(Black Nationalism), 주인공의 역정에 담긴 남부에서 북부로의 이동, 할렘(Harlem)의 흑인폭동 등 흑인의 주요 역사가 거의 모두 포괄되어 있고, '교활한 노예'(wily slave) 혹은 '속임꾼'(trickster)으로서의 블레드소(Dr. Bledsoe)와 주인공의 할아버지, '유모'(mammy) 사랑의 화신인 메리 람보(Mary Rambo), 루이 암스트롱(Louis Amstrong)의 블루스(blues) 음악, 흑인 설교와 영가, 흑인 모세(Black Moses)의 신화 등 흑인민속이 풍성히 담겨 있는 것이다. 이제 '개인과 사회의 갈등'이라는 주제의 틀 안에서 자기 정체성 추구와 흑인의 인종적 경험이 갖는 의미에 초점을 맞추어 이 작품을 좀더 구체적으로 살펴보기로 하겠다.

II

『보이지 않는 사람』은 일인칭 서술자인 주인공이 자신의 과거의 체

5) Houston A. Baker, "A Forgotten Prototype: *The Autobiography of An Ex-colored Man* and *Invisible Man*," *Virginia Quarterly Review* 49 (1973), p.446.

험의 의미를 되새기며 자신의 정체성을 확인하는 서장(Prologue)과 종장(Epilogue), 그리고 그러한 확인에 이르기까지의 과거의 체험 내용을 회상 형식으로 담은 주내용부(main body)를 그 사이에 삽입한, 말하자면 봉투형 구조를 취하고 있는 소설이다. 서장과 종장의 무대를 이루는 지하의 밀실은 이러한 확인을 잉태한 자궁 같은 공간이며, 그 공간을 밝히는 1,369개의 전구는 이 확인의 의미를 보다 분명히 하는 깨우침(enlightenment)의 상징이라 볼 수 있을 것이다. 그래서 이야기는 "나는 보이지 않는 사람이다. . . . 사람들이 나를 보려고 하지 않는다는 오직 한 가지 이유로"(I am an invisible man. . . . simply because people refuse to see me)라는 급작스런 자기 확인의 결론으로부터 시작한다. 그리고 그 안 보임의 이유인, 사람들이 자기를 보기를 거부하는 과정의 구체적 내용을 서술해 간다. 1장의 서두에서 주인공은 다음과 같이 회상한다.

> . . . 일생 동안 줄곧 나는 무엇인가를 찾았어. 그리고 내가 시선을 돌릴 때마다 누군가가 그게 무엇인지를 나에게 말해 주려고 했지. 그들의 대답이 때로 모순되고 심지어 자가당착적일지라도 나는 그 대답들을 받아들였어. 나는 순진했었지. 내가 찾는 것은 내 자신이었는데, 오직 나만이 대답할 수 있는 질문들을 정작 내 자신은 젖혀놓고 엉뚱하게 다른 사람들에게 물었던 거야. 오랜 시간이 지나고 나의 기대가 부메랑처럼 되돌아오는 고통스런 경험을 거친 후에야 나는 모든 사람들이 태어날 때부터 이미 깨닫고 있는 것처럼 보이는 진실, 즉 나는 나 자신일 뿐이라는 사실을 깨닫게 되었지. 하지만 무엇보다도 먼저 나는 내가 보이지 않는 사람이라는 사실을 발견해야 했어!
>
> . . . All my life I had been looking for something, and everywhere I turned someone tried to tell me what it was. I accepted their answers too, though they were often in contradiction and even self-contradictory. I was naive. I was looking for myself and asking everyone except myself questions which I, and only I could answer. It took me a long time and much painful boomeranging of my expectations to achieve a realization everyone else appears to have been with: That I am nobody but myself. But first I had to discover that I am an invisible man![6)]

이처럼 다른 사람들의 판단과 기존의 권위에 의존하는 즉 백인의 권력체제에 자발적으로 순응하는 나이브(naive)한 주인공에게, 돌연한 변신을 선언하는 듯한 할아버지의 다음과 같은 유언내용은 수수께끼일 수밖에 없다.

> 얘야, 나 죽은 후에도 계속 잘 싸워 나가기 바란다. 너한테 한번도 직접 이야기한 적은 없다만, 우리의 삶이란 하나의 전쟁이야. 그 삶 속에서 나는 줄곧 반역자였고, 저 옛날 재건시대에 총을 포기한 후 지금까지 적진 속에서 스파이 노릇을 해온 셈이지. 사자의 입속에 네 머리를 틀어박고 살거라. '그렇습죠' 수법으로 결국 그들을 이겨내고, 웃음으로 그들을 서서히 붕괴시키고, 그들의 말에는 뭐든지 동의를 해서 그들을 결국 죽음과 파멸에 이르게 하고, 너를 삼켜서 웩웩대거나 터져 버리게 하거라.
>
> Son, after I'm gone I want you to keep up the good fight. I never told you, but our life is a war and I have been a traitor all my born days, a spy in my enemy's country every since I give up my gun back in Reconstruction. Live with your head in the lion's mouth. I want you to overcome em wit yesses, undermine em with grins, agree em to death and destruction, let em swoller you till they want vomit or bust wide open. (p.17)

이러한 할아버지의 유언에 줄곧 곤혹감을 느끼는 주인공에게 그 수수께끼의 의미를 차츰 일깨우는 일련의 시련들이 닥쳐들기 시작한다. 그 첫 시련이 대 난투(Battle Royal) 사건이다.

남자만의 유흥을 위한 백인 명사들의 모임에서 벌어진 이 대 난투의 장면은 금발 백인 여자의 선정적인 나체쇼, 눈을 가린 채 벌이는 흑인 소년들끼리의 난투극, 그리고 주인공의 고등학교 졸업식에서 행한 연설의 재연, 이렇게 3개의 프로그램으로 진행된다. 먼저 나체쇼가 벌어지자 주인공을 포함한 당황한 흑인 소년들은 백인 여자의 나체를 애써

---

6) Ralph Ellison, *Invisible Man* (Harmondsworth: Penguin, 1979), p.17. 이하 본문의 인용에는 이 책의 쪽수만을 밝힘.

외면하려 하지만, 어떤 백인들은 나체를 보도록 강요하기도 하고 어떤 백인들은 보지 못하도록 협박하기도 함으로써 흑인 소년들은 백인의 명령을 따를 수도 없고 안 따를 수도 없는 고통스런 곤경에 빠지게 된다. 마일즈 도널드(Miles Donald)는 이 곤경을 "흑인의 굴종과 백인 육체에 대한 흑인의 탐욕이라는 백인의 신화적 믿음 중에 어느 것을 그들이 구현해 보여야 할는지 알 수 없는 곤경"[7]이라고 적절히 지적하고 있다. 가까스로 그 곤경을 벗어난 흑인 소년들은 이제 눈을 가린 채 상대가 누구인지도 모르는 집단난투극을 벌여야 하는 또 다른 곤경을 겪는다. 게임이 끝난 후 흑인 소년들은 그들에게 부여된 임무를 충실히 수행한 대가로 돈을 받게 되는데 전류가 통하는 카펫 위에 널린 가짜 돈을 줍는 고통스런 게임을 다시 한번 치르지 않으면 안 된다. 두 게임을 통해 거의 기진 상태가 된 만신창이의 주인공은 '사회적 의무'(social respon sibility)와 '사회적 평등'(social equality)을 강조하는 그의 연설을 드디어 끝내고 그 대가로 가죽가방과 대학 장학증서를 받게 된다.

주인공에게 첫 시련을 마련해 준 대난투 사건은 이 작품에서 매우 중요한 구실을 하고 있다. 이 사건은 이 소설에서 일어나는 거의 모든 중요한 사건과 그 사건이 지니는 의미를 농축하여 예시하고 있으며, 미국 사회에서의 흑인의 삶의 진상을, 그리고 흑인이 겪는 인종적 체험의 정수(精髓)를 상징적으로 암시하고 있기 때문이다.

황금빛 머리의 백인 여자의 나체는 흑인들에 대한 백인 사회의 가장 대표적인 유혹이라 할 수 있는 돈과 섹스를 상징하는 것으로[8] 주인공은 후에 동지회(Brotherhood)로부터 같은 유혹을 받게 된다. 그러나 나체쇼 장면은 마일즈 도널드의 지적이 시사하듯이 흑인 소년들이 직

---

7) Miles Donald, *The American Novel in the Twentieth Century* (London: David & Charles, 1978), p.147.

8) Thomas A. Vogler, "*Invisible Man:* Somebody's Protest Novel," John Hersey, ed., *Ralph Ellison* (Englewood Cliffs: Prentice-Hall, 1974), p.143.

면한 곤경을 통하여 백인 우위체제의 미국 사회에서 흑인이 항상 겪어야 하는 딜레마, 즉 백인 중심의 가치체계에 따라 행동하도록 강요당하면서도 그와 같이 행동했을 때 그 행동은 다시 그 가치체계에 어긋나는 행동으로 받아들여지는 아이러니컬한 딜레마를 절실히 보여주는 데 가장 큰 의의가 있다. 이러한 가치체제가 유지되는 한, 미국 사회는 흑인들이 무슨 행동을 하더라도 그 행동이 그릇될 수밖에 없는 상황으로 흑인들을 몰아가게 되고, 결국 흑인들은 행동불능 상태에 빠질 수밖에 없게 되는 것이다.[9] 대학(college)에서도, 리버티 페인트(Liberty Paints) 공장에서도, 그리고 동지회에서도 주인공은 이런 딜레마에 줄곧 부딪치게 되며, 서장과 종장에서의 주인공의 지하 동면은 이런 딜레마에서 비롯된 행동 불능상태의 다른 표현이라고 볼 수 있을 것이다.

흑인 소년들끼리의 난투극은 미국 사회에서의 흑인들의 기대 역할을 보다 분명히 드러내 보인다. 오직 백인들의 즐거움을 위하여 흑인 소년들은 서로 싸워야 하는 것이며, 그들의 이러한 맹목적인 싸움은 그들의 눈을 가리고 있는 눈가림 천으로 의미 깊게 상징되고 있다. 리버티 페인트 공장에서의 주인공과 브로크웨이(Brockway)와의 싸움, 동지회 안에서의 흑인들끼리의 대립, 주인공과 라스와의 갈등, 그리고 무엇보다도 마지막의 흑인폭동 사건은 이와 같은 흑인 소년들의 눈먼 난투극과 같은 문맥에서 이해되어야 할 것이다. 눈가림 혹은 눈멂의 모티프는 이 작품의 곳곳에서 의미심장하게 반복되어 나타난다. 이 난투극 사건이 암시하는 또 한 가지 중요한 점은 흑인들의 이러한 역할 수행에 대한 반대 급부로 주어지는 물질적 보상은 사실상 허울 좋은 가짜이며(카펫 위의 가짜 돈), 심한 고통(감전의 충격)을 수반한다는 사실이다.

주인공의 연설 역시 주인공의 삶을 예시하는 하나의 모티프로써 매

9) Miles Donald, *op. cit.*, p.147.

우 중요한 역할을 하고 있다. 리버티 페인트 공장 사건 이후 주인공의 자기 정체의식이 처음으로 행동화된 것이 흑인 노부부의 강제퇴거 사건에 대한 주인공의 즉흥 연설이라 할 수 있으며, 바로 그 연설이 주인공으로 하여금 동지회와 관계를 맺게 하는 계기를 마련해 준 것이다. 동지회에서의 주인공의 임무는 주로 그러한 연설을 하는 일이며, 동지회와의 결정적 파국은 토드 클리프턴(Tod Clifton)의 장례식에서 행한 주인공의 연설에서 비롯된 것이다. 더욱이 주인공이 연설 도중 '사회적 의무' 와 '사회적 평등' 을 운위(云謂)할 때 백인 청중들이 그 말을 알아듣지 못하고 계속 반문하는 것은 '사회적 의무' 에서 비롯된 '사회적 평등' 의 이상이, 그리고 그 이상에 대한 주인공의 나이브한 꿈이 얼마나 리얼리티와 먼 허황된 것이며, 또 아이러니컬한 것인가를 잘 보여준다.

고통 속에서 행해진 이 연설행위 역시 가죽가방과 대학 장학증서의 물질적 보상을 받는 것은 주목할 만하다. 이 대 난투 사건은 한편으로는 미국 사회에서의 백인과 흑인 관계의 근본적인 성격을 드러내 보이며, 다른 한편으로는 한 개인으로서의 주인공과 그가 속한 사회와의 관계, 즉 무비판적이고 순응적인 피해자로서의 개인과 적의적이고 강압적인 가해자로서의 사회와의 관계를 극화하고 있다고 볼 수 있다.

주인공에게 닥쳐드는 두 번째 시련인 퇴교 사건은 대학 3학년이 된 주인공이 대학재단 이사인 백인 미스터 노턴 씨(Mr. Norton)를 안내하는 과정에서 일어난 일련의 사건들로부터 비롯된다. 그 첫 사건이 노턴과 트루블러드와의 대면이다. 노턴의 요구에 따라 차를 몰던 주인공은 옛 노예 시절부터 지금까지 버텨 온 트루블러드의 낡은 오두막집에 이르게 되고 거기서 노턴은 트루블러드의 근친상간의 이야기를 듣게 된다. 비록 꿈결의 무의식 상태에서 불의의 죄악을 범하긴 했지만, 트루블러드는 그의 이름이 시사하듯 순수한 흑인의 삶의 어떤 진수를 보여주는 인물이라고 볼 수 있다. 그의 행위는 딸에 대한 흑인의 본능적 감성,

백인의 욕구의 억압에 대한 흑인의 욕구의 표현을 암시한다. 특히 '블루스'를 부름으로써 자신의 운명에 맞서게 되는 트루블러드의 모습에서 우리는 흑인의 삶을 엮는 중요한 한가닥의 진실을 발견하게 된다.

> . . . 제가 아는 것이라고는 결국은 제가 블루스를 부르게 될 수밖에 없으리라는 것입죠. 그날 밤에 전에는 한번도 불러 본 적이 없는 블루스를 불렀습죠. 노래를 부르는 동안 결국 저는 저 자신일 수밖에 없다는 사실을 깨달았고 무슨 일이 일어나든 일어나게 내버려 둘 수밖에 없다는 사실을 또한 확실히 깨달았습죠. 집에 돌아가서 케이트와 대면하자, 그래 매티 루와도 터놓고 대면하는 거야, 그렇게 마음을 먹었죠.
>
> . . . All I know is I ends up singin' the blues. I sings me some blues that night ain't never been sang before, and while I'm singin' them blues I makes up my mind that I ain't nobody but myself and ain't nothin' I can do but let whatever is gonna happen, happen. I made up my mind that I was goin' back home and face Kate: yeah, and face Matty Lou too. (pp.58-59)

이러한 트루블러드의 모습은 서장에서 루이 암스트롱의 블루스를 들으며 자신의 정체를 추적하는 주인공을 연상하게 한다. 래리 닐(Larry Neal)은 블루스가 이 소설의 한 '중추적인 창조적 모티프'를 이루고 있음을 지적하며, 그의 딸을 임신하게 한 비극적 재난 이후에 트루블러드로 하여금 자기 자신과 맞설 수 있게 해준 것은 바로 블루스의 힘임을 강조한다.[10] 흑인의 삶에 있어서 블루스의 중요성에 대해서는 엘리슨 자신이 도처에서 언급하고 있지만 리처드 라이트(Richard Wright)에 관한 한 에세이에서 그가 내린 다음과 같은 블루스의 정의는 흑인의 삶의 원동력으로서 블루스의 의미를 가장 적절히 전하고 있다.[11]

> 블루스란 고통스러운 기억들과 끔찍한 경험의 이야기들을 아픈 의식 속에

---

10) Larry Neal, "Ellison's Zoot Suit," John Hersey, ed., *Ralph Ellison*, p.175.

11) Ralph Ellison, *Shadow and Act* (New York: Vintage Books, 1964), pp.78-79.

계속 살아 있게 하고 싶은 충동, 그 경험의 거친 표면을 어루만지며 철학적인 위안에 의해서가 아니라, 그것으로부터 비극적이기도 하고 희극적이기도 한 서정을 쥐어 짜냄으로써 그 고통의 경험을 초월하고 싶은, 그런 충동이다. 하나의 예술 형식으로서 블루스는 서정적으로 표현된 개인의 불행의 자서전적인 이야기인 것이다.

The blues is an impluse to keep the painful details and episodes of a brutal experience alive in one's aching consciousness, to finger its jagged grain, and to transcend it, not by the consolation of philosophy but by squeezing from it a near-tragic, near comic lyricism. As a form, the blues is an autobiographical chronicle of personal catastrophe expressed lyrically.

한편 트루블러드의 근친상간 행위는 흑인의 역할에 대한 백인들의 기대와 믿음을 충족시켜 줌으로써 사건 후 백인들은 트루블러드에게 오히려 물질적인 도움 등의 호의를 베푼다. 이와 같은 백인들의 호의는 대난투 장면에서 흑인 소년들이 그들에게 기대되는 역할을 충실히 수행한 대가로 받는 물질적 보상과 맥을 같이 한다. "흑인은 나의 운명"(Negro is my fate)임을 자랑스럽게 내세우며 흑인의 친구로 자처하는 노턴 역시 트루블러드가 이야기를 끝마칠 때 그에게 100달러를 주는데, 그것은 사랑하는 딸에 대한 자신의 억압된 욕구충족의 간접 체험, 즉 대상심리 충족의 대가일 뿐만 아니라 위와 같은 흑인의 기대 역할 수행에 대한 물질적 보상이라고 볼 수 있다. 백인들에게 있어서 흑인은 개성과 자기 정체를 지닌 한 인간이나 개인으로서가 아니라 그들이 바라고 기대하는 유형의 한 집단으로 존재할 따름인 것이다.

트루블러드와의 대면에 이은 두 번째 사건은 홍등가 술집인 더 골든 데이(The Golden Day)에서 일어난다. 트루블러드의 이야기에 충격을 받아 탈진 상태에 이른 노턴의 응급처치를 위하여 주인공은 위스키를 구할 수 있는 한 흑인 전용의 술집을 찾아가는데, 흑인 재향군인 환자들의 단골 술집인 이 더 골든 데이에서 노턴과 주인공은 갖은 수모를 당하며 곤욕을 치르게 되는 것이다.

노턴을 응급 처치해 준 의사 출신의 한 흑인 퇴역군인은 그에게 주인공에 대하여 다음과 같이 이야기한다.

> 그는 노턴 씨를 향하여 말했다. "그 친구 멀쩡한 눈과 귀, 그리고 펑퍼짐한 아프리카식 코까지 잘 갖추고 있죠. 하지만 인생의 아주 간단한 사실들을 이해하지 못하고 있는 겁니다. . . . 자신의 감정만이 아니라 인간성 자체를 억압하는 것을 이미 배운 거죠. 그 친구는 *보이지 않는* 겁니다. 부정 그 자체의 현신이랄까, 당신의 꿈의 완벽한 성취죠. *기계적* 인간 말입니다.
>
> "You see," he said turning to Mr. Norton. "he has eyes and ears and a good distended African nose, but he fails to understand the simple facts of life. . . . Already he's learned to repress not only his emotions but his humanity. He's *invisible*, a walking personification of the Negative, the most perfect achievement of your dreams, sir! The *mechanical* man!" (pp.80-81) (이탤릭은 필자)

그리고 흑인의 문제가 곧 자신의 운명과 직결되어 있다는 노턴의 말에 이렇게 대꾸한다.

> "가련한 분들이시지. *당신들은 서로를 볼 수 없는 겁니다.* 당신에게 있어서 그 친구는 당신의 성취도를 나타내는 채점표의 한 목표에 지나지 않아요. 사람이 아니라 하나의 대상물이죠. 아이에 지나지 않는다 할까, 아니 그 정도도 안 되죠. . . . 형체가 없는 하나의 검은 대상물일 따름이죠. 그 친구는 자신의 심장의 맥박을 믿듯이 굳게 믿고 있습니다. 그 친구는 노예나 실용주의자들에게 가르치는 그 커다란 허위의 지혜, 즉 백인은 옳다는 그 허위의 지혜를 신봉하고 있는 겁니다. 당신에게 그의 운명이 어떤 것인지 말씀드리죠. 그는 당신이 시키는 대로 할 겁니다. 그 점을 위해서는 그의 *눈멂*은 그의 가장 중요한 자산이죠. 그 친구는 당신의 사람이란 말씀이야. 당신의 사람, 그리고 당신의 운명이지. 이제 당신 두 사람, 혼돈으로 이르는 계단을 내려가서 여기서 제발 꺼져 버리쇼. . . ."
>
> "Poor stumblers. *neither of you can see the other.* To you he is a mark on the scorecard of your achievement, a thing and not a man: a child, or even less —a black amorphous thing. . . . He believes as he believes in the beat of his heart. He believes in that great false wisdom taught slaves and pragmatists alike, that

> white is right. I can tell you his destiny. He'll do your bidding, and for that his *blindness* is his chief asset. He's your man, friend. Your man and your destiny. Now the two of you descend the stairs into chaos and get the hell out of here . . . ." (pp.81-82)(이탤릭은 필자)

더 골든 데이 사건은 세 가지 점에서 중요한 의미를 지닌다. 첫째, 노턴이 자신의 운명과 동일시하는 흑인의 삶의 정체가 과연 어떤 것인가를 암시하고 있는 점이다. 더 골든 데이의 폐인이 되다시피 한 주정꾼들은 주로 의사나 변호사 혹은 교사 출신들로 노턴이 자신의 성공적 운명으로 기대하는, 바로 그러한 엘리트 흑인들이다. 그러니까 더 골든 데이 술집의 혼돈은 노턴 같은 백인들이 믿고 바라는, 엘리트 흑인들에 의한 흑인의 '번영' (Golden Day)의 진상을 매우 역설적으로, 그리고 그들의 믿음이나 바람이 얼마나 허황되고 안이한 것인가를 매우 아이러니컬하게 보여주고 있는 것이다. 둘째, 이 경우 주인공과 갈등을 일으키는 외부 집단은 대난투 사건에서와 같은 백인 사회가 아니고 흑인 사회라는 점이다. 이 갈등은 주인공이 자신의 정체성을 확인해 가는 과정에서 필연적으로 거쳐야 될 자기 내부의 갈등의 객관화된 모습에 다름이 아니다. 그러나 이 시점에서 주인공은 아직 그러한 갈등의 의미를 느끼지 못한다. 셋째, 주인공의 이런 상황과 연관된 것으로, 의사 출신의 한 흑인 퇴역군인을 통하여 주인공의 '안 보임' (invisibility)과 '눈멂' (blindness)의 상태, 그리고 인간이 아닌 하나의 기계나 자동인형(automaton)으로서의 주인공의 실체가 처음으로 언표(言表)되고 있다는 점이다.

주인공은 결국 이 사건으로 학장인 블레드소 박사(Dr. Bledsoe)와의 충격적인 면담을 거쳐 학교에서 쫓겨나게 되는데 북부행의 버스에서 다시 만난, 역시 그 사건으로 그곳에서 쫓겨 가는 의사 출신의 그 퇴역군인으로부터 "게임을 하되 자네 식으로 하게"(Play the game, but play it your own way)라는 충고를 다시 들으면서도 그 말의 진의를 깨닫지 못한다. 그의 성공의 꿈의 화신(化身)이기 때문에 그를 더욱 큰 충격 속에 빠뜨린 블레드소의, 가면을 벗은 속임꾼[12]의 진면목이나 블레드소을 칭송하는 바비(Barbee) 목사가 맹인으로 밝혀지는 상징적 사실에서도 주인공은 자신이 처한 상황이나 자신의 실체를 제대로 파악하지 못한 것이다. 주인공이 자기 정체의 위기를 느끼기 시작한 것은 뉴욕에서의 취직이 여의치 않게 되고 그 원인이 블레드소의 악의에 찬 편지 때문이라는 사실을 알게 되면서부터이다. 블레드소의 배신에 분노와 절망을 느끼면서 그는 처음으로 "도대체 내가 누구인가?"(Who was I anyway?)라고 자문하기에 이른다. 그러나 자기 정체에 대한 주인공의 위기의식은 어떤 조직체에 다시 소속됨으로써 곧 극복될 수 있는 아직은 소박한 차원의 위기의식에 지나지 않는다. 이러한 주인공의 정체의식은 리버티 페인트 공장에서의 경험을 통하여 서서히 변모하기 시작한다.

"리버티 페인트로 미국의 순수함을 지키자"(Keep America pure with Liberty Paints)라는 슬로건을 내걸고 정부에 흰 페인트를 납품하는 리버티 페인트 공장은 미국 산업사회의 한 축도로서, 미국적 자유라는 것이 겉만 깨끗이 페인트칠을 한 얼마나 허망한 환상인가를 희화적으로 드러내 보이고 있다. 이 공장이 자랑하는 미국적 자유의 순수함을 상징하는 '눈에 확 띄는 흰색'(optic white) 제품은 흰 페인트에 검은 액체 열 방울을 섞어 색깔을 더욱 희게 만드는 매우 아이러니컬한 제조방법으로 만들어지는데 주인공이 이 공장에서 처음 맡게 된 일이 바로 '눈에 확 띄는 흰색' 페인트를 만들기 위하여 검은 액체를 섞어 휘젓는 작업이다. 이 작업이 상징하는 바를 짐작하기는 어렵지 않다. 그

12) trickster 혹은 wily slave의 전형으로서 Dr. Bledsoe는 주인공의 할아버지와 유사한 데가 있지만, 자신의 영달을 위해서는 다른 흑인을 기꺼이 희생시킬 수 있다는 점에서 할아버지와 다르다.

것은 흑인의 희생과 백인 동화에 의한 흑인정신의 소멸 위에서 이루어지는 미국 백인문화의 진상일 것이다. 주인공은 다시 지하의 보일러실로 내려가서 브로크웨이라는 흑인을 돕는 일을 하게 된다. 지하 깊숙한 곳에 자리잡아 밖으로부터 차단되어 있다시피 하지만 보이러실은 사실상 공장의 심장부라 할 수 있는 곳으로, 이 보일러실을 혼자 맡아 관리하는 늙은 흑인의 모습은 미국의 산업을 실제로 움직이는 것은 흑인의 보이지 않는 힘이라는 의미깊은 아이러니를 상징적으로 전달하고 있다. 이 지하세계의 모티프는 동지회의 소니언 클럽(Chthonian club)을 통하여 상징적으로 반복되며, 결국 이 작품의 틀을 이루는 서장과 종장의 라이트모티프로 발전되어 간다.

주인공은 이 리버티 페인트 공장에서의 짧은 근무기간 동안 두 번의 곤욕을 치르는데 그 첫째는 락커룸에 도시락을 가지러 갔다가 그곳에서 회합을 벌이고 있던 백인 노동조합원들에게 스파이로 오인되어 봉변을 당하는 것이고, 그 둘째는 가까스로 그곳을 빠져나온 주인공이 이제는 브로크웨이에게 노동조합원의 스파이로 오해를 받아 그와 본의 아닌 격투를 벌이게 되는 것이다. 백인 노동조합원들과 브로크웨이와의 대립, 그리고 그 대립으로 인하여 엉뚱한 피해를 당하는 주인공의 상황은 그들이 모두 미국 사회, 혹은 미국 산업사회의 피해자들이라는 점에서 매우 아이러니컬하다. 그러나 이 사건은 자신의 정체를 거부당하는 주인공의 '안 보임'의 상태와 그 정체를 보지 못하는 노조원들이나 브로크웨이의 '눈멂'의 상태를 대비함으로써 개인의 진실을 무시하는 맹목적 사회의 폭력과 그 폭력의 희생자로서의 개인을 강조하는 데 보다 중요한 의미가 있을 것이다.

브로크웨이와의 격투는 보일러 폭발사고로 이어지고 이 사고로 주인공은 뇌에 부상을 입고 의식을 잃는다. 이 의식의 잃음은 주인공에게 있어서 하나의 상징적 죽음이며, 뇌에 대한 기계치료는 새로운 정체의 재탄생의 과정을 암시한다고 볼 수 있다.[13] 그러나 불행히도 이 과정은 현대 과학기술의 역설적인 희생자로서의 주인공의 모습을 확인시켜 줄 따름이다. 새로운 정체의 재탄생의 과정은 인간성이 거세된 로봇 기계의 제조 과정에 다름이 아니기 때문이다. 두 의사의 대화는 이 같은 사실을 냉혹하게 드러내고 있다.

> "그 기계는 칼의 부정적인 영향이 전혀 없이 전전액골 뇌엽절제의 효과를 가져올 겁니다. . . . 그 결과는 끔찍한 뇌수술을 거친 후 범죄자들이 온순한 인간으로 바뀌게 되는 그 동화 속의 이야기 같은 경우들에서 볼 수 있는 그런 완전한 인간성의 변화입니다. 더구나 말이죠." 그 목소리는 의기양양하게 계속되었다. "환자는 육체적으로나 정신적으로 온전하다는 말입니다."
>
> "하지만 심리적 측면은 어떻습니까?"
>
> "그건 전혀 중요하지가 않죠! 환자는 완벽하게 자기가 살아야 할 대로 살게 되는 거죠. 그 이상 더 무엇을 바랄 수 있겠습니까? 그는 중요한 동기의 갈등을 느끼지도 않을 것이고, 무엇보다도 더 좋은 점은 사회가 그 같은 사람 때문에 정신외상적 충격의 고통을 받지 않아도 될 거라는 점이죠."
>
> 잠시 말이 그치더니 종이에 펜을 긁적거리는 소리가 들렸다. 그러더니 "거세를 하면 어때요?"라고 익살스럽게 묻는 소리가 들리고, 그 소리에 나는 깜짝 놀라며 째는 듯한 심한 통증을 느꼈다.

> "The machine will produce the results of a pre-frontal lobotomy without the negative effects of knife. . . . the result is as complete a change of personality as you'll find in your famous fairy-style cases of criminals transformed into amiable fellows after all that bloody business of a brain operation. And what's more," the voice went on triumphantly, "the patient is both physically and neurally whole."
>
> "But what of his psychology?"
>
> "Absolutely of no importance!" the voice said. "The patient will live as he has to live, and with absolute integrity. Who could ask more? He'll experience no major conflict of motives, and what is even better, society will suffer no traumata on his account."

---

13) Allen Guttman, "Focus on Ralph Ellison's *Invisible Man:* American Nightmare," David Madden, ed., *American Dreams, American Nightmares* (London: Feffer and Simons, 1970), p.191.

There was a pause. A pen scratched upon paper. Then "Why not castration, doctor?" a voice asked waggishly, causing me to start, a pain tearing through me. (pp.192-93)

의사의 계속되는 "이름이 뭐지요?," "누구지요?"라는 질문에 주인공이 자신의 이름이 무엇인지 자신이 누구인지 도무지 알 수 없는 암흑의 공백을 경험하는 것은 이를 잘 뒷받침한다. 그 암흑의 공백 상태로부터의 해방을 원하는 주인공은 자유가 자신의 정체를 확인함으로써 오직 가능하다는 것을, 자유와 자기 정체는 서로를 포함하는 것임을, 자신이 누구인지를 발견하게 될 때 비로소 자신이 자유로워질 수 있음을 깨닫는다. 리버티 페인트 공장에서 다시 쫓겨나 메리 람보의 보호를 받게 된 주인공은 어느 날 길거리에서 군고구마를 사먹으면서 이러한 자유감과 자기 정체 의식을 문득 하나의 계시처럼 느끼게 된다.

나는 고구마를 한 입 베어 먹으며 옛날처럼 따끈하고 달콤한 그 맛을 느꼈다. 그러자 갑자기 *향수*가 몰려와서 나는 스스로를 통제하기 위해서 몸을 돌렸다. 고구마를 씹으며 길을 따라 걸으면서 나는 갑자기 강렬한 *자유*의 느낌에 압도되는 기분이었다. 오직 길을 걸으면서 고구마를 먹는다는 그 이유만으로, 나는 유쾌함에 들떠 있었다. 누가 나를 보는지 어떻게 하는 게 점잖은 것인지 도무지 걱정할 필요가 없는 것이었다. . . .

"진짜 고구마를 먹을 줄 아는 사람이군요."

"그건 *타고난 운명* 같은 거죠. *고구마를 먹어서 내가 나인 거지요*"라고 나는 대꾸했다.

I took a bite finding it as sweet and hot as any I'd ever had, and was overcome with surge of *homesickness* that I turned to keep my control. I walked along, munching the yam, just as suddenly overcome by an intense feeling of *freedom* — simply because I was eating while walking along the street. It was exhilarating, I no longer had to worry about who saw me or about what was proper. . . .

. . . "I can see you one of these old-fashioned yam eaters."

"They're *my birthmark*." I said. "*I yam what I am!*"

(pp.214-15) (이탤릭체는 필자)

고구마를 먹는 상징적 행위에 의하여 주인공은 백인 중심의 미국 기존 체제에의 동화로부터 벗어나 자신의 과거를 되찾고 흑인으로서의 민족적 정체에 눈뜨는 듯 보이며, 이러한 자각은 그로 하여금 강제 퇴거당하는 흑인 노부부의 모습에 의분을 느껴 즉흥 연설을 하게끔 만든다. 그리고 이 즉흥 연설을 계기로 주인공은 동지회[14]에 가입하게 된다. 주인공은 부당하게 수탈당하는 모든 사람들을 위해 보다 나은 세계를 만드는 동지회의 목표를 위하여 사람들을 조직화하여 행동으로 이끌어야 함을 강조하면서 자신에게 흑인들을 대변하고 조직화하는 지도자가 되어 달라는 재크 동지(Brother Jack)의 권유를 받아들이게 되는 것이다. 그러나 동지회에의 가입은 곧 백인에 의한 또 다른 권력 체제로의 동화를 뜻하는 것이 된다. 동지회에서의 임무수행을 위하여 주인공은 가족, 메리 등 자신의 모든 과거와의 단절과 개인적 자유의 유보를 강요당하며 새로운 이름과 새로운 역할을 부여받음으로써 자유감과 함께 되찾은 듯싶던 자신의 민족적 정체를 다시 상실하게 되는 까닭이다. 물론 그러한 결정에 앞서서 주인공은 메리의 양배추 삶는 냄새가 줄곧 불러일으키는, 자신의 흑인으로서의 그 정체의식을 떨쳐버리지 못함을 경험한다. 그가 애써 버리려고 해도 끝내 버리지 못하는 흑인 형상을 한 메리의 저금통은 그 정체의식의 의미 깊은 상징일 것이다. 또한 지금까지 자신의 삶의 기준이 되어 온 '나'와 메리의 삶의 기초를 이루는 소박한 공동체적 '우리'와 동지회의 엄격한 행동 기준이 되는 보다 큰 '우리' 사이에서 주인공은 곤혹감과 갈등을 느끼기도 한다. 새 이름과 새 옷차림의 새 인간으로 탈바꿈한 자신의 낯선 모

---

14) Ellison은 Brotherhood의 정체를 밝히기를 끝내 거부하고 있지만, 여러 가지 정황으로 판단해 볼 때 Brotherhood는 Ellison 자신이, 그리고 Richard Wright 등 많은 흑인 작가들이 가담했던 Marxist 공산주의 단체를 모델로 했음이 분명하다.

습에서도 주인공은 그러한 곤혹감을 느낀다.

> . . . 내 새 이름을 잊어버리지나 않을까, 청중들이 나를 알아보지나 않을까 하는 자질구레한 걱정들이 마구 겹쳐왔다. 몸을 앞으로 구부리면서 나는 갑자기 새 푸른 바지 안에 들어 있는 내 다리를 의식했다. 하지만 그게 네 다린 줄 어떻게 아나? 네 이름은 무엇인가? 나는 내 자신에게 슬픈 농담을 건네며 생각했다. . . . 그 새 옷은 나에게 새로움을 전해주는 것이었다. 옷과 내 새 이름 그리고 이 환경, 그것은 생각 속에 새기기에는 너무 미묘한 새로움이었다. 하지만 분명 그것은 새로움이었다. 나는 나 아닌 다른 어떤 사람이 되어 가고 있었다.
>
> . . . Little worries whirled up within me: That I might forget my new name: that I might be recognized from the audience. I bent forward, suddenly conscious of my legs in new blue trousers. But how do you know they're your legs? What's your name? I thought, making a sad joke with myself. . . . The new suit imparted a newness to me. It was the clothes and the new name and the circumstances. It was a newness too subtle to put into thought, but there it was. I was becoming someone else. (pp.270-71)

이러한 자기 정체의 탈바꿈 혹은 소멸과정이 '소니언' 이라는 이름의 클럽에서 이루어지는 것은 그것이 지하세계로의 또 하나의 전락의 과정임을 암시한다. 그러나 주인공은 억압당하는 모든 사람들을 위한 보다 나은 세계를 이루는 역사적 변환 과정에 있어서 개인이란 중요하지 않으며 개인은 전체의 이익을 위하여 개인의 의무를 다하는 데 그 의의가 있는 것이라는 재크 동지의 주장을 받아들임으로써 자신의 행동을 합리화하려고 노력한다. 그리하여 데뷔 연설과 함부로(Hambro)와의 이론 학습을 성공적으로 마친 주인공은 그의 담당 구역인 할렘 지역에서 곧 명성과 기반을 확보할 만큼 동지회의 사업에 열중하게 된다. 인터뷰를 요청하는 잡지 편집자에게도 그는 자신은 기계의 한 톱니에 지나지 않으며, 개인이 중요한 것이 아니라 집단(group)이 무엇을 원하고 무엇을 하느냐가 중요하며, 동지회에서는 모두, 공동의 성취를 위해 개인의 야망을 억제한다는 사실을 강조한다. 그리고 자신의 급속한 성공을 가능케 한 동지회의 '아름다운 규율' (beauty of discipline)을 예찬하기도 한다.

그러나 동료인 토드[15] 클리프턴과 함께 흑인 민족주의자인 라스와 정면 대결을 벌인 후 주인공은 차츰 자신의 정체에 대한 의식의 동요를 느끼기 시작하며, 때로 두 개의 자아, 즉 과거에 집착하는 '옛날의 자아' (old self)와 동지회를 대변하는 '새로운 공적(公的) 자아' (new public self) 사이의 갈등과 분열을 경험하기도 한다. 또한 같은 흑인 동료인 레스트럼 동지(Brother Wrestrum)의 배신행위로 할렘의 업무를 떠나야 하는 수모와 고초를 겪기도 한다. 그러나 주인공의 심경에 근본적인 변화를 일으킨 것은 토드 클리프턴의 죽음이 가져온 충격이다. 동지회를 떠나 자취를 감추었던 토드 클리프턴은 흑인의 굴종과 자기 비하의 상징이라 할 수 있는 천박한 삼보(Sambo) 인형을 파는 자조적인 모습으로 발견되는데, 단속 경찰관에게 무모한 반항을 시도함으로써 자살 행위와 같은 개죽음을 당하고 마는 것이다.

주인공은 클리프턴이 왜 자신의 목소리를 포기하고 "자기 자신을 '정의' (define)할 기회를 제공해 주는 유일한 조직인 동지회"를 떠난 것일까, 왜 "역사 밖으로 뛰쳐나가서"(plunge outside of history) "무" (nothingness)의 세계로, "얼굴 없는 얼굴들과 소리 없는 목소리들의 진공"(the void of faceless, faces, of soundless voices)으로 잠적해 버린 것일까를 곰곰 생각해 보며 동지회가 항상 신봉하여 내세우는 '역사'

---

15) 이 소설에 등장하는 인물이나 장소의 이름들은 대부분 allegorical한 것들로서 이 소설이 궁극적으로 전달하고자 하는 우의적 · 상징적 의미에 적지 않게 기여하고 있다. Trueblood, Norton(north), Tod(death) Clifton, Wrestrum (restroom), Ras(race 혹은 prince), Tobitt(two bit), Rinehart(rind-heart), Sibyle(무녀) 등의 사람 이름과 Golden Day, Chthonian(지하세계) Club, Calamus(Whitman의 시의 한 묶음의 제목으로 homosexuality를 암시) Club 등의 장소명은 그 좋은 예들이다.

라는 것이 인간의 중요한 측면을 보지 못하고 오직 알려진 것, 보여진 것, 들리는 것, 기록자가 선택한 것만을 기록하는 '우연'이 아닌가 회의를 느끼기 시작한다. 그러고는 지하철 주변을 오가는 한 무리의 '얼굴 없는 얼굴'의 보통 사람들과 세 흑인 소년의 모습을 바라보면서 역사의 의미를 되새겨 보는 것이다.

> 동지회를 발견하지 못한다면 그들은 시간의 밖에 위치하는 사람들이지, 곧 사라지고 잊혀지고 말 시간 밖에 존재하는 사람들 말이야, 하지만 누가 아나. . . . 그들이 구세주이고 진정한 지도자이고 고귀한 어떤 것을 지닌 사람들인지. . . . 재크 동지가 옳지 않다면 어떻게 되는 거지? 역사가 실험실에서의 실험의 에너지가 아니라 도박꾼 같은 것이고 그 소년들은 그의 비장의 패라면? 역사가 이성적인 시민이 아니라 편집광적인 교활함으로 가득 찬 미치광이고 이 소년들이 그의 스파이들이라면? 아니 그의 깜짝 놀라게 해 줄 어떤 것이라면, 아니 그 자신에 대한 하나의 복수라면 어떻게 되는 거지? 왜냐하면 그들은 밖에서, 어둠 속에서, 춤추는 종이인형인 그 삼보와 함께 있기 때문이지. 우뚝 독립하여 서는 대신에 람보에 삼보를 싣고 역사의 힘을 피해서 이리저리 도망다니는 나의 타락한 동지 토드 클리프턴(오 토드, 토드)과 함께 말이야.

> They were men out of time — unless they found Brotherhood. Men out of time, who would soon be gone and forgotten. But who knew. . . . but that they were the saviours, the true leaders, the bearers of something precious? . . . What if Brother Jack were wrong? What if history was a gambler, instead of a force in a laboratory experiment, and the boys his ace in the hole? What if history was not a reasonable citizen, but a madman full of paranoid guile and these boys his agents, his bit surprise! His own revenge? For they were outside, in the dark with Sambo, the dancing paper doll: taking it on the lambo with my fallen brother, Tod Clifton(Tod, Tod) running and dodging the forces of history instead of making a dominating stand. (p.355)

할렘으로 복귀한 주인공은 자신의 부재(不在)와 클리프턴의 잠적으로 붕괴의 위기에 이른 할렘 지역 동지회의 세력과 조직을 복구하기 위하여 군중을 동원할 토드 클리프턴의 장례식을 계획한다. 다분히 감상적이고 자조적인 내용의 장례 연설을 끝낸 후 그는 그의 시야에 하나의 군중이 아니라 개개인의 남녀의 모습이 들어와 박히는 새로운 변화를 경험하지만 동지회를 위해서는 그 군중의 감정을 조직화해야 할 의무감을 느낀다. 그러나 동지회의 상임위원회는 클리프턴을 배신자로 낙인찍으며 '개인적 책임' (personal responsibility) 위에서 이루어진 주인공의 행동에 통렬한 비판을 가한다. 그리고 클리프턴이 한 동지일 뿐만 아니라 '한 인간이요 한 흑인임' 을 감연히 역설하는 주인공에게 재크 동지는 "당신더러 생각하라고 고용한 게 아니오. . . . 생각은 위원회가 하는 것이오. 우리 모두를 위해서 말이오. 당신은 말을 하도록 고용된 것이요"(you were not hired to think. . . . For all of us, the committee does the thinking. For all of us. And you were hired to talk) 라고 말하며 위원회의 결정과 규율(discipline)의 중요성을 거듭 강조한다. 주인공은 타프 동지가 그에게 선물한 족쇄를 주머니 속에서 만지작거리면서 동지회의 규율 안에서 자신의 '보이지 않음' 의 상태를 확인한다. 그리고 놀랍게도 재크 동지의 왼쪽 눈이 실명 상태임을 발견하고 재크 동지의 '눈멂 상태' 와 그런 사실을 그때까지 모르고 있었던 자신의 눈먼 상태를 새삼 깨닫게 된다. 그것은 개체의 독자적 의미가 거부되는 조직체 안에서 이루어지는 개체 사이의 맹목적 관계에 대한 자각에 다름 아닐 것이다. 재크 동지는 규율이 곧 희생임을 강조함으로써(And do you know what discipline is, Brother Personal Responsibility? It's *sacrifice*, sacrifice, SACRIFICE!) 그의 실명이 규율의 산물임을 암시한다. 바로 자신의 운명에 대한 것일 수도 있다는 이 암시를 통하여 주인공은 규율과 희생과 눈멂의 관계에 대한 새로운 깨달음을 얻게 되고, 이 깨달음은 자신의 정체성에 대한 각성으로 이어진다.

> 하지만 난 전과 똑같이 될 수는 없을 거야. 결코. 오늘밤 이후엔 나는 결국 똑같이 보이지도 똑같이 느껴지지도 않을 거야. 내가 어떻게 될는지는 모르지. 하지만 과거의 나의 모습 — 그것은 대단치 않은 거지만 — 으로 되돌아

갈 수는 없어. 과거의 내가 되기엔 나는 너무 많은 것을 잃어버렸지. 나의 어떤 것들은 토드 클리프턴과 함께 죽어 버렸어.

But I would never be the same. Never. After tonight I wouldn't ever look the same, or feel the same. Just what I'd be. I didn't know: I couldn't go back to what I was — which wasn't much — but I'd lost too much to be what I was. Some of me. too, had died with Tod Clifton. (pp.383-85)

그러나 자신의 정체성에 대한 결정적 각성은 라인하트(Rinehart)라는 인물과의 조우(遭遇)에서 이루어진다. 길에서 라스 부하들의 추격을 당한 주인공은 검은 안경과 흰 모자로 변장을 시도하는데, 놀랍게도 사람들은 그를 전혀 알아보지 못하고 계속 라인하트라는 인물로 오인한다. 그 오인의 과정을 통하여 라인하트는 동시에 도박꾼이요, 연인이요, 뇌물증여자요, 밀수업자요, 설교가(gambler, lover, briber, runner, preacher)인 다양한 정체의 인물임이 드러난다. 즉 그의 이름이 암시하듯이 라인하트는 껍질(rind)과 속(heart)을 동시에 갖춘, 혹은 껍질이며 동시에 속인, 모든 가능성을 지니고 필요에 따라 다양한 정체로 변신할 수 있는 인물인 것이다. 물론 라인하트는 실제 인물이 아니며, 주인공과 라인하트의 조우는 실제로 이루어지는 것이 아니라 정신적인 상징적 만남이다.

엘리슨은 한 인터뷰에서 이 소설은 "의지(purpose)에서 열정(passion)으로, 다시 인지(perception)로"의 주인공의 움직임의 변천 과정을 보여주며, 주인공이 남부에서 북부로, 비교적 안정된 상태로부터 급속한 변화의 상태로 옮겨감에 따라 이 소설의 문체는 '자연주의적'(naturalistic) 문체에서 '표현주의적' (expressionistic) 문체로, 그리고 동지회에서 주인공의 영락과 함께 다시 '초현실주의적' (surrealistic) 문체로 바뀌고 있음을 지적한 바 있다.[16] 주인공의 라인하트와의 조우는

16) Ralph Ellison, *Shadow and Act,* pp.176-78.

그 '초현실주의적' 문체로 그려진 바로 그 '인지'의 절정 상태라 볼 수 있을 것이다.

주인공은 라인하트의 정체에서 삶의 다양성, 삶의 무한한 가능성에 눈뜨게 되며 라인하트의 세계에서는 모든 경계선이 허물어져 내리고 '자유는 필요성의 인식일 뿐만 아니라 가능성의 인식' 임을 인지한다. 또한 라인하트의 무한한 가능성의 세계에서 '보이지 않음'의 의미를 새로이 인식하며 이 라인하트에 두려움을 느끼면서도 그것이 자신의 '보이지 않음'에 긍정적 의미를 부여할 수 있는 한 돌파구 구실을 해 줄 수 있음을 깨닫는다. 그리고 이 깨달음은 그에게 줄곧 하나의 수수께끼였던 할아버지의 유언 내용과 '그렇습죠 수법'(yes-sing)의 역설에 담긴 깊은 의미를 이해할 수 있게 해주는 것이다.

> 그래, 나는 존재했는데도 보이지 않았어. 그게 근본적인 모순이지. 나는 존재했는데 그들이 보지를 않은 거야. 그것은 무서운 사실이지. 그런데 거기 앉아 있으면서 나는 다른 또 무서운 가능성의 세계를 느꼈어. 왜냐하면 이제 나는 재크와 동의하지 않으면서도 동의할 수 있음을 알게 되었으니까. 할렘 사람들에게도 희망이 없을 때 희망을 가지라고 말할 수 있어. 아마도 내가 어떤 실체의 기초를, 그들을 역사의 장으로 인도할 행동의 어떤 확고한 근거를 발견할 때까지 그들에게 희망을 가지라고 말할 수 있겠지. 하지만 그때까지 내 자신은 움직이지 않고 그들을 움직여야 해. . . . 라인하트 놀이를 해야 하는 거지.

> Well, I was and yet I was invisible, that was the fundamental contradiction. I was and yet I was unseen. It was frightening and as I sat there I sensed another frightening world of possibilities. For now I saw that I could agree with Jack without agreeing. And I could tell Harlem to have hope when there was no hope. Perhaps I could tell them to hope until I found the basis of something real, some firm ground for action that would lead them on to the plane of history. But until then I would have to move them without myself being moved. . . . I'd have to do a Rinehart. (p.408)

그러나 동시에 주인공은 무한한 가능성의 세계에서는 '어쩌면 믿을 수 없는 일들만이 믿어질 수 있고, 어쩌면 진실은 항상 거짓일 것'이라는, 즉 모든 것이 가능한 라인하트의 세계는 모든 가치가 전도될 수 있는 혼돈의 세계일 것이며 모든 정체가 가능함으로써 결국 아무 정체도 가능하지 않은 정체상실의 세계, 오직 '껍질(rind)만으로 이루어진 속(hart)' 의 허위세계일 것이라는 깨달음에 이르기도 한다. 작가가 스스로 밝히고 있듯이 라인하트는 '혼돈의 의인화' (personification of chaos)이며, 나아가 미국 사회의 혼돈과 역사의 변화, 그 자체의 상징물인 것이다.[17] 그러니까 라인하트와의 조우는 주인공의 각성에 이중적으로 기여하고 있다고 볼 수 있다. 그 하나는 지금까지 주인공이 그것들을 제대로 이해하지 못함으로써 방황과 좌절에서 벗어나지 못한 것들, 즉 삶의 다양성과 무한한 가능성, 사회적 삶이 근본적으로 지니는 역설적 모순성, 그리고 사회 속에서의 개인의 생존 방법으로서의 라인하트적 대응의 효용성에 대한 새로운 인식이며, 다른 하나는 그러나 라인하트적 대응이 개인의 사회적 삶의 모든 문제를 해결해 줄 궁극적 해답이 될 수 없다는, 라인하티즘은 근본적으로 혼돈과 무정체의 전술일 수밖에 없다는 인식이다. 그래서 주인공은 그러한 각성에도 불구하고, 오히려 그러한 각성 때문에, 자신의 동지회에서의 '보이지 않음' 에 대한 잠정적인 대응책으로 라인하티즘을 구사할 수는 있지만 동지회와의 관계에서의 근본적인 딜레마, 즉 "동지회를 벗어나면 우리는 역사를 벗어나는 것이 되고, 동지회 안에 있으면 그들은 우리를 보지 않는 거야. 그러니 이건 환장할 일이지, 우리는 아무 곳에도 없는 거야"(Outside the Brotherhood we were outside history: but inside of it they didn't see us. It was a hell of a state of affairs, we were no where)라는 질곡에서 벗어날 수 없는 것이다. 동지회의 정치적 선전의 제물이 되고 마는 할렘의 흑인폭동, 라스와 주인공의 희화적 대결, 뒤이은 주인공의 도피는 이 질곡의 필연적인 귀결이 아닐 수 없다. 그리고 어둠

17) *Ibid.*, p.181.

속에서 쫓기면서 주인공이 절박하게 느끼는, 메리에게로 가야 한다는 강박감은 이 질곡으로부터 벗어나 자기 자신을 찾아야 한다는 절박한 자아추구 의식에 다름 아닐 것이다. 이러한 상태에서 주인공이 갈 곳은 지하세계일 수밖에 없다. 이 지하세계에서 주인공은 지금까지의 자기 정체, 즉 사회가 그에게 부여한 그 가짜 정체를 이루어 온 것들을 하나하나 불태우며 자신의 주위를 밝힌다. 이 밝힘의 행위는 주인공이 과거의 삶에 대한 깊은 성찰로부터 발견해 낸 '보이지 않음' 이라는 자신의 진짜 정체를 '보이도록' 밝히는 상징적 행위임은 물론이다. 이 '보이지 않음' 의 자기 정체의 확인과 그 확인의 과정에 담긴 깊은 의미들의 천착을 거쳐 주인공은 지하세계에서의 긴 동면으로부터 깨어난다. 그리고 사회적 역할의 책임을 스스로 인식하는 한 개인으로서, 이제 지상세계로 올라갈 채비를 하는 주인공의 모습으로 이 소설은 끝맺고 있다.

III

현대 문학에서의 개인은 대체로 무기력하고 수동적인 순진무구한(innocent) 희생자로 다른 사람들의 생각에 의하여 그들의 삶의 방향과 의미가 좌우되는, 데이비드 리스만(David Riesman)의 용어를 빌려 이른바 '타율적 인간' (other-directed man)으로 흔히 그려진다. 『보이지 않는 사람』의 주인공 역시 이러한 '타율적 인간' 의 한 정형이라고 볼 수 있을 것이다. 대학, 리버럴 페인츠, 동지회, 이 모든 조직 사회는 주인공에게 각기 그 나름의 편견적 리얼리티의 이미지를 강요하고 그러한 편견적 리얼리티에 준거한 역할 수행을 요구한다. 따라서 그 사회에서의 생존을 위해서는 한 개인으로서 자신의 진정한 자아가 아닌, 그 사회가 그에게 기대하고 강요하는 배역이나 유형의 존재가 될 수밖에 없는 것이다. 이러한 과정에서 주인공이 결국 '보이지 않음'의 자기 정체의 확인에 이르러 행동 불능상태에 빠지게 되는 것은 당연한 귀결이다. 더욱이 백인 주도의 미국 사회에서(흑인을 위한 대학도 백인의 지원과 감독으로 운영되고 있는) 흑인의 위치를 감안할 때 주인공의 이러한 각성과 자기 발견의 과정이 보다 절박하고 복합적일 것임을 이해하기는 어렵지 않다.

그러나 모든 사회 조직이나 기관은 개인을 어떤 식으로든 '가공처리'(processing)하고 '계획에 따라 조정'(programming)하는 속성을 지님으로써 개인의 정체를 말살하기 쉬운 반면, 한 개인이 어떤 사회구조 안에 위치해 있지 않을 경우 그는 혼돈에 빠져버릴 위험이 있는 것이다.[18] 개인과 사회의 관계에 내재한 이 근본적인 딜레마를 자각한 주인공은 동지회의 대의적 명분에서 해답을 구하려 하지만 실패로 돌아가고 말며, 마지막으로 라인하티즘의 효용성에서 어떤 돌파구를 찾으려 하지만 그것 역시 궁극적 해답을 마련해 주지 못함을 깨닫게 된다. 토니 태너(Tony Tanner)도 시사하듯이 주인공이 추구하는 것은 다른 사람 혹은 조직체의 사고 및 행동양식을 강요당하지 않고, 개인을 말살하는 역할수행(role-playing)을 강요당하지 않고, 현실의 세계, 즉 현실사회에 동참하는 길이다. 주인공의 이러한 추구의 의미는 동지회에서의 첫 연설 후 그가 자기 정체의 혼란을 경험하며 떠올린 대학시절 문학강의의 내용에 의미 깊게 함축되어 있다.

> . . . 스티븐의 문제는 우리의 문제와 마찬가지로 그의 종족의 창조되지 않은 양심을 창조해 내는 문제가 아니라 그의 얼굴의 창조되지 않은 특징적 모습을 창조해 내는 일이지. 우리가 해야 할 일은 우리 자신을 개개인으로 만드는 일이야. 한 종족의 양심은 사물을 보고 그 가치를 평가하고 그것을 기록하는 개인의 재능인 것이야. . . . 우리는 우리 자신을 창조해 냄으로써 종족을

18) Tony Tanner, "The Music of Invisibility," John Hersey, ed., *Ralph Ellison*, p.83.

창조해 내는 것이고, 그렇게 해서 우리 자신도 놀랍게 하나의 문화를 창조해 내게 되는 것이지. 존재하지도 않는 어떤 것을 위해 양심을 창조해 내는 그런 일에 왜 시간을 낭비해야 할 것인가?

. . . Stephen's problem, like ours, was not actually one of creating the uncreated conscience of his race, but of creating the uncreated features of his face. Our task is that of making ourselves individuals. The conscience of a race is the gift of its individuals who see, evaluate, record. . . . We create the race by creating ourselves and then to our great astonishment we will have created a culture. Why waste time creating a conscience for something that doesn't exist?(p.286)

"우리 자신들을 개인들로 만드는 일"의 중요성과 그 일이 "존재하지도 않는 종족의 양심을 만들어 내는 일"에 절대적으로 우선해야 함의 필요성을 강조하고 있는 이 진술은 개인과 사회와의 근본적 딜레마를 해결하는 데 중요한 하나의 돌파구를 마련해 줄 수 있을 것이다. 여기서의 '종족'(race)의 개념은 '사회'나 '문화'의 개념으로 변형 혹은 확대될 수 있을 것이며, 그렇다면 위의 진술에서 '우리는 바람직한 개인을 창조(우리 자신들을 개인들로 만듦)함으로써 바람직한 사회를 창조(종족의 양심을 만들어 냄)할 수 있는 것'이라는 명제가 추출될 수 있다. 바람직한 사회는 바로 개인의 존재와 개인의 창조성이 존중되고 또한 그것들 위에 세워지는 사회일 것이며, 엘리슨이 생각하는 이상적인 사회 역시 이러한 사회일 것임을 짐작하기는 어렵지 않다.[19] 그러나 종장의 거의 마지막 부분에 이르기까지 주인공이 처한 현대 미국의 암울한 현실은 이러한 바람직한 사회의 무망함을, 주인공에게 어떤 책

19) 그러나 궁극적으로 개인의 가치 위에 세워진 이러한 사회관은 특히 미국 사회에서의 흑인 문제를 다룰 경우 흑인 전체의 인종적 문제, 흑백 간의 갈등 문제, 정치, 경제를 포함한 현실적인 사회 구조적 문제 등을 개인적 차원으로 절하(切下)시켜 버릴 위험이 없지 않을 것이다.

임 있는 사회적 역할의 수행을 허용할 수 있을 그런 사회가 불가능할 것임을, 짙게 암시하고 있다. 그리고 그 무망은 지하세계에서의 주인공의 자조적 동면상태에 의하여 설득력 있게 강조되고 있다. 그럼에도 불구하고 이 작품의 마지막 부분에 이르러 주인공은 갑자기 사회적 역할의 책임을 강조함으로써 그런 역할을 허용할 수 있는 바람직한 사회의 가능성을 시사한다. 오스틴 라이트(Austin Wright)는 주인공이 자신의 '보이지 않음'의 정체를 확인한 후 세 가지의 가능한 행동 양식을 인식하고 있다고 지적하면서 첫째는 그의 '보이지 않음'을 받아들여 그것을 최대한으로 이용하는 것으로, 말하자면 라인하티즘을 구사하는 것이고, 둘째는 그가 지하세계로 잠입하듯이 사회로부터 완전히 물러나는 것이며, 셋째는 사회적 책임을 지며 그의 '보이지 않음'과 정면 대결하는 것이라고 말한다.[20] 그러니까 주인공은 마지막 부분에서 이 세 번째의 행동양식을 택하고 있는 셈이다. 그러나 이 부분의 갑작스런 긍정적, 희망적, 혹은 낙관적 톤은 마지막 순간에 지금까지의 끈질긴 정체성 추구의 집요한 노력을 포기한 듯한, 정교하게 유지되어 온 작품 전체의 균형과 일관성을 무너뜨리는 작지 않은 결함으로 생각된다. 마커스 클라인(Marcus Klein) 역시 이 부분의 결함을 다음과 같이 지적하고 있다.[21]

> 그 후로는 모든 메시지가 엘리슨의 심각한 망설임의 한 척도인 것처럼 보인다. 그러나 어찌했든 맨 마지막 장면에서 주인공은 갑자기 긍정적인 자세를 보인다. 민주주의에 대하여(". . . 무엇보다도 우리는 민주주의의 그 원칙, 그 이름으로 우리가 무자비하게 당하고 희생되어 온 그 책략을 긍정해야

---

20) Austin M. Wright, *The Formal Principle in the Novel* (Ithaca: Cornell UP, 1982), p.244.

21) Marcus Klein, "Ralph Ellison's *Invisible Man,*" Ronald Gottesman, ed., *Studies in Invisible Man* (Columbus: Charles E. Merrill, 1971), p.88.

해"). 사랑에 대하여(". . . 그 모든 것에도 불구하고 나는 내가 사랑하고 있다는 사실을 깨닫게 돼. . . . 그래, 사랑해야지"). 정신에 대하여, 사회적 의무에 대하여, 그리고 그가 지하에서 곧 나오리라는 전망에 대하여, 마지막 순간에 엘리슨은 자신이 써온 이야기를 취소해 버리려는 것처럼, 적어도 모든 그 격렬함과 혹독함을 덮어씌워 버리려는 것처럼 보인다고 말하지 않을 수 없다. 그리고 그것은 참 불행한 일이다. 하지만 한편 그러한 시도도 없다면 도대체 엘리슨이 더 할 이야기가 뭐가 있겠느냐고 말해야 할지 모른다.

After that all messages would seem to measure Ellison's desperate reluctances. But the hero is turned, in any event, at the very end, to a staccato of abrupt affirmations — of democracy (". . . we, most of all, had to affirm the principle, the plan in whose name we had been brutalized and sacrificed"), of love(". . . in spite of all I find that I love. . . . I have to love"), of the mind, of social responsibility, and of the immediate prospect of his emergence. It must be said that Ellison is to be seen at the very last moment trying to back the book he has written, or at the very least muffling all its severities, and that is unfortunate. But then it should be said as well that lacking some such attempt, there will be nothing more for Ellison ever to say.

많은 학자들과 비평가들의 간절한 기대에도 불구하고 엘리슨은 『보이지 않는 사람』 이후 끝내 그의 두 번째 소설을 써내지 못하고 말았다.[22] 물론 몇몇 단편적 이야기들이 발표되기도 하고, 엘리슨 자신에 의하여 낭송되기도 했지만 한 권의 소설로 그 모습을 드러내지는 못한 것이다. 엘리슨의 뛰어난 예술적 통찰력과 탁월한 작가적 재능을 감안한다면 그가 끝내 두 번째 소설을 써내지 못한 사실이 얼핏 이해되지 않지만, 한편으로는 그럴 만한 이유가 전혀 없지도 않을 듯싶다. 그 첫 번째 이유는 엘리슨이 자신의 모든 열정을, 작가로서 이야기하고 싶은 거의 모든 것을 거의 모든 스타일을 통하여 『보이지 않는 사람』에 다 쏟아 버린 때문이 아닌가 하는 것이다. 그 두 번째 이유는 『보이지 않

22) Ralph Ellison이 죽은 지 5년 후인 1999년, John Callahan의 정리 편집 작업으로 그의 두 번째 소설 *juneteenth*가 발표되었음. 이 글은 1986년 쓰여진 것으로 그 당시의 내용을 보완 작업 없이 그대로 실은 것임.

는 사람』의 마지막 부분의 모호한 처리와 관계가 있을 것으로 생각된다. 그것은 주인공이 지상으로 나와서 과연 어떠한 책임 있는 사회적 역할을 수행할 수 있을 것인가, 이상적 사회의 건설이 불가능해 보이는 현대의 미국적 현실이 어떤 책임 있는 사회적 역할을 엘리슨의 주인공에게 마련해 줄 수 있을 것인가라는 의문과 관련된다.[23] 즉 엘리슨의 기대와는 달리 그의 주인공은 지하세계로부터 나와야겠다는 생각만을 계속하고 있었을 뿐, 지상의 세계로 나올 수는 없었을 것이라는 점이다. 물론 엘리슨은 주인공이 그의 경험을 기록한, 그 글 쓰는 행위 자체가 하나의 책임 있는 사회적 역할의 수행임을 시사하고 있지만 그것이 이 소설의 마지막 부분에서 제기된 의문을 근본적으로 해소시킬 수 없음은 물론이다. 엘리슨은 마지막 부분에서 주인공의 자기 정체의 발견에 어떤 긍정적 의미를 부여하고 주인공이 처한 부조리한 상황에 대해 어떤 해결책을 마련해야 한다는 작가적 강박감에서 결국 안이한 끝맺음을 택하고 만 것이 아닌가 하는 느낌이 든다. 만일에 종장의 마지막 부분에서도 서장에서와 같은, 때로는 냉소적인 아이러니컬한 톤이 계속 유지되고 서장에서 제시된 주인공의 자조적이고 희비극적(tragicomic)인 모습이 그대로 지속되었더라면 이 작품은 보다 성공적이 되지 않았을까 생각된다. 현대 미국 사회에서 한 개인의 철저한 자기 부정과 그 말소 과정을 통하여, 그리고 자신의 무정체의 정체에 대한 자각과 자기 발견에 이르는 치열한 과정을 통하여, 궁극적으로 개인과 사회의 근본적인 역학적 관계를 깊이 탐구하고 있는 것만으로도 『보이지 않는 사람』은 그 소임을 다한 작품으로 여겨지는 까닭이다.

(1986, 전팔근박사 화갑기념 논문집)

---

23) Ellison은 자신의 두 번째 소설이 *Invisible Man*의 속편 성격의 작품이 될 것임을 거듭 밝힌 바 있다.

8 제임스 볼드윈James Baldwin의 『산에 올라 말하라』*Go Tell It on the Mountain*

흑인 삶의 복합적 탐색

I

제임스 볼드윈에 관해 이야기할 때 대부분의 학자들은 볼드윈과 리차드 라이트와의 관계에 대해 언급한다. 두 작가의 관계는, 특히 라이트에 대한 볼드윈의 태도는 선후배 작가 사이의 영향이나 갈등이라는 개인적인 문제만이 아니라 볼드윈의 문학은 물론 미국 흑인문학의 전반적인 이해에도 매우 중요한 단초이기 때문이다.

볼드윈은 「오호라, 불쌍한 리차드」(Alas, Poor Richard), 「모두의 항변소설」(Everybody's Protest Novel), 「죽어간 수많은 사람들」(Many Thousands Gone) 등 많은 에세이에서 라이트와 그의 『토박이』(*Native Son*)에 관해 언급하고 있는데, 이 글들에 담긴 볼드윈의 태도는 문단의 대선배이자 대부격인 라이트에 대한 존경과 다른 한편으로는 자신의 문학적 입장으로는 받아들일 수 없는 라이트의 문학에 대한 비판이라는 애증의 태도가 뒤섞인 이중적인 것이다.

이러한 볼드윈의 비판적 태도를 '아버지'의 권위에 저항하고 그것을 극복하려는 '아들' 의 심리적인 '아버지 흠집내기' 로 보아 넘길 수도 있겠고 또 몇몇 비평가들이 매도하여 폄하하듯이 흑인임을 거부하고 증오하는 볼드윈의 백인 동화적 태도로 이해할 수도 있겠지만,[1] 라이트에 대한 볼드윈의 비판은 근본적으로 미국 흑인문학은 어떠해야 하는가 하는 그 본질에 대한 보다 근원적이고 핵심적인 문제를 시사하고 있다는 점에서 결코 단순히 보아 넘길 사안이 아니라고 생각한다. 볼드윈의 비판은 미국 흑인문학사에 있어서 가장 중요한 쟁점으로 논의되고 있는 백인 동화주의와 흑인 민족주의, 그리고 문학의 예술성과 사회성과의 이분법적 갈등의 문제에 바로 그 초점이 맞추어져 있기 때문이다. 물론 이 두 쌍의 대립 구도는 분명 별개의 것이지만 일반적으로 동화주의와 예술성, 흑인 민족주의와 사회성을 동궤의 것으로 이해하는 경향이 있어서 볼드윈의 태도 역시 랄프 엘리슨과 마찬가지로 동화주의자로 비판을 받는 경우가 종종 있다. 그러나 라이트의 비판을 통한 볼드윈의 주장은 흑인의 문제를 다루거나 흑인에 의해 쓰여진 문학도 표피적 진실을 다루는 사회 항변의 한계를 넘어 궁극적으로 온전한 삶의 진실을 전하는 예술이어야 한다는, 조시프라카쉬(R. Jothiprakash)가 시사하는바 부분적인 '사회적 리얼리티' 를 넘어 전체적인 '인간적 리얼리티' 를 다루어야 한다는[2] 보다 근본적인 것으로 이해돼야 할 것이다.

볼드윈은 사회 항변의 이러한 오류와 한계를 「모두의 항변소설」이

---

1) Michel Fabre, "Fathers and Sons in James Baldwin's *Go Tell It on the Mountain*," Keneth Kinnamon, ed., *James Baldwin: A Collection of Critical Essays* (Englewood Cliffs: Prentice-Hall, Inc., 1974), pp.136-38; Louis H. Pratt, *James Baldwin* (Boston: Twayne Publishers, 1978), pp.125-26; Addison Gayle, Jr. *The Way of the New World* (Garden City, N.Y.: Anchor Press, 1975), p.215 등 참조.

2) R. Jothiprakash, *Commitment as a Theme in African American Literature — A Study of James Baldwin and Ralph Ellison* (Bristol, IN: Wyndham Hall Press, 1994), p.65.

라는 에세이에서 미국 사회 항변소설의 원조 격으로 알려진 스토우 부인의 『톰아저씨의 오두막』의 예를 들어 신랄하게 비판하고 있다. 온갖 폭력만을 나열한 채 '무엇이 미국 국민들로 하여금 노예제도의 참상이라는 그런 끔찍한 일을 저지르게 한 것인가' 라는 정작 중요한 질문에는 아무런 답도 주지 못하고, '신의 저주에 대한 공포' 에 기초하여 쓰여진 『톰아저씨의 오두막』은, '인간과 인간의 자유와 그 성취에의 헌신' 이라는 진정한 진실에 접근하고 있지 못하다는 것이다.[3] 이어서 볼드윈은 대표적인 흑인 항변소설이라 할 수 있는 라이트의 『토박이』를 언급하여 비거는 "그의 모든 삶이 그의 증오와 공포에 의하여 통제되고 규정됨" 으로써 톰 아저씨의 충실한 후예가 되고 있는 인물이며 "비거의 비극은 그가 추위와 굶주림에 떠는 것도, 그가 흑인이거나 미국인이라는 사실도 아니고 그에게 삶을 거부하는 신학(theology)을 그대로 받아들이고 자신의 비인간의 가능성을 시인하는 것" 이라고 주장한다. 그리고 "우리의 인간성(humanity)은 우리의 짐이지만 또한 우리의 삶" 이기 때문에 "그것을 위해 싸울 필요없이 그것을 수용하기만 하면 되는 것" 이라고 강조하면서 항변소설의 실패는 "바로 그 삶과 인간을 거부하고 인간의 아름다움과 두려움과 힘을 부정하는 데 있는 것" 이라고 『토박이』의 실패에 빗대어 설명하고 있다. 볼드윈은 뒤이은 「죽어간 수많은 사람들」이라는 에세이에서 한 걸음 더 나아가 라이트가 '새로운 흑인' (New Negro)의 대변자로 나서서 사회적 존재로서의 인간의 리얼리티만이 유일한 리얼리티인 것처럼 인간을 사회적 관점에서만 다룸으로써 진정한 예술가의 의무를 다하고 있지 못하다고 공공연히 비난하면서, 비거의 부정적인 모습과 흑인 항변소설의 문제점을 다음과 같이 강도 높게 비판하고 있다.

---

3) James Baldwin, *Notes of a Native Son* (Boston: The Beacon Press, 1955), p.18. 이하 이 에세이들의 부분적 인용은 같은 책의 쪽수만 표시함.

비거는 자기자신과, 자신의 삶과, 자신과 같은 흑인과, 아니 어떤 다른 사람과도 이렇다 할 관계를 맺고 있지 못하다 — 그런 점에서 그는 아주 미국적이라 할 만하다 — 그리고 그의 힘은 하나의 사회적(혹은 반사회적) 단위로서가 아니라 하나의 신화적 구현체로서의 중요성에서 온다. . . . 이 소설이 반영하고 있는 것은 — 아무 데서도 해석이나 해명을 하고 있지 않고 반영을 하고 있을 뿐이다 — 자신과 같은 무리 안에서의 흑인의 소외 그리고 그 결과로 빚어지는 초조한 분노이다. 그리고 우리 모두로 하여금 흑인의 삶에는, 예컨대 유대인이 아버지의 집을 떠난 후에도 그의 삶을 지탱할 수 있게 해줄 그런 전통도 없고, 예법도 없고, 의식이나 영적 교류의 가능성도 없다고 믿게 만드는 것은, 대부분의 흑인 항변소설에 공통된 바로 이러한 토양이다. 하지만 흑인에게 전통이 없다는 것은 사실이 아니다. 그 전통을 설득력 있게 표현할 만큼 깊고 강한 그런 감수성이 아직 나타나지 않은 것이다.

Bigger has no discernible relationship to himself, to his own life, to his own people, nor to any other people — in this respect, perhaps, he is most American — and his force comes, not from his significance as a social(anti-social) unit, but from his significance as the incarnation of a myth. . . . What the novel reflects — and at no point interprets — is the isolation of the Negro within his own group and the resulting fury of impatient scorn. It is this which creates its climate of anarchy and unmotivated and unapprehended disaster; and it is this climate, common to most Negro protest novels, which has led us all to believe that in Negro life there exists no tradition, no field of manners, no possibility of ritual or intercourse, such as may, for example, sustain the Jew even after he has left his father's house. But the fact is not that the Negro has no tradition but that there as yet arrived no sensibility sufficiently profound and tough to make this tradition articulate. (pp.34-36)

결국 라이트에 대한 비판을 통해 볼드윈이 강조하는 것은, 미국 흑인소설은 흑인의 삶의 리얼리티의 극히 일부분만을 보여줄 수밖에 없는 항변소설의 좁은 울타리 속에 스스로를 가두어서는 안 되며 흑인의 인간적인 삶과 흑인의 전통 및 관습 등 풍부한 흑인 경험을 진실되게 그려야 한다는 것으로, 이는 앞으로 등장해야 할 "그러한 전통을 설득력 있게 표현할 만큼 깊고 강한 감수성"을 지닌 흑인 작가로서의 자신의 책무를 암시하고 또 다짐하는 것이기도 한 것이다. 이러한 책무를 수행할 작가로서의 자신의 자세를 볼드윈은 「자서전적 기록」(Autobiographical Notes)에서 다음과 같이 밝히고 있다.

> 작가는 오직 한 가지, 즉 자신의 경험으로부터 글을 쓴다. 모든 것은, 이 경험으로부터 출발하여 그것으로부터 얻을 수 있는 마지막 방울까지 — 그것이 달콤한 것이든 쓰디쓴 것이든 간에 — 얼마나 철저하게 받아들이는가에 달려 있다. 예술가에게 진정으로 중요한 것은 바로 이것, 즉 삶의 무질서로부터 예술이라는 질서를 재창조해 내는 것이다.
>
> One writes out of one thing only — one's own experience. Everything depends on how relentlessly one faces from this experience the last drop, sweet or bitter, it can possibly give. This is the only real concern of the artist, to recreate out of the disorder of life that order which is art. (p.7)

"나는 정직한 사람이 되고 싶고 또 훌륭한 작가가 되고 싶다"는 고백으로 자신의 「자서전적 기록」을 매듭짓고 있는 작가답게 볼드윈은 자신의 경험을 통해 그가 익히 알고 있는 흑인의 삶의 리얼리티를 예술적으로 형상화하기 위해 노력했고 그러한 노력의 처음이자 어쩌면 마지막 성공적 결실이 『산에 올라 말하라』가 아닌가 생각된다. 볼드윈은 1960년대 이후 점점 예술적 자세에서 항변적 자세로 바뀌어 갔고 그러한 변화에 걸맞게 소설가로서보다는 유능한 에세이스트로서 더욱 주목받게 되었으며 결국 아이러니컬하게도 자신이 비판해 마지않았던 라이트처럼 바로 자기 자신도 새로운 흑인세대의 대변자가 되어 민권운동가의 위치에 오르게 됨으로써 차츰 예술가로부터 멀어져 갔다.

이 글은 현대 흑인소설의 고전으로 당연히 매김돼야 할 『산에 올라 말하라』의 분석을 통해 볼드윈 자신이 강력히 바라고 천명했던 그러한 흑인 작가로서의 임무를 그가 어떻게 성공적으로 수행하고 있는가를 점검함으로써 후기의 변모로 인해 평가의 부침을 겪어 온 그래서 때로는 부당하게 평가절하되어 온 볼드윈의 작가로서의 예술적 역량을 정당하게 평가하는 것을 그 목적으로 삼고자 한다.

II

이마무 아미리 바라카(Imamu Amiri Baraka 일명 LeRoi Jones), 애디슨 게일(Addison Gayle, Jr.), 엘드릿지 클리버(Eldridge Cleaver) 등 흑인 강경론자들이 볼드윈을 백인 동화주의자로 비판하는 이유 가운데 하나는 그의 소설들이 흑인의 공적인 삶이나 흑백 간의 갈등, 흑인의 특수한 역사적 · 문화적 상황에 관심을 갖기보다는 개인적이고 사적인 분노와 증오, 그리고 사랑이나 종교적 신앙 같은, 흑인의 문제와는 그다지 밀착되어 보이지 않는 듯한 보편적인 주제들을 주로 다루고 있다는 점이다.[4] 이들의 주장이 전적으로 옳은 것은 아니라 하더라도 볼드윈의 소설들이 개인의 사적인 경험과 보편적인 주제를 즐겨 다루는 것은 사실이다. 그러나 그러한 그의 자세는 흑인이기 이전에 먼저 한 정직한 인간이기를, 그리고 흑인 작가이기 이전에 한 훌륭한 작가이기를 원하는 그의 바람[5]과 일치한다는 점에서 아주 자연스럽다. 『산에 올라 말하라』[6]는 이러한 볼드윈의 특성이 포괄적으로 가장 잘 드러나고 있는 작품이라는 점에서도 그의 대표작이 될 만하다. 이 소설은 우선 매우 사적인 어조의 고백체로 이야기를 시작함으로써 한 소년의 여리고 내밀한 경험 세계를 설득력 있게 전달하며 사랑, 증오, 배신, 신앙, 자아추구, 입문 등 여러 가지 보편적인 주제들을 풍성하게 담고 있다. 이 작품이 여러 관점에서 논의될 수 있는 것은 바로 이러한 주제의 다양성 때문일 것이다.

---

4) Addison Gayle, Jr., *op. cit.*, pp.213-15 참조.

5) James Baldwin, *op. cit.*, p.9.

6) *Go Tell It on the Mountain*의 텍스트는 The New American Library의 A Signet Book (New York: 1952)판을 사용하였다.

이 소설은 우선 하나의 종교소설로 읽힐 수 있을 것이다.[7] 『산에 올라 말하라』라는 제목부터 가브리엘(Gabriel), 존(John) 등 주요 인물의 이름, 각 장의 제사(epigraph)에 이르기까지 성서적 인유와 은유로 가득 차 있을 뿐만 아니라[8] 한 소년의 종교적 눈뜸이라는 사건을 중심축으로 모든 이야기가 주요 인물들의 기도라는 틀을 통해 교회를 배경으로 진행되고 있기 때문이다. 종교적 문맥에서 읽을 때 이 소설은 '주께서 오신다' 는 예수 탄생의 기쁜 소식을 높은 산에 올라가 이야기하라는 이사야(Isaiah) 40장 9절의 내용이 암시하듯이, 주인공 존이 종교적 눈뜸을 통해 그의 정신적인 곤경에서 벗어나고 존과 아버지 가브리엘을 비롯한 주요 인물들 간의 갈등이 사랑의 가능성에 대한 깨달음과 신의 은총이라는 고통의 과정을 거쳐 해소됨을 예시하는, 즉 사랑의 힘에 대한 기독교적 믿음으로써 윤리적 가치와 모럴을 천착하는 소설로 평가할 수 있을 것이다. 또는 아이러니의 풍부한 활용으로 바로 그러한 낙관적인 기독교적 믿음에 대한 회의와 비판의 내용을 담고 있는 역설적인 종교적 이야기로 해석될 수도 있을 것이다. 그러나 어느 경우건 마지막 장면의 모호한 처리나 등장인물들 간의 복합적인 갈등, 그리고 가브리엘이라는 인물의 다층적 형상화를 설명하기에 그러한

---

7) Richard K. Barksdale, "Temple of the Fire Baptized," F.L. Standley and Nancy V. Burt, eds., *Critical Essays on James Baldwin* (Boston: G.K. Hall and Co., 1988)이나 Michael F. Lynch, "A Glimpse of the Hidden God: Dialectical Visions in Baldwin's *Go Tell It on the Mountain*," Trudier Harris, ed., *New Essays on* Go Tell It on the Mountain (New York: Cambridge University Press, 1996)의 글들은 그 좋은 예이다.

8) F.L. Standley and Nancy V. Burt, eds., *Critical Essays on James Baldwin*에 수록된 Shirley S. Allen의 "Religious Symbolism and Psychic Reality in James Baldwin's *Go Tell It on the Mountain*" (pp.168-71)과 Fred L. Standley의 "Go Tell It on the Mountain: Religious as the Indirect Method of Indictment" (p.189)는 이러한 성서적 비유에 대해 자세히 설명하고 있다.

종교적 글읽기는 한계가 있어 보인다.

이 소설은 또한 존이라는 소년의 경험 세계와 존에 투사된 볼드윈 자신의 자서전적 요소에 대해, 특히 존과 아버지인 가브리엘과의 관계에 주목할 경우 하나의 입문소설이나 성장소설로 읽을 수도 있을 것이다.[9] 그 경우 특히 중요한 모티프는 존의 자기 정체성(identification)의 추구와 그 추구의 걸림돌이 되는 아버지 가브리엘과의 갈등이다. 존의 자아추구와 계부와의 갈등은 볼드윈 자신의 자전적 내용을 거의 그대로 소설화한 것이라는 점에서 그 진실성이 더욱 강한 호소력을 지닌다. 자아의 성숙을 위해서는 그 성숙을 저지하고 억압하는 권위와의 투쟁이 불가피하고 궁극적으로 그 권위와 화해하거나 그 권위를 극복함으로써 그것으로부터 자유로워져야 하는데 존에 있어서 그 권위의 상징이 곧 가브리엘이며 그 권위로부터 자유로워지는 자아실현의 상징이 곧 그의 종교적 눈뜸이다. 존이 자아실현에 이르는 그 고통의 과정은 분노와 증오와 두려움으로 얼룩져 있으며 그것은 어머니 엘리자베스와 계부와의 사이에서의 존의 오이디푸스(Oedipus)적 상황과 무관하지 않다. 그리고 그러한 상황은 자위행위에서 비롯된 그의 성적 죄의식 그리고 엘리샤(Elisha)와의 동성적 애정과도 깊이 관련되어 있는 것이다. 그러나 이러한 성장소설의 문맥이 만족스럽게 설명할 수 없는 이 작품의 공백은 여전히 크게 남는다. 가브리엘의 복합적 기능은 물론, 데보라(Deborah)의 삶과 리차드(Richard)의 죽음에, 그리고 플로렌스(Florence)의 불행에 담긴 의미는 그 큰 공백들이라고 볼 수 있다.

이런 공백을 어느 정도 메꾸어 줄 수 있는 『산에 올라 말하라』를 읽는 또 하나의 독법은 이 소설을 전통적인 사회항변적 흑인소설로 이해하는 것이다. 『산에 올라 말하라』는 그것이 흑인 작가에 의해 쓰여졌

9) Shirley S. Allen의 앞 글은(p.167) 그 좋은 예이다.

고, 주인공과 주요 인물들을 모두 흑인들로 설정하고, 남부의 흑인 사회와 뉴욕 할렘의 게토(ghetto)를 사건과 서술의 공간적 배경으로 삼고 있다는 점만으로도 흑인소설이 갖추어야 할 조건을 고루 갖춘 셈이다. 더욱이 이 소설은 가브리엘의 어머니의 노예해방 직전의 노예시절부터 존이 14세가 되는 1935년에 이르기까지의 70여 년에 걸친 미국 흑인의 삶의 역사를 담고 있으며 볼드윈 자신이 실제로 체험한 흑인 교회의 독특한 관습과 분위기를 실감 있게 전달함으로써 흑인 경험과 흑인 문화의 진수를 진솔하게 보여주고 있다. 또한 이 소설은 백인들에 의한 데보라의 집단 강간, 그들의 만행에 항의하는 데보라 아버지의 살해, 백인에게 린치 당한 흑인 병사의 참혹한 죽음, 백인들의 폭력과 횡포의 희생이 된 리차드의 자살, 백인들에 대한 강한 살해 욕구를 느끼는 엘리자베스의 분노 등 전통적으로 흑인 항변소설의 본령이 되어온 흑백 간의 갈등을 전하는 일도 소홀히 하지 않고 있는데, 그 전달 방법이 고도로 상징적이고 은유적이어서 얼핏 유약해 보이는 그 항변의 어조와는 달리 그 메시지의 내용은 사실상 매우 강하고 심층적이다. 그러나 이처럼 흑인 항변소설의 상투적인 해석의 틀을 적용할 경우, 앞에서 시사한 바 이 작품의 다양하고 풍부한 주제와 다층적인 의미를 소홀히 하거나 놓치기 쉽다.

따라서 『산에 올라 말하라』를 정당하게 이해하고 평가하기 위해서는 종교소설이라든가 성장소설이라든가 프로이트적인 심리소설이라든가 흑인 항변소설이라든가 실존주의 소설 등으로 그 범주를 좁혀서 이 소설에 접근하는 것은 결코 바람직하지 않다. 이러한 접근법은 이 소설의 어떤 한 측면을 확대해서 집중 탐사하는 효과는 거둘 수 있겠지만 그런 과정에서 유기적으로 구축된 작품의 온전한 모습을 훼손시킬 가능성이 없지 않기 때문이다. 이제 그러한 부정적 가능성을 염두에 두고 『산에 올라 말하라』의 온전한 모습을 가능한 한 포괄적으로 검토, 분석해 보기로 하겠다.

III

『산에 올라 말하라』는 존이라는 한 흑인 소년이 열네 번째 생일을 맞아 종교적 눈뜸을 경험하는[10] 하루의 사건을 주축으로 노예해방 이후 70여 년간의 3대에 걸친 가브리엘 가(家)의 역사를 다루고 있다. 3부로 구성된 이 소설에서 1부는 생일날 아침부터 기도회가 시작되는 저녁까지의 존의 하루의 삶을, 그리고 3부는 뒤이은 그 기도회에서의 존의 종교적 눈뜸에 이르는 과정을 서술하고 있으며, 1부와 3부를 연결하는 가장 긴 2부는 존의 고모인 플로렌스, 계부인 가브리엘, 어머니인 엘리자베스의 기도라는 세 부분으로 나뉘어 각각 그들의 삶의 역정을 담고 있다.

이 이야기는 할렘 흑인가의 질척한 환경과 흑인 교회의 열광적인 분위기 속에서 존이 느끼는 움츠림과 두려움의 의식 상태로부터 시작된다. 즉 존은 아이를 낳는 일과 성행위 장면이 예사인 흑인가의 삶에 대한 두려움, 설교가인 아버지의 엄격함에 대한 공포와 적의, 그러한 환경과 아버지의 독선의 희생자인 어머니에 대한 연민의 정, 그리고 자신의 자위행위에 대한 죄의식을 동시에 느끼는 모습으로 등장하는 것이다. 어머니로부터 생일 용돈을 받은 존은 뉴욕 시내로 나와서 센트럴 파크(Central Park)의 언덕에 올라 도시의 주인이 된 자신의 모습을 상상하는 들뜬 공상에 빠져 보기도 하고, 영화를 보며 여주인공의 사악함에 공감을 느끼면서도 한편으로는 그녀의 비참한 결말을 마치 자신에게 죄의 대가를 보여주는 신의 구원의 표시로 이해해 보기도 한다. 센트럴 파크의 언덕은 이 작품의 제목에서부터 중요한 상징적 의

10) John Grimes의 이 종교적 눈뜸의 경험은 Baldwin 자신의 실제 경험을 소재로 한 것이다.

미를 지니는 '산'[11]의 한 이미지로서 기능하고 있다고 볼 수 있다. 스티븐 마커스(Steven Marcus)는 존이 오른 센트럴 파크의 언덕에 다음과 같은 적절한 상징적 의미를 부여한다.[12]

> 이 책에는 두 개의 '산'이 있다. 맨 끝에서 존이 '구원'을 받고 성스러운 산으로의 고통스런 오름을 시작할 때 우리는 존이 처한 상황의 부당성이 이 소설의 더 크고 개인 초월적인 정당성 — 미묘한 비극적 정당성 — 안에 잠시 그 일부로 포함됨을 느낀다. . . . 그러나 우리는 센트럴 파크의 언덕인 또 하나의 '산,' 책의 서두에서 존이 '찬란한 하늘 아래서 저 멀리 구름 낀 뉴욕 시의 스카이라인을 내려다보던' 그 '산'을 떠올리게 된다. . . . 그것은 '시골에서 올라온 젊은이들'이 그들이 바라고 결국은 획득해야 할 세계를 발견하는 그런 언덕이다. 그러나 존 그라임즈에게는 그러한 세계의 획득이 불가능하다. 우리가 이러한 사실을, 즉 존은 오직 성스러운 산, 괴로움과 자기포기로 이루어지는, 그가 자신의 진정한 자아를 찾게 될 그런 다른 세계의 산 위에 설 수밖에 없음을 깨닫게 될 때, 센트럴 파크 언덕에서의 그의 안타까운 환영이 우리의 가슴을 저미게 한다.
>
> There are two 'mountains' in this book. When, at the end, John is 'saved' and has begun his tortured ascent of the mountain of Holiness, we feel that the injustice of his condition is subsumed for the moment in the larger, impersonal justice of the novel — the strange justice of tragedy. . . . but we recall that other 'mountain,' the hill in Central Park from which John, at the beginning of the book, looked down beneath 'the brilliant sky, and beyond it, cloudy and far away, he saw the skyline of New York,' . . . It is the prominence from which all the 'young men from the provinces' catch their glimpse of the worlds they are to love and win. But for John Grimes there can be no winning; and when we realize this, that he can stand only on the mountain of Holiness, an otherworldly mountain made of bitterness and renunciation, a mountain where he finds his real identity, the poignancy of his earlier vision comes upon us with great force.

---

11) '산'에 관한 상징적 이미지는 *Go Tell It on the Mountain*의 여러 곳에서 (p.97, 160, 170, 182, 188) 거듭 나타나고 있다.

12) Michael Popkin, ed., *Modern Black Writers* (New York: Frederick Ungar Publishing Co., 1978), p.58.

센트럴 파크 언덕의 이 밝은 희망의 이미지는, 영화 속의 여주인공의 비극적 결말을 통해 자신에게 암시된 그 신의 구원이 의미하는 "고통스런 오름길"(tortured ascent), "괴로움과 자기포기"(bitterness and renunciation)로 이루어진 그 고통의 "성스러운 산"(the mountain of Holiness)의 이미지를 대조적으로 강조하며 예시(豫示)하고 있다는 점에서 주목할 만하다.

집에 돌아온 존은 말썽꾸러기 동생인 로이(Roy)가 백인 소년들과 싸우다가 칼에 찔려 부상을 입은 사건으로 로이를 편애하는 아버지 가브리엘로부터 꾸중을 듣고 어머니 엘리자베스까지 아버지에게 구타를 당하자 아버지를 죽이고 싶은 강한 증오를 느낀다. 그는 아버지의 마음이 상처를 받도록 로이가 죽기를 바라기도 하고 갓난아기인 루스(Ruth)에게 "혼자서 설 수만 있게 되면 이 집에서 멀리 도망가라"고 말하며 화풀이를 하기도 한다. 한편 로이는 아버지가 어머니를 구타하자 아버지를 죽이겠다고 대들면서 '깜둥이 잡새끼' (black bastard)라고 욕설을 퍼붓고 이에 충격을 받은 아버지는 로이를 사정없이 매질한다. 로이의 부상 사건은 가브리엘의 오도된 선민의식과 독선, 엘리자베스, 플로렌스 등 다른 가족들과 그와의 갈등, 특히 증오와 적의로 가득찬 존과의 부자 관계를 농축해 극화하고 있다는 점에서 중요하다. 또한 루스에의 이야기로 암시되는 '탈출' (escape)의 모티프와 로이가 내뱉는 '깜둥이 잡새끼' 의 의미 역시 중요하다. 이 작품에 등장하는 거의 모든 주요 인물들은 탈출을 시도했거나 경험했던 사람들로 마지막 장면에서의 존의 변화 역시 하나의 '탈출' 로 이해될 수 있을 것이며, 뒤에서 다시 논하겠지만 '사생아' (bastard)의 개념 역시 이 작품의 복합적 의미를 이해하는 데 매우 중요한 관건이 되는 까닭이다.

1부는 존이 교회에 가서 주일학교 담당교사인 엘리샤의 도움을 받아 청소를 끝내고,[13] 저녁 기도회를 위해 맥캔들리스 자매(Sister McCandless)와 프라이스 자매(Sister Price), 그리고 아버지, 어머니, 고모가 함께 교회로 들어오는 것으로 막이 내린다. 여기서 주목할 점은 존과 엘리샤가 청소를 하면서 벌이는 씨름 장난인데 그것은 두 사람 사이의 단순한 우정의 표시만이 아니라 그 이상의 것으로 인간 간의 애정의 가능성, 더 나아가 두 사람 사이의 동성애적 가능성의 암시라는 점에서 예사롭지 않다. 볼드윈 자신이 동성애자이기 때문에 그의 소설에는 동성애의 소재를 노골적으로 다룬 것들이 많지만 이성 간이나 부자 간의 바람직한 정상적인 사랑이 부재한 『산에 올라 말하라』의 세계에서 존과 엘리샤 사이의 애정이 암시하는 것은 단순히 동성애 차원을 넘어서는 매우 의미심장한 것이기 때문이다. 1부는 존과 엘리샤 사이가 이러한 사랑의 가능성과 존에 대한 신의 구원의 가능성을 시사하며 끝을 맺는다.

『산에 올라 말하라』의 2부는 각각 플로렌스, 가브리엘, 엘리자베스 세 인물을 중심으로 여러 인물들의 복합적인 관계와 가브리엘 가의 역사를 펼쳐 보임으로써 3부의 상황에 이르는 존의 심리적 · 정신적 변화 과정의 배경을 이루고 있다.

첫 플로렌스 장은 플로렌스가 교회에 모인 여러 사람들의 기도 소리에서 옛날 어머니의 기도 소리를 기억하면서 시작된다. 기도를 잊고 살아온 그녀가 어머니가 부르던 찬송가를 부르자 가브리엘은 신 앞에 겸손해진 누이의 모습에 놀라며 승리의 쾌감을 느끼지만 플로렌스는 자신의 고통과 굴욕을 즐기는 그러한 가브리엘의 모습에 강한 증오를 느낄 뿐이다. 플로렌스의 삶은 이처럼 가브리엘에 대한 증오로 가득차 있다. 그녀는 어머니가 들려주던, 주인이 남편을 물건처럼 바꿔주던 어머니의 노예생활과 노예해방되던 날의 감격, 그녀의 유일한 친구인 데보라가 백인들에게 당한 집단 강간사건과 백인들에 의한 데보라 아

---

13) John의 절망적인 집안 청소 행위는(pp.20-21) 죄의식을 불러일으키는 dirt, filthy, Grimes 같은 단어의 이미지를 통해 상징적 의미를 지닌다.

버지의 살해사건, 그리고 망나니 가브리엘에 대한 증오와 가브리엘만을 위하는 어머니에 대한 원망으로 얼룩진 자신의 처녀 시절을 회상한다. 그 시절 그녀의 큰 야망은 기억도 잘 나지 않는 그녀의 아버지가 그랬듯이 "어느 날 아침 오두막집 문을 나서서 영원히 다시 돌아오지 않는 것"(p.63)이었고 결국 많은 주위의 사람들이 그랬던 것처럼 그녀 역시 어머니를 임종의 병상에 남겨둔 채 북부로 훌쩍 떠나온 것이다. 뉴욕에서의 새로운 삶을 기대했던 그녀의 꿈이 프랭크(Frank)와의 결혼으로 산산조각이 난 것을 가슴 아프게 되돌이키며 자신의 어긋난 삶과 운명에 대한 회한과 분노에 그녀는 눈물을 흘리며 제단을 주먹으로 친다. 플로렌스 장의 이 마지막 부분에서 플로렌스의 분노의 눈물과 몸짓을 자신의 죄를 뉘우치며 신에 호소하는 회개로 오해하는 가브리엘과 워싱턴 부인(Praying Mother Washington)의 희화적인 모습은 아이러니의 절정을 이룬다. 그 아이러니가 더욱 의미심장한 것은 그것이 가브리엘로 표상되는 기독교 정신의 한계와 실패를 극명하게 보여주고 있기 때문이다.

한편 플로렌스의 어긋난 삶과 운명은 그녀가 믿고 있듯이 어머니와 가브리엘과 프랭크의 탓인 것만은 결코 아니라는 데 중요한 의미가 있다. 그녀는 어머니와 가브리엘을 비정과 증오로만 대했으며 남편인 프랭크를 '블루스나 부르고' 하찮은 친구들과 어울려 술이나 마시는 '천박한 깜둥이'(common nigger)로 경멸했던 것이다. 프랭크에 대한 그리고 자신의 주변의 삶에 대한 이런 경멸은, 그 효능에 줄곧 불평을 하면서도 열심히 표백제를 바름으로써 '깜둥이' 임을 극복하고자 하는 그녀의 헛된 야망과 오도된 자존심에 그 뿌리를 내리고 있다. 프랭크의 솔직함(그 이름이 암시하듯이)과 관대함 그리고 그녀에 대한 애정을 외면하고 프랭크와의 이따금의 성적 화해를 굴욕적 행위로 생각하는 플로렌스의 모습은 사랑이 거세된 불모의 그것으로서, 그녀에게 자식이 없다는 사실은 바로 그 불모성의 상징일 것이다.

플로렌스의 이러한 불모의 삶과 침묵은, 그녀의 회상과 교회 장면을 교차해 보여주는 구성적 장치에 의해 존의 의식세계에 상징적으로 유입되어 그로 하여금 신의 사랑에 대한 갈망과 두려움을, 그리고 '창조 전의 공백의 침묵'에 대해서 공포감을 동시에 느끼게 한다. 존의 이러한 변화는 둘째 장인 가브리엘 장에서도 계속되며 가브리엘과 존의 밀착된 관계로 인해 그 변화의 강도는 더 커져 간다.

가브리엘 장은 플로렌스의 울음소리를 들으며 그 울음을 죄인의 속죄로 판단하는 가브리엘의 '잘못된 이해'(misunderstanding)로 시작되는데 가브리엘의 삶과 신앙이 주로 이러한 잘못된 이해 위에 세워진 것임을 고려한다면 이는 매우 적절한 구성이라 하겠다. 교회 안의 침묵은 그가 신의 구원을 받기 전의 타락과 암흑의 침묵 시절로 그를 되돌아가게 한다. 북부에서 온 한 과부와의 성관계 후 갑자기 집 근처 나무 밑에서 신의 계시를 받던 어느날 아침의 일, 21세가 넘어 읍내에서 설교를 시작하고 대부흥회에서 영광스럽게도 대표 설교자로 선정된 일, 데보라의 도움으로 성공적인 설교를 마친 후 그녀를 '파멸한 여인'(fallen woman)이라는 치욕으로부터 구원하라는 신의 계시를 받고 8년이나 연상인 그녀와 결혼하기로 한 일들을 차례로 회상한다.

그러나 데보라와의 결혼은 그의 깊은 신앙이나 기독교적 사랑에서보다는 그의 오도된 오만에서 비롯된 것으로, 신에 의해 자신이 선택되었다는 그의 '선민'(the select)의식을 더욱 강화하고 그의 자손들이 성스러운 선민으로서의 자신의 '정통성'(royal line)을 이어가리라는 믿음을 더욱 굳게 함으로써 그의 삶과 신앙에 결정적인 전기를 마련해 주었다는 점에서 매우 중요하다. 뒤이은 에스더(Esther)와의 비극, 훗날의 엘리자베스와의 결합, 의붓아들 존과의 갈등 등 가브리엘의 삶을 이루는 가장 핵심적인 부분들이 모두 바로 그의 이 오도된 선민의식에의 병적인 집착에서 비롯된 것이기 때문이다.

에스더와의 불륜의 관계는 가브리엘의 삶에 매우 중요한 또 하나의 시련의 계기가 된다. 그것은 그의 신앙에 대한 하나의 시험으로서 그는 그것을 이겨내지 못하고 불륜의 죄를 범하게 되는데 그 죄의 고통과 갈등 속에서도 끝내 참회의 상태에 이르지 못한다. 그는 하느님이 자신을 용서하고 언젠가는 자신에게 그 징표를 보여주리라는 선민의식과 광적인 믿음에 더욱 깊이 빠져들어 에스더의 진실을 보지 못한 채 그녀를 타락한 부정의 여인으로, 그리고 자신의 아들인 로얄(Royal)을 부정한 여인에게서 태어난 사생아로 저버림으로써 결국은 그들을 죽음에까지 이르게 하는 것이다. 한편 에스더와의 사건은 가브리엘로 하여금 인간에 대한 순수한 사랑을 경험하고 이해케 함으로써 그에게서 거세된 인간성과 도덕성을 회복시켜 주는 계기가 될 수도 있었다는 점에서 또한 중요하다. 로버트 본(Robert Bone)의 지적처럼 가브리엘의 삶은 '도덕적 회피' (moral evasion)로 그 근본이 이루어져 있어서 자기 자신의 죄악을 결코 받아들이지 않고 남에게 전가하여 결국 남을 희생시키는데,[14] 이러한 그의 태도는 에스더와의 사건에서 유감없이 드러나고 있다. 에스더와의 문제에 있어서 "나는 하느님의 일을 해야 하오"라는 핑계로 책임을 회피하는 성직자인 가브리엘의 위선적 모습은 "나는 당신처럼 성스럽지는 못하지만 뭐가 옳고 그른 줄은 알아요" 라고 떳떳하게 말하는 부정한 여인인 에스더의 진솔한 모습과 극명한 대조를 이루면서 더욱 의미 깊은 아이러니를 전한다.

데보라로부터 로얄의 충격적인 죽음을 전해 듣고 신에게 기도하던 가브리엘의 고통과 갈등의 회상은 지금 교회 안에서 신에게 기도하며 아버지에 대한 증오의 갈등을 겪는 존의 모습으로 자연스럽게 이어진다. 이러한 플래쉬백(flashback) 기법은 이 작품의 예술적 탁월성에 가장 크게 기여하는 기교의 하나로서 주요 인물들의 과거의 역사와 존의 현재의 변화를 상징적으로 연결시키는 데 매우 효과적이다. 이렇듯 가

14) Robert Bone, "James Baldwin," Keneth Kinnamon, ed., *op. cit.*, p.36.

브리엘 장에 담긴 가브리엘의 격렬한 갈등은 존의 의식세계에 투사되어 존으로 하여금 더욱 깊은 종교적 체험과 심리적 변화를 겪게 함으로써, 가브리엘 장의 마지막 장면에서는 존은 가브리엘이 처음 보는, 사탄과 가브리엘의 어머니와 플로렌스와 데보라와 엘리자베스의 모든 눈빛을 담은, 그런 달라진 모습으로 가브리엘과 대면하게 되는 것이다.

2부의 마지막 장인 엘리자베스 장은 이러한 격렬한 변화를 겪는 존이 구원의 은총을 받기를 바라는 어머니로서의 간절한 소망으로 시작된다. 엘리샤가 부르는 찬송가의 의미를 오늘따라 절감하며 엘리자베스는 이모와 함께 보낸 자신의 어두운 어린 시절을 회상한다. 그 어두운 삶은 8세 때 어머니의 사망으로 아버지와 떨어져 이모와 살게 됨으로 시작된 것인데, 얼굴이 비교적 희고 예뻐서 항상 거리감을 느끼게 하던 어머니와는 달리 자신을 사랑하고 자신 또한 사랑했던 아버지가 이상한 술집 같은 것을 경영한다는 이유로 이모가 그녀를 아버지로부터 격리함으로써 비롯된 것이다.

엘리자베스 역시 플로렌스처럼 두려움과 증오의 그늘 속에서 이모와의 갈등, 그리고 아버지에의 그리움과 배신감이 뒤섞인 어린 시절을 보내지만 리차드라는 진실하고 지적인 청년을 만남으로써 진정한 사랑을 경험하게 되고, 결국 새로운 삶을 찾아 두 사람이 뉴욕으로 떠난다는 점에서 플로렌스와는 다르다. 리차드와의 행복할 수 있었던 삶이 백인들의 횡포에 의해 강도로 몰리는 수모 끝에 자살을 택한 리차드의 죽음에 의해 파괴되긴 하지만, 『산에 올라 말하라』에 등장하는 모든 주요 인물들 중에서 진정한 사랑을 경험하고 그 사랑에 성공한 유일한 인물이라는 점에서, 엘리자베스가 이 작품의 '윤리적 중심에 서는 인물' (ethical moral center)로서 '온전성' (sense of integrity)을 유지하는 유일한 인물이라는 조지 켄트(George E. Kent)의 주장은[15] 상당한 설

15) George E. Kent, "Baldwin and the Problem of Being," Keneth Kinnamon, ed.,

득력을 지닌다. 엘리자베스는 비록 사랑의 대상인 아버지와의 격리를 강요당했지만 사랑할 수 있는 능력을 지니고 있었기 때문에 그 공간을 채워 준 리차드와의 사랑을 이룰 수 있었고 그 사랑의 결실인 존에 대한 사랑을 끝내 유지할 수 있었던 것이다. 이러한 엘리자베스의 온전성은 "하느님을 사랑하는 자 모든 축복을 누리리라"(All things work together for good to them that love the Lord.)는 그녀의 좌우명에도 잘 나타나 있는데 엘리자베스의 이 좌우명은 "이 집을 정히 다스리라"(Set this house in order.)는 가브리엘의 좌우명과 의미 깊은 대조를 이루고 있다. 엘리자베스의 좌우명이 온전한 삶과 신앙적 자세를 권장하는 것인 반면에 가브리엘의 그것은 위압적인 신앙적 복종을 요구하는 것이며, 엘리자베스의 삶이 그녀의 좌우명을 실천하는 순리적인 온전한 삶이라면 가브리엘의 삶은 자신의 좌우명에 담긴 의미를 스스로 줄곧 파괴하는 모순되고 뒤틀린 삶인 것이다.

엘리자베스 장의 끝부분에서 엘리자베스는 이 교회에서 이루어진 가브리엘과의 결합의 순간을 회상한다. 리차드가 죽은 지 1년 후, 즉 리차드와의 사생아인 존이 태어난 지 반년 만에 엘리자베스는 같은 직장에서 청소부로 일하던 플로렌스를 통해 가브리엘을 만나게 되고, 엘리자베스와 존을 그들의 불행으로부터 구원하려는 가브리엘의 소명의식과 그러한 가브리엘에게서 느낀 엘리자베스의 종교적 희망이 결합해 그들은 부부가 되기로 결심한 것이다. 두 사람이 결합하기로 한 그 교회에서의 회상은 현재의 교회 안의 상황으로 연결되어 '타작마당'(threshing floor)에 누워 소리치며 '신들림' (conversion) 직전의 상태에 이른 존의 모습으로 이 장은 막을 내린다.[16] 존의 신들림 또는 종교적

op. cit., p.20.

16) 이 "threshing floor"는 Joseph이 아버지 Jacob의 죽음을 애도하는 창세기(Genesis) 50장 10절에 나오는 것으로, 아버지의 죽음과 아버지에 대한 애정

눈뜸의 과정을 다루고 있는 마지막 3부는 존의 격렬한 심리적 변화에 상응하는 매우 환상적이고 상징적인 묘사로 이루어져 있다. 이 3부의 첫 부분에 대해 로버트 본은 다음과 같이 설명한다.

> 3부의 첫 열다섯 쪽에서 우리는 볼드윈의 가장 효과적인 글쓰기의 몇몇 예를 볼 수 있다. 존 그라임즈가 설교단 앞에 누워 있을 때 일련의 환각 상태 같은 것이 그의 마음속을 지나간다. 꿈의 파편들, 프로이트적 연속 장면들, 생생한 환상들, 이솝적인 우화들이 서로 결합하여 전체적으로 초현실적인 효과를 불러일으킨다. 어둠과 혼돈, 침묵과 공허, 안개와 냉기 등, 소설 초반부터 누적되어 발전돼 온 이미지들이 이제 그 기능을 최대한도로 발휘하고 있는 것이다. 이 저주의 이미지들은 적의를 가진 사회의 대리인 격인 거절하고 벌하고 거세하는 아버지 같은 인물에 의하여 바깥 어둠의 세계로 내몰린 영혼의 상태를 잘 표현하고 있다. 이러한 상태가 두드러지게 드러내 보이는 감정은 수치감, 절망감, 죄의식, 그리고 두려움이다.
>
> The first fifteen pages of Part Ⅲ contain some of Baldwin's most effective writing. As John Grimes lies before the altar, a series of visionary states passes through his soul. Dream fragments and Freudian sequences, lively fantasies and Aesopian allegories, combine to produce a generally surrealistic effect. Images of darkness and chaos, silence and emptiness, mist and cold — cumulative patterns developed early in the novel — function now at maximum intensity. These images of damnation express the state of the soul when thrust into outer darkness by a rejecting, punishing, castrating father figure who is the surrogate of a hostile society. The dominant emotions are shame, despair, guilt, and fear.[17)]

로버트 본이 적절하게 지적하고 있듯이 3부의 지배적 이미지는 존과 가브리엘 부자의 갈등이다. 그리고 그 이미지는 존이 아버지의 나체를 본 사건을 햄(Ham)이 노아(Noah)의 그것을 본 성경의 내용에 비

을 동시에 담고 있는 성서의 이 부분은 John이 처한 상황의 복합적인 상징적 의미를 전한다고 할 수 있다.

17) Robert Bone, "James Baldwin," Keneth Kinnamon, ed., *op. cit.*, p.37.

유하는 데서 잘 드러나듯이 죄의식과 두려움과 절망으로 점철되어 있다.

특히 그 두려움과 절망감이 햄의 죄가 암시하는 흑인에 대한 저주와 관련되어 있다는 사실은 의미심장하다. 노아의 이미지로서의 가브리엘의 이러한 모습은 계속되는 존의 환상적 여행에서도 '흰색'의 이미지와 연관되어 있다는 점에서 예사롭지 않다. 예컨대 아버지와 함께 떠나는 그들 앞에 길고 좁게 뻗친 길은 '눈보다 더 흰 색깔'의 길이며, 존이 아버지를 증오하며 애써 무시하는 것은 아버지가 걸치고 있는 '긴 하얀 옷'이다. 반면에 여행길에서 만난 '죄'라는 여인은 '여태까지 본 적이 없을 만큼 그렇게 몹시 검은' 늙고 추한 모습을 하고 있음으로써 이러한 흰색과 대조를 이룬다. 아버지와의 여행길에서 존이 조우하는 이런 모습들은 종교적 계시보다는 아버지와 흰색의 권위에 가위눌린 심리적 악몽의 상징적 재현에 더 가까운 것이라고 볼 수 있을 것이다. 마지막 3부는 이처럼 아버지와의 악몽 같은 고통스런 갈등의 과정을 거친 존이 결국은 아버지와 어느 정도 화해의 상태에 이른 모습으로 신의 구원을 받는 종교적 눈뜸에의 과정을 보여주고 있다. 이 이야기는 존이 주위 사람들로부터 신으로부터 구원받았음을 축하받고, 엘리샤와 서로 어깨를 안으며 자신의 구원에 대해 이야기를 나누며, 아버지와 마주보며 미소를 보내고 마지막으로 어머니에게 "다 준비가 됐어요. 이제 갈 거예요. 이제 떠난 거예요"(I'm ready. I'm coming. I'm on my way.)라고 말함으로써 끝을 맺는다.

그러나 이 마지막 부분은 많은 문제작들의 마지막 부분이 대체로 그렇듯이, 존이 진정으로 구원을 받은 것인가, 그렇다면 그 구원의 의미는 무엇이며 존의 구원으로 해서 이 작품을 가득 메운 그 많은 갈등들이 과연 해소되고 있는가라는 새로운 논란의 쟁점을 제공하는 시발점이 되고 있기도 하다. 이 마지막 결말의 모호함에 대해 많은 비평가들이 서로 양극적인 의견을 개진하고 있음은[18] 그만큼 이 작품의 글읽기가 단순치 않음을 반증하는 것이라고 볼 수 있을 것이다.

IV

지금까지 살펴본 바와 같이 이 작품은 여러 인물들 간의 다양하고 복합적인 관계, 예를 들어 존과 가브리엘, 가브리엘과 플로렌스, 가브리엘과 엘리자베스, 가브리엘과 데보라, 가브리엘과 에스더, 데보라와 플로렌스, 플로렌스와 프랭크, 존과 엘리샤, 존과 엘리자베스와의 관계를 통해 또 그만큼 다양하고 복합적인 주제들을 드러내고 있지만, 그것들은 다음과 같은 몇 가지 주요 주제로 서로 유기적인 연관을 맺고 있다고 정리해 볼 수 있다.

그 첫째가 '죄'의 주제이다. 이 소설의 주요 인물들은 다소간에 모두 죄의식에서 벗어나지 못하고 있는 죄인들이라 해도 지나침이 없을 것이다. 이 소설이 자위행위에 대한 죄의식에 사로잡힌 존의 움츠린 모습으로 시작해 그 움츠림의 죄의식과 두려움에서 벗어남으로써 끝맺고 있음을 앞에서 이미 살펴본 바 있다. 존은 자위행위의 죄와 아버지를 증오한 죄를, 플로렌스는 임종 자리의 어머니를 저버린 죄를, 엘리자베스는 사생아를 낳은 죄를 범한 죄인들이다. 그러나 이들 중 가장 중한 죄인은 가브리엘이다. 신에의 귀의 이전의 젊은 시절의 방탕의 죄, 에스더를 버린 죄, 데보라를 배반한 죄, 로얄을 죽음에 이르게

---

18) Saunders Redding (Michael Popkin, ed., *Modern Black Writers*, p.57 참조), Richard K. Barkdale ("Temple of the Fire Baptized," p.146 참조) 등은 긍정적으로, Edward Margolies (*Native Son*, p.114 참조), Roger Rosenblatt (*Black Fiction*, p.41 참조), Fred L. Standley ("*Go Tell It on the Mountain:* Religions as the Indirect Method of Indictment," p.192 참조) 등은 부정적으로 해석하고 있다.

방치한 죄, 그리고 자기 자식이 아닌 사생아라는 이유로 존에게 가하는 가학적 증오의 죄, 이 모든 죄를 범한 가브리엘 그라임즈가 죄인을 구원하는 일을 소명으로 삼는 설교가라는 사실은 그래서 더욱 아이러니컬하다. 그라임즈 가에 미만한 이 죄의 자국은, '그라임즈' 라는 그 이름이 시사하듯이 그리고 그 더러움을 영원히 제거할 수 없을 것 같은 존의 무기력한 청소 행위가 상징하듯이, 지워지지 않는 얼룩진 형적으로 남을 수밖에 없을 것이다. 그리고 이러한 죄의식은 또한 필연적으로 두려움과 증오를 수반할 수밖에 없을 것이다.

이 '두려움' 과 '증오' 가 바로 두 번째 주제이다. 이 작품에 등장하는 거의 모든 인물들은 두려움과 증오의 심각한 희생자들이다. 이들의 두려움과 증오는 그들이 태어나고 자라난 가정과 백인 지배사회의 물리적 환경에 의해 이미 근원적으로 비롯된 것으로, 이는 미국 흑인들의 삶의 생존 조건이라 해도 과언이 아니다. 대부분의 흑인소설에서 가장 중요하게 다루어지는 주제가 이 두려움과 증오와 분노의 주제임은 지극히 당연한 일이다. 그러나 이 작품에서의 증오와 두려움의 주제는 흑인소설에 편재한 그러한 사회적 · 물리적 성격에 머물지 않고 개인과 개인 간의 복합적인 심리적 관계로 확산된다. 예컨대, 존이 가브리엘에 대해 느끼는 두려움과 증오, 플로렌스가 가브리엘에게 엘리자베스가 가브리엘에게 각각 느끼는 증오와 두려움, 가브리엘이 존과 플로렌스와 에스더에 대해 느끼는 증오는 훨씬 더 복합적인 성격의 것이다. 존의 두려움과 증오는 성장소설적 측면에서 권위와의 갈등의 산물로 이해할 수도 있을 것이고, 특히 증오의 화신처럼 느껴지는 가브리엘의 그것은 근본적으로 자학적 심리에서 비롯된 '자기 증오' 로서 자신에 대한 분노가 타인에게 투사됨으로써 더욱 증폭되고 강화된 가학적 증오라고 볼 수 있다.[19] 볼드윈의 '증오' 의 주제에 대해 "볼드윈

---

19) Gabriel의 이러한 자기 증오에서 비롯된 다른 흑인에 대한 가학적 심리는

은 증오의 분출보다는 증오가 인간의 심리를 뒤틀리게 하고 개인적이고 사적인 삶의 역사를 왜곡시키는 힘에 더 관심이 있다"는 빅스비(C.W.E. Bigsby)의 지적은[20] 아주 정확한 것이다. 이 증오와 두려움의 주제와 긴밀히 연관을 맺고 있는 중요한 하나의 모티프가 '도피 또는 탈출'(escape)의 그것이다. 『산에 올라 말하라』의 인물들은 모두 탈출을 시도했거나 시도하고 있는 인물들이라고 볼 수 있으며 두려움과 증오로부터의 탈출의 한 형태가 바로 '사랑'이다. 증오는 결국 사랑의 결핍에서 비롯된 것이고, 그 증오와 두려움을 피하거나 극복하는 것은 자기 밖의 타자와의 의사소통과 이해와 사랑을 통해 가능한 것이기 때문이다.

이 '사랑'의 주제가 이 작품의 세 번째 주요 주제라고 볼 수 있다. 그런데 이 소설의 주요 인물들은 모두 사랑의 실패자들이라는 데 문제의 심각함이 있다. 가브리엘과 데보라, 가브리엘과 에스더, 가브리엘과 엘리자베스, 플로렌스와 프랭크 사이의 남녀 또는 부부 관계, 그리고 플로렌스 모녀, 엘리자베스 모녀, 존과 가브리엘 사이의 부자 관계는 모두 사랑에 실패한 본보기들이다. 사랑이란 개인의 고독과 아집을 깨고 다른 인간의 복합체 속으로 들어가 화합을 이룸으로써 가능한 것인데 이들에게는 그러한 화합이 불가능한 것이다. 그러니까 그들의 삶은 결국 두려움과 증오에서 벗어나지 못하고 그렇기 때문에 더욱 더 사랑을 갈구하는 악순환을 반복하게 된다. 존의 마지막 시련으로 상징

Frantz Fanon이 지적한 바, 식민자에 대한 피식민자들의 공격 욕구와 긴장 해소의 욕구, 피식민자 자신의 무력감에서 오는 자기 증오와 자기 파괴 욕구 등의 역설적인 복합적 표현으로 이해할 수 있을 것이다. Frantz Fanon, "Concerning Violence," Richard Abcarian, ed., *Richard Wright's* Native Son: *A Critical Handbook* (Belmont: Wadsworth Publishing Co., 1970), pp.231-32 참조.

20) C. W. E. Bigsby, "The Divided Mind of James Baldwin," F. L. Standley and Nancy V. Burt, eds., *op. cit.*, p.102.

되는 사랑의 추구가 이 소설의 핵심적 주제가 되는 것은 바로 그런 이유에서이다. 이 소설에서 사랑의 가능성을 보여주는 인물이 있다면 그것은 엘리자베스와 존일 것이다. 엘리자베스는 가브리엘과의 사랑에는 비록 실패를 했지만 아버지와의 사랑의 가능성, 리차드와의 사랑의 결실, 그리고 존과의 모자 간의 사랑의 유지에 성공하고 있다. 앞에서 언급한 바와 같이 조지 E. 켄트가 엘리자베스를 이 작품의 "윤리적 중심에 서는 인물"이라고 높이 평가하는 것은 바로 그 때문이다. 존 역시 어머니와의 관계, 엘리샤와의 암시적 관계, 그리고 아버지와 어느 정도의 화해에 이르는 종교적 눈뜸을 통해 사랑의 가능성을 보여 주고 있다고 볼 수 있다.

한편 이 작품에 편재한 남녀 간의 진정한 사랑의 부재는 성(sex)에 대한 잘못된 인식과 직결되어 있다. 남녀 간의 인간적인 건강한 사랑의 척도가 되어야 할 섹스가 이 작품에서는 오로지 죄악의 행위로 금기시되고 있음을 작자는 애써 강조하고 있다. 존의 은밀한 자위행위, 엘리샤와 엘라 메이(Ella Mae)와의 관계 접근에 대한 교회의 엄격한 경고, 가브리엘과 에스더와의 성적 관계, 프랭크와의 성적 결합에 대한 플로렌스의 모멸감 등은 섹스에 대한 죄의식을 강조해 보이는 예들이다. 이러한 문맥에서 존과 엘리샤 사이의 성적 암시는 매우 중요한 의미를 지닌다. 엘리샤에 대한 존의 동성애적 애정은 볼드윈이 『다른 나라』(*Another Country*)나 『지오바니의 방』(*Giovanni's Room*) 등 그의 다른 작품들에서 노골적으로 다루고 있는 다소 병적인 동성애와는 달리 정당한 근거 위에서 이해될 수 있다. 조시프라카쉬(R. Jothiprakash)는 볼드윈의 계부인 데이비드 볼드윈의 위압적이고 가혹한 억압이 볼드윈의 동성애적 성향을 조장했다고 볼드윈의 자서전적 내용을 근거로 해서 존의 동성애적 성향을 시사하고 있는데,[21] 존의 경우 계부인 가

21) R. Jothiprakash, *op. cit.*, p.60.

브리엘의 이러한 가혹한 억압뿐만 아니라, 그러한 아버지로부터 거부당한 남성적 사랑에 대한 무의식적 동경과 아버지에 대한 증오와 어머니에 대한 사랑 사이의 오이디푸스적 상황에서의 어머니를 향한 이성적 사랑에의 잠재의식적 회피, 가브리엘로 상징되는 '권위'에 대한 반발로서의 이성적 사랑의 권위에 대한 심리적 반발, 그리고 무엇보다도 부모나 이성 간의 정상적인 모든 사랑이 부재한 상황에서의 불가피한 선택이 존의 동성애적 태도를 유발했으리라는 해석은 상당한 설득력을 지닌다 하겠다.

증오와 두려움으로부터의 또 하나의 탈출의 형태는 종교에의 귀의라고 볼 수 있다. 그것은 절대자 또는 신의 세계로 도피하여 안전을 구하려는 본능에서 비롯된 것으로서 이 작품에서 종교는 교회를 통한 기독교적 신앙으로 대표되고 있다. 바로 앞에서 검토한 사랑의 주제는 기독교적 신앙과 연결되어 더 깊고 복합적인 의미로 발전하고 있다. 이러한 기독교 정신을 다룬 종교적 주제가 바로 이 작품의 네 번째 주요 주제가 된다. 그러나 여기서의 기독교적 신앙의 주제를 논하기 위해서는 미국 흑인들과 교회와의 관계에 관한 이해가 선행돼야 한다.

미국 흑인들이 일찍이 교회와의 밀착된 관계를 유지하게 된 데에는 다음의 몇 가지 이유와 배경을 생각해 볼 수 있다. 첫째, 그들의 고통스런 삶에서 그들에게 희망을 제공하고 현세의 고통에서 벗어날 수 있는 내세의 삶을 약속하는 유일한 현실적 대안이 교회였을 것이다. 둘째, 그들이 사는 사회 어디에서나 금지되어 있는 정서적 분출이 합법적으로 허용되는 유일한 장소가 아마도 교회였을 것이고 그런 이유로 해서 트루디어 해리스(Trudier Harris)가 시사하듯이[22)]초기부터 미국 흑인들은 정서적 표현의 강도가 높은 감리교(Methodist)나 침례교(Baptist) 교파에의 성향이 더 강했을 것으로 짐작된다(그런 의미에서

---

22) Trudier Harris, ed., *op. cit.*, p.18.

이 소설의 배경이 되고 있는 흑인 교회가 침례교회임은 결코 우연이 아닐 것이다). 셋째, 교회는 종교적 목적만이 아니라 제한된 여건에서나마 흑인들이 자유롭게 만나서 사회생활을 누릴 수 있는 유일한 만남과 사교의 전통적 장소로서 기능했으리라는 점이다. 넷째, 에드워드 마골리즈(Edward Margolies)가 적절히 설명하고 있는바[23] 특히 흑인 남성의 경우 백인 사회에서의 남성 거세(emasculation)와 성인으로서의 위상 거부(흑인을 '광대'(clown)나 '아이'(boy)로 격하함으로써)의 상처에 대해 흑인 교회가 그들을 구약의 강하고 진노한 신과 동일시하게 해 줌으로써 그들이 가정과 사회에서 잃은 남성성(masculinity)을 대리 경험케 하는 심리적 보상을 줄 수 있었을 것이다. 다섯째, 찰즈 스크락스(Charles Scruggs)의 지적처럼[24] 흑백 관계에 있어서 '타자'(the other)로 정의되는 흑인이 백인의 인정을 받기 위해서는 백인의 가치 기준에 따라 그들의 '인간성'(humanity)을 증명해 보여야 하는데 '교회의 퓨리터니즘'은 바로 백인들의 그 '인종적 타자 의식'으로부터 그들을 벗어날 수 있게 해주는 피난처 역할을 해줄 수 있었으리라는 점이다. 특히 네 번째와 다섯 번째의 배경 설명은 이 소설에서의 경직되고 오도된 가브리엘의 종교적 자세를 이해하는 데에, 그리고 이 작품에 그려진 종교적 주제의 핵심이라고 생각되는 기독교적 신앙의 한계와 실패를 이해하는 데에 매우 중요한 단초를 제공한다. 가브리엘로 표상되는 기독교적 신앙의 실패를 이야기하는 시점에서 우리는 이제 이 작품의 가장 중요한 두 인물 가브리엘과 존에 초점을 맞출 필요가 있다. 존이 마지막 장면에서 기독교적 신앙의 성공의 가능성을 보이고 있다면 가브리엘은 그와 대조적으로 마지막 장면까지 기독교적 신앙

---

23) Edward Margolies, *Native Sons* (New York: J.B. Lippincott Co., 1968), p.106.

24) Charles Scruggs, *Sweet Home: Invisible Cities in the Afro-American Novel* (Baltimore and London: Johns Hopkins University Press, 1993), p.106.

의 실패를 줄곧 체현해 보이고 있기 때문이다. 이 종교적 주제와 맞물려 있는 이 소설의 다섯 번째 주요 주제가 바로 가브리엘과 존의 부자 관계이다.

가브리엘과 존의 부자 관계는 우선 제임스 볼드윈과 데이비드 볼드윈과의 자서전적인 성장소설적 문맥에서 이해해 볼 수도 있겠고 볼드윈 자신이 여러 곳에서 암시하고 있는 리차드 라이트와의 예술가로서의 상징적 부자 관계의 비유적 의미를 담고 있다고 볼 수도 있을 것이다. 그러나 부자 관계의 핵심은 역시 성서적 비유에 근거를 둔, 미국의 인종적 상황의 상징적 의미에 놓여 있다고 보는 것이 이 작품의 의미를 가장 올바르게 이해하는 것이라고 생각한다. 우선 성서 속의 가브리엘은 천사장인 '신의 인간' (man of God)인 데 반해 가브리엘 그라임즈는 흑인 사생아(black bastard)로서 천국에 들어갈 수 없도록 운명지어짐으로 해서(신명기 23장 2절) 가브리엘 그라임즈로 표상되는 '신의 흑인' (black man of God)은 이미 모순된 개념이라는 로저 로젠블라트 (Roger Rosenblatt)의 주장에 따르면[25] 가브리엘 그라임즈의 실패는 이미 성서적 맥락에 비추어 보아도 예정된 것이다. 반면 존 그라임즈의 경우는 창세기의 '세례 요한' (John the Baptist)과 '요한 계시록' (Revelation)의 요한(Saint John)의 결합으로, 주 탄생의 기쁜 소식만이 아니라 고통의 투쟁을 통한 궁극적인 승리에의 믿음을 알리는 두 존의 역할을 부여받음으로 해서 마지막의 종교적 눈뜸에의 성공을 암시하고 있다.[26] 그러나 이러한 가브리엘과 존의 종교적 실패와 성공 자체보다 부자 간의 성서적 문맥이 전하는 의미가 더 중요함은 물론이다.

이 작품에서 가브리엘과 존 부자 간의 가장 의미심장한 성서적 비유

25) Roger Rosenblatt, *Black Fiction* (Cambridge, London: Harvard University Press, 1974), pp.37-38.

26) Shirley S. Allen, *op. cit.*, pp.168-69.

는 아브라함(Abraham)과 이쉬마엘(Ishmael), 그리고 노아(Noah)와 햄(Ham) 부자의 그것일 것이다. 구약의 창세기는 아브라함이 이집트 하녀인 하거(Hager)와의 사이에서 낳은 사생아 이쉬마엘을 하거와 함께 추방함으로써 (창세기 21장 14-20절) 아브라함과 이쉬마엘이 죄지은 아버지와 버림받은 아들의 관계를 이루고 있음을, 그리고 노아 또한 햄이 비록 사생아는 아니지만 자신의 수치스런 나체의 모습을 보았다는 이유로 햄에게 노예 중의 노예가 되도록 저주를 내림으로써(창세기 9장 21-29절) 노아와 햄이 아들을 증오하고 저주하는 아버지와 그 증오와 저주를 받는 아들의 관계를 이루고 있음을 잘 보여 준다. 즉 이러한 성서적 비유를 통해 아버지로서의 가브리엘-아브라함-노아, 아들로서의 존-이쉬마엘-햄의 병치가 이루어지고 있는 것이다. 가브리엘의 기독교적 신앙의 실패의 의미가 중요한 것은 그것이 바로 이러한 아버지로서의 역할의 실패를 시사하는 것이기 때문이다. 그리고 존에 대한 가브리엘의 기독교적 사랑의 실패, 아버지로서의 역할의 실패는 곧 미국의 흑백의 인종적 문맥으로 연결됨으로써 더욱 복합적인 상징적 의미를 지니게 된다.[27] 이러한 맥락에서 볼 때 이쉬마엘이 이집트 여인인 하거의 아들로서 유색인(the colored)이고 햄 역시 일반적으로 흑인의 조상으로 이해되고 있는 사실은 결코 우연이 아닐 것이다. 그러니까 가브리엘-존의 부자 관계는 백인 아버지와 유색인 아들과의 관계, 즉 유색인 아들을 저버린 백인 아버지와 백인 아버지로부터 버림받은 유색인 아들의 관계라는 인종적 알레고리로 발전함으로써 존이 처한 버림받은 사생아의 상황은 곧 미국 흑인이 처한 상황의 상징이 되는 것이다. 여기서 가브리엘이 흑인이라는 사실이 문제가 되겠지만, 사실상 이 작품을 통해 줄곧 암시되고 있는 가브리엘의 모습은 가

27) Shirley S. Allen (pp.171-72)과 Robert Bone (p.35)도 이와 비슷한 견해를 피력하고 있다.

혹할 정도로 엄격한 백인 청교도의 (윌리엄 포크너의 『팔월의 빛』(*Light in August*)의 맥이천(McEachern)을 연상케 하는), 나아가 '칼빈주의적 백인 신' (Calvinistic white God)의 그것이며, 로버트 본이 적절히 지적하고 있듯이 가브리엘은 "존을 사생아라 하여 자기 자식으로 인정하지 않음으로써 자기 자식 안에 있는 흑인성(blackness)을 인정하지 않는 것"이며 이러한 "가브리엘의 심리적 메커니즘은 완전히 백인적"인 것이다.[28] 앞에서 이미 살펴본 대로 마지막 3부에서의 존의 환상적 여행에서 가브리엘의 모습이 '흰색' 상징과 짙게 연관되어 있는 것은 가브리엘의 '백인 아버지' 의 이미지를 상징적으로 보여주는 좋은 예가 될 것이다.

그렇다면 이제 이 시점에서 고려해 보아야 할 마지막 중요한 문제는 끝 장면의 모호함을 어떻게 해석해야 하는가이다. 끝 장면에 관한 앞의 〈주〉에서 잠시 언급한 대로 리차드 박스데일(Richard K. Barksdale) 같은 비평가는 "존이 신을 보고 빛과 어둠이 결합되는 것을 예견할 때 어른들의 어리석음과 비참함은 다 잊혀지고 그들의 삶의 폭풍우가 끝난다"고[29] 한 반면에 프레드 스탠들리(Fred L. Standley) 같은 비평가는 끝 장면에서 "존에게 아무것도 변한 것이 없고 그의 환경에 있어서도 아무것도 바뀐 것이 없다"고[30] 극단적으로 서로 달리 해석하고 있지만, 마지막 장면이 전하는 토운은 모든 갈등이 다 해소되는 그처럼 낙관적인 것은 결코 아니고 그렇다고 철저히 절망적이고 비관적인 것만도 아니다. 이 마지막 장면은 한편으로는 존의 기독교적 신앙에 대한 눈뜸과 그에게 일어난 긍정적인 새로운 변화를 분명 강조하고 있고, 다른 한편으로는 그럼에도 불구하고 가브리엘의 모습은 거의 변한 것

28) Robert Bone, *op. cit.*, p.36.

29) Richard K. Barksdale, *op. cit.*, p.146.

30) Fred L. Standley, *op. cit.*, p.192.

이 없으며 가브리엘과 플로렌스의 갈등 역시 데보라의 편지사건으로 오히려 더 악화되고 엘리자베스 또한 리차드에의 회한의 정에서 헤어나지 못함으로써 전체적으로 불화의 농도가 더 짙어진 느낌을 전하고 있는 매우 이중적이고 아이러니컬한 것이다. 이 이중적이고 아이러니컬한 요소가 이 끝 장면의 이해에, 결국 이 작품의 궁극적 메시지의 이해에 중요한 열쇠가 된다고 필자는 생각한다. 볼드윈은 한편으로는 미국과 미국의 흑인이 더 나아가 인간이 처한 증오와 두려움과 갈등의 딜레마는 오직 희생과 고통을 수용하는 사랑, 즉 근본적으로 기독교적인 사랑에 의해서만 극복될 수 있다는 자신의 믿음을, 그리고 그런 믿음의 실현 가능성을 존의 기독교적 신앙에의 눈뜸을 통해 전하고 싶었을 것이고, 다른 한편으로는 자신의 그런 믿음과 그 믿음의 실현 가능성에의 희구를 계속 좌절시키는 미국의 인종적 상황, 더 나아가 인간관계의 근원적인 갈등에 대한 그의 어두운 현실 인식을 또한 전하고 싶었을 것이기 때문이다. 그렇다면 이 마지막 부분의 이중적인 모호함에는 볼드윈의 의미 깊은 의도적인 아이러니의 메시지가 담겨 있다고 볼 수 있는 것이다.

V

볼드윈은 그의 여러 글들, 특히 우리가 서두에서 살펴본 그의 몇몇 주요 에세이에서 "나는 나 자신이 흑인임을 의식하고 흑인 작가로서 글을 쓰기보다는 한 정직한 인간으로서 내가 경험한 진실을 바탕으로 삶이라는 무질서로부터 예술이라는 질서를 창조해 내는 것을 작가의 임무로 생각하며 글을 쓰고 싶다"며 자신의 작가적 자세를 거듭 천명한 바 있다. 자신이 흑인 작가라는 자의식은 예술 창조에 필요한 심리적 · 정서적 거리의 확보를 어렵게 만들고 흑인을 구체적인 한 인간으로서보다는 추상적인 한 인종적 유형의 틀에 가두어 버림으로써 오히려 흑인의 인간적 삶의 진실을 호도할 수 있다고 판단한 때문일 것이다. 그리고 그러한 판단이 볼드윈으로 하여금 리차드 라이트류의 항변소설을 거부하게 한 가장 근본적인 이유였을 것임을 우리는 쉽게 이해할 수 있다. 물론 볼드윈의 이런 태도가 1960년대 이후 달라져 갔음은 이미 앞에서 언급한 바 있거니와, 그런 태도의 변화와 함께 그의 작품의 예술성이 현저히 감퇴되어 간 사실은 작가의 임무와 예술의 기능에 대해 시사하는 바가 크다.

『산에 올라 말하라』는 작가 자신의 자서전적인 한 가정의 매우 사적인 이야기를 소재로 다룸으로써 리차드 라이트나 랄프 엘리슨의 인물들처럼 공적인 환경에서 행동하는 흑인들의 공적인 삶을 다루고 있지 않다는 점에서 흑인의 인종적 문제를 소홀히 하고 있는 것처럼 보인다. 예컨대 『산에 올라 말하라』에는 『토박이』의 비거나 『보이지 않는 사람』의 이름 없는 주인공이 겪는 그러한 격렬한 흑백 간의 갈등이나 투쟁, 그리고 그러한 갈등이 제기하는 심각한 사회적 이슈가 표면적으로는 분명히 드러나 보이지 않는다. 그러나 『산에 올라 말하라』는 평범한 한 가정의 여러 구성원들 사이의 일견 사소해 보이는 인간관계의 심리적 · 정서적 갈등을 통해 라이트나 엘리슨의 소설들이 보여주지 못하는 미국 흑인들의 매우 다양하고 풍부한 삶, 특히 흑인교회와 할렘 빈민가, 그리고 3대에 걸친 흑인의 역사를 담은 한 가정을 중심으로 한 흑인들의 생생한 삶의 현장을 진솔하게 보여주는 데 성공하고 있다. 더욱이 이 작품의 주요 주제들의 유기적 연관성을 검토하는 과정에서 살펴볼 수 있었듯이 이러한 가족 간의 개인적인 갈등 특히 가브리엘-존 부자 간의 갈등이 종교적 상징을 통해 궁극적으로 시사하는 근원적인 미국 흑인의 인종 상황의 정치,사회적 의미는 매우 심각한 것이라고 말할 수 있을 것이다. 특히 라이트나 엘리슨 같은 당대의 대표적인 흑인 작가들과는 달리 볼드윈이 이 작품을 통해 미국 흑인의 삶, 그 인종적 주제의 천착에 있어서 '가정'(家庭)적 상황의 중요성을 강조한 것은 60년대 이후의 토니 모리슨(Toni Morrison), 앨리스 워커(Alice Walker) 등 대표적인 흑인 여성 작가들에게 영향을 주어 '가정적 주제'의 하나의 전통을 세우는 데 기여한 볼드윈의 예견적 혜안으로 평가받을 수 있을 것이다.

결국 이 소설의 분석과 이해를 통해 우리가 확인할 수 있는 것은 볼드윈이 자신의 진솔한 경험을 통해 그가 익히 알고 있는 흑인의 삶의 리얼리티를, 그래서 궁극적으로 고통받는 인간의 리얼리티를 예술적으로 형상화함으로써 예술에 있어서의 특수성과 보편성의 조화로운 합일을 이룩하는 데 성공했다는 점이다. "미국의 흑인됨이 어떤 것인가 하는 느낌을 정확히 표현"한 볼드윈의 능력이 그의 가장 큰 공헌이라는 프레드 스탠들리의 찬사,[31] "사적인 개인적 경험을 가장 정직하게 가장 성공적으로 예술로 변형시킨 작품"이라는 『산에 올라 말하라』에 대한 하워드 하퍼(Howard M. Harper, Jr.)의 높은 평가는[32] 이러한 문맥에서 매우 적절한 것이라고 생각된다.

(1997, 『성곡논총』 제28집 1권)

31) *Ibid.*, p.232.

32) Howard M. Harper, Jr., *Desperate Faith* (Chapel Hill: University of North Carolina Press, 1967), p.161.

9 윌리엄 멜빈 켈리William Melvin Kelley의 『어떤 다른 고수(鼓手)』A Different Drummer

흑인소설의 한 가능성

2차 대전 이후의 현대 미국 소설을 이야기할 때 많은 비평가들은 소수 인종 문학의 두드러진 출현에 주목하며 특히 유대계 작가들과 흑인 작가들의 왕성한 창작 활동을 중시하고 있다. 유대계 문학이니 흑인문학이니 하는 구분 자체가 다분히 작위적이고 따라서 때로는 오도적일 수 있음이 사실이긴 하지만, 미국 문학의 다양성 및 복합성, 그리고 문학과 사회, 문학과 역사와의 관계라는 보다 포괄적인 문학의 양상에 접근하는 데에는 이러한 구분이 대단히 유용함 또한 사실이다. 흑인문학의 경우는 더욱 그렇다. 긴 설명이 필요없이 미국 사회에서의 유대인의 위치와 흑인의 위치는 역사적으로, 사회적으로, 문화적으로 전혀 다르기 때문이다. 유대인 혹은 다른 소수 인종 집단들과는 근본적으로 달리, 흑인들은 자의에 의해서가 아니라 완전한 타의에 의해서 선택이 철저히 거부된 노예의 생활로 미국에서의 삶을 시작해야 했고, 고의적인 제도적 장치에 의하여 그들의 고유한 종족적 특성을 거세당함으로써 그들의 문화로부터의 단절을 강요당해야 했으며, 그러면서도 건국 초기부터 미국민의 한 구성원으로 아이러니컬하게도 미국 문화 형성의 중요한 한 요소를 이루어 왔다.

엄밀한 의미에서 미국 흑인들은 미국 사회를 구성하는 하나의 지엽으로서의 소수 인종 집단이 아니라, 백인이나 그들 자신이 원하든 원하지 않든간에 어쩔 수 없이 그 뿌리와 줄기를 이루어 온 하나의 복합적인 근원 세력이라는 점을 우리는 기억해야 한다. 미국 흑인이 이렇듯 미국적 환경의 필연적 산물이듯이 미국의 흑인문학 역시 근원적으로 미국적일 수밖에 없다. 그러나 적어도 흑인에 관한 한 근본적으로 인종 차별적인 미국 사회에서의 흑인의 삶의 역사가 흑인이며 동시에 미국인이어야 하는 이중적 정체성의 갈등의 역사라면, 그 갈등의 의미를 추구하는 흑인문학의 "미국적 요소"는 보다 복합적인 문화적 · 사회적 양상에 밀착될 수밖에 없다. 흑인문학이 근원적으로 안고 있는 이러한 미국적 요소의 복합성을 간과하거나 경시한다면 우리는 미국문학으로서의 흑인문학에 결코 올바르게 접근할 수 없을 것이다.

우리는 보통 흑인문학을 항변 문학 혹은 반항 문학의 동의어쯤으로 생각하는 경향이 없지 않다. 사실 미국 흑인들이 겪어 온 가혹한 인종적 편견의 역사를 고려한다면 흑인 작가들이 주로 인종 문제의 주제를 다루고 그들의 작품이 대체로 사회적 항변을 담고 있다는 것은 극히 당연한 일이다. 새삼 강조할 필요도 없이 인간의 삶을, 인간의 생각과 행동과 갈등을, 최대한의 진실 속에 그려 보이는 것이 문학의 가장 중요한 목적의 하나라면 미국의 흑인 작가가 가장 진실하게 그릴 수 있는 인간의 삶의 문제는 자신의 짙은 체험에 밀착된 인종 문제의 주제를 포함할 수밖에 없으며 그 주제는 필연적으로 사회적 항변의 문제를 수반할 것이기 때문이다.

19세기 중엽의 노예 수기로부터 면면이 이어 온 이 사회적 항변의 전통은 1920, 30년대 할렘 르네상스의 소강 상태를 지나 2차대전을 전후하여 특히 『토박이』 등 일련의 탁월한 작품들을 발표한 리차드 라이트를 기점으로 다시 강화되어 오고 있다. 체스터 하임즈(Chester

Himes), 앤 페트리(Ann Petry) 그리고 '대체로'라는 단서가 필요하겠지만 존 윌리암즈(John A. Williams), 르로이 존즈(LeRoy Jones, 일명 이마무 아미리 바라카(Imamu Amiri Baraka))도 이 계열에 속하는 작가로 볼 수 있을 것이다. 그러나 이러한 전통과 병행하는 또 하나의 매우 중요한 경향을 우리는 현대 흑인문학의 흐름 속에서 찾아볼 수 있다. 그것은 사회적 항변을 흑인문학의 본령으로 내세우는, 즉 흑인문학의 사회학적 의미를 보다 강조하는 "라이트"류의 주장에 불만을 품고 문학은 궁극적으로 예술이어야 한다는, 즉 흑인문학의 미학과 예술적 가치를 보다 강조하는 랄프 엘리슨과 제임스 볼드윈으로 대표되는 경향을 뜻한다.

이 두 경향의 대립은 작가로서의 역할과 동시에 흑인으로서의 자기 정체성을 어떻게 조화시켜야 할 것인가, 흑인의 현실을 외면한 흑인문학이 가능할 것인가 등 흑인 작가가 당면한 근본적인 딜레마를 드러내면서, 라이트에 대한 볼드윈의 반박, 엘리슨과 어빙 하우(Irving Howe)와의 2차에 걸친 논쟁, 볼드윈에 대한 엘드릿지 클리버(Eldridge Cleaver)의 비난 등을 통하여 계속되어 오고 있다. 어느 쪽의 주장이 보다 정당한 것인가는 관점의 차이에 달린 문제겠지만 적어도 엘리슨이나 볼드윈이 흑인의 인종적 문제를 외면하고 있는 것은 결코 아니라고 분명히 말할 수는 있을 것이다. 그들은 흑인 문화의 민속적 · 신화적 의미에 대한 예술적 탐험을 통하여 흑인 문화의 보다 적극적이고 심층적인 가치에 접근할 수 있는 것이며 사회적 항변으로서의 흑인문학은 이러한 접근을 오히려 막는 것이라고 믿고 있는 듯이 보인다. 이러한 전통을 대체로 이어받고 있는 유능한 젊은 흑인 작가로서 우리는 윌리엄 멜빈 켈리(William Melvin Kelley)와 이쉬미얼 리드(Ishimael Reed)를 생각해 볼 수 있을 것이다. 이들은 무엇보다도 소설의 서술 양식, 내용과 형식의 조화 등의 미학적 문제에 대한 강한 의식을 보여 주고 있다는 점에서 주목받을 만하다. 켈리의 대표작으로 꼽히는 그의 첫 장편 『어떤 다른 고수』(*A Different Drummer*, 1962)는 서술 양식에 대한 그의 세심한 배려와 내용과 형식의 균형에 대한 그의 노력이 잘 나타나 있는 작품이다.

11개의 장(章)으로 나누어진 이 소설은 흑인 청년 타커 켈리번(Tucker Caliban)의 사건을 구심점으로, 그리고 흑인 노예 캘리번 가(家)와 초대 주지사를 지낸 백인 윌슨(Willson) 가와의 미묘한 관계를 주축으로, 각 장마다 주로 백인 등장인물들의 각각 다른 시점과 다른 서술 방법을 통하여 타커 사건의 의미를 추적하고 있는, 윌리엄 포크너(William Faulkner)의 소설을 연상케 하는, 다양하고 복합적인 구조를 갖춘 작품이다. 포크너 소설과의 유사성은 전설과 역사와 내러티브를 혼합하고 있는 그 구성에서도 드러나고 있다.

가공적인 남부의 한 주(州)에 대한 백과사전적인 간략한 설명을 담고 있는 짤막한 첫 장에서 작자는 1961년도 섬네일(Thumb-Nail) 연감 643페이지에 수록된 이 주의 연혁, 면적, 인구 등의 정확한 수치와 1957년의 타커 캘리번 사건으로 흑인 주민이 한 사람도 없는 미국의 유일한 주가 되었다는 최근의 역사를 사실적으로 기록함으로써 전설과 역사와 현실을 혼합하려는 이 작품의 구성을 성공적으로 암시하고 있다.

작자의 관점으로 쓰여진 둘째 장은 타커의 불가사의한 행동과 그 행동에 뒤따른 엄청난 결과가 싸튼(Sutton) 마을의 백인들에게 미친 영향에 관한 기술로 시작된다. 이들은 타커 부부를 따라 모든 흑인들이 그들의 짐을 꾸려 말없이 마을을 떠나버린 이 흑인 대집단 탈출 사건이 어떻게 시작이 된 것인지, 그것은 한 사건의 단순한 종말인지 아니면 다른 "무엇"의 시작인지 그 사건의 진상과 의미를 알지 못한다. 흑인 없는 세계를 살아 본 적이 없는 이들 백인들은 야릇한 불안과 혼란감을 느끼면서도 결국 타커가 미친 것이라 결론짓는다. 그러나 흑인의 삶에 대한 마을 사람들의 "눈멂"과는 달리 이 마을의 현명한 촌로인 백인 하퍼(Harper) 씨는 그것이 뭔가 "피"로부터 비롯된 것임을 암시하면서 거대한 체구와 초인적인 힘을 가진 아프리카 왕자에 대한 전설 같은 이야기를 들려준다. 노예선에 내려 드윗트(Dewitt) 윌슨에게 팔려간 순간 쇠줄을 끊고 탈출한 그 아프리카 왕자는 다시 윌슨의 모든 노예들을 풀어내는 데에 성공하지만 그의 흑인 부하의 배신으로 결국 윌슨에게 죽임을 당한다. 그 아프리카 왕자가 남긴 아기가 타커의 증조부인 첫 캘리번임을 상기시키면서 하퍼 씨는 "피"의 의미를 다시 강조하지만 마을 사람들은 그의 암시를 충분히 이해하지 못한다.

셋째 장은 흑인에게 동정적인 백인 자유주의자 해리 리랜드(Harry Leland)의 관찰을 통하여 타커 사건의 진상을 보여 주고 있다. 스튜어트(Stewart)로부터 타커가 10톤이나 되는 다량의 소금을 사갔다는 심상치 않은 이야기를 듣고 해리는 어린 아들 해롤드(미스터 리랜드로 불림)를 데리고 타커의 농장으로 가서 타커의 모든 행동을 목격하게 된다. 타커는 그의 밭에 마치 씨를 뿌리듯 소금을 뿌리고, 그의 가축들을 모두 쏘아 죽이고, 먼 옛날 그의 할아버지가 윌슨 가로부터 선물로 받아 그에게 물려진 시계를 박살을 내고, 마지막으로 그의 집에 불을 지른 뒤 아내 베스라(Bethrah)와 함께 농장을 떠나는 것이다. 타커의 그 모습을 지켜보면서 해리도 자기가 원하는 대로 떠날 권리가 있음을 느낀다. 이 장에서는 해리의 생각이 때로 의식의 흐름의 수법으로 기술되고 있는 점과, 포크너의 『소음과 광포』(*The Sound and the Fury*)에서처럼 이 장의 중심 시간이 전 장의 그것으로부터 과거로 역류해 있다는 점 또한 주목할 만하다.

넷째 장의 중심인물은 해리의 어린 아들 미스터 리랜드로, 그의 설익은 의식에 비친 타커 사건의 의미와 성인 세계의 불가해한 모습이 이 장의 내용을 이루고 있다. 타커에게 친구와 같은 호감을 느끼는 미스터 리랜드는 비록 "넌 아무것도 잃은 것이 없지"라는 타커의 말의 뜻을 이해하지 못하지만 타커의 행동에는 뭔가 이유가 있을 것이라고 생각한다. 그는 타커 사건의 진상을 알아보기 위하여 으리으리한 검은 리무진을 타고 이 마을을 찾아온, 영국식 발음에 금십자가를 걸친 흑인 목사 브래드쇼(Bradshaw)를 타커의 농장에 안내해 준다. 그러나 시계를 박살낸 타커의 행동이 "찬란하게 원시적"(gloriously primitive)이라는 브래드쇼 목사의 수수께끼 같은 말을 그는 이해할 수가 없는 것이다.

작자의 시점으로 기술된 다섯째와 여섯째 장에서는 이제 19세의 대학생이 된 듀이(Dewey) 윌슨 3세가 중심인물로 등장한다. 9년 전 자신의 생일날 타커가 자신의 잘못으로 아버지로부터 채찍을 맞아야 했던 에피소드를 회상하며 그는 방학을 맞아 고향에 돌아온다. 그는 실로 오랜 불화의 세월 끝에 아버지 데이비드(David)와 어머니 커밀(Camille)이 서로 화해한 모습을 보고 반가워하지만 타커가 아버지로부터 땅을 사서 베스라와 함께 집을 나갔다는 사실과 바로 전날 일어난 타커 사건을 듣고 심한 충격을 받는다.

일곱째 장은 듀이의 여동생인 딤프나(Dymphna)의 일인칭 시점으로 기술되며 중심 시간은 그녀가 15세였던 2년 전으로 되돌아간다. 딤프나는 대학을 중퇴하고 학비를 벌기 위하여 그녀 집에 일하러 온 베스라와의 첫 상면을 흐뭇하게 회상하며 그녀가 베스라를 얼마나 좋아했는가 그리고 훤칠한 키에 미모와 교양을 갖춘 베스라와 제대로 교육도 받지 못한 왜소한 체구의 타커가 어떻게 부부로서 결합되었는가의 과정을 들려준다. 윌슨 가를 떠나 독립하겠다는 타커의 뜻에 처음에는 반대했던 베스라는 결국 타커의 "자신에 대한 신념"과 해야 할 일을 실행에 옮길 수 있는 그의 용기를 이해하고 그의 뜻을 흔쾌히 따르기로 결심한다. 그리고 그러한 베스라의 결심은 딤프나로 하여금 "사랑하는 사람들을 위하여 할 수 있는 일은 그들의 뜻대로 행할 수 있도록 놔두는 것"이라는 무서운 진리를 깨닫게 한다.

듀이의 일인칭 시점으로 쓰여진 여덟째 장은 타커의 농장에서 듀이가 미스터 리랜드를 만난 넷째 장의 마지막 부분에서 연결되고 있다.

이 장의 중심 사건은 1년 전 흑백인 격리 버스 안에서 흑인석 싸인을 마지막으로 보며 객사한 타커의 할아버지 존 캘리번의 죽음이다. 미스터 리랜드가 떠난 후 듀이는 존의 그 죽음과 존의 장례식에서의 타커의 울분을, 존의 일생은 남을 위한 아름다운 희생으로 일관된 것이었다는 한 흑인 친구의 조사에 "희생? 얼어 죽을 희생이라니! 이제 다시는 안돼. 이것으로 끝이야"라고 투덜대던 타커의 그 울분을 회상한다. 그리고 그는 존이 죽은 두 달 후 타커가 그의 아버지로부터 캘리번이 처음으로 노예 생활을 시작했던 바로 그 농장의 땅을 사들인 사실을 상기한다. 존의 죽음은 아마도 타커 사건의 기폭제의 구실을 했을 것이고 타커의 그 울분은 바로 타커 사건의 시발점이었을 것이다.

아홉째 장은 커밀의 일인칭 시점을 통하여 그녀와 데이비드와의 결혼, 신문사 일을 보면서 공산당계 잡지에 익명으로 기고를 하던 결혼 초기의 데이비드의 의욕적인 생활, 신문사에서 해고된 후 아버지 데미트리아스(Demitrius)의 토지 임대료 징수의 일을 맡아보게 된 데이비드의 좌절감과 번민, 그 좌절감으로부터 비롯된 그들 사이의 차가운 불화, 그리고 그 불화의 결정적 위기를 극복하는 데 도움을 준 "그 공주는 기다려야지요"라는 타커의 말에 담긴 신비스런 힘에 관한 이야기를 전하고 있다.

데이비드의 일기의 형식으로 기술된 열 번째 장은 타커 사건이 일어난 1957년 5월 31일의 일기로 시작된다. 타커 사건의 기사를 읽고 데이비드는 자신으로부터 거세되어 버린 것을 늘 괴로워하며 아쉬워한 그 용기와 신념을 타커의 행동에서 발견하고 "타커는 그 자신을 해방시켰어, 그리고 나를 또한 해방시킨 셈이야"라는 일종의 대상(代償) 만족감을 느낀다. 이제 그의 일기는 1931년으로 거슬러 올라가 하버드 시절 진보적 사회주의 사상의 공감으로 굳게 맺어진 브래드쇼와의 우정으로부터, 1954년의 일기에 담긴, 『나의 투쟁』, 『자본론』, 『성경』을 뒤섞은 흑인 예수교(Black Jesuit)의 창시자 브래드쇼 목사에 대한 환멸에 이르기까지, 그와 브래드쇼와의 관계를 상세히 펼쳐 보인다. 또한 1956년의 일기는 타커에게 땅을 판 행위에서 뭔가 해야 할 일을 해낸 것 같은 성취감, 그리고 자신의 신념을 잃었기 때문에 커밀의 신념까지도 상실케 한 데 대한 자책감을 담고 있다.

작자의 시점으로 다시 돌아온 마지막 장은, 듀이와 함께 차를 타고 타커의 농장을 돌아보고 오던 브래드쇼 목사가 타커 사건의 주모자가 바로 브래드쇼라고 굳게 믿는 보비 조(Bobby Joe) 등의 백인들로부터 린치를 당하고 그들이 시키는 대로 노래를 부르는 굴욕적인 장면을 충격적으로 그려 보인다. 왁자한 소음에 잠을 깬 미스터 리랜드가 그 노래 소리와 린치의 소동을 타커가 다시 돌아와 파티를 열고 있는 것으로 생각하고, 다음날 타커에게 왜 다시 돌아왔느냐고 물으면 그가 잃은 것을 찾았기 때문이라고 말할 것이라 믿으면서, 그 먹다 남은 과자와 캔디들을 푸짐히 먹을 수 있으리라 기대하는 이 소설의 결말은 매우 아이러니컬하고 시니컬하기조차 하다.

위에서 살펴보았듯이 이 소설은 흑인 대집단 탈출이라는 한 중심 사건에 다각적인 조명을 가함으로써 그 사건이 지니는 심층적 의미를 다양하게 추적해 보려는 시도를 담은 야심만만한 작품이다. 모든 주요 등장인물들이 각각 자신의 눈을 통하여 이 사건의 중심인물인 타커에 접근하고 있는 이 소설의 형식은, 그 다양한 시점과 서술 양식으로, 구성상의 혼란을 느끼게 할 만큼 복합적이다. 각 주요 인물들은 물론, 그들의 다각적인 시점을 통하여 집적된 타커의 모습이 살아 있는 인물(character)로 그려져 있지 못한 점은 아마도 혼란에 가까운 그 구성상의 복합성에서 연유한 것일 것이다. 그러나 이러한 타커의 인물 묘사는 어쩌면 작자의 의도에서 비롯된 것일는지도 모른다. 타커라는 인물을 통하여 작자가 보여 주려는 것은 구체적인 어떤 개성이 아니라 동시에 전설적이며 역사적인, 신화적 인물의 총체적 모습일 것이기 때문이다. 캘리번 왕자의 전설적 이야기, "피"의 의미에 담긴 암시, 이 이야기의 뿌리를 이루고 있는 헨리 아담스(Henry Adams), 팹 싱글턴(Pap Singleton) 등이 이끈 흑인 대이동 사건(1877-79), 그리고 첫 장에서의 사실적 기록의 수법 등은 이러한 추측을 충분히 뒷받침해 줄 수 있을 것이다.

보다 구체적으로 이야기하자면 타커에 농축된 이미지는 작자가 암시하는 이상적인 흑인의 역사적 · 신화적 이미지에 다름이 아닐 것이라는 것이다. 이 작품에서 그 이미지는, 강요된 북소리에 따라 맹목적으로 다른 사람들과 발을 맞추지 않고 자신의 귀에 들려오는 "어떤 다른 고수"의 북소리에 맞추어 당당히 걸어갈 수 있는 자기 자신에 대한 신념과 용기의 상징으로 나타나며, 브래드쇼 목사와 타커와의 대조를 첨예하게, 그리고 의미깊게 드러내 보이고 있다.

이 작품의 또 하나의 중요한 주제는 흑인과 백인 사이의 근원적인 갈등이다. 흑인에게 호의적인 해리, 데이비드, 듀이, 하퍼 씨의 경우에 있어서도 그들의 흑인에 대한 이해는 어쩔 수 없는 한계에 부딪치며 그들 역시 흑인들과의 관계에서 미묘한 갈등을 느낄 수밖에 없는 것이다. 이러한 불가피한 흑백 간의 미묘한 갈등 속에서도 흑인과 백인이 공존하지 않을 수 없는 불가피한 미국적 상황의 아이러니는 이 소설의 마지막 장면에서 대단히 냉소적으로, 그리고 음울하게 전달되고 있다.

그러나 이 소설이 가지고 있는 강점은 무엇보다도, 표현 형식에 대한 예술적 탐구와 흑인 정체성 문제의 심층적 추구를 성공적으로 병행시키고 있다는 점이다. 이 작품은 흑인문학이 사회적 항변, 흑인 문화의 정체성 등 흑인 문제의 정수를 다루면서도 문학의 예술성을 얼마든지 성공적으로 추구할 수 있다는 가능성을 보여주는 훌륭한 예로 높은 평가를 받을 만하다.

(1981. 3. 『문예중앙』)

10 토니 모리슨Toni Morrison의 『술라』*Sula*

삶의 진실에 대한 다의적 아이러니

1970년대 이후 오늘에 이르는 미국 흑인소설은 여성작가들에 의하여 주도되어 온 감이 없지 않다. 얼핏 머리에 떠오르는 토니 모리슨, 토니 케이드 밤바라, 앨리스 워커, 게일 존스, 글로리아 네일러 등 오늘날의 대표적인 미국 흑인 작가들의 이름에서 우리는 현대 미국 흑인문학에서 여성작가들이 얼마나 왕성하게 주도적인 역할을 해오고 있는지를 실감할 수 있다. 어떻게 이러한 현상이 일어났는가에 대해서는 몇 가지 추론이 가능할 것이다. 첫째, 1960년대에 활발히 일어난 미국 흑인 민권운동과 뒤이은 흑인 미학(black aesthetics) 운동의 여파로 미국 흑인문학에 대한 관심이 높아지면서 이전까지 소외되어 온 여성작가들의 작품 활동과 그에 대한 평가도 활발해졌으리라는 점, 둘째, 1970년대에 이르러 미국 흑인문학이 미국 주요 대학의 정규 커리큘럼에 포함되어 미국흑인학(Afro-American Studies)과 특히 여성학(Women's Studies) 등 새로운 학문 분야에서 본격적으로 연구되고 교육되기 시작했다는 점, 셋째, 탈구조주의, 해체주의, 포스트모더니즘, 여성주의 비평(feminist criticism) 등의 영향으로 1970년대 이후 인종

(race)과 성(gender), 그리고 소수문화(minority culture)와 다문화주의(multiculturalism) 등에 대한 연구가 더욱 활성화되면서 인종과 성과 소수문화의 문제를 포괄적으로 아우르는 흑인 여성문학이 연구와 분석의 중요한 자원으로 다루어지게 되었다는 점, 넷째, 20세기 후반 이후 전반적인 여권신장과 함께, 우리나라의 경우에도 확인할 수 있듯이, 미국만이 아니라 전 세계적으로 인문학, 특히 문학 분야의 학문적 연구나 창작활동에 있어서 여성 우세의 현상이 더욱 두드러지고 있다는 점 등이 그것이다. 그러나 무엇보다도 이 시기에 유능한 흑인 여성작가들이 대거 등장하여 우수한 작품들을 계속 발표해 왔다는 점이 가장 중요한 원인이 아닐까 생각한다.

이 현대 미국 흑인 여성작가들의 선봉에 우리는 주저 없이 토니 모리슨을 세울 수 있을 것이다. 모리슨은 자신의 우수한 작품으로써만이 아니라 1970년 초를 전후해서 랜덤 하우스의 편집 책임자로 활약하며 많은 흑인 여성작가들의 작품을 출판케 함으로써 흑인 여성문학의 활성화에 적지 않은 기여를 했다. 그에게 수여된 퓰리처상과 노벨상은 그러한 기여에 대한 아주 적절하고 정당한 보상이라고 생각된다.

현대 미국 흑인 여성작가의 대표적인 선두주자로 모리슨이 주목을 받는 것은 일차적으로 그의 작품이 보여주는 높은 예술적 완성도 때문이겠지만 그에 못지않게 그의 작품 세계의 독창성 때문이기도 할 것이다. 한 인터뷰에서 모리슨은 자신이 아직까지 읽어 보지 못한 그런 소설을 읽어 보고 싶어서 스스로 직접 소설을 쓰기 시작했노라고 밝힌 바 있다.[1)] 사실 모리슨의 소설은 그 소재나 주제나 표현 형식에 있어서 이전의 흑인소설과 분명히 다른 새로운 면모를 보이고 있다. 우선 모리슨의 소설은 항상 흑인 세계를 배경으로 흑인의 삶에 짙게 밀착되

1) Danille Taylor-Guthrie, ed., *Conversations with Toni Morrison* (Jackson: University Press of Mississippi, 1994), p.161.

어 있지만 이전의 흑인소설들이 전통적으로 다루어 온 흑백 간의 갈등이나 백인 인종주의에 대한 항변을 표면적으로 내세우지 않는다. 또한 이전의 흑인소설들이 다루기를 꺼려하고 회피해 온 흑인의 부정적 측면을 솔직하고 과감하게 묘사함으로써 흑인의 삶의 진상에 훨씬 더 가깝고 풍부하게 접근하고 있다.[2] 그리고 이렇게 천착된 진솔한 흑인의 삶을 통하여 모리슨은 궁극적으로 인간의 삶의 복합적 진실에 대한 근원적이고 심층적인 탐색을 시도하고 있는 것이다.

이러한 모리슨의 독창적 요소들이 처음으로, 조화롭게 맺어 이룬 알찬 예술적 결실이 『술라』(*Sula*)라는 작품이 아닌가 한다. 『술라』를 집필한 후 비로소 자신이 작가가 되었음을 의식했다고 만족스럽게 이야기할 만큼 이 작품은 모리슨 문학의 정수를 잘 보여주는 소설이다. 모리슨이 여러 사람들과의 인터뷰에서 거듭 밝힌 바 있듯이 『술라』는 '여성의 우정,' 그리고 '선과 악의 문제' 에 관한 짤막한 이야기라고 볼 수 있다.[3] 그러나 이 소설은 그처럼 단출하게 정리되는 주제나 짧은 소품 길이의 외양과 달리, 두 여인을 축으로 하여 이루어지는 진솔한 흑인의 삶을 통하여 삶의 진실에 관한 아주 복합적이고 심층적인 탐색을 담고 있는, 아주 풍부한 내용의 이야기이다. 이 풍부한 내용의 이야기를 그처럼 짧은 길이에 마치 진액처럼 농축시켜 담을 수 있는 것이 바로 모리슨의 독창적인 표현 능력일 것이다. 문학적 언어는 결코 설명적이어서는 안 된다는 모리슨의 굳은 믿음이[4] 그로 하여금 압축과 생략과 이미지를 강조하는 시적 스타일을 선호하게 만들었을 것임을 이해하기는 어렵지 않다. 또한 삶의 진실의 복합성과 사물의 본질에

2) 이 점에 있어서 Jean Toomer와 Zora Neal Hurston은 어느 정도 선구적 역할을 한 작가라 볼 수 있을 것이다.

3) Danille Taylor-Guthrie, ed., *op. cit.*, p.157.

4) *Ibid.*, p.166.

대한 근원적인 성찰에 늘 관심을 가지고 있는 모리슨에게 직설적이고 명쾌하고 설명적인 표현법은 적절한 무기가 될 수 없었을 것이다. 모리슨의 작품에서 우리가 어떤 모호성, 이중성, 다의성, 초현실성 같은 것과 자주 마주치는 것은 이러한 그의 특성과 결코 무관하지 않다. 모리슨의 소설에서 이 특성을 가장 성공적으로 형상화하고 있는 기법이 아마도 다의적 아이러니의 기법이라고 말할 수 있을 것이다. 이 글은 이 다의적 아이러니의 틀 안에서 『술라』의 의미가 가장 잘 이해되고 전달될 수 있으리라는 가정에서 출발한다.

『술라』는 버텀(Bottom)이라는 한 흑인 마을을 배경으로, 술라가 버텀을 떠나기 전까지를 1부, 10년 후 술라가 버텀에 다시 돌아온 이후를 2부로 각각 나누어 1919년부터 1965년까지 그곳에서 일어난 일들을 연대순적으로 기술하고 있는데, 소설이 시작되자마자 프롤로그 격인 짤막한 서두부에서 우리는 곧 버텀이라는 이름에 담긴 미묘한 아이러니와 마주치게 된다. 엉뚱하게도 산꼭대기 땅에 붙여진 '바닥'(bottom)이라는 이 아이러닉한 이름은, 힘든 노동의 대가로 한 흑인 노예에게 계곡 아래 바닥 땅(bottom land)을 주기로 약속한 한 백인 농장주가 흑인 노예를 속여 그 비옥한 바닥 땅을 쓸모없는 산꼭대기 땅과 바꿔치기하기 위하여, 산꼭대기 땅이 사실은 하느님 보기엔 아래쪽이니까 진짜 천국의 바닥 땅(bottom of heaven)이라고 둘러댐으로 해서 유래한 것이다. 이 '대단한 깜둥이식 농담' (nigger joke)[5]에 담긴 비희극적인 아이러니는 앞으로 전개될 이야기의 다층적 의미에 대한 적절한 예시적 기능을 수행하고 있다고 볼 수 있다.

또 하나의 프롤로그 격인, 뒤이은 「1919」 장의 섀드랙(Shadrack) 에피소드 역시 그 예시적 기능에 있어서 주목할 만하다. 1차대전 참전의 끔찍한 경험으로 정신분열 증세를 겪고 귀향한 섀드랙은 자신의 혼란

5) Toni Morrison, *Sula* (New York: Bantam Book, 1973), p.4.

스런 경험 세계에 어떤 질서를 부여하려는 절박한 시도로 죽음의 예측 불능성에 대항하는 '범국민자살의 날' 을 제정 선포하여 매년 같은 날 기념의식을 갖는다. 처음에 마을 사람들은 섀드랙이 미친 것으로 생각하지만 은연중에 자살의 날을 기정사실로 받아들이게 되고 결국 이 소설의 끝부분에서 많은 사람들이 그 기념행진에 동참하기에 이른다. 섀드랙의 비정상적인 행위와 그의 모호한 정체성은 이 소설이 반복하여 드러내고 있는 정기와 광기, 정상과 비정상, 선과 악, 외관과 실제 등의 문제와 짙게 밀착되어 있다는 점에서, 그리고 술라와의 신비로운 유대감을 시사하고 있다는 점에서 매우 중요한 의미를 지닌다.

본체 이야기의 시작이라 할 수 있는 「1920」장이 술라가 아니라 넬(Nel)의 이야기로 시작되는 것은 아주 적절해 보인다. 넬의 어머니 헬레느(Helene)로 대표되는 라이트(Wright) 가의 극히 정상적이고 규범적이고 엄격한 중류층 도덕성을 지향하는 가치관의 세계는 뭔가 비정상적이고 파격적이고 악의 분위기를 느끼게 하는 일탈적인 섀드랙의 세계와는 의미 깊은 대조를 보이고 있기 때문이다. 이러한 어머니의 가치관에 순종하는 딸로 조용히 자라던 열 살의 소녀 넬에게 결정적인 의식의 변화를 가져온 것은 증조할머니의 병문안을 위해 어머니와 함께 떠난 남부로의 여행이다. 기차여행 중 백인 차장의 횡포에 의해 무참히 벗겨지는 어머니의 초라하고 비굴한 모습을 통하여 넬은 흑인의, 흑인여성의 삶의 진상을 목격하고, 한편으로는 혼혈 창녀의 딸로 태어난 어머니의 출생의 비밀을 통하여 어머니의 삶의 위선적인 가면을 의식하게 된 것이다. 이 상징적인 남부 여행을 통하여 넬은 "나는 나야. 나는 그들의 딸이 아니야. 나는 넬이야. 나는 나야, 나라구"라는 깨달음에 이르고 '나' 라는 말에서 기쁨과 두려움과 어떤 힘을 동시에 느끼며 어디론가 혼자 여행을 떠나는 상상에 빠진다. 이러한 자아 발견의 과정에서 넬의 삶에 닥쳐든 인물이 바로 동갑내기 술라이다. 술라의 어머니가 천박하다고 해서 술라와의 교제를 마땅치 않아 하는 어머니의 뜻을 거역하며 넬은 이제 술라와 자주 어울리게 된다. 넬은 자기 집의 "억압적인 깨끗함"(oppressive neatness)과 대조적인, 항상 스토브 위에는 음식이 끓고 있고, 사람들이 계속 드나들고, 또 야단치고 잔소리하는 어머니가 없는 술라네 집의 뭔가 느슨한 자유로운 분위기에서 더 편안함을 느끼게 된 것이다.

「1921」장은 깨끗하게 정돈된 넬 라이트의 집과 대조적으로, 아무렇게나 방을 계속 붙여 지은 무질서해 보이는 술라 피스(Peace)네 집의 묘사로 시작된다. 이 상징적인 모습의 집에서 제왕처럼 군림하고 있는 인물이 술라의 할머니 에바(Eva)이다. 에바는 세 아이를 남겨둔 채 자신을 버리고 떠난 남편 보이보이(BoyBoy)에 대한 증오심으로 자신의 상처를 달래고 그 증오심으로 삶의 활력과 행복감을 지탱해 온 강인한 여성이다. 자식들의 부양을 위하여 한쪽 다리를 희생한 (아마도 보험금을 타기 위하여) 에바의 모습은 『모비딕』의 에이하브(Ahab) 선장의 그 광기에 가까운 강한 의지력과 집념을 떠올린다. 마치 자신의 자궁 속으로 다시 불러들여 그 삶을 지워버리 듯, 1차대전 참전 후 폐인이 되어 정상인으로서의 회복이 불가능하다고 판단한 아들 플럼(Plum)을 불태워 죽이는 행위는 바로 그 광기에 의하여 가능했을 것이다. 그러나 보이보이만을 제외하고 에바는 근본적으로 남자를 좋아한다. 그래서 남자 아이들을 집에 들여 모두 듀이(Dewey)라 부르고 타르 베이비(Tar Baby)에게는 방 하나를 제공하기도 하며 항상 남자 방문객을 맞아 장기도 두며 함께 어울린다. 피스 집안의 내력인 남자선호의 이 기질은 딸인 한나(Hanna)에게서는 더욱 심해져서 한나는 남편이 죽은 후 대부분 친구나 이웃의 남편인 다른 남자들과의 성관계를 계속하면서 분방하게 살아간다. 어려서부터 어머니의 그런 모습을 익히 보아 온 술라가 섹스를 즐겁고 일상적인 것으로 생각하는 것은 자연스럽다. 2부에서 드러나는 술라의 강인하고 독선적인 광기의 모습이 이처럼 할머니 에바로부터, 관습을 무시하는 분방한 성적 방종의 모습이 어머니 한나로부터 내림받은 것은, 넬 라이트의 경우에 이미 암시된, 할머니와 어머니와 딸로 이어지는 흑인여성들의 업보적인 모계적 인간관계의 중요성을 다시 한번 일깨워 준다.

「1922」장은 점점 더 깊어져 가는 술라와 넬 사이의 우정을 통하여 그들이 성장해 가는 과정을 보여주고 있다. 두 사람은 그들이 백인도 아니고 남자도 아니라는 사실을, 그리고 모든 자유와 성취가 그들에게는 금지되어 있다는, 그래서 뭔가 다른 어떤 것을 창조해 내야 한다는 사실을 어렴풋이 깨닫는다. 이 과정에서 일어난 두 가지 사건은 주목할 만하다. 그 하나는 넬을 골려준 적이 있던 백인소년들이 넬과 술라를 다시 위협했을 때 술라가 칼을 꺼내 자신의 손가락을 자르는 자해행위로 소년들을 물리친 일이고, 또 하나는 치킨 리틀(Chicken Little)과 함께 놀다가 술라의 손을 잡고 빙글빙글 돌던 치킨이 손을 놓치고 연못 속에 빠져 죽은 사건이다. 넬은 술라의 과감한 자해행위에 놀라지만 치킨이 죽었을 때 오히려 겁에 질린 술라보다 더 냉정하고 침착한 반응을 보인다. 이 두 사건을 통하여 그들은 둘이 서로 아주 다르면서도 동시에 아주 닮았음을 깨달으며 마치 공모자 사이의 강한 유대감을 느끼게 된다. 치킨 사건과 관련된 또 하나의 중요한 사건은 사고 직후 술라가 엉겁결에 섀드랙의 집을 찾아간 일이다. 평소 여자 앞에서 성기를 꺼내 오줌을 누고 길거리에서 병째로 술을 마시며 고함을 지르고 감히 백인들에게도 욕지거리를 해대서 사람들로부터 광인 취급을 받는 그 무서운 섀드랙의 집 안으로 감히 들어간 술라는 집안의 모든 것이 그처럼 깨끗하고 아늑하게 잘 정돈되어 있는 것을 보고 큰 충격을 받는다. 그 충격과 섀드랙이 던진 '항상' (always)이라는 수수께끼 같은 한마디 말은 술라에게 하나의 계시 같은, 새로운 발견의 계기가 되었을 것이다.

「1923」장에서는 갑자기 광풍이 몰아치는 등 몇 가지 '이상한 일들'이 일어난다. 그 이상한 일의 절정이 한나가 집 밖에서 불을 피우다 불에 타 죽은 사건이다. 화염 속에서 춤을 추는 듯한 한나의 모습을 발견하고 딸을 구하려고 창문 밖으로 몸을 내던져 피투성이가 된 에바는 이웃 사람들의 도움으로 가까스로 목숨을 건진다. 병원에서 정신을 차린 에바는 불타고 있는 한나에게 그녀가 접근하려고 할 때 뒷 현관에 꼼짝 않고 서서 그 광경을 지켜보고 있던 술라의 모습을 분명하게 떠올린다. 에바가 그녀답게 친구들에게 술라의 이야기를 했을 때 모두들 너무 갑작스런 큰 충격에 당연히 그랬을 거라고 술라의 행동을 이해하지만 에바는 술라가 그처럼 충격에 마비되어서 그런 것이 아니라 그 광경을 흥미롭게 지켜본 것이라고 확신한다. 술라의 이 모습은 아마도 치킨 리틀의 죽어가는 모습을 잠자코 지켜보던 넬과 술라의 그 모습이 좀더 심화된 모습일 것이다. 그리고 그 모습은 훗날 고향으로 다시 돌아온 술라의 전조적인 모습이기도 할 것이다.

1부의 마지막 장인 「1927」장은 넬과 주드(Jude)의 결혼으로 막을 내린다. 술라와 자신의 생각을 구분할 수 없을 만큼 술라를 가깝게 느끼고 오직 술라와의 관계 속에서만 자아를 확인하고 자신의 생명력을 유지하던 넬이 술라를 포함한 모든 소녀들에게 인기가 있던 쥬드의 청혼을 받아들여 이제 자신을 필요로 하는 쥬드의 아내로서의 새로운 삶을 시작한 것이다. 그 후 술라는 버텀을 떠나고 10년의 세월이 흐른다.

2부의 첫 장인 「1937」장은 "울새의 재앙과 함께 술라는 메달리언으로 돌아왔다"는 짤막한 문장으로 시작한다. 이 간결한 문장은 술라의 귀향이 천재지변과 같은 불가해한 재앙의 전조임을 오히려 더 강력하게 시사하고 있다. 술라와 에바의 업보적인 갈등, 뒤이은 에바에 대한 술라의 노인요양소 강제 수용은 그 재앙의 시작이다. 그리고 한때 서로를 자신의 분신처럼 생각했지만 이제는 뭔가 서로 달라졌음을 감지하는 넬과 술라의 재회, 뒤이어 쥬드와 잠자리를 같이한 술라의 일탈 행위와 쥬드의 떠남은 그 두 번째 재앙이다. 쥬드를 잃고 그 상실의 아픔에 대해 함께 이야기를 나눌 술라마저 잃은 넬의 허탈한 모습으로

이 장은 끝을 맺는다.

「1939」장은 술라의 계속되는 일탈행위와 그에 대한 마을 사람들의 반응을 의미깊게 보여준다. 마을 사람들은 에바를 노인요양소에 강제 수용한 일, 쥬드를 농락하고 버린 일로 술라를 몹시 비난하고, 흑인 남자들은 술라가 백인 남자와도 함께 잤다는 소문에 그녀의 행위를 용서할 수 없는 죄악으로 단죄한다. 또한 다섯 살 난 티포트(Teapot)가 넘어져 다친 것도 술라가 일부러 떠민 것이고, 닭뼈를 빨아먹던 핀리 씨(Mr. Finley)가 목에 닭뼈가 걸려 즉사한 것도 술라와 눈이 마주친 때문이고, 섀드랙이 술라에게 경례를 부친 것은 그녀가 악마임에 틀림없는 증거라고 단정한다. 사람들은 그 모든 것이 술라의 눈 위의 반점, 줄기를 뗀 장미꽃 같기도 하고 올챙이 같기도 하고 방울뱀 같기도 하고 한나의 유골 같기도 한 그 반점 때문이라고 생각한다. 그러나 그들의 그러한 반응은 아주 아이러니컬한 결과로 이어진다. 티포트 사건 이후 아이를 제대로 돌보지 않았던 어머니 베티(Betty)가 전혀 딴 사람이 되어 아이를 극진하게 보살피게 된 것, 술라가 자신의 남편과 잠자리를 한 번씩밖에 갖지 않음으로써 남편의 자존심을 상하게 한 데 분개하는 여자들이 상처받은 남편들의 자존심을 달래주고 남편들을 더욱 소중히 아끼게 된 것은 그 좋은 예이다. 이처럼 술라의 악에 대한 마을 사람들의 확신이 그들의 삶에 긍정적인 변화를 가져온 것은 아이러니가 아닐 수 없다. 그들이 술라의 악에서 그들의 불행의 원인을 확인하고 그들 자신을 보호하기 위하여 "아내와 남편을 서로 아끼고 자식들을 보살피고 가정생활을 개선하고 그들 자신을 보호하기 위하여 대항하여 결속을 하게 된" 것, 즉 이들의 선한 삶을 가능케 한 것은 바로 술라의 악이기 때문이다.

이러한 아이러니에서 우리는 선과 악의 문제가 관습적인 이분법으로 명쾌히 구분될 수 있는, 외양처럼 그렇게 단순한 것이 아니라는 또 하나의 중요한 사실을 시사 받을 수 있을 것이다. 아닌게 아니라 작가는 마을 사람들이 생각하는 술라의 죄악, 술라의 일탈 행위가 에바의 오만과 한나의 성적 방종으로부터 대물림받은 단순한 악의 행위가 아니라 자신의 독창적인 상상력의 힘을 빌려 자신의 생각과 감정을 정직하게 최대한으로 탐험해 보려는 술라의 실험적 삶의 산물일 것임을 암시하고 있다. 그렇다면 술라의 행위에 있어서 악덕과 미덕, 악과 선은 동전의 양면 같은 것일 수 있을 것이다. 술라가 사회적 관습에 반발하거나 잘 적응하지 못하는 것은 무엇보다도 그녀의 정직성 때문이요 그녀가 늘 위험스러워 보이는 것은 "적절한 예술형식을 갖추지 못한 예술가"로서의 그녀의 한계 때문이다. 그녀에게 일상화된 남자와의 일탈적인 성행위는 아마도 그녀에게는 새로운 탐색을 위한 실험적 예술 행위 같은 것이었을 것이다. 그리고 에이잭스(Ajax)와의 관계의 실패는 적절한 예술 형식을 갖추지 못한 예술가로서의 그녀의 한계를 보여주는 하나의 실패한 예술 행위에 다름이 아닐 것이다.

「1940」장에서는 술라의 중환 소식을 들은 넬이 쥬드 사건 이후 삼년 만에 처음으로 술라를 찾아감으로 해서 두 사람 사이에 다소 긴장된 그러나 의미 깊은 대화가 이루어진다. 그 대화의 과정에서 술라는 그녀의 삶에서 자아가 얼마나 중요한 것인가, 그녀가 자신의 자아에 얼마나 충실히 살아 왔는가를 강조한다. 넬이 마침내 쥬드 사건을 언급하며 어떻게 가장 가까운 친구인 자신에게 그런 행동을 취할 수가 있었느냐고 물었을 때 술라는 오히려 그처럼 가까운 친구 사이인데 어떻게 잠자리 한번 같이 한 정도의 일을 이해할 수 없었느냐고 반문한다. 그리고 실망하며 떠나려는 넬에게 두 사람 중에 누가 옳았는지 어떻게 아느냐고, 옳은 건 넬이 아니라 술라 자신일는지도 모른다고 이야기한다. 넬이 떠난 후 술라는 넬과의 어린 시절과 어머니 한나의 죽음과 섀드랙의 '항상' 이란 말을 회상하며 자신은 항상 한결같았음을 스스로 확인한다. 그리고 마침내 고통에서 벗어나 자신의 얼굴이 미소를 띠고 있음을 느끼면서 마지막으로 넬의 이름을 뇌이며 죽음을 맞는다.

「1941」장은 술라의 죽음 후 마을에 일어난 여러 가지 변화를 보여준다. 술라가 죽자 마을 사람들은 그들의 삶의 한가운데 자리했던 악의 존재가 사라진 것을 반기며 이제 밝은 세상이 찾아오리라 기대한다. 아닌게 아니라 오랫동안 지체되어 온 터널 공사가 재개되어 흑인들에게 대량의 일자리가 생기리라는 소문이 나돌고 양로원을 새로 개축하는 공사가 시작되어 마을 사람들은 한껏 희망에 부푼다. 그러나 곧 마을에는 재앙이 들이닥친다. 가을인데도 서리와 얼음을 동반한 극심한 한파가 엄습해서 가을 추수를 모두 망치고 가축들도 떼죽음을 당하는 천재지변이 일어나고, 뒤이어 모든 마을 사람들이, 어린아이들은 성홍열과 후두염, 어른들은 늑막염, 관절염 등 갖은 질병으로 고통을 겪는다. 술라의 도착이 불가해한 울새의 재앙을 동반했듯이 술라의 떠남은 불가해한 한파의 재앙을 동반한 것이다. 그러나 마을에 일어난 더 심각한 변화는 술라가 사라짐으로 해서 술라라는 악의 존재에 대항하기 위하여 유지되어 온 마을의 도덕적 긴장이 무너져 내린 것이다. 그리하여 술라의 악행으로부터 아이들을 보호하며 술라가 경멸한 모성애를 충실히 지키던 어머니들, 술라가 에바를 요양소에 강제수용시킨 이후 나이든 부모들을 정성으로 돌보던 딸들, 그리고 술라가 무시한 남편의 자존심을 살려주기 위하여 남편을 소중히 여기고 아끼던 아내들이 이제 그들의 행동의 명분과 이유가 사라짐으로써 옛날의 도덕적 해이 상태로 되돌아가게 된다. 아이러니컬하게도 술라라는 악의 존재가 가능케 했던 마을의 선의 상태가 이제 그 악이 사라짐으로 해서 오히려 이전의 악의 상태로 복귀하게 된 것이다.

한편 극심한 한파 이후 기온이 갑자기 급상승해서 1941년의 화창하고 따뜻한 '범국민자살의 날'에는 수많은 마을 사람들이 기념 행진에 동참하게 된다. 그리고 갑작스런 해동의 산사태로 터널이 무너져내려 수많은 사람들이 떼죽음을 당한다. 옛날 자기 집을 찾아왔던 술라와 그녀의 죽음을 회상하던 섀드랙이 이상하게도 처음으로 '자살의 날'

의식을 행하고 싶어하지 않은 바로 그 날의 행사에 가장 많은 사람들이 참여하고, 그 때까지 한건도 실행에 옮겨지지 못했던 자살행위가 한꺼번에 대량으로 실현된 것 또한 아이러니가 아닐 수 없다.

이 소설의 마지막 장인 「1965」장은 그로부터 24년이 지난 먼 훗날의 버텀마을과 넬에 관한 이야기로 끝을 맺고 있다. 전쟁 중에 돈을 번 흑인들이 계곡 아래 쪽으로 옮겨가고 반대로 백인들이 버텀으로 올라와 삶으로써 버텀마을은 오히려 땅값이 오르고 흑인 마을로서의 기능을 상실하게 되는 아이러니를 겪는다. 이제 모든 것이 변해 버린 이 버텀에서 넬은 변하지 않은 옛 모습으로 교회봉사활동에 참여하며 살아간다. 그러던 어느 날 봉사활동의 일환으로 노인양로원의 에바를 방문한 넬에게 에바는 치킨 리틀 사건을 떠올리며 왜 그 아이를 죽였느냐고 따져 묻는다. 아이를 물에 빠뜨린 건 자신이 아니라 술라였다는 넬의 해명에도 에바는 두 사람의 차이를 부정하며 심지어 두 사람을 혼동하기에 이른다. 에바의 말에 충격을 받은 넬은 치킨 리틀의 익사를 지켜보면서 느끼던 야릇한 쾌감을 되새기며 술라의 묘지에 들러 술라의 고독한 죽음과 쓸쓸한 장례식에 대한 회상에 잠긴다. 그리고는 자신이 줄곧 아쉬워하고 그리워했던 사람이 쥬드가 아니라 바로 술라였음을, 그리고 소녀시절 그들은 서로 하나의 분신이었음을 불현듯 계시처럼 깨닫고는, 엄습해 오는 상실감에 목이 메이며 술라의 이름을 부르는 것으로 이 소설은 끝을 맺는다. 넬이 술라와 그녀에게 적의적인, 그리고 이제 정기(正氣)를 상실한 것처럼 보이는 에바로부터 충격적인 계시를 받고 쥬드와의 결혼 후 그리고 술라와의 결별 후 완전히 잃어버린 줄 알았던 술라와의 우정과 소녀시절의 자아를 25년이라는 긴 세월이 지난 후에야 불현듯 되찾게 되는 결말은 아이러니로 점철된 이 소설의 아주 적절한 끝맺음이 아닐 수 없다.

아이러니가 우리의 삶에 담겨 있는 여러 가지의 모순성이나 양면성, 역설성 또는 외양과 실재의 괴리 같은 것들에 대한 수사적 표현을 일

컫는 것이라면 이 소설은 아이러니로 시작해서 아이러니로 끝나고 있다 해도 과언이 아닐 것이다. 이 소설의 무대를 이루는 버텀마을의 이름만이 아니라 주요 인물들의 이름에서부터 우리는 곧 심상치 않은 아이러니와 마주치게 된다. 평화의 이미지와는 정반대로 갈등과 분란과 말썽의 화신처럼 보이는 술라, 평화와는 거리가 먼 굴곡진 갈등의 세월을 살아온 에바, 그리고 불행한 삶 끝에 끔찍한 죽음을 당하는 한나와 플럼, 이들의 이름이 모두 피스(Peace)인 것은 아이러니가 아닐 수 없다. 그러나 한나와 플럼은 그들의 죽음을 통해 평화를 얻었다고 볼 수도 있고, 특히 술라의 경우, 갈등과 분란의 화신으로서의 그녀의 존재가 마을 사람들의 각성을 불러일으켜 비록 잠정적이나마 마을에 평화와 질서를 가져오고 그녀의 죽음과 함께 오히려 마을의 평화가 다시 무너져 내린 것은 피스라는 그녀의 이름의 정당성에 대한 역설적인 암시일 수도 있을 것이다. 반면 술라 피스와는 대조적으로 넬 라이트의 이름은 극히 정상적이고 규범적이고 도덕적인, 모든 것이 옳고 바르게(right) 보이는 그녀의 가정 분위기, 특히 어머니 헬레느에게 아주 적절한 이름처럼 보인다. 그러나 헬레느로 대표되는 라이트 가(家)의 '바름' 은 다분히 가식적이고 위선적이며 남부 여행을 통해 드러나듯이 그 실체가 아주 허약하고 불안한 한계를 지닌다. 넬은 남부 여행 이후 바로 그 한계를 절감하며 특히 술라와의 교유를 통하여 그 위장된 '바름' 의 구속을 벗어나 얼핏 '그름' 과 방종처럼 보이는 자유추구와 자아해방을 시도한다. 하지만 쥬드와의 결혼, 술라와의 결별을 거치면서 넬은 다시 예전의 규범적인 '바른' 모습으로 돌아가며 넬의 그런 모습은 자유추구와 자아해방에의 조종(knell)을 떠올리게 한다. 25년이라는 긴 세월이 지나 술라와의 우정을 재확인하고 다시 소녀시절로 돌아가 자아발견의 가능성을 보여주는 마지막 장면의 넬은, 그러니까 역설적으로 '그릇되어 보이는 바름' 의 상태로 되돌아간 것이라고 볼 수 있을 것이다.

얼핏 넬과 술라는 양극의 특성을 지닌 정반대의 대조적인 인물로 보인다. 넬이 전통적 관습, 엄격한 사회적 규범, 기독교적 도덕성에 순응하는 '바름'과 '선'을 대표하는 인물이라면 술라는 전통적 관습과 도덕적 규범을 거부하고 제멋대로 자유분방하게 행동하는, '그릇됨'과 '악'을 상징하는 인물이라 할 수 있을 것이다. 그러나 이처럼 상반된 특성에도 불구하고 두 사람은 줄곧 서로가 아주 닮았다고 느끼며 그들 사이에는 미묘하면서도 짙은 이해와 교감이 작용한다. 두 사람의 남다른 깊은 우정은 바로 이러한 이해와 교감 위에서 가능했을 것이다. 하지만 서로 아주 다르면서도 서로 아주 닮았다는 그들의 본능적 느낌, 그들 사이에 운명적으로 작용하는 듯한 미묘하고 짙은 교감은 이들의 관계가 예사롭지 않은 것임을 시사한다. 두 사람 사이의 이 예사롭지 않은 관계는 많은 학자들이 동의하듯이,[6] 그리고 작품 속에서도 은연중에 암시되고 있듯이, 한 인물의 두 모습인 분신(double)의 관계로 볼 때 가장 잘 이해될 수 있지 않을까 생각된다. 그렇다면 이 작품은 단순한 친구 간의 우정에 관한 이야기의 한계를 넘어 인성(personality)의 양면성 혹은 이중성에 관한, 그리고 이분법적이 아닌 상호보완적인 인성의 본질에 관한 이야기로 심화될 수 있을 것이다. 선과 악의 양극에서 있는 것처럼 보이던 넬과 술라가 넬의 마지막 깨달음을 통해 상호보완적인 화합의 상태에 이르는 마지막 장면은 그런 점에서 매우 시사적이다. 더 나아가 이 이야기는 궁극적으로, 선과 악, 정기와 광기, 질서와 혼란의 이분법적 재단으로 설명될 수 없는 인간 본성의 복합성과 사물의 본질에 대한 근원적인 탐구의 이야기로 더욱 심화될 수 있을

6) Terry Otten, *The Crime of Innocence in the Fiction of Toni Morrison* (Columbia & London: University of Missouri Press, 1989), p.26 및 Karen F. Stein, "Toni Morrison's *Sula:* A Black Woman's Epic," *Black American Literary Forum*, Vol. 18, No.4 (1984), p.148 참조.

것이다.

모리슨은 인간의 행위는 술라나 섀드랙의 그것처럼 단순히 선악으로 구분지을 수 없는, 여러 가지 해석을 항상 가능케 하는 것이라고, 삶의 진실은 술라의 눈 위 반점처럼 단순히 설명될 수 없는, 때로는 버텀마을 사람들이 겪는 재앙처럼 불가해한 것이라고, 그리고 인간의 경험 세계에서는 술라와 에바, 술라와 버텀마을 사람들처럼 불일치와 부조화의 공존이 생존 구조의 한 부분을 이루는 것이라고 믿고 있는 듯이 보인다. 또한 리얼리티란 본질적으로 역설적이고 부조리한 것이며 따라서 상반되는 이중적 감정을 지닌 자세로서만이 그 모순적인 전체를 이해할 수 있는 것이라고 주장하는 듯하다. 『술라』는 이처럼 철저한 아이러니스트로서의 모리슨의 믿음과 주장을 그녀의 탁월한 다의적 아이러니의 기법을 통하여 성공적으로 극화(劇化)하고 있는 아주 귀한 작품으로 평가받아 마땅할 것이다.

(2006. 6.)

찾아보기

A

Abcarian, Richard 190, 196, 198, 201, 213, 214, 273
Adams, Henry 291
Adela, The Octoroon 8
"Alas, Poor Richard" 251
Allen, Shirley S. 257, 258, 277, 278
All God's Chillun Got Wings 120
American Novel in the Twentieth Century, The 226
American Tragedy, An 190
Amstrong, Louis 223
Anderson, Sherwood 120, 158
Another Country 274
Appeal in Four Articles 5
Art of Richard Wright, The 188
Aunt Phyllis' Cabin 9
"Autobiographical Notes" 225
Autobiography of A Female Slave, The 6
Autobiography of An Ex-colored Man, The 96, 109, 223

B

Backgrounds to Blackamerican Literature 115
Baldwin and the Problem of Being 267
Baldwin, James 69, 187, 251-256, 257, 266, 269, 273, 277, 285
Bambara, Toni Cade 67, 293
Baker, Houston A., Jr. 150
Baraka, Imamu Amiri (LeRoi Jones) 54, 256, 285
Barksdale, Richard K. 257, 271, 279
"Bars Fight" 35, 36
Bellow, Saul 221
Benito Cereno 7
Bennett, Claude 155, 156
Berzon, Judith R. 42, 54, 98
Bibb, Henry 6, 74
Bierce, Ambrose 111
Bigsby, C.W.E. 273
Billy Budd 220
Birch, Eva Lennox 36
Black American Literature 6, 35, 132
Black American Women's Writing: A Quilt of Many Colors 36
Black Boy 133, 143, 144, 193, 194, 214, 225-227, 230, 240, 260
Black Boys and Native Sons 214
Black Feminist Criticism: Perspectives on Black Women Writers 46
Black Fiction 1, 2, 271, 277
Black Nationalism: A Search for an Identity in America 29

Black on White 2, 126
Black Women Novelists: The Development of a Tradition 40
Blackmur, R.P. 196
Blake, or the Huts of America 3
Bone, Robert 1, 14, 44, 71, 76, 82, 92, 102, 117, 118, 168, 171, 177, 202, 203, 266
Bontemps, Arna 69, 120, 127
Boone, Daniel 10
Braithwaite, William Stanley 115
Brautigan, Richard 158
Brooks, Gwendolyn 70
Brown, Henry Box 6
Brown, Sterling 7, 8, 72, 74, 149, 188
Brown, William Wells 1, 3, 6, 10, 73
Burt, Nancy V. 257, 273,

C

Cable, George Washington 75
Callahan, John 249
Camus, Albert 202
Canby, H.S. 70, 188
Cane 66, 153, 154, 159
Carby, Hazel V. 44
Charles Waddell Chesnutt: Pioneer of the Color Line 88, 107
Chesnutt, Charles Waddell 88, 107
Chesnutt, Helen M. 88, 107
Christian, Barbara 40, 45, 46
Cleaver, Eldridge 256, 285, 188
Clotel, or the President's Daughter 1, 3, 10
Clotelle: A Tale of the Southern States 11
Clotelle: or, the Colored Heroine: A Tale of the Southern States 11
Cohn, David L. 190
Colonel's Dream, The 107, 108
Commitment as a Theme in African American Literature-A Study of James Baldwin and Ralph Ellison 252
Concerning Violence 213, 272, 273
Conclusion of Richard Wright's Native Son, The 195, 204
Condition, Elevation, Emigration and Destiny of the Colored People of the United States, The 30
Conjure Woman, The 76, 79
"Conversion" 139, 166, 268
Cooper, James Fenimore 220
Cowley, Malcolm 188, 191
Crane, Stephen 195, 220
Critical Essays on James Baldwin 257
Cullen, Counteen 70, 127, 185

D

Daiches, David 189
Dark Laughter 120
Davis, Arthur P. 115, 136
Davis, Ben 103, 191
Delany, Martin R. 3, 26, 27, 30
Desperate Faith 282
Dewey, John 119
Dickens, Charles 221
Different Drummer, A 286
Divided Mind of James Baldwin, The 273
Donald, Miles 226, 227
Dostoevesky 202
Douglass, Frederick 6
Down Home 76

Dream Deferred 53
Dred, A Tale of the Dismal Swamp 8
Dreiser, Theodore 106, 191, 220
DuBois, W.E.B. 3, 4, 41, 70, 97, 116, 124, 127, 161
Dunbar, Paul Lawrence 2, 9, 70, 71
Durham, Frank 154

E

Eastman, Mrs. 9
Edwards, Harry Stillwell 9
Elan, Zilpha 36
Ellison, Ralph 69, 185, 188, 199, 220-222, 225, 226, 229, 235, 242, 246, 249, 252
Ellison's Zoot Suit 229
Emanuel, James A. 198
Emperor Jones 120
"Everybody's Protest Novel" 251

F

Fabre, Michael 252
Fadiman, Clifton 191
Family Encylopedia of American History 118
Fanon, Frantz 118
Faulkner, William 286
Fauset, Jessie 38, 49, 54, 120
Fielding, Henry 19
Fifty Years and Other Poems 115
First America, The 137
Fisher Rudolph 127
Focus on Ralph Ellison's Invisible Man: American Nightmare 235
Foley, Barbara 170, 184
Foote, Julia 36
"For a Lady I Know" 134
Forgotten Prototype, A: The Autobiography of An Ex-colored Man and Invisible Man 223
Formal Principle in the Novel, The 248
Foucault, Michel 214
Frank, Waldo 3, 19, 23, 74, 154, 155, 156, 158
Franklin, J.H. 4, 97
Furst, Lilian R. 192

G

Garies and Their Friends, The 3
Gayle, Addison, Jr. 17, 30, 31, 201, 252, 256
Garvey, Marcus 119, 170
Gibson, Ronald B. 203
Giovanni's Room 274
Girard, Rene 211
"Goophered Grapevine, The" 2, 78
Go Tell It on the Mountain 69, 252, 256, 257, 261, 271
Go Tell It on the Mountain: Religious as the Indirect Method of Indictment 257, 271
Gottesman, Ronald 220, 249
Gramy Maumee, The Rider of Dreams, Simon the Cyrenian 115
Grapes of Wrath, The 192
Griffith, Mattie 6
Griggs, Sutton 33
Grimpse of the Hidden God, A 257
Gurdjieff, Georges Ivanovitch 156
Guttman, Allen 234

H

Hammon, Jupiter 5, 36, 73
Hansberry, Lorraine 53
"Harlem Dancer" 115, 128
Harlem Renaissance 1, 2, 70, 114, 115, 117, 136, 149, 150
Harper, Frances, E. W. 37, 44, 96
Harper, Howard M., Jr. 282
Harris, Joel Chandler 71, 75
Harris, Trudier 257, 275
Hawthorne, Nathaniel 220
Henson, Josiah 6
Heritage 132
Hersey, John 226, 229, 246
Heyward, Dubose 120
Hildreth, Richard 6
Himes, Chester 70, 284
Horton, George Moses 5
House Behind the Cedars, The 96, 112
"How 'Bigger' Was Born" 189, 190, 197
Howe, Irving 187, 188, 214, 285
Howells, William Dean 111, 119
Huggins, Nathan Irvin 117, 123, 148
Hughes, Langston 53, 56, 69, 114, 148
Hurston, Zora Neal 67, 109, 127, 295
Hutchinson, George B. 137

I

"If We Must Die" 128
"Incident" 132
In Old Virginia 75
Interesting narrative of the Life of Gustavus Vassa, the African, The 6
Intimation of Things Distant, An: the Collected Fiction of Nella Larson 58
"Introduction" to Frances E. W. Harper, Iola Leroy 44
Introduction to Martin R. Delany, Blake or the Huts of America 27
Invisible Man 69, 178, 199, 221, 223, 225, 226, 235, 249, 250
Iola Leroy: or Shadows Uplifted 37
Irving, Washington 7, 158
"I too" 145

J

Jack, Peter Monroe 191
James, Henry 111
James Baldwin: A Collection of Critical Essays 252
Jamie, The Fugitives 8
Jean Toomer and the New Negroes of Washington 137
Jean Toomer's Black Authenticity 164
Jean Toomer's Cane: Self as Montage and the Drive toward Integration 174
Jean Toomer's Sparta 170
Johnson, Georgia Douglas 137
Johnson, James Weldon 70, 96, 115, 124, 127
Jones, Gayl 67
Jones, LeRoi (Imamu Amiri Baraka) 256
Jothiprakash, R. 252, 274
Joyce, James 221
juneteenth 249
Junior Bachelor Society, The 96

K

Kafka, Franz 221
Kazin, Alfred 214
Kelly, William Melvin 285
Kennedy, J.P. 8
Kent, George E. 267
Kierkeggard 202
Kinnamon, Keneth 252, 267, 266, 269
Klein, Marcus 248, 249

L

Larson, Charles R. 58
Larsen, Nella 38, 54, 127
La Violence et le Sacre 211
Lee, Jarena 36
L'Etranger 207
Lewis, David Levering 149
Lewis, Sinclair 193
Lieber, Todd M. 222
Life and Times of Frederick Douglass 6
Life at the South, or Uncle Tom's Cabin As It Is 9
Light in August 279
Lindsay, Vachel 141
Literary History of the United States 70
Littlejohn, David 2, 126, 149, 150
Locke, Alain 70, 114, 117, 124
Lynch, Michael F. 257

M

Macksey, Richard 188, 202-204, 211
Madden, David 235
Maggie 27, 195
Main Currents in American Thought 70
"Many Thousands Gone" 251
Marcus, Steven 261
Margolies, Edward 149, 150, 188, 271, 276
Marrow of Tradition, The 96, 98, 108
Marshal, Margaret 191
Marshall, Paule 67
Mason, Clifford 164
Masters, Edgar Lee 159
Maupassant, Guy de 111
McDowell, Deborah 55
McKay, Claude 70, 115
McLendon, Jacquelyn Y. 53, 54, 64
Melville, Herman 7, 220
Mencken, H.L. 193
Merrill Studies in Cane, The 154, 156, 158, 161
Miller, Floyd J. 27
Miller, Ruth 115
Miralda: A Beautiful Quadroon: A Romance of American Slavery 10
Modern Black Writers 261, 271
Modernism and the Harlem Renaissance 150
Moorer, Frank E. 188, 202-204, 211
Morrison, Toni 67, 69, 282, 294, 296, 306
"Mother to Son" 142
Mr. Charles W. Chesnutt's Stories 111
Music of Invisibility, The 246
My Bondage and My Freedom 6

N

Narrative 37
Narrative of Arthur Gordon Pym 7
Narrative of the Life and Adventures of

Henry Bibb, on American Slave 6
Narrative of the Life of Frederick Douglass 6
Narrative of William Wells Brown, a Fugitive Slave 6
Nathalie Mann 137
Native Son 69, 149, 187, 188, 190, 195, 196, 198, 201, 251
Native Son: A Critical Study of Twentieth-Century Negro American Authors 149
Naturalism 192
Naylor, Gloria 67
Neal, Larry 229
Negro in American Fiction, The 7, 72, 149
Negro Novel in America, The 1, 14, 45, 71, 72, 117, 168
Negro Novel in America, The: In Rebuttal 72
Negro Renaissance, The: An Anthology 115
"Negro Speaks of Rivers, The" 119
Neither White Nor Black 42
New Essays on Go Tell It on the Mountain 257
New Negro, The 70, 114, 117, 123
Nietzsche 202
Nigger Heaven 120
Nights with Uncle Remus 77
Northup, Solomon 6
Notes of a Native Son 253

O

O'Neil Eugene 120
Osofsky, Gilbert 6
Outsider, The 201
Our Nig 37
Owen, Chandler 120

P

Page, John W. 9
Page, Thomas Nelson 9, 75
Parrington, Vernon L. 70
Peckham, Joel B. 174, 183
Peplow, Michael W. 115, 136
Perry, Margaret 136, 138, 148
Petry, Ann 67, 69, 285
Pierson, Emily Catherine 7
Pioneers, The 220
Pinchback, P.B.S. 154
Planter's Victim, The 8
Plum Bun: A Novel without a Moral 49
Poe, Edgar Allan 7
Poems on Miscellaneous Subjects 37
Poirier, Richard 216
Politics of Color in the Fiction of Jessie Fauset and Nella Larsen, The 54
Popkin, Michael 261, 271
Porgy 120
"Portrait in Georgia" 166
Post-Bellum-Pre-Harlem 77
Pound, Ezra 113
Pratt, Louis H. 252
Puttin' on Ole Massa 6

Q

Quest of the Silver Fleece, The 70
Quicksand 56, 61, 63

R

Ralph Ellison and the Metaphor of

Invisibility in Black Literary Tradition 222
Randolph, A. Philip 120
Rascoe, Burton 190
Redding, Saunders 70, 201, 271
Reed, Ishmael 69
Religious Symbolism and Psychic Reality in James Baldwin's Go Tell It on the Mountain 257
Reilly, John M. 192
Richard Wright: A Collection of Critical Essays 188
Richard Wright: Beyond Nihilism 201
Richard Wright: The Critical Reception 192
Richard Wright's Native Son: A Critical Handbook 190, 273
Richardson, Samuel 19
Riesman, David 245
Rodnon, Stewart 221
Rosenblatt, Roger 1, 2, 227, 271, 277

S

Sandburg, Carl 141
Sartre, Jean-Paul 202
Scarlet Letter, The 220
Schuyler, George 149
Scruggs, Charles 276
Seacole, Mrs. 38
Shadow and Act 229, 242
"She of the Dancing Feet Sings" 134
Siegel, Paul N. 195, 203
Silence to the Drums: A Survey of the Literature of the Harlem Renaissance 136
Sillen, Samuel 188
Singleton, Pap 291
Sketch Book 158
Skillin, Edward 191
Skrine, Peter N. 192
Slave: or the Memoirs of Archie Moore, The 6
Smith, W.L. 8
Smith, W.W. 8
Somer, H.L. 8
"Song of Praise" 132
"Song of the Son" 139
Souls of Black Folk, The 4, 97
Sound and the Fury, The 287
Spiller, Robert 70
Spoon River Anthology 159
Standley, Fred L. 257, 271, 279
Steinbeck, John 291
Stowe, Harriet Beecher 8
Sula 295, 296, 306
Swallow Barn 8
Sweet Home: Invisible Cities in the Afro-American Novel 276

T

Tanner, Tony 246
Temple of the Fire Baptized 257, 271
Ten Ways to Use Poetry in Teaching 148
Terry, Lucy 35
Three Negro Classics 4, 97, 124
Toomer, Jean 66, 114, 127, 137, 153, 156, 157, 164, 170, 174, 175, 295
Torrence, Ridgely 115
Trout Fishing in America 158
Truth, Sojourner 37
Turgenev 111

Turner, Darwin T. 72, 112
Twain, Mark 111, 221
Twelve Years a Slave: Narrative of Solomon Northup 6
Udom, E. U. Essien 28, 29
Uncle Remus and the Malevolent Rabbit 88
Uncle Remus: His Songs and His Sayings 77
Uncle Robin in His Cabin 9
Uncle Tom's Cabin 8, 9
Uncle Tom's Children 201

V

Vassa, Gustavus 6
Vechten, Carl Van 120
Vogler, Thomas A. 226

W

Walker, Alice 67, 282
Walker, David 5, 73
Walrond, Eric 127
Ward, Samuel Ringgold 6
Washington, Booker T. 57, 24, 118, 124
Way of the New World, The: The Black Novel in America 17
Weary Blues, The 120
Webb, Frank J. 3, 19, 23, 38, 74
Wells, Orson 188
Wheatley, Phillis 5, 35
When Harlem Was in Vogue 150
Whitfield, James M. 5
Whitlow, Roger 6, 35, 132, 149
Whitman, Walt 141
Wife of His Youth, The 77, 90, 96, 99
Williams, John A. 96, 285
Wilson, Harriet 37
Winesburg, Ohio 158, 159
Wolfe, Bernard 88
Wonderful Adventures of Mrs Seacole in Many Lands 38
World More Attractive, A 187
Wretched of the Earth, The 213
Wright, Austin 248
Wright, Richard 69, 115, 187, 188, 190, 192, 194, 195, 197, 198, 201, 203-206, 229, 237, 273
Wright's Invisible Native Son 203

Y

Younger Literary Movement, The 161

저자 약력

천승걸
서울대학교 문리과대학 및 동 대학원 영문학과 졸업
미국 아이오와대학교 대학원 미국학과 졸업
미국 예일대학교 연구교수 및 아이오와대학교 객원교수
현재 서울대학교 인문대학 영문학과 교수
저 · 편서: 『미국 문학과 그 전통』, 『미국문학개관』, 『미국소설』
역서: 『현대소설과 의식의 흐름』, 『자연주의』, 『프로스트의 명시』,
『아이작 싱거 단편선』, 『나사니엘 호손 단편선』 등

미국 흑인문학과 그 전통

저자 천승걸

2006년 8월 25일 초판 제1쇄 발행
2006년 11월 15일 초판 제2쇄 발행

발행인 이장무
발행처 서울대학교출판부
151-742 서울 관악구 신림동 산 56-1
판매과 02-889-4424, 02-880-7995
Fax 02-888-4148
E-mail snubook@snu.ac.kr
Home-page http://www.snupress.com

출판등록 제15-3호

ISBN 89-521-0749-7 93840

값 12,000 원

2006년 문화관광부 교양도서 선정